外国网络法选编

第三辑

澳大利亚

中央网络安全和信息化领导小组办公室
国 家 互 联 网 信 息 办 公 室
政策法规局 编

中国法制出版社

编译说明

为帮助了解国外网络立法，借鉴国外网络立法有关经验，我们组织编译了美国、俄罗斯、德国、英国、澳大利亚、新西兰、日本、新加坡、印度、泰国、越南等国家和欧盟的网络立法50多部共100余万字，分六辑出版。内容按照国别分类，按法律法规的公布时间顺序排列。与国内现有的同类出版物相比，本书收录更全、内容更新、实用性更强，是了解国外网络立法的权威工具书。

由于编译时间仓促，经验不足，难免出错，敬请读者批评指正。

中央网络安全和信息化领导小组办公室、
国家互联网信息办公室政策法规局
2015年8月

目　录

Contents

澳大利亚网络法选编

澳大利亚网络法选编

1997 年电信法

电信法（1997 年第 47 号）修正案

本法于 2010 年 6 月 10 日发布，包含至 2010 年第 51 号的修正案。

［注：本法 531F（1）、531F（2）、531G（2）（e）及（3A）（e）于 2009 年 5 月 27 日停止生效，见 531F（3）、531G（3）及（3B）］

修订文本中未在该日期生效的内容将在备注部分注明。

本法及修正案的执行可能受到备注部分应用条款的影响。

由位于堪培拉的立法起草和出版办公室及司法部制订。

一部关于电信及相关领域的法律

第 1 章　介　　绍

1　短名［见注 1］*

本法案可被称为 1997 年电信法

2　生效时间［见注 1］**

（1）本法案的以下条款将在得到御准日开始生效：

---

* 编者注见本书第 475 页。

** 编者注见本书第 475 页。

（a）本章；

（b）第2章；

（c）第4章的第2、3、4节；

（d）第25章的第3节；

（e）第589条；

（f）第594条；

（2）第52条至第55条（含）于1997年6月5日生效。

（3）本法案的其他条款于1997年7月1日生效。

3　目的

（1）本法案连同1974年贸易惯例法的第XIB章及第XIC章旨在提供一个规范框架以推进：

（a）传输服务或通过传输的方式获得服务的终端用户的长期利益；以及

（b）澳大利亚电信产业的效率及国际竞争力。

（2）本法案连同《1974年贸易惯例法》的第XIB章及第XIC章还包括以下其他目的：

（a）确保电话、公用电话及其他具有社会重要性的传输服务：

（i）在公平的基础上合理地为每个在澳大利亚的人所享有，无论其在此居住或经商；

（ii）得到切实有效经济的供给；

（iii）符合性能标准并合理地满足澳大利亚社会、工业、商业需求；

（b）促进丰富的创新性传输服务和内容服务的提供；

（c）促进澳大利亚电信产业的效率和竞争力，满足澳大利亚社会的需要；

（d）促进市场上澳大利亚电信业各个组成部分的积极参与（无论

在澳大利亚或其他地方）；

（e）促进：

（i）澳大利亚电信业技术能力和水平的发展；

（ii）澳大利亚电信业附加值及出口导向型活动的发展；

（iii）有利于澳大利亚电信业成长的研究和发展；

（f）通过改进以下方面的效率与效能促进利益的合理分配：

（i）电信网络及设施的供给；

（ii）传输服务的供给；

（g）为电信活动提供适当的社区保障，充分规范澳大利亚电信业的参与者；

（h）推进地下线路的布置，充分考虑受地下布线影响的社区的经济和技术问题；

（i）鼓励负责任地发送商业电子信息的行为；

（j）鼓励负责任地进行电话销售的行为；

（k）鼓励负责任地发送销售传真的行为。

4 管制性政策

议会希望按以下方式对电信业进行管理：

（a）最大程度地促进行业的自我调节；

（b）不向澳大利亚电信业的参与者附加过当的财政及行政负担；

但是仍将保证上述第 3 条中提到的目的能有效达成。

5 纲要

以下是本法案的纲要：

- 本法建立了规制电信行业的体系。
- 受本法制约的主要实体包括电信运营商及服务供应商。
- 电信运营商指的是符合本法的传输者执照的持有者。
- 向公共提供传输服务的网络单元的所有者必须持有传输者执照，除非对该单元的责任由所有者转移至传输者。
- 共有以下 4 种网络单元：

（a）连接澳大利亚不同位置的单线链接，其链接必须符合一定的最短距离要求；

（b）连接澳大利亚不同位置的多线链接，其链接必须符合一定的最短距离要求；

（c）指定的无线电通信设施；

（d）部长决议指定的设施。

- 传输者执照将受到条件影响。
- 共有以下 2 种服务供应商类型：

（a）传输服务供应商；

（b）内容服务供应商。

- 传输服务供应商指的是提供或意图提供特定的传输服务的人。
- 内容服务供应商指的是提供或意图提供特定的内容服务的人。
- 服务供应商必须遵守服务供应商规定。
- 澳大利亚通讯与媒体管理局（ACMA）将监督并每年向部长汇报与传输商及传输服务供应商表现相关的重大事宜。
- 电信业、电子营销业、电话营销业以及传真营销业的各个代表团体和协会可以制定行业准则。
- 行业准则可以在 ACMA 登记。
- 行业准则自愿遵守，除非 ACMA 要求电信业、电子营销业、电话营销业以及传真营销业的某一特定参与者必须遵守该准则。
- 当行业准则不存在或不完善时，ACMA 保留制定行业标准的权力。
- 行业标准是强制遵守的。
- 传输者同传输服务供应商必须保护通讯的机密性。
- ACMA，电信运营商及传输服务供应商必须竭尽所能防止电信网络和设施用于从事犯罪。
- 电信运营商及传输服务供应商必须确保根据 1979 年电信（截取及访问）法发布的授权仍可以得到执行。
- 传输服务供应商可以被要求出于国防目的或自然灾害治理提供传输服务。
- 电信运营商或传输服务供应商可以被要求同国家签订关于以下内容的合约：

（a）网络生存性的规划；或

（b）危机时刻的使用要求。

- ACMA 必须要求特定的电信运营商和传输服务供应商提供有利于传输服务供应商的预选。
- 高级移动电话系统（AMPS）将于 2000 年 1 月 1 日前逐步淘汰。
- 电信运营商和传输服务供应商可以被要求遵守特定的国际惯例。

续表

• 部长可以针对国际电信运营商制定行动准则。 • 客户设备，客户电缆及电缆工作的技术规范条款。 • ACMA 可以通过编号规划进行号码管理。 • 提供传输服务的规格协议。 • ACMA 与澳大利亚竞争与消费者委员会（ACCC）可以就电信相关的某一问题进行公开质询。 • ACMA 可以就电信相关的某一问题展开调查。 • 特定的交换系统必须能够提供来电线路识别。 • 以下辅助事项的相关条款： (a) 收集信息的权力； (b) 搜索、进入及没收的权力； (c) 决议的重审； (d) 禁令。

6 主要索引

以下是本法的主要索引：

主要索引		
项目	内容	条款
1	高级移动电话系统	第 19 章
2	来电线路识别	第 18 章
3	电信运营商的权力及豁免	第 24 章，附录 3
4	电信运营商执照条件	第 3 章，附录 1
5	电信运营商	第 3 章
6	通信保护	第 13 章
8	决议重审	第 29 章，附录 4
9	国防要求及灾害计划	第 16 章
10	强制执行	第 31 章 A
11	执行	第 28 章
12	行业守则与行业标准	第 6 章
13	信息收集权力	第 27 章

续表

主要索引		
项目	内容	条款
14	禁令	第 30 章
15	公开质询	第 25 章
16	国际层面	第 20 章
17	调查	第 26 章
19	代理责任	第 32 章
21	国家利益问题	第 14 章
22	网络单元	第 2 章
23	编号及电子地址	第 22 章
24	民事处罚	第 31 章
25	监督电信运营商及传输服务提供商的表现	第 5 章
26	预选	第 17 章
28	服务供应商准则	第 4 章，附录 2
29	服务供应商	第 4 章
30	提供传输服务的规格协议	第 23 章
32	技术规范	第 21 章

7　定义

除非出现不同的意思，在本法中：

ACCC 指澳大利亚竞争与消费者委员会。

ACCC 官员指在 1974 年贸易惯例法第 155AAA 条中所指的委员会官员。

ACCC 的电信职权指由以下法律或条款赋予 ACCC 的职权：

(a) 本法；或

(b)《1999 年电信（消费者保护与服务标准）法》；或

(c)《1974 年贸易惯例法》第 XIB 章；或

(d)《1974 年贸易惯例法》第 XIC 章；或

(e)《1974 年贸易惯例法》中的其他与电信相关的条款。

此处，电信指通过导向和（或）无导向电磁能进行通信传输。

访问，与紧急电话服务相关时，其意思受第 18 条的影响。

ACMA 指澳大利亚通讯与媒体管理局

ACMA 官员的定义与《2005 年澳大利亚通讯与媒体管理局法》中的意思相同。

ACMA 的电信职能指《2005 年澳大利亚通讯与媒体管理局法》中与 ACMA 相关的电信职能。

ACMA 的电信权力指由以下法律或条款赋予 ACMA 的权力：

(a) 本法：或

(b)《1999 年电信（消费者保护与服务标准）法》；或

(ba)《1979 年电信（截取及访问）法》的第 4 章、第 5 章；或

(c)《2003 年反垃圾邮件法》；或

(ca)《2006 年请勿致电登记法》；或

(d)《1974 年贸易惯例法》第 XIC 章；或

(e)《2005 年澳大利亚通讯与媒体管理局法》第 12 条中与 ACMA 电信职能相关的部分。

飞行器包括气球。

澳大利亚，在地理意义上使用时，包括合法领土。

澳大利亚号码与《2006 年请勿致电登记法》中的意思相同。

授权的信息官员的定义见 531B 条。

地面无线电通信客户接入网基站的定义见 34 条。

无线电广播服务与《1992 年无线电广播服务法》中的意思相同。

布线执照指根据 427 条发放的执照。

传输服务指通过导向和（或）无导向电磁能进行通信传输的服务。

传输服务中介指 87（5）条中所指的提供传输服务的人。

传输服务供应商的定义见 87 条。

电信运营商指电信运营执照的持有者。

电信运营执照指根据 56 条发放的执照。

传输包括信号传送、交换及接收。

民事处罚条款指：

(a) 68（1）；或

(b) 68（2）；或

(c) 101（1）；或

(d) 101（2）；或

(e) 121（2）；或

(f) 121（3）；或

(g) 128（1）；或

(h) 128（2）；或

(ha) 531K（1）；或

(hb) 531K（3）；或

(hc) 531P（3）；或

(hd) 531P（4）；或

(i) 139（1）；或

(j) 139（2）；或

(k)《1999 年电信（消费者保护与服务标准）法》的第 148（1）条；或

(l)《1999 年电信（消费者保护与服务标准）法》的第 148（3）条；或

(m)《1999 年电信（消费者保护与服务标准）法》的第 158B（1）条；或

（n）《1999 年电信（消费者保护与服务标准）法》的第 158B（4）条；或

（o）《1999 年电信（消费者保护与服务标准）法》的第 158C（1）条；或

（p）《1999 年电信（消费者保护与服务标准）法》的第 158E（1）条。

商业电子信息与 2003 年反垃圾邮件法中的意思相同。

通讯包括以下形式的交流：

（a）人与人之间，物与物之间或人与物之间；

（b）以语言、音乐或其他声音的形式；

（c）以数据的形式；

（d）以文本的形式；

（e）以视觉形象（动画或其他）的形式；

（f）以信号的形式；

（g）以其他任何形式；以及

（h）以任何组合形式。

通讯访问协调员的定义见《1979 年电信（截取及访问）法》第 6R 条。

连接于，包括以下情况：

（a）一个电信网络；或

（b）一个设施；或

（c）客户线路；或

（d）客户设备；

包括除物理接触外的其他连接方式，例如：通过无线电通信的方式连接。

连接许可指根据 394 条发放的许可。

宪法公司指的是适用于宪法 51（xx）条的公司。

内容服务的定义见 15 条。

内容服务供应商的定义见 97 条。

受控传输服务的定义见 14 条。

受控设施的定义见 14 条。

客户线路的定义见 20 条。

客户设备的定义见 21 条。

数据处理设备指的是借助或不借助其他物品或设备复制信息的物品或材料（如：磁盘）。

国防目的指的是以下一种或几种情况：

（a）指挥或控制系统的运行；

（b）防卫组织的运行，指导或使用；

（c）情报系统的运行；

（d）下述相关的安全或防卫信息的收集与散布：

（i）联邦国家；或

（ii）与联邦结成同盟或有联系的外国；

（e）武器系统的操作与控制，包括任何单独或连同其他东西一起于战争中发挥防卫或攻击作用的东西。

（f）在规定中特别说明的其他情况。

指定信息的定义见 531C 条。

指定无线电通信设施的定义见 31 条。

指定招标通知的定义见 531D 条。

目录辅助服务指的是以下服务：

（a）提供给标准电话服务的终端用户，帮助其查找另一个标准电话服务的终端用户的服务；及

（b）由运营商提供或通过以下方式提供的服务：

（i）自动语音答复系统；或

（ii）另一种以技术为基础的系统。

不同位置的定义见第 36 条。

合格的合作关系指的是合作关系中的每个合作方都是宪法公司。

合法领土指的是：

（a）圣诞岛的领土；或

（b）科科斯群岛（又名“基林群岛”）的领土；或

（c）第 10 条中规定的海外领土。

电子营销行业指的是开展电子营销活动的行业。

紧急电话承包商指的是从事或代表被认可的人员从事紧急电话服务的人，但不包括以雇员身份从事该服务的人。

注：运营紧急电话服务的被认可的人员的定义见第 19 条。

紧急电话人员指的是：

（a）从事紧急电话服务的被认可的人员；或

（b）上述人员的雇员；或

（c）紧急电话承包商；或

（d）紧急电话承包商的雇员。

注：运营紧急电话服务的被认可的人员的定义见第 19 条。

紧急电话服务指的是下列服务：

（a）接听或处理拨打紧急服务号码的来电；及

（b）转接此类来电至：

（i）警方或警务服务；或

（ii）火警；或

（iii）急救服务；或

（iv）就本章节而言，编号规划中指明的服务；或

（v）为在第（i）、（ii）、（iii）或（iv）款中提到的服务提供派遣服务。

就（b）款而言，转接来电包括为处理来电提到的问题提供相关信息。

紧急服务号码的定义见第466条。

委托公司官员的定义见第531B条。

委托公共官员的定义见第531B条。

被豁免的网络用户指的是：

（a）个人：

（i）有资格使用网络单元提供传输服务；及

（ii）其资格直接或间接来自赋予电信运营商的权利。

（b）如果：

（i）警方或警务服务；或

（ii）火警；或

（iii）急救服务；或

（iv）规定中指明的紧急服务；

（首先反应的警力或服务队）使用网络单元的唯一或主要目的是实现下述其一或两个目的：

（v）首先反应的警力或服务队成员之间的交流；

（vi）首先反应的警力或服务队的成员与其他警力或服务队成员之间的交流，其他警力或服务人员指的是第（i）、（ii）、（iii）或（iv）款中所指的服务；

就（b）款而言，警力或服务队的雇员被认为是警力或服务队的一名成员。

设施指：

（a）电信网络基础设施的任一部分；或

（b）用于或供电信网络及其相关用途使用的任一线路、设备、仪器、天线杆、天线、隧道、管道、坑洞、杆架。

传真营销业指开展传真营销活动的行业。（定义如第109C条）

联邦法院指澳大利亚联邦法院。

固定无线电通信链接的定义见第 35 条。

直接关系圈的定义见第 23 条。

进口指进口到澳大利亚。

监察员的定义见第 533 条。

综合公共号码数据库方案指根据第 295A 条实施中的方案。

小区间切换功能的定义见第 33 条。

互联网服务供应商的定义和 1992 年无线电广播服务法附录 5 中的定义相同。

征税指依照 1997 年电信（公共服务税收）法征收的税。

线路指作为持续性的人造导向，用于通过导向电磁能的方式进行的通信传输服务的金属线、电缆、光纤、管道、导管、波导或其他物理介质。

线路链接的定义见第 30 条。

在列传输服务的定义见第 16 条。

营销传真指：

（a）发送至某个澳大利亚号码的营销传真（在 2006 年请勿致电登记法规定的意义之内）。

（b）发送至某个澳大利亚号码的传真（在 2006 年请勿致电登记法规定的意义之内），根据以下方面判断：

（i）传真的内容；及

（ii）传真的表达方式；

认为其目的或目的之一是：

（iii）进行民意调查；或

（iv）进行以标准问卷形式为基础的研究。

成员指 ACMA 的成员（但不包括协会成员）。

网络单元的定义见第2章第2节。

任命的电信运营商指任命运营商声明生效中的运营商。

任命运营商声明指基于第81条颁布的声明。

编号规划的定义见第455条。

所有人，在提到网络单元时，指合法拥有该单元的人（无论其单独所有还是与他人共有）。

人包括合作关系。

单点对多点服务指允许某人同时和多个终端用户进行通信的传输服务。

受保护的运营商信息的定义见第531B条。

公共团体指：

（a）联邦、州或领地；或

（b）联邦、州或领地的一个机构、单位；或

（c）股份有限公司，如果其股票获利完全为以下几类所有：

（i）联邦；

（ii）州；

（iii）领地；或

（d）担保股份有限公司，如果其成员与公司相关的利益和权力完全为以下几类所有：

（i）联邦；

（ii）州；

（iii）领地。

公共移动通信服务的定义见第32条。

无线电通信接收器的定义与1992年无线电通信法中的意思相同。

无线电通信发射器的定义与1992年无线电通信法中的意思相同。

运营紧急电话服务的被认可的人员的定义见第19条。

被认可的测试机构的定义见第 409 条。

记录保留规定指基于第 529 条的规定。

受限接收者规定指基于第 531N 条的规定。

星载设施指卫星上装载的无线电通信发射器或接收器。

服务供应商的定义见第 86 条。

服务供应商规定的定义见第 98 条。

标准问卷形式为基础的研究指要求受访者回答一个或一个以上标准问题的研究，但不包括：

（a）民意调查；或

（b）规定中明确指明的研究。

标准电话服务的定义见 1999 电信（消费者保护与服务标准）法第 6 条。

电信行业指以下几种情况：

（a）从事运营商业务；或

（b）从事传输服务供应商业务；或

（c）为在列传输服务提供商品或服务；或

（d）使用在列传输服务提供内容服务；或

（e）制造或进口客户设备或客户线路；或

（f）安装、维护、操作或提供访问给用于提供在列传输服务的：

（i）一个电信网络；或

（ii）一个设施。

电信行业巡视官的定义与 1999 电信（消费者保护与服务标准）法中的意思相同。

电信行业巡视官方案的定义与 1999 电信（消费者保护与服务标准）法中的意思相同。

电信网络指通过导向和（或）无导向电磁能进行或有能力进行通

信传输的某个或几个系统。

电话销售呼叫指：

（a）拨打至某个澳大利亚号码的电话销售呼叫（在 2006 年请勿致电登记法规定的意义之内）；或

（b）拨打至某个澳大利亚号码的语音电话（在 2006 年请勿致电登记法规定的意义之内），根据以下方面判断：

（i）电话的内容；及

（ii）电话的表达方式；

认为其目的或目的之一是：

（iii）进行民意调查；或

（iv）进行以标准问卷形式为基础的研究。

电话营销业指进行电话营销活动的行业（定义如第 109B 条）。

澳大利亚电信公司的定义与 1991 年澳大利亚电信公司法中的意思相同。

本法包括相关规定。

公共服务义务的定义与 1999 电信（消费者保护与服务标准）法中的意思相同。

船舶指任何表述方式上的船只，且包括：

（a）气垫船；及

（b）任何漂浮结构。

8　政府受法律约束

（1）本法律约束联邦、州、澳大利亚领土、北方领土及诺福克岛的政府。

（2）本法不使政府受到处罚或因违法而被起诉。

（3）第（2）条所述的保护内容不适用于政府机构。

9　适用的领土范围

本法适用于澳大利亚国内及国外。

10　外部领土的延伸

本法适用范围延伸至：

（a）圣诞岛；及

（b）科科斯群岛（又名“基林群岛”）；及

（c）规定的其他外部领土（如果存在）。

11　近岸海域的延伸

（1）本法适用范围包括以下地区的近岸海域：

（a）各州；及

（b）各合法领土；

本法中提到澳大利亚时包括上述近岸海域。本条款受制于条款（2）。

（2）符合条款（1）中提到的本法在近岸海域适用的情况，仅限于发生于下列过程中的行为、事件或与下列过程相关的情况：

（a）澳大利亚大陆架的开采；或

（b）澳大利亚大陆架资源的开采。

（3）条款（1）中提到的本法在近岸海域适用的情况包括任何人在近岸海域出于某种原因进行下列活动的一切行为或影响其相关活动的一切事件和环境：

（a）澳大利亚大陆架的开采；或

（b）澳大利亚大陆架资源的开采。

（4）本条（3）在默认情况下不限制本条（2）。

（5）本条中：

大陆架的定义与1973年海洋及海中陆地法中的意思相同。

近岸海域，就州或领地而言，其定义与2006年海洋石油及温室气体封存法中的意思相同。

11A 刑法的适用

刑法第2章（除第2.5章）适用于违反本法的一切行为。

注：刑法第2章规定了刑事责任能力的原则。

12 法律受制于无线电通信法

（1）本法效用受制于1992年无线电通信法。

（2）然而，为消除疑惑，1992年无线电通信法发布的授权并不保证该被授权者可以从事本法禁止其从事的行为，除非该授权要求其从事此行为。

13 合作关系的继续

就本法而言，合作关系组成部分的改变并不影响合作关系的继续。

14 受控传输服务，受控网络及受控设施

受控传输服务

（1）就本法而言，如果：

（a）一个运营商或传输服务供应商提供或意图提供传输服务；及

（b）传输服务包括或将包括使用运营商或供应商的受控网络或受控设施（视情况而定）；

则该传输服务为该运营商或供应商的受控传输服务（视情况而定）。

受控网络

(2) 就本法而言，如果：

(a) 一个运营商或传输服务供应商经营某个电信网络；及

(b) 该网络通过款（4）规定的地理测试；

则该网络为该运营商或供应商的受控网络（视情况而定）。

受控设施

(3) 就本法而言，如果：

(a) 一个运营商或传输服务供应商经营某个设施；及

(b) 该设施通过款（4）规定的地理测试；

则该设施为该运营商或供应商的受控设施（视情况而定）。

地理测试

(4) 就本节而言，满足下列条件时，电信网络或设施视为通过地理测试：

(a) 网络或设施的全部或部分（视情况需要）位于或将位于澳大利亚境内；或

(b) 满足以下所有条件；

(i) 个人或群体经营该网络或设施（视情况需要）；

(ii) 该人员或该群体中至少有一人将全部或部分在澳大利亚境内开展或即将开展电信相关的业务；

(iii) 该网络或设施（视情况需要），用于或将被用于提供在列传输服务或此类服务的附属及伴生服务。

定义

(5) 本条中：

电信相关业务指由下列内容组成或包含下列内容的业务：

(a) 提供传输服务；或

(b) 提供用于传输服务的商品或服务；或

(c) 提供内容服务；或

（d）安装、维护、操作或提供访问给：

（i）一个电信网络；或

（ii）一个设施。

15　内容服务

（1）就本法而言，内容服务是：

（a）无线电广播服务；或

（b）在线信息服务（如：拨号上网信息服务）；或

（c）在线娱乐服务（如：视频点播服务或互动电脑游戏服务）；或

（d）其他任何在线服务（如：由州或领地政府提供的教育服务）；或

（e）本章节中部长所作决议中特别指明的服务。

（2）部长可就款（1）（e）做书面决议。

（3）在《1901 年法律解释法》中，基于款（1）（e）所做的决议是可否决文书。

16　在列传输服务

（1）就本法而言，以下服务称为在列传输服务：

（a）在澳大利亚境内单点对单点，单点对多点的传输服务；

（b）单点对单点，单点对多点传输服务中，首次提到的单点一方在澳大利亚境内，其他一方中至少有一处在澳大利亚境外；

（c）单点对单点，单点对多点传输服务中，首次提到的单点一方在澳大利亚境外，其他一方中至少有一处在澳大利亚境内。

（2）就本条而言，点包括移动或潜在的移动地点，无论其在地面、地下、空中、外太空、水下、海上或其他任何地方。

（3）就本条而言，如果这个点：

（a）在空中；及

（b）在平流层或其之下；及

（c）在澳大利亚上空；

则被认为是在澳大利亚境内。

（4）就本条而言，如果这个点：

（a）在卫星上；及

（b）在平流层之上；

则被认为是在澳大利亚境外。

18 紧急电话服务接入

就本法而言，不认为个人接入了紧急电话服务，除非其试图拨打相关紧急服务电话号码，而且该呼叫能被建立并保持。

19 运营紧急电话服务的被认可的人员

（1）本法所指运营紧急电话服务的被认可的人员指的是：

（a）运营紧急电话服务的人员；及

（b）在本章节中，ACMA 书面决议中特别指明的：

（i）紧急电话服务全国运营商；或

（ii）紧急电话服务区域运营商。

（2）本条（1）（b）中的决议内容将在《公告》发表。

20 客户线路

（1）就本法而言，客户线路指依照规定被视为客户线路的线路。

（2）本条（1）所指规定可参照电信网络边界处理问题。

注：电信网络边界的定义见第 22 条。

（3）本条（2）在默认情况下不限制本条（1）。

（4）在本条（1）中，如无生效的相关规定，那么，就本法而言，客户线路指在某个电信网络边界的客户端使用或已安装完毕或将付诸使用的线路。

注：电信网络边界的定义见第 22 条。

21　客户设备

（1）本法中，客户设备指：

（a）任何设备、仪器、塔台、线杆、天线或其他结构或物品；或

（b）任何系统（无论是否基于软件）；

满足下列情况时：

（c）用于或已安装完毕或将付诸使用于传输服务；及

（d）根据相关规定被视为客户设备；

但不包括线路。

（2）本条（1）所指规定可参照电信网络边界处理问题。

注：电信网络边界的定义见第 22 条。

（3）本条（2）在默认情况下不限制本条（1）。

（4）在本条（1）中，如无生效的相关规定，那么，就本法而言，客户设备指：

（a）在某个电信网络边界的客户端使用或已安装完毕或将付诸使用的任何设备、仪器、塔台、线杆、天线或其他结构或物品；或

（b）在某个电信网络边界的客户端使用或已安装完毕或将付诸使用的任何系统（无论是否基于软件）；

但不包括：

（c）线路；或

（d）本项所说规定中特别指明的设备；或

（e）本项所说规定中特别指明的设备、仪器、塔台、线杆、天线或其他结构或物品；或

（f）本项所说规定中特别指明的系统（无论是否基于软件）。

注：电信网络边界的定义见第 22 条。

22　客户线路与客户设备——电信网络边界

（1）在第 20、21、30 条中，电信网络边界的界定必须与有关规定相符。

（2）本条（1）所指的规定可参照下列内容或其中之一处理问题：

（a）在相关规定中，两个或以上运营商之间所达成的协议条款；

（b）在相关规定中，两个或以上传输服务供应商之间所达成的协议条款；

（c）在相关规定中，运营商与传输服务供应商之间所达成的协议条款；

（d）在相关规定中，运营商与其客户之间所达成的协议条款；

（e）在相关规定中，传输服务供应商与其客户之间所达成的协议条款；

（3）本条（2）在默认情况下不限制本条（1）。

（4）在本条（1）中，如无生效的相关规定，那么，在第 20、21、30 条中，电信网络边界指的是：

（a）在某一电信网络通过进入某一建筑的线路向该建筑里的终端用户提供传输服务的情况下，客户与经营该网络的运营商或传输服务供应商达成一致的界点，或者，无法达成一致时：

（i）如果该建筑有主配线架，而且该线路接入此配线架，那么，指的是配线架最接近终端用户的一侧；或者

（ii）如果本条（i）不适用，但该线路接入一个距离该建筑相当接近的一个网络终端设备，那么，指的是该设备最接近终端用户的一侧；或者

（iii）如果本条（i）（ii）均不适用，但该线路接入该建筑的一个或多个插座，那么，指的是进入该建筑后的第一个插座距离终端用户最近的一侧；或者

（b）在某一电信网络通过以卫星为基础的设施，向终端用户所在的地点发送或从该地接收信号，提供传输服务的情况下，指的是以卫星为基础的设施的外表面；或

（c）当下列情况出现时：

（i）某一电信网络被用于向终端用户提供传输服务；及

（ii）（a）（b）的情况不适用时：

指的是最接近终端用户的用于或已安装完毕或将付诸使用于提供传输服务的固定设施的外表面。

（5）如果在 1997 年 7 月 1 日之前不久，通过进入某一建筑的线路向该建筑里的终端用户提供标准电话服务的电信网络的边界指的是主配线架或电话插座最接近终端用户的一侧，那么，（4）（a）在 1997 年 7 月 1 日或此后生效，相当于客户与经营该网络的运营商或传输服务供应商已就此边界点达成一致。

（6）本条（5）不阻止客户与运营商或传输服务供应商就另一边界点达成一致。

（7）在本条（4）中，建筑进入点指的是用于向建筑内的终端用户提供传输服务的线路，在即将进入建筑前，与该建筑外表面相接的地方。

（8）在本条中：

建筑包括结构、大篷车和移动房屋。

23　直接关系圈

（1）本法中，主体的直接关系圈包括主体本身，以及下列人员：

（a）如果主体是个人，包括该个人的雇员；

（b）如果主体是合作关系，包括该合作关系的雇员；

（c）如果主体是法人团体：

（i）包括该法人团体的职员；

（ii）如果另一法人团体与上述法人团体有关联（在 2001 年公司法所指的意义之内），包括另一法人团体及其职员；

（d）如果主体是联邦：

（i）包括联邦的机构单位（除了主要职能是开展业务的机构单位）以及此类单位机构的构成成员或雇员；

（ii）联邦官员或雇员；

（iii）澳大利亚国防军成员；

（iv）澳大利亚联邦警察成员；

（v）议会成员及议会成员的工作人员；

（vi）依照宪法或联邦法律拥有办公室职位或行使其职责的人员；

（e）如果主体是州；

（i）包括该州的机构单位（除了主要职能是开展业务的机构单位）以及此类单位机构的构成成员或雇员；

（ii）该州的官员或雇员；

（iii）该州的警察成员；

（iv）该州议会成员及议会成员的工作人员；

（v）依照该州法律拥有办公室职位或行使其职责的人员；

（f）如果主体是领地：

（i）包括该领地的机构单位（除了主要职能是开展业务的机构单位）以及此类单位机构的构成成员或雇员；

（ii）该领地的官员或雇员；

（iii）该领地的警察成员；

（iv）该领地立法大会成员及其成员的工作人员；

（v）依照该领地法律拥有办公室职位或行使其职责的人员；

（g）如果主体是联邦机构单位（除了主要职能是开展业务的机构单位）：

（i）包括该机构单位的构成成员或雇员；

（ii）联邦；

（iii）联邦官员或雇员；

（iv）澳大利亚国防军成员；

（v）澳大利亚联邦警察成员；

（vi）议会成员及议会成员的工作人员；

（vii）依照宪法或联邦法律拥有办公室职位或行使其职责的人员；

（viii）其他联邦机构单位（除了主要职能是开展业务的机构单位）及该机构单位的构成成员或雇员

（h）如果主体是联邦机构单位，其主要职能是开展业务，则包括该机构单位的构成成员或雇员；

（i）如果主体是州机构单位（除了主要职能是开展业务的机构单位）：

（i）包括该机构单位的构成成员或雇员；

（ii）该州；

（iii）该州的官员或雇员；

（iv）该州的警察成员；

（v）该州议会成员及议会成员的工作人员；

（vi）依照该州法律拥有办公室职位或行使其职责的人员；

（vii）该州的其他机构单位（除了主要职能是开展业务的机构单位）及该机构单位的构成成员或雇员；

（j）如果主体是州机构单位，其主要职能是开展业务，则包括该机构单位的构成成员或雇员；

（k）如果主体是领地的机构单位（除了主要职能是开展业务的机构单位），包括：

（i）该领地机构单位的构成成员或雇员；

（ii）该领地；

（iii）该领地的官员或雇员；

（iv）该领地的警察成员；

（v）该领地立法大会成员及其成员的工作人员；

（vi）依照该领地法律拥有官员职位或行使官员职责的人员；

（vii）该领地的其他机构单位（除了主要职能是开展业务的机构单位）及该机构单位的构成成员或雇员；

（l）如果主体是领地构单位，其主要职能是开展业务，则包括该机构单位的构成成员或雇员；

（m）如果主体是第三方教育机构，包括：

（i）第三方教育机构主管单位的成员；

（ii）第三方教育机构的职员或雇员；

（iii）第三方教育机构的学生；

（n）在基于本条（2）做出的决议中明确指明的人员。

（2）部长可以就本条（1）（n）做出书面决议指明相关人员。

（3）本条（2）中的决议可以是无条件的或者受限于决议中指明的条件（如果存在）。

（4）（1）（a）至（m）（含）在默认情况下不限制本条（2）（3）。

（5）部长可以做出书面决议决定指定的机构单位在本条（1）中被认为是以开展业务为主要职能。

（6）部长可以做出书面决议决定指定的机构单位在本条（1）中被认为是不以开展业务为主要职能。

（7）本条（2）（5）（6）中的决议据此而具有效力。

（8）在《1901年法律解释法》中，基于本条（2）（5）或（6）所做的决议是可否决文书。

（9）在本条中，拥有北方领土管理办公室职位或行使其职责的人员被认为是该领地的官员。

（10）在本条中，澳大利亚联邦警察被认为是澳大利亚首都特区的警力。

（11）在本条中：

主要职能，在与机构单位相关时，指的是除了次要职能或伴生职能之外的职能。

主管包括依据联邦、州或领地法律，出于公共目的成立的法人团体的构成成员。

执行官，在与法人团体相关时，指的是与该法人团体的管理相关或参与管理的人员，无论其具体头衔或是否为该团体主管。

职员，在与法人团体相关时，包括主管、秘书、执行官或该团体的雇员。

第三方教育机构指的是：

（a）高等教育学府（在1973年学生援助法规定的意义内）；或

（b）技术或再教育机构（在1973年学生援助法规定的意义内）。

24 使用一词的意义外延

除非出现不同的意思，在本法中，“使用”某样东西指的是下列任一情况：

（a）单独使用；或

（b）与其他一样或几样东西一起使用。

第 2 章　网络单元

第 1 节　纲　　要

25　纲要

以下是本节的纲要：

- 本节的目的是定义网络单元这一表达方式。
- 共有 4 种网络单元：
  (a) 连接澳大利亚不同位置的单线链接，其链接必须符合一定的最短距离要求；
  (b) 连接澳大利亚不同位置的多线链接，其链接必须符合一定的最短距离要求；
  (c) 指定的无线电通信设施；
  (d) 部长决议指定的设施。

第 2 节　基本定义

26　连接澳大利亚不同位置的单线链接

(1) 如果：

(a) 一个线路链接连接澳大利亚的不同位置；及

(b) 不同位置至少相隔法定距离以上；

则该线路链接为网络单元。

(2) 本条中，法定距离是：

(a) 500 米；或

(b) 如果相关规定中特别指明了更长的距离，但不超过 50 公里，则以该更长距离为准。

27　连接澳大利亚不同位置的多线链接

（1）如果：

（a）同一个人，或同几个人拥有 2 条或以上线路链接；及

（b）这些线路链接每一条都连接澳大利亚的不同位置；及

（c）这些不同位置相隔的距离相加超过法定距离；

则每一条线路链接都是一个网络单元。

注：法定距离的定义见本条（3）。

（2）如果：

（a）2 条或以上线路链接满足以下条件时：

（i）线路链接的所有者为法人团体；

（ii）线路链接的所有者皆为同一个相关公司团体的成员；及

（b）这些线路每一条都连接澳大利亚的不同位置；及

（c）这些不同位置相隔的距离相加超过法定距离；

则每一条线路链接都是一个网络单元。

注：法定距离的定义见本条（3）。

（3）在本条中，法定距离是：

（a）5 公里；或

（b）如果相关规定中特别指明了更长的距离，但不超过 50 公里，则以该更长距离为准。

（4）本条中：

所有者指法定或实益拥有人，所有（拥有）具有与此相关的意思。

相关公司团体指 2 个或 2 个以上法人团体组成的团体，其成员之间彼此相关。

（5）本条中，关于法人团体间是否相关的问题，将参照 2001 年公司法中解决该问题的方法解决。

28 指定的无线电通信设施

（1）如果一个指定的无线电通信设施被使用于为澳大利亚境内的一个地点同境外的一个或多个地点之间提供传输服务，则该设施为网络单元。

（2）无论其提供的服务是否包含：

（a）卫星的使用；或

（b）澳大利亚境外线路或其他设施的使用。

（3）本条中，地点包括移动或潜在的移动地点，无论其在地面、地下、空中、外太空、水下、海上或其他任何地方。

（4）本条中，如果这个地点：

（a）在空中；及

（b）在平流层或其之下；及

（c）在澳大利亚上空；

则被认为是在澳大利亚境内。

（5）本条中，如果这个地点：

（a）在卫星上；及

（b）在平流层之上；

则被认为是在澳大利亚境外。

29 部长决议指定的设施

（1）在本法中，部长可以通过书面文件认定特定设施为网络单元。

（2）该决议据此而具有效力。

（3）在《1901 年法律解释法》第 46A 条中，基于本节所做的决议是可否决文书。

（4）为消除疑惑，本章中的任何其他条款不能限制本条（1）赋予的权力。

第3节　相关定义

30　线路链接

（1）一条线路构成一个线路链接。

（2）如果：

（a）一条线路与其他线路连接；及

（b）其他线路构成一个线路链接或构成线路链接的一部分；

则上述第一次提到的线路，以及（b）中所指的线路链接一起构成一个线路链接。

（3）本条（2）是递归的，即，本条（2）（b）中所指的线路链接也包括由于采用了本条或其他内容而被认定为线路链接的线路。

（4）本条（2）中，一条线路与其他线路链接，当且仅当：

（a）这些线路彼此相连；或

（b）每条线路都连接到同一个（除了线路以外的）设施；

利用两条线路，或包含两条线路的设施进行通信传输，在其过程中，两条线路以一条线路的方式工作。

（4A）位于电信网络边界客户端的线路不构成任何线路链接。

注：电信网络边界的定义见第 22 条。

（5）线路以外的其他设施不构成任何线路链接。

31　指定的无线电通信设施

（1）本法中所指的指定的无线电通信设施是：

（a）用于提供公共移动通信服务的基站；或

（b）作为地面无线电通信客户接入网一部分的基站；或

（c）固定无线电通信链接；或

（d）以卫星为基础的设施；或

（e）基于本条（2）所作的决议中特别指明的无线电通信发射器；或

（f）基于本条（3）所作的决议中特别指明的无线电通信接收器；

但是：

（g）本条（5）中特别声明的基站不在本条所指之列；或

（h）本条（5）中特别声明的固定无线电通信链接不在本条所指之列；或

（i）本条（5）中特别声明的以卫星为基础的设施不在本条所指之列。

注 1：公共移动通信服务的定义见第 32 条。

注 2：作为地面无线电通信客户接入网一部分的基站的定义见第 34 条。

注 3：固定无线电通信链接的定义见第 35 条。

注 4：以卫星为基础的设施的定义见第 7 条。

（2）部长可就（1）（e）做出书面决议。

（3）部长可就（1）（f）做出书面决议。

（4）在《1901 年法律解释法》第 46A 条中，基于本条（2）或（3）所做的决议是可否决文书。

（5）部长可就（1）（g）、（h）或（i）做出书面声明。

（6）在《1901 年法律解释法》第 46A 条中，基于本条（5）所做的声明是可否决文书。

（7）为消除疑惑，本章中的任何其他条款不能限制本条（2）、（3）或（5）赋予的权力。

32　公共移动通信服务

（1）本法中，如果：

（a）终端用户能在持续移动的过程中使用传输服务；及

（b）用于提供服务或相关用途的客户设备没有同电信网络的任何部分有物理接触，并通过这样的方式提供服务；及

（c）利用拥有小区间切换功能的电信网络提供服务；及

（d）不属于被豁免的服务（定义见本条（2）、（3）或（4））；

则上述服务是公共移动通信服务。

（2）本条中，传输服务在下列情况下视为被豁免的服务：

（a）如果该服务的传输是通过连接入，除本条外的视为合格的网络单元的一个或多个线路链接或其他设施的电信网络（主要网络）进行。

（b）主要网络的首要功能是在连接入该主要网络的客户设备及其他设备间进行传输服务；及

（c）在此类设备与连接入网络单元的设备间进行的传输服务仅仅是主要网络的辅助职能；及

（d）虽然本条（a）中提到了网络连接，但主要网络不能作为单一事务被用于在连接入网络单元的设备同其他此类设备之间进行通信传输。

（3）本条中，传输服务在下列情况下视为被豁免的服务：

（a）单向的，存储并转发的通信服务；或

（b）具有上述相同功能的服务。

（4）本条中，如果传输服务的所有终端用户都位于同一地点则该服务为被豁免的服务。

（5）本条中：

合格的网络单元指满足下列条件的网络单元：

（a）所有者为一个或多个运营商；或

（b）与其相关的任命电信运营商声明仍然生效。

33 小区间切换功能

（1）本法中，电信网络被认为拥有小区间切换功能，当且仅当其

符合以下情况时：

（a）该网络设施包含至少 2 个基站，每个基站分别从客户设备（移动设备）发射及接收信号。而该用户设备满足以下条件：

（i）用于提供合格移动通信服务或相关用途；及

（ii）位于特定区域（一个小区）内；及

（b）当该网络为特定移动设备进行通信传输时，该网络包含完成下列任务必需的功能：

（i）决定设备应位于哪个小区并使该小区内的基站同设备间能够发射或接收信号；

（ii）当设备从一个小区转移至另一小区时，终止一个小区内的基站同设备间发射或接收信号，开启另一个小区内的基站同设备间发射或接收信号。

（2）本条中，传输服务在符合下列情况时，视为合格移动通信服务：

（a）终端用户在持续移动的过程中能够使用该服务；及

（b）用于提供服务或相关用途的用户设备没有同电信网络的任何部分有物理接触，并通过这样的方式提供服务。

34　当基站是地面无线电通信客户接入网络的一部分时

（1）本法中，一个基站当且仅当满足下列情况时，被视为地面无线电通信客户接入网络的一部分：

（a）该基站是某个电信网络的一部分；及

（b）该基站不是被豁免的基站（定义见本条（2））；及

（c）该基站被用于提供传输服务或相关用途；及

（d）用于传输服务或与此相关的客户设备同电信网络的任何部分没有物理接触，并使用该种方式提供服务；及

（e）每个终端用户在以下环境中完全地或主要地使用该服务：

（i）在终端用户占用或使用的处所；或

（ii）在上述处所相邻的地方；及

（f）该网络没有小区间切换功能；及

（g）满足相关规定中的特殊条件（如果有）；及

（h）该网络不是被豁免的网络（定义见本条（3））。

（2）（1）（b）中，如果广播电台使用所述基站的唯一用途是下列之一，则该基站为被豁免的基站：

（a）向公众提供广播服务；或

（b）利用原始广播服务主运营商的信号提供二级传输服务；

或二者兼有。

（3）（1）（h）中，符合下列情况的网络为被豁免的网络：

（a）使用该网络的唯一目的是提供非商业传输服务；或

（b）符合相关规定中特别指明的要求。

（4）本条中：

广播电台指：

（a）澳大利亚广播公司；或

（b）澳大利亚特殊广播服务公司；或

（c）基于1992年无线电广播服务法颁发的执照的持有者；或

（d）依据1992年无线电广播服务法颁发的类别执照提供无线电广播服务的提供方。

35　固定无线电通信链接

（1）本法中，符合下列情况的设施或设施组合为固定的无线电通信链接：

（a）该设施或组合被用于以无线电通信的方式在2个或2个以上固定地点间提供传输服务或相关用途；及

（b）部分或全部通信传输利用具有双端互连（定义见本条（3））特性的设施或组合；及

（c）该设施或组合不包含以下内容：

（i）作为地面无线电通信客户接入网络的一部分的一个或多个基站；或

（ii）如果 34（1）（h）没有颁布，可能被视为上述网络一部分的一个或多个基站。

（2）本条中，固定地点指的是：

（a）陆地上的一个固定地点；或

（b）地面上的建筑或结构。

（3）本条中，如果：

（a）通信传输是通过除本条外的被视为合格网络单元的线路链接或其他设施进行；及

（b）利用无线电通信在 2 个或 2 个以上固定地点间进行通信传输（即时或延时不超过 30 秒）；及

（c）利用除本条外的被视为合格网络单元的另一线路链接或其他设施进行通信传输（即时或延时不超过 30 秒）；

则（b）中所指的通信视为具有双端互连特性。

（4）本条中：

合格的网络单元指：

（a）该网络单元的所有者为一个或多个运营商；或

（b）与其相关的任命电信运营商声明仍然生效。

第 4 节 不同位置

36 不同位置——基本规则

（1）两个位置被认定为是不同位置除非基于本条（2）、（3）或（4）判定其处于相同区域。

（2）如果位置均位于同一产业内（定义见第 37 条），则其处于相同区域。

（3）如果位置所处的产业分别是组合区域（见第 38 条）的一部分，且符合下列情况时，判定其处于相同区域：

（a）同一个人或群体是构成该组合区域的所有产业的主要使用者（定义见第 39 条）；或

（b）基于第 40 条生效中的决议，该组合区域在本项中为合格的组合区域。

（4）如果位置均处于同一合法领土内，则其处于相同区域。

（5）本节此后的条款仅对本节产生影响。

37 产业

（1）一块区域的土地被视为产业，如果：

（a）该区域具有单一自由保有权或租赁保有权（无论该权利是否依据州或领地法律就土地利益进行登记）；及

（b）该区域的任何部分均没有被所有人出租；及

（c）该区域的所有权定义参照地理坐标。

（2）如果：

（a）某区域土地具有单一自由保有权或租赁保有权（如（1）(a)）；及

（b）该区域的部分而非全部被所有人出租；

那么，某块土地在符合下列情况时：

（c）全部位于本款（a）中提到的区域中；

（d）该土地的任何部分没有被出租。

视为产业，除非该土地是其他类似区域的一部分。

（3）除本条规定外的其他土地区域不被视为产业。

（4）在本节中，相关规定可以规定在何种情况下，具有单一自由保有权或租赁保有权的土地区域不构成产业。

（5）尽管（1）（c）有说明，但相关规定可以规定在何种情况下，所有权不参照地理坐标定义的土地区域视为产业。

（6）本条中：

土地包括处所及处所的一部分，但不包括未转让的国家土地。

出租包括转租，租赁保有权也包含相应的意思。

38　组合区域

（1）2 个邻近的产业构成组合区域。

（2）如果：

（a）一个产业邻近另一个产业；且

（b）另一个产业构成某组合区域的一部分；

则上文第一次提到的产业与（b）中提到的组合区域共同构成一个组合区域。

（3）本条（2）是递归的，就是说，本条（2）（b）中所指的组合区域也包括由于采用了本条或其他内容而被认定为组合区域的区域。

39　产业的主要使用者

（1）产业的主要使用者是指：

（a）该产业占用者；或

（b）该使用者依照该产业的唯一或主要用途使用该产业。

（2）但是，如果 2 方或 2 方以上：

（a）共同占用某一产业；或

（b）共同依照该产业的唯一或主要用途使用该产业；

那么，这 2 方被视为同为该产业的主要使用者。

40　合格的组合区域

（1）在 36（3）（b）中，部长可以通过书面的形式决定指定区域为合格的组合区域。

（2）在《1901 年法律解释法》第 46A 节中，基于本条（1）所做的决议是可否决文书。

第 3 章　电信运营商

第 1 节　纲　　要

41　纲要

以下是本章的纲要：

- 用于向公众提供传输服务的网络单元的所有者必须持有运营商执照，除非：
  （a）与该网络单元相关的任命电信运营商声明仍然生效；或
  （b）适用于某豁免情况。
- 运营商执照由 ACMA 颁发。
- 运营商执照持有者被视为电信运营商。
- 如果某网络单元的责任由网络单元所有者转移至运营商，ACMA 可做出任命电信运营商声明以声明该运营商是该网络单元相关的任命运营商。
- 运营商执照受条件限制。

第2节　运营商相关禁令

42　没有运营商执照或任命运营商声明不得使用网络单元

（1）如果网络单元为唯一所有者所有，该所有者不得单独或连同其它个人或群体使用该网络单元向公众提供传输服务，除非：

（a）该所有者持有运营商执照；或

（b）与该网络单元相关的任命运营商声明仍然生效。

（2）如果网络单元为唯一所有者所有，该所有者不得同意或允许他人使用该网络单元向公众提供传输服务，除非：

（a）该所有者持有运营商执照；或

（b）与该网络单元相关的任命运营商声明仍然生效。

（3）如果2方或2方以上共同拥有网络单元，任一所有者不得单独或连同其它个人或群体使用该网络单元向公众提供传输服务，除非：

（a）该所有者持有运营商执照；或

（b）与该网络单元相关的任命运营商声明仍然生效。

（4）如果2方或2方以上共同拥有网络单元，任一所有者不得单独或连同其它所有者同意或允许他人使用该网络单元向公众提供传输服务，除非：

（a）该所有者持有运营商执照；或

（b）与该网络单元相关的任命运营商声明仍然生效。

（5）违反款（1）、（2）、（3）或（4）的将被判有罪并处以不超过基本罚金20，000倍的罚款。

注：参见1914年刑法第4AA和4B条。

43　持续罪行

违反第42条者在违反行为持续的每日（包括依据本条作出判决日或此后的任何一日）中还犯有其他罪行。

44　向公众提供

（1）本条指明了在何种情况下，一个网络单元可被认定为第42条中所指的用来向公众提供传输服务。

（2）如果一个网络单元：

（a）仅有唯一所有者；且

（b）不存在与此单元相关的生效中的任命运营商声明；且

（c）满足下列任一条件：

（i）用于在2个终端用户间进行通信传输，其中每个终端用户都处于该网络单元所有者的直接关系圈之外；

（ii）用于向终端用户提供单点对多点服务，其中至少一名终端用户处于该网络单元所有者的直接关系圈之外；

（iii）用于向一名或多名终端用户提供（除单点对多点服务外的）指定内容服务，其中至少一名终端用户处于该网络单元所有者的直接关系圈之外；

则该网络单元被用于向公众提供传输服务。

（3）如果一个网络单元：

（a）有2个或2个以上所有者；且

（b）不存在与此单元相关的生效中的任命运营商声明；且

（c）满足下列任一条件：

（i）用于在2个终端用户间进行通信传输，其中每个终端用户都处于该网络单元所有者的直接关系圈的重叠部分之外；

（ii）用于向终端用户提供单点对多点服务，其中至少一名终端用户处于该网络单元所有者的直接关系圈的重叠部分之外；

（iii）用于向一名或多名终端用户提供（除单点对多点服务外的）指定内容服务，其中至少一名终端用户处于该网络单元所有者的直接关系圈的重叠部分之外；

则该网络单元被用于向公众提供传输服务。

（4）如果一个网络单元：

（a）与其相关的任命运营商声明仍然生效；且

（b）满足下列任一条件：

（i）用于在 2 个终端用户间进行通信传输，其中每个终端用户都处于该网络单元任命运营商的直接关系圈之外；

（ii）用于向终端用户提供单点对多点服务，其中至少一名终端用户处于该网络单元任命运营商的直接关系圈之外；

（iii）用于向一名或多名终端用户提供（除单点对多点服务外的）指定内容服务，其中至少一名终端用户处于该网络单元任命运营商的直接关系圈之外；

则该网络单元被用于向公众提供传输服务。

（5）在本条中，终端用户除非满足下列条件，否则被认定为处于网络单元所有者直接关系圈的重叠部分之外：

（a）处于每一个单元所有者的直接关系圈之内；或

（b）是该单元的所有者，或所有者之一。

（6）本条中，指定内容服务指的是在部长做出的书面决议中特别指明的内容服务。

（7）在《1901 年法律解释法》中，基于本条（6）所做的决议是可否决文书。

45 例外情况——国防

（1）如果某网络单元的唯一用途是国防组织或其代表方出于国防目的进行必要或可取的通信传输，则第42条不适用于该单元。

（2）如果：

（a）某网络单元的主要用途是国防组织或其代表方出于国防目的进行必要或可取的通信传输；且

（b）该网络的其他用途是由一个或多个运营商，或一个或多个被豁免的网络用户用于提供传输服务及（或）内容服务；

则第42条不适用于该单元。

（3）本条中：

国防组织指：

（a）国防部；或

（b）澳大利亚国防军；或

（c）外国组织，如果其：

（i）职能相当于国防部或澳大利亚国防军的职能或部分职能；且

（ii）经由联邦政府授权在澳大利亚或外部领土进行活动或训练；或

（d）上述此类组织或团体的一部分。

46 例外情况——情报活动

第42条不适用于完全或主要为下列机构所使用的网络单元：

（a）澳大利亚秘密情报局；或

（b）澳大利亚安全情报组织。

47 例外情况——运输部门

(1) 如果某网络单元的唯一用途是澳大利亚航空公司出于航空服务运作的目的进行必要或可取的通信传输，则第 42 条不适用于该单元。

(2) 如果某网络单元的唯一用途是州或领地的运输部门进行必要或可取的通信传输，以保证下列服务（之一）运作，则第 42 条不适用于该单元：

(a) 部门提供的火车服务；

(b) 部门提供的公共汽车或其他陆路服务；

(c) 部门提供的电车服务。

(3) 如果某网络单元的唯一用途是铁路公司出于火车服务运作的目的进行必要或可取的通信传输，则第 42 条不适用于该单元。

(4) 第 42 条不适用于符合下列情况的网络单元：

(a) 如果该网络单元的主要用途是澳大利亚航空公司出于航空服务运作的目的进行必要或可取的通信传输；且

(b) 该网络的其他用途是由一个或多个运营商，或一个或多个被豁免的网络用户用于提供传输服务及（或）内容服务。

(5) 第 42 条不适用于符合下列情况的网络单元：

(a) 如果某网络单元的主要用途是州或领地的运输部门进行必要或可取的通信传输，以保证下列服务（之一）运作：

(i) 部门提供的火车服务；

(ii) 部门提供的公共汽车或其他陆路服务；

(iii) 部门提供的电车服务；且

(b) 该网络的其他用途是由一个或多个运营商，或一个或多个被豁免的网络用户用于提供传输服务及（或）内容服务。

(6) 第 42 条不适用于符合下列情况的网络单元：

（a）如果某网络单元的主要用途是铁路公司出于火车服务运作的目的进行必要或可取的通信传输；且

（b）该网络单元的其他用途是由一个或多个运营商，或一个或多个被豁免的网络用户用于提供传输服务及（或）内容服务。

（7）本条中：

铁路公司指管理或运营下列内容（之一）的法人团体：

（a）铁路运输服务；

（b）铁路运输基础设施。

48 例外情况——无线电广播服务

（1）如果：

（a）某网络单元的唯一用途是进行必要或可取的通信传输，以实现下列目的（之一）：

（i）向公众提供无线电广播服务；

（ii）利用原始广播服务主运营商的信号提供二级传输服务；且

（b）该单元不包含用于在下列两者间进行通信传输的设施，或由其构成：

（i）电缆传输系统的输入端；及

（ii）终端用户用于接收无线电广播服务的设备；且

（c）该单元的构成部分不包含向其目标观众发射广播服务信号的发射器；

则第42条不适用于该单元。

（2）如果：

（a）某网络单元的主要用途是进行必要或可取的通信传输，以实现下列目的（之一）：

（i）向公众提供无线电广播服务；

（ii）利用原始广播服务主运营商的信号提供二级传输服务；且

（b）该单元不包含用于在下列两者间进行通信传输的设施，或由其构成：

（i）电缆传输系统的输入端；及

（ii）终端用户用于接收无线电广播服务的设备；且

（c）该单元的构成部分不包含向其目标观众发射广播服务信号的发射器；且

（d）该单元的其他用途是由一个或多个运营商，或一个或多个被豁免的网络用户用于提供传输服务及（或）内容服务；

则第 42 条不适用于该单元。

（3）如果某线路链接的唯一用途是用于 1992 年无线电广播服务法 212（1）（a）或（b）中提到的重新发射，则本法第 42 条不适用于该线路链接。

（4）如果：

（a）某线路链接的主要用途是用于 1992 年无线电广播服务法 212（1）（a）或（b）中提到的重新发射；且

（b）该线路链接的其他用途是由一个或多个运营商，或一个或多个被豁免的网络用户用于提供传输服务及（或）内容服务；

则本法第 42 条不适用于该线路链接。

（4A）本条无视 1992 年无线电广播服务法第 212（3）条。

（5）本条中：

无线电广播发射器指用于传输无线电广播服务或相关用途的无线电通信发射器。

电缆传输系统的输入端指符合下列情况的设施：

（a）连接入某个线路链接；且

（b）用于传输无线电广播服务或相关用途；且

（c）处理通过线路链接向拥有接收此服务适当设备的终端用户传输的信号。

49　例外情况——电力供应系统

（1）如果某网络单元的唯一用途是由电力供应系统进行必要或可取的通信传输，以实现下列目的（之一）：

（a）管理电力的生产、传输、分配或供应；或

（b）收取供电费用；

则第42条不适用于该单元。

（2）如果：

（a）某网络单元的主要用途是由电力供应系统进行必要或可取的通信传输，以实现下列目的（之一）：

（i）电力的生产、传输、分配或供应；或

（ii）收取供电费用；且

（b）该单元的其他用途是由一个或多个运营商，或一个或多个被豁免的网络用户用于提供传输服务及（或）内容服务；

则第42条不适用于该单元。

（3）本条中：

电力供应系统指开展以下业务或执行以下职能的部门或法人团体：

（a）电力的生产、传输、分配或供应；或

（b）管理电力的生产、传输、分配或供应。

50　例外情况——之前法律授权的线路链接

（1）如果：

（a）某线路链接的构成设施，其基于1975年电信法13（1）（a）的授权在该法被废除前不久仍然生效；且

（b）该线路链接的唯一用途如授权所述且符合授权所指明的任何条件；

则本法第 42 条不适用于该线路链接。

（2）如果：

（a）某线路链接的构成设施，其基于 1975 年电信法 13（1）（a）的授权在该法被废除前不久仍然生效；且

（b）该线路链接的主要用途如授权所述且符合授权所指明的任何条件；且

（c）该线路链接的其他用途是由一个或多个运营商，或一个或多个被豁免的网络用户用于提供传输服务及（或）内容服务；

则本法第 42 条不适用于该线路链接。

（3）如果某线路链接的构成设施：

（a）安装于 1989 年电信法第 45 条被废止之前；且

（b）在该条被废止前不久，被该条允许保留及运作；

则本法第 42 条不适用于该线路链接。

（4）如果：

（a）某线路链接的构成设施，其基于 1989 年电信法第 46 条的授权在该法被废除前不久仍然生效；且

（b）该线路链接的唯一用途如授权所述且符合授权所指明的任何条件；

则本法第 42 条不适用于该线路链接。

（5）如果：

（a）某线路链接的构成设施，其基于 1989 年电信法第 46 条的授权在该法被废除前不久仍然生效；且

（b）该线路链接的主要用途如授权所述且符合授权所指明的任何条件；且

（c）该线路链接的其他用途是由一个或多个运营商，或一个或多个被豁免的网络用户用于提供传输服务及（或）内容服务；

则本法第 42 条不适用于该线路链接。

（6）如果：

（a）某线路链接的构成设施，其基于 1991 年电信法第 108 条的授权在该法被废除前不久仍然生效；且

（b）该线路链接的唯一用途如授权所述且符合授权所指明的任何条件；

则本法第 42 条不适用于该线路链接。

（7）如果：

（a）某线路链接的构成设施，其基于 1991 年电信法第 108 条的授权在该法被废除前不久仍然生效；且

（b）该线路链接的主要用途如授权所述且符合授权所指明的任何条件；且

（c）该线路链接的其他用途是由一个或多个运营商，或一个或多个被豁免的网络用户用于提供传输服务及（或）内容服务；

则本法第 42 条不适用于该线路链接。

51　例外情况——部长决议

（1）部长可通过书面文件的形式决定第 42 条不适用于：

（a）特定的网络单元；或

（b）特定的人员；或

（c）某网络单元的特定用途。

（2）本条中的决议可以是无条件的或者受限于决议中指明的条件（如果存在）。

（3）本条中的决议据此而具有效力。

（4）在《1901 年法律解释法》第 46A 条中，基于本条所做的决议是可否决文书。

第 3 节　运营商执照

52　运营商执照的申请

可向 ACMA 申请运营商执照的有：

（a）宪法公司；或

（b）合法的合作关系；或

（c）公共团体。

53　申请形式（等）

申请必须：

（a）以书面形式；且

（b）按照 ACMA 批准的书面格式。

53A　提交给通讯访问协调员的申请副本

（1）ACMA 必须向通讯访问协调员提交申请副本。

（2）在第 56A 和 59 条中，当通讯访问协调员收到申请副本后，该申请才被认为已被 ACMA 接收。

54　申请收费

申请须缴纳依据 1997 年电信（运营商执照收费）法第 2 章收取的费用（如果有）。

55　进一步信息

（1）ACMA可以在申请提交后的20个工作日内，要求申请者，在要求的期限内，向ACMA提供有关申请的进一步信息。

（2）在申请者向ACMA提供此信息前，ACMA可以拒绝考虑申请者的申请。

（3）本条中：

工作日指ACMA在澳大利亚首都特区及维多利亚州的办公日。

56　执照发放

（1）在对申请进行研究后，ACMA可发放与申请相应的运营商执照。

（2）发放执照时，ACMA须以书面形式通知申请者已向其发放执照。

（3）发放执照时，ACMA须在《公告》上发表通知说明已发放执照。

56A　与通讯访问协调员协商

（1）ACMA必须在与通讯访问协调员协商申请后发放执照。

（2）在ACMA收到执照申请的15个工作日内，通讯访问协调员可以以书面形式通知ACMA其不需要就该申请进行更多的协商。该通知不可被撤回。

注：据53A条，当通讯访问协调员收到申请副本后，该申请才被认为已被ACMA接收。

（3）在ACMA收到执照申请的15个工作日内，通讯访问协调员可以以书面形式通知ACMA：

（a）在通知生效期间，ACMA不得发放运营商执照；及

（b）指明通知的有效期（除非被提早撤回），该有效期不超过3个月。

但是，如果通讯访问协调员此前已依据本条（2）就该申请发出通

知，其不能再发出本条（3）所述的通知。

（4）在基于本条（3）或本款发出的通知生效期间，通讯访问协调员可在任何时间以书面形式进一步通知 ACMA：

（a）在通知生效期间，ACMA 不得发放运营商执照；及

（b）指明通知的有效期（除非被提早撤回）。该通知的有效期最长不超过通知发出之日后的 3 个月或基于本条（3）的通知发出之日后的 12 个月。

（5）通讯访问协调员可以以书面通知的形式向 ACMA 撤回基于本条（3）或（4）发出的通知。

（6）在撤回就某申请的通知后，通讯访问协调员不能再依据本条（3）或（4）发出进一步通知。

（7）ACMA 必须向申请者提供其收到的通讯访问协调员依据本条（3）、（4）或（5）发出的每一个通知的副本。

（8）在依据本条（3）或（4）发出的通知生效期间，ACMA 不得发放运营商执照。

（9）本条中：

工作日指 ACMA 在澳大利亚首都特区及维多利亚州的办公日。

57　运营商执照基于本法生效

（1）运营商执照基于本法生效。

（2）本条中：

本法包括 1999 年电信（消费者保护与服务标准）法及基于此的相关规定。

58　执照的拒发——不合格的申请者

（1）如果申请者在 ACMA 临做出决定时不合格，ACMA 可以拒绝

发放运营商执照。

法人团体不合格的情况

（2）本条中，法人团体在符合下列情况时，被认为在某特定时期（测试期）不合格：

（a）在测试期之前的任何时候，该法人团体持有的运营商执照依据 72（1）或（2）被吊销；或

（b）在测试期之前的任何时候，该法人团体所在的合作关系持有的运营商执照依据 72（1）或（2）被吊销；或

（c）在测试期间，以下任何个人不合格：

（i）法人团体的主管；

（ii）法人团体的秘书；

（iii）与该法人团体的管理相关或参与管理的人员（无论其具体头衔或是否为该团体主管）。

个人不合格的情况——未缴年费

（3）在款（2）中，个人在符合下列情况时，被认为在某特定时期（测试期）不合格：

（a）在测试期之前的任何时候，某法人团体或合作关系由于未能全额缴纳 72（1）中所述的费用导致其持有的运营商执照依该条款被吊销；及

（b）就某个法人团体而言，当 72（1）中所述的费用到期时，该个人为：

（i）该法人团体的主管；或

（ii）该法人团体的秘书；或

（iii）与该法人团体的管理相关或参与管理的人员（无论其具体头衔或是否为该团体主管）；及

（c）就某个合作关系而言，当 72（1）中所述的费用到期时，该

个人为：

（i）该合作关系的雇员；及

（ii）与该合作关系的管理相关或参与管理的人员；及

（d）该个人：

（i）协助、唆使、建议或促成该法人团体或合作关系未能缴款；或

（ii）以任何方式，因作为或不作为，直接或间接地，故意牵连于或参与该法人团体或合作关系未能缴款的事实。

个人不合格的情况——未缴公共服务税

（4）在款（2）中，个人在符合下列情况时，被认为在某特定时期（测试期）不合格：

（a）在测试期之前的任何时候，某法人团体或合作关系由于未能全额缴纳 72（2）中所述的费用导致其持有的运营商执照依该条款被吊销；及

（b）就某个法人团体而言，当 72（2）中所述的税收到期时，该个人为：

（i）该法人团体的主管；或

（ii）该法人团体的秘书；或

（iii）与该法人团体的管理相关或参与管理的人员（无论其具体头衔或是否为该团体主管）；及

（c）就某个合作关系而言，当 72（2）中所述的税收到期时，该个人为：

（i）该合作关系的雇员；及

（ii）与该合作关系的管理相关或参与管理的人员；及

（d）该个人：

（i）协助、唆使、建议或促成该法人团体或合作关系未能缴款；或

（ii）以任何方式，因作为或不作为，直接或间接地，故意牵连于

或参与该法人团体或合作关系未能缴款的事实。

合作关系不合格的情况

（5）在本条中，合作关系在符合下列情况时，被认为在某特定时期（测试期）不合格：

（a）在测试期之前的任何时候，该合作关系持有的运营商执照依据 72（1）或（2）被吊销；或

（b）在测试期间，任何一个合作方被认定为不合格；或

（c）在测试期间，符合下列情况的个人被认定为不合格时：

（i）该合作关系的雇员；及

（ii）与该合作关系的管理相关或参与管理的人员。

本条不限制拒发运营商执照的依据

（6）本条在默认情况下不限制 ACMA 拒绝发放运营商执照的依据。

58A　执照的拒发——安全问题

（1）如果司法部长，在同总理及管理本法的部长协商后，认为向某特定人员发放运营商执照将对安全产生危害，司法部长可以通过书面形式指示 ACMA 不得发放该执照。

（2）ACMA 必须遵循本条（1）所述的指示。

（3）本条中，当指示生效时：

（a）ACMA 不得重新考虑已经强制性拒绝发放的执照；及

（b）行政上诉法庭也不得受理要求对强制性拒绝发放执照的决定进行重审的申请。

（4）当司法部长依据本条向 ACMA 做出指示时，执照申请正在处理中，则该申请将被终止。

注：73A 说明申请费用的退还。

（5）本条中：

强制性拒绝指除了依据56A或本条拒绝发放执照外，其他拒绝发放执照的情况。

安全问题的定义与1979年澳大利亚安全情报组织法中的意思相同。

59　申请处理时限

期限前未做出决定表示执照申请未通过

（1）如果ACMA在下列所述的期限之前没有发放或拒绝发放运营商执照，则视为在该期限日期结束时，ACMA拒绝发放该执照。

情况1：不存在第55条所述的要求或生效中的第56A条所述的通知

（2）如果：

（a）ACMA没有提出第55条所述的要求；且

（b）在申请日后的第20个工作日结束时，不存在生效中的第56A条所述的通知；

那么，时间期限为申请日后的第20个工作日。

情况2：不存在第55条所述的要求但存在生效中的第56A条所述的通知

（3）如果：

（a）ACMA没有提出第55条所述的要求；且

（b）在申请日后的第20个工作日结束时，存在生效中的第56A条所述的通知；

那么，时间期限为第56A条终止日后的第5个工作日。其中，第56A条终止日指在第56A条所述的通知失效后的第20个工作日后的第一天。

情况3：遵照第55条所述的要求，但不存在生效中的第56A条所

述的通知

（4）如果：

（a）ACMA 提出了第55条所述的要求；且

（b）该要求得到遵照；且

（c）在该要求得到遵照之日后的第10个工作日结束时，不存在生效中的第56A条所述的通知；

那么，时间期限为该要求得到遵照之日后的第10个工作日。

情况4：遵照第55条所述的要求且存在生效中的第56A条所述的通知

（5）如果：

（a）ACMA 提出了第55条所述的要求；且

（b）该要求得到遵照；且

（c）在该要求得到遵照之日后的第10个工作日结束时，存在生效中的第56A条所述的通知；

那么，时间期限为第56A条终止日后的第5个工作日。其中，第56A条终止日指在第56A条所述的通知失效后的第10个工作日后的第一天。

情况5：第55条所述的要求没有得到遵照且不存在生效中的第56A条所述的通知

（6）如果：

（a）ACMA 提出了第55条所述的要求；且

（b）该要求没有得到遵照；且

（c）在上述要求指定的日期之后的第10个工作日结束时，不存在生效中的第56A条所述的通知；

那么，时间期限为上述要求指定的日期之后的第 10 个工作日。

情况 6：第 55 条所述的要求没有得到遵照且存在生效中的第 56A 条所述的通知

（7）如果：

（a）ACMA 提出了第 55 条所述的要求；且

（b）该要求没有得到遵照；且

（c）在上述要求指定的日期之后的第 10 个工作日结束时，存在生效中的第 56A 条所述的通知；

那么，时间期限为第 56A 条终止日后的第 5 个工作日。其中，第 56A 条终止日指在第 56A 条所述的通知失效后的第 10 个工作日后的第一天。

（8）本条中：

申请日指 ACMA 收到执照申请之日。

注：根据 53A，当通讯访问协调员收到申请副本后，该申请才被认为已被 ACMA 接收。

工作日指 ACMA 在澳大利亚首都特区及维多利亚州的办公日。

第 55 条所述的要求指依据第 55 条就执照申请做出的要求。

第 56A 条所述的通知指依据 56A（3）或（4）就执照申请发出的通知。

60 拒绝申请的通知

如果 ACMA 拒绝发放运营商执照，ACMA 必须以书面形式通知该申请者申请被拒绝。

61 附录 1 中指明的运营商执照条件

（1）运营商执照受限于附录 1 中指明的条件。

（2）在澳大利亚国会就关于重审61A（1）的报告进行讨论的最后一天之后的任何时候，部长可以书面形式，声明附录1第8章在指定的日期停止生效。该指定日期不得早于议会可能根据《2003年立法文书法案》第42条通过驳回该声明的决议的最后一天。

注：重审61A（1）必须在2009年7月1日前进行。

（3）款（2）中的声明据此而具有效力。

（4）就《2013年立法文书法案》法而言，本条（2）中的声明是法律文书。

61A　2009年7月1日前重审关于澳大利亚电信公司拆分运营的条件

（1）2009年7月1日前，部长必须促成就附录1第8章的执行进行重审。

（2）款（1）所述重审必须与下列问题相关：

（a）电信市场的竞争情况；

（b）澳大利亚电信公司是否在任何电信市场具有相当程度的权力；

（c）对电信市场的竞争产生（或极可能将产生）重大影响的技术发展；

（d）澳大利亚电信公司为提供批发型的合格服务所做的商业激励；

（e）执行附录1第8章的成本或收益。

（3）部长必须就款（1）所述重审提交报告。

（4）在报告完成后，部长必须在每届议会开会期间的15日内将报告提交议会讨论。

（5）本条中：

合格服务的定义与1974年贸易惯例法第152AL条中的意思相同。

电信市场上相当程度的权力的定义与1974年贸易惯例法第XIB章中的意思相同。

电信市场的定义与1974年贸易惯例法第XIB章中的意思相同。

62　1974年贸易惯例法第152AZ条规定的运营商执照条件

运营商执照受限于1974年贸易惯例法第152AZ条中规定的条件。

注：1974年贸易惯例法第152AZ条处理标准接入义务。

63　部长声明的运营商执照条件

适用于每个运营商执照的条件

（1）部长可以，以书面形式，声明每个运营商执照都受限于声明中指定的条件。

适用于指定的现存运营商执照的条件

（2）部长可以，以书面形式，声明某个指定的运营商执照受限于声明中指定的条件。

注：执照可以通过名称指定，或包含于某指定条款，或用其他方式指定。

适用于指定的将发放的运营商执照的条件

（3）部长可以，以书面形式，声明当运营商执照在指定时期发放给指定人员时，该执照受限于声明中的指定条件。

声明的生效

（4）本条中的声明据此而具有效力。

条件的变更

（5）部长可以，以书面的形式，变更本条（1），（2）或（3）中的声明。

条件的撤销

（6）部长可以，以书面的形式，撤销本条（1）、（2）或（3）中的声明。

条件的告知——现存执照

（7）一旦部长基于本条（1）、（2）、（5）或（6）做出的声明可以实行，部长必须向执照持有者提供声明副本。

条件的告知——将发放的执照

（8）一旦部长基于本条（3）就某执照做出的声明可以实行，部长必须向该执照的申请者提供声明副本。

条件未告知不影响其有效性

（9）违反本条（7）或（8）不影响声明的有效性。

刊登公告

（10）本条（1）、（2）、（3）、（5）或（6）中所述声明将刊登在《公告》上。

生效日期——现存执照

（11）本条（1）、（2）、（5）或（6）中所述声明的生效日期为：

（a）该声明在《公告》上发表当日；或

（b）如果声明中指定了更晚的日期，则以该日期为准。

生效日期——将发放的执照

（12）本条（3）中所述的声明在其相关执照发放之时开始生效。

可否决文书

（13）本条（1）、（2）、（3）、（5）或（6）中所述声明，在《1901年法律解释法》第46A节中，是可否决文书。

64 关于执照条件声明的协商

（1）在依据本条63（1）（2）（5）或（6）就某执照做出声明前，部长必须首先：

（a）促成以书面通知形式向执照持有者提供声明草案，并邀请持有者就草案向部长申诉；及

（b）对在上述通知指明的时间期限内收到的任何申述进行考虑。

（2）本条（1）中通知指明的时间期限必须不少于 30 天。

（3）在依据本条 63（3）就某执照做出声明前，部长必须首先：

（a）促成以书面通知形式向执照申请者提供声明草案，并邀请申请者就草案向部长申诉；及

（b）对在上述通知指明的时间期限内收到的任何申述进行考虑。

65　关于外国所有权或控制的条件

（1）运营商执照的条件可以与该持有者的外国所有权或受控制（直接或间接）的程度有关。

（2）本条（1）在默认情况下不对依据第 63 条做出的条件声明有所限制。

67　运营商执照条件——特殊条款

（1）运营商持有执照的条件受限于依 1992 年电信法颁发给该运营商的授权其从事某项活动的执照条款。

（2）运营商持有执照的条件可取消或限制该运营商依本法条款（作为运营商或其他身份）可能享有的权利或特权。

（3）本条中：

本法包括 1999 年电信（消费者保护与服务标准）法及其下设规定。

68　遵守条件

（1）运营商不得违反其所持有的运营商执照附带的条件。

（2）个人不得：

（a）协助、唆使、建议或促成违反本条（1）的行为；或

（b）诱使，无论通过威胁、承诺或其他手段，违反本条（1）的行

为；或

（c）以任何方式，直接或间接地，故意牵连于或参与违反本条（1）的行为；或

（d）与他人合谋对违反本条（1）的行为产生影响。

（3）本条（1）和（2）是民事处罚条款。

注：第 31 章说明了违反民事处罚条款将受到的处罚。

69　补救指示——违反条件

（1）如果运营商违反了或正在违反其持有的运营商执照附带的条件，则适用于本条。

（2）ACMA 可以向运营商提供书面指示，要求运营商采取指定的行动以保证其不会违反条件，或在将来不可能违反条件。

（3）下列是本条（2）中所述提供给运营商的指示的例子：

（a）要求运营商采取有效的管理机制以监督执照附带条件的遵守情况；

（b）要求运营商采取有效机制保证其雇员、代理及承包人充分知晓并理解所持执照附带条件中对其产生影响的要求。

（4）运营商不得违反本条（2）所述的指示。

（5）本条（1）不适用于附录 1 第 1 章中所列的条件，只要该条件与第 369 条相关。

注：第 369 条处理第 367 条下的行为准则。

（6）本条（1）不适用于附录 1 第 3 章、第 4 章中所列的条件。

注：附录 1 第 3 章、第 4 章处理访问辅助设施及网络信息的问题。

（7）本条（1）不适用于 1974 年贸易惯例法第 152AZ 条中的条件。

注：1974 年贸易惯例法第 152AZ 条处理标准接入义务。

（8）基于本条（2）所做的指示，就《2003 年立法文书法案》而

言，不是法律文书。

69A　补救指示——澳大利亚电信公司违反运营拆分相关的条件

（1）如果澳大利亚电信公司违反了或正在违反附录 1 第 8 章中列出的条件，则适用于本条。

（2）ACCC 可以向澳大利亚电信公司提供书面指示，要求其采取指定的行动以保证其不会违反条件，或在将来不可能违反条件。

（3）下列是本条（2）中所述提供给澳大利亚电信公司的指示的例子：

（a）要求澳大利亚电信公司采取有效的管理机制以监督条件的遵守情况；

（b）要求澳大利亚电信公司采取有效机制保证其雇员、代理及承包人充分知晓并理解所持执照附带条件中对其产生影响的要求。

（4）澳大利亚电信公司不得违反本条（2）所述的指示。

（5）基于本条（2）所做的指示，就《2003 年立法文书法案》而言，不是法律文书。

（6）本条并不限制第 69 条。

69B　澳大利亚竞争法庭对澳大利亚竞争与消费者委员会（ACCC）提供的补救指示的重审

申请重审

（1）如果 ACCC 向澳大利亚电信公司提供了 69A 条所述的指示，澳大利亚电信公司可以向澳大利亚竞争法庭申请重审该指示。

（2）依据本条要求重审 69A 条所述指示的申请必须：

（a）以书面形式；及

（b）在 ACCC 做出指示后的 7 日内提出。

重审

（3）如果澳大利亚竞争法庭收到了申请要求依据本条重审69A条所述指示，那么澳大利亚竞争法庭必须重审该指示。

重审裁决

（4）在重审69A条所述指示后，澳大利亚竞争法庭可做出裁决：

（a）维持该指示；或

（b）驳回该指示；或

（c）驳回该指示并做出取代原有指示的新指示；或

（d）更改该指示；

并且，在重审中，澳大利亚竞争法庭可以行使ACCC的一切职能及权力。

（5）澳大利亚竞争法庭做出的裁决：

（a）维持69A条所述指示；或

（b）驳回69A条所述指示；或

（c）驳回69A条所述指示并做出取代原有指示的新指示；或

（d）更改69A条所述指示；

在本法（除本条外），被认定为ACCC做出的裁决。

重审的执行

（6）澳大利亚竞争法庭在依据本条进行重审时，主持重审的法庭成员可以要求ACCC向法庭提交其指定的信息、报告或提供其他协助。

（7）重审中，澳大利亚竞争法庭可以留意ACCC在做出被重审的第69A条所述指示时收到的任何信息，文件或证据。

（8）为消除疑惑，本条中，1974年贸易惯例法第IX章第2条适用于澳大利亚竞争法庭之前的程序。

70　正式警告——违反条件

（1）如果运营商违反了其所持有的运营商执照附带的条件，ACMA

可发出正式警告。

（2）本条（1）不适用于附录 1 第 1 章中所列的条件，只要该条件与第 369 条相关。

注：第 369 条处理第 367 条下的行为准则。

（3）本条（1）不适用于附录 1 第 3 章、第 4 章中所列的条件。

注：附录 1 第 3 章、第 4 章处理访问辅助设施及网络信息的问题。

（4）本条（1）不适用于 1974 年贸易惯例法第 152AZ 条中的条件。

注：1974 年贸易惯例法第 152AZ 条处理标准接入义务。

（5）如果运营商违反了其所持执照附带的下列任一条件，ACCC 可以发出正式警告：

（a）附录 1 第 1 章中所列的条件，只要该条件与第 369 条相关；

（b）附录 1 第 3 章、第 4 章中所列的条件；

（ba）如果该运营商是澳大利亚电信公司，附录 1 第 8 章中所列的条件；

（c）1974 年贸易惯例法第 152AZ 条中所列的条件。

（6）（5）（ba）不限制本条（1）。

71　放弃运营商执照

运营商可以向 ACMA 提交书面通知，放弃所持有的运营商执照。

72　取消运营商执照

未缴年费

（1）如果运营商在年费到期日或之前未能全额缴纳年费，ACMA 可以取消其持有的运营商执照。其中，年费指依据 1997 年电信（运营商执照收费）法第 3 章收取的费用。

未缴公共服务税

（2）如果运营商在税款到期日或之前未能全额缴纳税款，ACMA 可以取消其持有的运营商执照。

注：税如第 7 条所述指依照 1997 年电信（公共服务税收）法征收的税。

变成不合格的法人团体

（3）如果运营商执照持有者变成不合格的法人团体（意思见第 58 条），那么 ACMA 可以取消其执照。

变成不合格的合作关系

（4）如果运营商执照持有者变成不合格的合作关系（意思见第 58 条），那么 ACMA 可以取消其执照。

不再是宪法公司、合格的合作关系或公共团体

（5）如果，在某个时期，运营商执照的持有者不符合下列任何情况：

（a）宪法公司；

（b）合格的合作关系；

（c）公共团体；

则其执照被认定为在当时已被取消。

与审议中的执照取消相关的申诉

（6）ACMA 不得依据本条（1）、（2）、（3）或（4）取消运营商执照，除非其首先：

（a）以书面通知的形式告知运营商：

（i）提议取消其执照；及

（ii）邀请该运营商就 ACMA 的提议进行申诉；及

（b）对在上述通知指明的时间期限内收到的任何申述进行考虑。

时间期限

（7）本条（6）中通知指明的时间期限必须不少于 7 天。

取消的告知

（8）ACMA 必须以书面通知的形式告知运营商执照持有者其所持有的执照已被取消。

73　与运营商执照相关的费用

定义

（1）本条中：

年费指依据 1997 年电信（运营商执照收费）法第 3 章收取的费用。

申请费指依据 1997 年电信（运营商执照收费）法第 2 章收取的费用。

滞纳金指依据本条（4）中的决议以罚款的方式支付的费用。

何时缴纳申请费

（2）提交运营商执照申请的同时必须缴纳申请费。

何时缴纳年费

（3）年费缴纳时间在 ACMA 所做的书面决议中指明。

滞纳金

（4）如果年费到期后仍未缴纳，ACMA 可以书面形式决定当事人应当以罚款的方式向联邦政府缴纳滞纳金。滞纳金为即时起未缴的部分的一定比例。其比例如下：

（a）每年 20%；或

（b）如果指明了更低比例，则以该比例为准；

决议的效力

（5）本条（4）的决议据此而具有效力。

免除罚款

（6）本条（4）中的决议可以授权 ACMA 做出免除全部或部分滞纳金的决定。

费用及滞纳金的支付

（7）年费、申请费及滞纳金均向代表联邦政府的 ACMA 支付。

费用及罚款的回收

（8）ACMA 可以代表联邦政府回收年费、申请费及滞纳金，作为联邦政府的欠款。

向联邦政府支付

（9）以年费、申请费或滞纳金形式收取的费用必须支付给联邦政府。

可否决文书

（10）在《1901 年法律解释法》第 46A 节中，基于本条（3）或（4）所做的决议是可否决文书。

73A　申请费的返还

（1）本条款适用于申请运营商执照时缴纳的申请费，如果：

（a）该申请依据 58A 被终止；或

（b）该申请被拒绝且该决定没有被驳回的任何可能。

（2）ACMA 必须代表联邦政府将申请费退还申请者。

（3）国家财政账户可用于支付本条所述款项。

（4）本条中：

申请费指依据 1997 年电信（运营商执照收费）法第 2 章收取的费用。

74　代表联邦政府收取费用

ACMA 可以同他人签订协议，由他人依照协议代表联邦政府收取依据 1997 年电信（运营商执照收费）法征收的费用。

75　免收费用特定情况的取消

（1）本条可取消依照他法的条款免征 1997 年电信（运营商执照收

费）法所规定的费用的情况。

（2）但是，如果他法的此类条款是在本条生效之后制定的，且明确指向 1997 年电信（运营商执照收费）法规定的费用，则本取消条款不适用。

76 联邦政府不应缴费

（1）联邦政府不应支付 1997 年电信（运营商执照收费）法规定的费用。

（2）本条所指联邦政府包括根据联邦法律，不能要求其向联邦政府缴纳税款的政府机关。

第 4 节 任命运营商声明

77 任命运营商声明的申请

运营商可以就一个或多个指定的网络单元向 ACMA 申请任命运营商声明。

注：网络单元可以通过名称指定，或包含于某指定条款，或用其他方式指定。

78 申请费用（等）

（1）提交申请的同时必须：

（a）缴纳依据 2005 年澳大利亚通讯与媒体管理局法第 60 条所作决议规定的费用（如果有）；及

（b）征得该网络单元（每一个）所有者的同意；及

（c）选出在本法中就该单元承担责任的申请者。

（2）本条中：

本法包括1999年电信（消费者保护与服务标准）法及其下设规定。

79 申请格式（等）

申请表，同意书及选举结果必须：

（a）以书面形式提交；及

（b）按照ACMA批准的书面格式。

80 进一步信息

（1）ACMA可以要求申请者，在要求的期限内，向ACMA提供有关申请的进一步信息。

（2）在申请者向ACMA提供此信息前，ACMA可以拒绝考虑申请者的申请。

81 做出任命运营商声明

（1）在对申请进行考虑后，如果下列情况符合ACMA的要求，ACMA可以以书面形式声明该申请者是某网络单元的任命运营商：

（a）在做出声明后，该申请者将履行作为该网络单元任命运营商必须履行的一切义务；及

（b）本声明将不会阻碍本法的有效执行。

（2）ACMA只能就某网络单元任命一个运营商。

（3）ACMA必须向下列人员提供声明副本：

（a）申请者；及

（b）该网络单元的（每一个）所有者。

（4）该声明的副本将发表在《公告》上。

（5）本条中：

本法包括1999年电信（消费者保护与服务标准）法及其下设规定。

81A 任命运营商的义务

（1）如果某任命运营商在任何时候不再拥有或运营某网络单元，本法视其仍然拥有或运营该网络单元并适用于该任命运营商。

（2）本条（1）不影响本法适用于拥有或运营该网络单元的其他人。

（3）本条中：

本法包括 1999 年电信（消费者保护与服务标准）法及其下设规定。

82 拒绝申请的通知

如果 ACMA 拒绝做出任命运营商声明，ACMA 必须以书面形式通知：

（a）该申请者；及

（b）该网络单元的（每一个）所有者。

83 任命运营商声明的撤销

（1）ACMA 可以以书面形式撤销就某任命运营商做出的任命运营商声明，如果 ACMA 认为或假设一旦该任命运营商提交申请，其申请将会被驳回。

（2）ACMA 必须以书面形式撤销就某任命运营商及某个或多个网络单元做出的任命运营商声明，如果：

（a）该网络单元的所有者或所有者之一以书面通知的形式告知 ACMA 其不同意该声明继续执行；或

（b）任命运营商以书面通知的形式告知 ACMA 其不接受在本法中就该单元承担责任。

（3）ACMA 必须向下列人员提供撤销决定的副本：

（a）前任命运营商；及

（b）相关网络单元的（每一个）所有者。

（4）撤销决定的副本必须发表在《公报》上。

（5）基于本条（1）、（2）的撤销决定在该决定指明的日期开始生效。

（6）ACMA不得依据款（1）撤销任命运营商声明，除非其首先：

（a）向任命运营商提交书面通知：

（i）提议取消该声明；及

（ii）邀请该任命运营商就ACMA的提议进行申诉；及

（b）对在上述通知指明的时间期限内收到的任何申述进行考虑。

（7）本条（6）中，通知指明的时间期限不少于7天。

（8）本条中：

本法包括1999年电信（消费者保护与服务标准）法及其下设规定。

第5节　任命运营商声明及运营商执照的登记

84　任命运营商声明及运营商执照的登记

（1）ACMA将维护包括下列内容的登记记录：

（a）目前生效中的所有任命运营商声明；及

（b）目前生效中的所有运营商执照；及

（c）上述执照的所有附带条件。

（2）登记记录可以以电子形式维护。

（3）个人可以在支付2005年澳大利亚通讯与媒体管理局法第60条所规定的费用（如果有）后：

（a）查看该登记记录；及

（b）制作该记录的副本或摘取部分记录。

（4）本条中，如果登记记录以电子形式进行维护，个人被认定为制作了该记录的副本或摘取了部分记录，如果ACMA向其提供了该记录或该记录相关部分的打印内容。

（5）如果个人要求以电子形式提供副本，ACMA 可以用下列方式提供相关信息：

（a）通过数据处理设备；或

（b）以电子传输的方式。

第 4 章　服务供应商

第 1 节　纲　　要

85　纲要

以下是本章的纲要：

- 服务供应商是：
  （a）传输服务供应商；或
  （b）内容服务供应商。
- 传输服务供应商指的是提供或意图提供特定的传输服务的人。
- 内容服务供应商指的是提供或意图提供特定的内容服务的人。
- 服务供应商必须遵守服务供应商规定。

第 2 节　服务供应商

86　服务供应商

本法中，服务供应商是：

（a）传输服务供应商；或

（b）内容服务供应商。

注 1：传输服务供应商的定义见第 87 条。

注 2：内容服务供应商的定义见第 97 条。

第3节　传输服务供应商

87　传输服务供应商

基本定义

（1）本法中，如果个人或团体通过下列设施向公众提供或意图提供某在列传输服务：

（a）一个或多个运营商拥有的网络单元；或

（b）与生效中的任命运营商声明相关的网络单元；

则该个人或团体为传输服务供应商。

国际传输服务供应商

（2）本法中，如果：

（a）个人或团体通过下列设施向公众提供或意图提供某在列传输服务：

（i）连接澳大利亚境内某处与境外某处的线路链接；或

（ii）以卫星为基础的设施；及

（b）该传输服务如16（1）（b）或（c）所述；

则该个人或团体为传输服务供应商。

被豁免网络单元的二级使用者

（3）本法中，如果：

（a）某供应商或被豁免的网络用户提供下列条款中提到的任何传输服务：

（i）45（2）（b）；

（ii）47（5）（b）；

（iii）47（6）（b）；

（iv）47（7）（b）；

（v）47（8）（b）；

（vi）48（2）（d）；

（vii）48（4）（b）；

（viii）49（2）（b）；

（ix）50（2）（c）；

（x）50（5）（c）；

（xi）50（7）（c）；及

（b）该传输服务向公众提供；

则该运营商或被豁免的网络用户，视情况而定，被视为传输服务供应商。

获声明的传输服务供应商

（4）部长可以，以书面形式，声明提供或意图提供某特定在列传输服务的特定人员在本法中为传输服务供应商。基于本款的声明据此而具有效力。

注：《1901 年法律解释法》第 46（2）条就特定类别进行了说明。

中介

（5）本法中，如果：

（a）某个人或团体（第一方），为报酬，安排或意图安排向第三方提供某传输服务供应商的在列传输服务；及

（b）如果第一方提供该传输服务，将依据款（1）或（2）被认定为传输服务供应商；及

（c）第一方与第三方之间的商业关系（全部或部分）受支配或即将受支配于第一方与第三方之间关于持续提供该服务过程中一项或多项事务的协议（无论该服务是否处于或将处于可轻易确定的时期）；及

（d）款（8）中的决议所指明的条件（如果有）都得到满足；

则该个人或团体为传输服务供应商。

注：根据第7条，传输服务中介定义为本款认定为传输服务供应商的个人或团体。

（6）（5）（a）中，第一方是否作为代理人为下列人员签订协议没有任何影响：

（a）传输服务供应商；或

（b）第三方；或

（c）其他任何人。

（7）（5）（a）所述报酬不包括以雇员身份收到的酬金。

（8）部长可以做出（5）（d）中所述的书面决议。

可否决文书

（9）在《1901年法律解释法》第46A条中，基于本条（4）或（8）的文件是可否决文书。

88 向公众提供

（1）本条说明了依据87（1）、（2）及（3），某传输服务在什么情况下被认定为向公众提供。

（2）如果：

（a）某传输服务用来在2个终端用户间进行通信传输；及

（b）每个终端用户均处于服务提供者的直接关系圈之外；

则该服务是向公众提供的。

（3）如果：

（a）某传输服务用来向终端用户提供单点对多点服务；及

（b）至少有一名终端用户处于服务提供者的直接关系圈之外；

则该服务是向公众提供的。

（4）如果：

（a）某传输服务用来向终端用户提供（除单点对多点服务外的）指定内容服务；及

（b）至少有一名终端用户处于服务提供者的直接关系圈之外；

则该服务是向公众提供的。

（5）本条中，指定内容服务指的是在部长做出的书面决议中特别指明的内容服务。

（6）在《1901 年法律解释法》第 46A 条中，基于本条（5）的决议是可否决文书。

89　定义之例外——客户位于同一处所

（1）如果：

（a）传输服务提供者在特定处所管理其业务或开展的其他活动；及

（b）该业务或活动是该处所的唯一或主要使用目的；及

（c）该服务的所有客户都物理存在于该处所；

则 87（1）及（2）不适用于该传输服务。

（2）本条中：

处所包括：

（a）土地；及

（b）位于同一地区的一组建筑。

90　定义之例外——国防

（1）如果某传输服务的唯一或主要用途是国防组织或其代表方出于国防目的进行必要或可取的通信传输，则 87（1）及（2）不适用于该传输服务。

（2）本条中：

国防组织指：

（a）国防部；或

（b）澳大利亚国防军；或

（c）外国组织，如果其：

（i）职能相当于国防部或澳大利亚国防军的职能或部分职能；且

（ii）经由联邦政府授权在澳大利亚或外部领土进行活动或训练；或

（d）上述此类组织或团体的一部分。

91　定义之例外——情报活动

87（1）及（2）不适用于完全或主要为下列机构所使用的传输服务：

（a）澳大利亚秘密情报局；或

（b）澳大利亚安全情报组织。

92　定义之例外——运输部门

（1）如果某传输服务的唯一或主要用途是澳大利亚航空公司出于航空服务运作的目的进行必要或可取的通信传输，则 87（1）及（2）不适用于该服务。

（2）如果某传输服务的唯一或主要用途是州或领地的运输部门进行必要或可取的通信传输，以保证下列服务运作，则 87（1）及（2）不适用于该服务：

（a）部门提供的火车服务；

（b）部门提供的公共汽车或其他陆路服务；

（c）部门提供的电车服务。

（3）如果某传输服务的唯一或主要用途是铁路公司出于火车服务运作的目的进行必要或可取的通信传输，则 87（1）及（2）不适用于该服务。

（4）本条中：

铁路公司指管理或运营下列内容（之一）的法人团体：

（a）铁路运输服务；

（b）铁路运输基础设施。

93 定义之例外——无线电广播服务

（1）如果：

（a）某传输服务的唯一或主要用途是进行必要或可取的通信传输，以实现下列目的（之一）：

（i）向公众提供无线电广播服务；

（ii）利用原始广播服务主运营商的信号提供二级传输服务；且

（b）上述通信不是：

（i）在电缆传输系统的输入端与终端用户用于接收无线电广播服务的设备间进行；或

（ii）通过无线电广播发射器向其目标观众发射广播服务信号；

则87（1）及（2）不适用于该服务。

（2）如果某传输服务的唯一或主要用途是用于1992年无线电广播服务法212（1）（a）或（b）中提到的重新发射，则87（1）及（2）不适用于该服务。

（2A）本条无视1992年无线电广播服务法第212（3）条。

（3）本条中：

无线电广播发射器指用于传输无线电广播服务或相关用途的无线电通信发射器。

电缆传输系统的输入端指符合下列情况的设施：

（a）连接入某个线路链接；且

（b）用于传输无线电广播服务或相关用途；且

（c）处理通过线路链接向拥有接收此服务适当设备的终端用户传输的信号。

94　定义之例外——电力供应系统

（1）如果某传输服务的唯一或主要用途是由电力供应系统进行必要或可取的通信传输，以实现下列目的（之一）：

（a）管理电力的生产、传输、分配或供应；或

（b）收取供电费用；

则本条 87（1）不适用于该服务。

（2）本条中：

电力供应系统指开展以下业务或执行以下职能的部门或法人团体：

（a）电力的生产、传输、分配或供应；或

（b）管理电力的生产、传输、分配或供应。

95　定义之例外——部长决议

（1）部长可通过书面文件的形式决定某指定的合法定义条款不适用于：

（a）特定的传输服务；或

（b）特定的人员。

注：《1901 年法律解释法》第 46（2）条就特定类别进行了说明。

（2）本条中的决议可以是无条件的或者受限于决议中指明的条件（如果存在）。

（3）本条中的决议据此而具有效力。

（4）在《1901 年法律解释法》第 46A 条中，基于本条所做的决议是可否决文书。

（5）本条中，下列条款均为合法的定义条款：

（a）87（1）；

（b）87（2）；

（c）87（3）；

（d）87（5）。

96　豁免于特定的管理条款——部长决议

（1）部长可以，以书面文件的形式，决定某特定的管理条款不适用于作为指定传输服务供应商的特定人员。其中，指定传输服务供应商指 87（4）或（5）中所述的传输服务供应商。

注：《1901 年法律解释法》第 46（2）条就特定类别进行了说明。

（2）本条中的决议可以是无条件的或者受限于决议中指明的条件（如果存在）。

（3）本条中的决议据此而具有效力。

（4）在《1901 年法律解释法》第 46A 条中，基于本条所做的决议是可否决文书。

（5）本条中，管理条款指：

（a）本法中；或

（b）任何其他联邦法律中；

包含传输服务供应商内容的条款。

第 4 节　内容服务供应商

97　内容服务供应商

（1）本法中，如果个人或团体使用或意图使用在列传输服务向公众提供内容服务，则该个人或团体为内容服务供应商。

（2）在本条（1）中，当且仅当至少一名内容服务的终端用户位于内容服务提供者的直接关系圈之外时，该内容服务被认定为向公众提供。

第 5 节　服务供应商规定

98　服务供应商规定

（1）本法中，服务供应商规定包括以下：

（a）附录 2 所述规定；

（b）基于第 99 条生效中的服务供应商决议中所述的规定（如果有）。

（2）本法中，除了本条（1）所述的规定，服务供应商规定还包括 1974 年贸易惯例法第 152BA（2）条中所述规定。

注：1974 年贸易惯例法第 152BA（2）条规定传输服务供应商必须遵守其适用的任何标准接入义务。

99　服务供应商决议

（1）ACMA 可以就提供下列服务（之一），以书面决议的形式陈述适用于服务供应商的规定：

（a）指定的传输服务；

（b）指定的内容服务。

该决议称为服务供应商决议。

（2）服务供应商决议的效力范围仅为：

（a）由宪法 51（v）授权（单独或连同宪法 51（xxxix））；或

（b）同时：

（i）由宪法第 122 条授权；及

（ii）如果宪法第 51 条内容延伸至澳大利亚领地，该决议将获得宪法 51（v）授权（单独或连同宪法 51（xxxix））。

（3）ACMA 不得做出服务供应商决议，除非该决议与相关规定或第 346 条中指明的问题有关。

（4）在做出服务供应商决议前，ACMA 必须同 ACCC 协商。

（5）服务供应商决议可以准许 ACMA 以管理者的身份作决定以就某特定问题制定条款。

（6）在《1901 年法律解释法》第 46A 节中，服务供应商决议是可否决文书。

100　服务供应商规定的免除

（1）部长可以书面文件决定某指定服务供应商豁免于服务供应商规定。

（2）部长可以书面文件决定某指定服务供应商豁免于指定的服务供应商规定。

（3）本条中的决议可以是无条件的或者受限于决议中指明的条件（如果存在）。

（4）本条中的决议据此而具有效力。

（5）在《1901 年法律解释法》第 46A 条中，基于本节所做的决议是可否决文书。

101　服务供应商必须遵守服务供应商规定

（1）服务供应商必须遵守其所适用的服务供应商规定。

注：服务供应商规定的定义见第 98 条。

（2）个人不得：

（a）协助、唆使、建议或促成违反本条（1）的行为；或

（b）诱使，无论通过威胁、承诺或其他手段，违反本条（1）的行为；或

（c）以任何方式，直接或间接地，故意牵连于或参与违反本条（1）的行为；或

（d）与他人合谋对违反本条（1）的行为产生影响。

（3）本条（1）及（2）为民事处罚条款。

注：第31章说明了违反民事处罚条款将受到的处罚。

102　补救指示——违反服务供应商规定

（1）如果某服务供应商已经违反或正在违反服务供应商规定，则本条适用。

（2）ACMA可以向供应商提供书面指示，要求供应商采取指定的行动以保证其不会违反规定，或在将来不可能违反规定。

（3）下列是本条（2）所述提供给供应商的指示的例子：

（a）要求供应商采取有效的管理机制以监督供应商规定的遵守情况；

（b）要求供应商采取有效机制保证其雇员、代理及承包人充分知晓并理解供应商规定中对其产生影响的要求。

（4）供应商不得违反本条（2）所述的指示。

（5）本条（1）不适用于附录2第1章中所列的规定，只要该规定与第369条相关。

注：第369条处理第367条下的行为准则。

（6）本条（1）不适用于1974年贸易惯例法第152BA（2）条中所列的规定。

注：1974年贸易惯例法第152BA（2）条规定传输服务供应商必须遵守其适用的任何标准接入义务。

（7）基于本条（2）所做的指示，就《2003 年立法文书法案》而言，不是法律文书。

103　正式警告——违反服务供应商规定

（1）如果某人违反了服务供应商规定，ACMA 可发出正式警告。

（2）本条（1）不适用于附录 2 第 1 章中所列的规定，只要该规定与第 369 条相关。

注：第 369 条处理第 367 条下的行为准则。

（3）本条（1）不适用于 1974 年贸易惯例法第 152BA（2）条中所列的规定。

注：1974 年贸易惯例法第 152BA（2）条规定传输服务供应商必须遵守其适用的任何标准接入义务。

（4）ACCC 可就违反 1974 年贸易惯例法第 152BA（2）条中所列的规定发出正式警告。

（5）ACCC 可就违反附录 2 第 1 章中所列的规定发出正式警告，只要该规定与第 369 条相关。

第 5 章　电信运营商及传输服务提供商表现的监督

104　纲要

以下是本章的纲要：

- ACMA 将监督并每年向部长汇报与运营商及传输服务供应商表现相关的重大事宜。
- ACMA 将受部长指示监督并汇报与运营商及传输服务供应商表现相关的特定事宜。

105　表现监督——年度报告

（1）ACMA 必须监督并于每财政年向部长汇报与下列人员表现相

关的一切重大问题：

（a）运营商；及

（b）传输服务供应商；

内容包括：

（c）客户满意度；及

（d）客户利益；及

（e）服务质量。

（2）在执行本条（1）所述职能时，ACMA 必须参考其认为适当的世界最佳执业表现指标。本款在默认情况下不限制本条（1）。

（3）本条（1）所述报告必须指出下列具体内容：

（a）运营商及传输服务供应商提供下列服务的效率：

（i）传输服务；或

（ii）附带商品；或

（iii）附带服务；

（b）由运营商或传输服务供应商提供的下列内容的充足性及质量：

（i）传输服务；或

（ii）账单服务；或

（iii）账单信息服务；或

（iv）附带商品；或

（v）附带服务；

（c）各运营商或传输服务供应商是否充分遵守第 6 章规定的义务；

（d）各运营商或传输服务供应商是否充分遵守：

（i）第 6 章登记的准则；及

（ii）第 6 章确定的标准；

（e）是否充分遵守 1999 年电信（消费者保护与服务标准）法第 2 章规定的义务；

（ea）1999 年电信（消费者保护与服务标准）法第 2 章及第 5 章的执行；

（f）ACMA 认为适当的与运营商或传输服务供应商表现相关的其他事项。

（4）ACMA 必须监督并于每财政年向部长汇报传输服务供应商，依据 1999 年电信（消费者保护与服务标准）法第 5 章，为履行义务，清偿债务所采取的方法的适当性与充分性。

（5A）ACMA 必须监督并于每财政年向部长汇报第 14 章及第 15 章的执行情况以及遵守这两章中的要求所需的成本。

（6）ACMA 必须在每财政年结束后，尽快向部长提交款（1）、（4）或（5A）中所述的报告。

（7）在收到款（1）、（4）或（5A）中所述的报告后，部长必须在每届议会开会期间的 15 日内提交该报告。

（8）本条中：

附带商品指与传输服务相关的商品。

附带服务指与传输服务相关的服务。

105A　表现的监督——额外报告

（1）ACMA 必须遵照部长的书面指示监督并汇报与运营商及传输服务供应商表现相关的特定事宜。

（2）ACMA 必须向部长提交本条（1）所述报告：

（a）如果（b）不适用，在指示指明的特定时间结束后尽快提交；

（b）如果指示要求报告在某特定时间前提交，则以该指定时间为准。

第 6 章　行业准则与行业标准

第 1 节　纲　　要

106　纲要

以下是本章的纲要。

- 电信业、电子营销业、电话营销业以及传真营销业的各个代表团体和协会可以制定行业准则。
- 行业准则可以在 ACMA 登记。
- 行业准则自愿遵守，除非 ACMA 要求电信业、电子营销业、电话营销业以及传真营销业的某一特定参与者必须遵守该准则。
- 当行业准则不存在或不完善时，ACMA 保留制定行业标准的权力。
- 行业标准是强制遵守的。

第 2 节　解　　释

107　行业准则

本章中，行业准则指依据本章制定的准则（无论其是否应本章所述要求而制定）。

108　行业标准

本章中，行业标准指依据本章制定的标准。

108A　电子信息服务供应商

（1）本章中，如果个人或团体向公众提供，或意图提供电子信息服务，则该个人或团体为电子信息服务供应商。

（2）款（1）中，当且仅当至少一名终端用户位于服务提供者的直接关系圈之外时，该服务被认定为向公众提供。

（3）本条中：

电子信息的意思与2003 年反垃圾邮件法中的意思相同。

电子信息服务指发送或接收下列电子信息（之一）的服务：

（a）网络电子邮件；

（b）即时信息；

（c）文本信息；

（d）规定中指明的信息。

信息的意思与2003 年反垃圾邮件法中的意思相同。

108B　电信业

本章中，电信业包括作为电子信息服务供应商开展业务的行业。

109　电信活动

本章中，电信活动由下列活动组成：

（a）作为运营商开展业务；或

（b）作为传输服务供应商开展业务；或

（c）提供与在列传输服务供应相关的商品或服务；或

（d）使用在列传输服务提供内容服务；或

（e）制造或进口客户设备或客户线路；或

（f）安装、维护、操作或提供访问给用于提供在列传输服务的：

（i）一个电信网络；或

（ii）一个设施；或

（g）作为电子信息服务供应商开展业务。

109A　电子营销活动

（1）本章中，电子营销活动指本条（2）或（3）适用的活动。

（2）本款适用于下列活动：

（a）由个人或团体（第一方）依据某合同或（除雇用协议外的）协议开展；及

（b）该活动包括：

（i）第一方使用商业电子信息对商品或服务进行营销、广告或推广，而第一方不是该商品或服务的供应者或可能供应者；或

（ii）第一方使用商业电子信息对商品或服务的供应者或可能供应者进行广告或推广，而第一方不是该商品或服务的供应者或可能供应者；或

（iii）第一方使用商业电子信息对土地或土地利益进行营销、广告或推广，而第一方不是该土地或土地利益的供应者或可能供应者；或

（iv）第一方使用商业电子信息对土地或土地利益的供应者或可能供应者进行广告或推广，而第一方不是该土地或土地利益的供应者或可能供应者；或

（v）第一方使用商业电子信息对商业机会或投资机会进行营销、广告或推广，而第一方不是该商业机会或投资机会的提供者或可能提供者；或

（vi）第一方使用商业电子信息对商业机会或投资机会的提供者或可能提供者进行广告或推广，而第一方不是该商业机会或投资机会的提供者或可能提供者。

（3）本款适用于由个人或团体开展的活动，如果：

（a）该活动包括使用商业电子信息对商品或服务进行营销、广告或推广；及

（b）该个人或团体是该商品或服务的供应者或可能供应者；及

（c）该活动是营销、广告或推广该商品或服务的唯一或主要方式。

（4）本条及 2003 年反垃圾邮件法第 6 条中使用的表达方式在两条中的意思相同。

109B 电话营销活动

（1）本章中，电话营销活动指本条（2）、（3）或（4）适用的活动。

（2）本款适用于下列活动：

（a）由个人或团体（第一方）依据某合同或（除雇用协议外的）协议开展；及

（b）该活动包括：

（i）第一方使用电话销售呼叫对商品或服务进行营销、广告或推广，而第一方不是该商品或服务的供应者或可能供应者；或

（ii）第一方使用电话销售呼叫对商品或服务的供应者或可能供应者进行广告或推广，而第一方不是该商品或服务的供应者或可能供应者；或

（iii）第一方使用电话销售呼叫对土地或土地利益进行营销、广告或推广，而第一方不是该土地或土地利益的供应者或可能供应者；或

（iv）第一方使用电话销售呼叫对土地或土地利益的供应者或可能供应者进行广告或推广，而第一方不是该土地或土地利益的供应者或可能供应者；或

（v）第一方使用电话销售呼叫对商业机会或投资机会进行营销、广告或推广，而第一方不是该商业机会或投资机会的提供者或可能提供者；或

（vi）第一方使用电话销售呼叫对商业机会或投资机会的提供者或

可能提供者进行广告或推广，而第一方不是该商业机会或投资机会的提供者或可能提供者。

（3）本款适用于由个人或团体开展的活动，如果该活动包括：

（a）使用电话销售呼叫对商品或服务进行营销、广告或推广，且该个人或团体为该商品或服务的供应者或可能供应者；或

（b）使用电话销售呼叫对商品或服务的供应者或可能供应者进行广告或推广，且该个人或团体是该商品或服务的供应者或可能供应者；或

（c）使用电话销售呼叫对土地或土地利益进行营销、广告或推广，且该个人或团体是该土地或土地利益的供应者或可能供应者；或

（d）使用电话销售呼叫对土地或土地利益的供应者或可能供应者进行广告或推广，且该个人或团体是该土地或土地利益的供应者或可能供应者；或

（e）使用电话销售呼叫对商业机会或投资机会进行营销、广告或推广，且该个人或团体是该商业机会或投资机会的提供者或可能提供者；或

（f）使用电话销售呼叫对商业机会或投资机会的提供者或可能提供者进行广告或推广，且该个人或团体是该商业机会或投资机会的提供者或可能提供者。

（4）本款适用于由个人或团体开展的活动，如果该活动包括：

（a）使用电话销售呼叫募集捐款；或

（b）使用电话销售呼叫进行民意调查；或

（c）使用电话销售呼叫进行以标准问卷形式为基础的研究。

（5）本条及 2006 年请勿致电登记法第 5 条中使用的表达方式（除电话销售呼叫外）在两条中的意思相同。

109C 传真营销活动

（1）本章中，传真营销活动指本条（2）、（3）或（4）适用的活动。

（2）本款适用于下列活动：

（a）由个人或团体（第一方）依据某合同或（除雇用协议外的）协议开展；及

（b）该活动包括：

（i）第一方使用营销传真对商品或服务进行营销、广告或推广，而第一方不是该商品或服务的供应者或可能供应者；或

（ii）第一方使用营销传真对商品或服务的供应者或可能供应者进行广告或推广，而第一方不是该商品或服务的供应者或可能供应者；或

（iii）第一方使用营销传真对土地或土地利益进行营销、广告或推广，而第一方不是该土地或土地利益的供应者或可能供应者；或

（iv）第一方使用营销传真对土地或土地利益的供应者或可能供应者进行广告或推广，而第一方不是该土地或土地利益的供应者或可能供应者；或

（v）第一方使用营销传真对商业机会或投资机会进行营销、广告或推广，而第一方不是该商业机会或投资机会的提供者或可能提供者；或

（vi）第一方使用营销传真对商业机会或投资机会的提供者或可能提供者进行广告或推广，而第一方不是该商业机会或投资机会的提供者或可能提供者。

（3）本款适用于由个人或团体开展的活动，如果该活动包括：

（a）使用营销传真对商品或服务进行营销、广告或推广，且该个

人或团体为该商品或服务的供应者或可能供应者；或

（b）使用营销传真对商品或服务的供应者或可能供应者进行广告或推广，且该个人或团体是该商品或服务的供应者或可能供应者；或

（c）使用营销传真对土地或土地利益进行营销、广告或推广，且该个人或团体是该土地或土地利益的供应者或可能供应者；或

（d）使用营销传真对土地或土地利益的供应者或可能供应者进行广告或推广，且该个人或团体是该土地或土地利益的供应者或可能供应者；或

（e）使用营销传真对商业机会或投资机会进行营销、广告或推广，且该个人或团体是该商业机会或投资机会的提供者或可能提供者；或

（f）使用营销传真对商业机会或投资机会的提供者或可能提供者进行广告或推广，且该个人或团体是该商业机会或投资机会的提供者或可能提供者。

（4）本款适用于由个人或团体开展的活动，如果该活动包括：

（a）使用营销传真募集捐款；或

（b）使用营销传真进行民意调查；或

（c）使用营销传真进行以标准问卷形式为基础的研究。

（5）本条及 2006 年请勿致电登记法第 5B 条中使用的表达方式（除营销传真外）在两条中的意思相同。

110　电信业的组成部分

（1）本章中，电信业组成部分的意思将根据本条确定。

（2）本章中，下列任何内容均属于电信业的一个组成部分：

（a）运营商；

（b）服务供应商；

（c）传输服务供应商；

（d）提供标准电话服务的传输服务供应商；

（e）提供公共移动通信服务的传输服务供应商；

（f）内容服务供应商；

（g）进行线路工作的人员（在第 21 章第 9 节所述的意义之内）；

（h）制造或进口客户设备或客户线路的人员；

（i）电子信息服务供应商。

（3）ACMA 可以以书面决议的形式决定从事或意图从事某项或多项特定电信活动的人员在本章中是电信业的一部分。

（4）本条在决议中必须以独一无二的名称及（或）数字指明。

（5）本条（3）中的决议据此而具有效力。

（6）基于本条（3）决议的电信业组成部分：

（a）不必是互相排斥的；且

（b）可以由 2 个或 2 个以上本条（2）提及的或本条（3）决定的电信业组成部分构成；且

（c）可以是本条（2）提及的或本条（3）决定的电信业组成部分的子集。

（7）本条（6）在默认情况下不限制本条（3）。

（8）本条（3）所述决议的副本将发表在《公告》上。

110A　电子营销业的组成部分

（1）本章中，电子营销业组成部分的意思将根据本条确定。

（2）如果不存在生效中的基于本条（3）的决议，所有从事或意图从事电子营销活动的人员在本章中均属于电子营销业的一个组成部分。

（3）ACMA 可以以书面决议的形式决定从事或意图从事某项或多项特定电子营销活动的人员在本章中是电子营销业的一部分。

（4）本条在决议中必须以独一无二的名称及（或）数字指明。

（5）本条（3）中的决议据此而具有效力。

（6）基于本条（3）决议的电子营销业组成部分：

（a）不必是互相排斥的；且

（b）可以由2个或2个以上本条（2）提及的或本条（3）决定的电子营销业组成部分构成；且

（c）可以是本条（2）提及的或本条（3）决定的电子营销业组成部分的子集。

（7）本条（6）在默认情况下不限制本条（3）。

（8）本条（3）所述决议的副本将发表在《公告》上。

110B　电话营销业的组成部分

（1）本章中，电话营销业组成部分的意思将根据本条确定。

（2）如果不存在生效中的基于本条（3）的决议，所有从事或意图从事电话营销活动的人员在本章中均属于电话营销业的一个组成部分。

（3）ACMA可以以法律文书的形式决定从事或意图从事某项或多项特定电话营销活动的人员在本章中是电话营销业的一部分。

（4）本条在上述决议中必须以独一无二的名称及（或）数字指明。

（5）本条（3）中的决议据此而具有效力。

（6）基于本条（3）决议的电话营销业组成部分：

（a）不必是互相排斥的；且

（b）可以由2个或2个以上本条（2）提及的或本条（3）决定的电话营销业组成部分构成；且

（c）可以是本条（2）提及的或本条（3）决定的电话营销业组成部分的子集。

（7）本条（6）在默认情况下不限制本条（3）。

110C 传真营销业的组成部分

（1）本章中，传真营销业组成部分的意思将根据本条确定。

（2）如果不存在生效中的基于本条（3）的决议，所有从事或意图从事传真营销活动的人员在本章中均属于传真营销业的一个组成部分。

（3）ACMA 可以以法律文书的形式决定从事或意图从事某项或多项特定传真营销活动的人员在本章中是传真营销业的一部分。

（4）本条在上述决议中必须以独一无二的名称及（或）数字指明。

（5）本条（3）中的决议据此而具有效力。

（6）基于本条（3）决议的传真营销业组成部分：

（a）不必是互相排斥的；且

（b）可以由 2 个或 2 个以上本条（2）提及的或本条（3）决定的传真营销业组成部分构成；且

（c）可以是本条（2）提及的或本条（3）决定的传真营销业组成部分的子集。

（7）本条（6）在默认情况下不限制本条（3）。

111 电信业组成部分的参与者

本章中，如果某个人或团体是构成电信业组成部分的组织中的成员，则其被认定为该电信业组成部分的参与者。

111A 电子营销业组成部分的参与者

本章中，如果某个人或团体是构成电子营销业组成部分的组织中的成员，则其被认定为该电子营销业组成部分的参与者。

111AA　电话营销业组成部分的参与者

本章中，如果某个人或团体是构成电话营销业组成部分的组织中的成员，则其被认定为该电话营销业组成部分的参与者。

111AB　传真营销业组成部分的参与者

本章中，如果某个人或团体是构成传真营销业组成部分的组织中的成员，则其被认定为该传真营销业组成部分的参与者。

111B　非应邀商业电子信息

（1）本章中，非应邀商业电子信息指符合下列情况的商业电子信息：

（a）未经相关电子账户所有者同意发送；或

（b）发送至不存在的电子地址。

（2）本条及 2003 年反垃圾邮件法中使用的表达方式在两者中的意思相同。

第 3 节　行业准则及行业标准相关的总体原则

112　管理政策声明

（1）议会表示 ACMA 认定的代表电信业的团体或协会应该就该行业各个参与者的电信活动制定适用于各参与者的准则（行业准则）。

（1A）议会表示 ACMA 认定的代表电子营销业的团体或协会应该就该行业各个参与者的电子营销活动制定适用于各参与者的准则（行业准则）。

（1B）议会表示 ACMA 认定的代表电话营销业的团体或协会应该就该行业各个参与者的电话营销活动制定适用于各参与者的准则（行业

准则）。

（1C）议会表示 ACMA 认定的代表传真营销业的团体或协会应该就该行业各个参与者的传真营销活动制定适用于各参与者的准则（行业准则）。

（2）议会表示 ACMA 在依据第 117、118、119、123、124、125、125A 条及第 125B 条行使权力时，须，以 ACMA 的观点来看，充分考虑公众利益但又不将不当的财政及行政负担加诸于电信业、电子营销业、电话营销业或传真营销业参与者。

（3）在确定行使权力过程是否充分考虑公众利益但又不将不当的财政及行政负担加诸于电信业（除电子信息服务供应商外的）参与者时，ACMA 必须注意到：

（a）可能受益于相关准则或标准的客户数量；及

（b）上述客户中居民或小企业客户的比例；及

（c）电信业参与者的合法商业利益；及

（d）公众利益，包括在有效、公平及生态可持续地提供下列商品或服务的过程中的公众利益；

（i）传输服务；及

（ii）用于传输服务的商品；及

（iii）用于提供传输服务的服务。

是否反映了澳大利亚社会的合法期望。

（3A）在确定行使权力过程是否充分考虑公众利益但又不将不当的财政及行政负担加诸于包括电子信息服务供应商在内的电信业参与者时，ACMA 必须注意到：

（a）可能受益于相关准则或标准的终端用户数量；及

（b）上述用户中居民或小企业终端用户的比例；及

（c）电子信息服务供应商的合法商业利益。

（3B）在确定行使权力过程是否充分考虑公众利益但又不将不当的财政及行政负担加诸于电子营销业参与者时，ACMA 必须注意到：

（a）可能受益于相关准则或标准的人数；及

（b）上述人员中住户或小企业从业者的比例；及

（c）电子营销业参与者的合法商业利益。

（3C）在确定行使权力过程是否充分考虑公众利益但又不将不当的财政及行政负担加诸于电话营销业参与者时，ACMA 必须注意到：

（a）可能受益于相关准则或标准的人数；及

（b）上述人员中住户或小企业从业者的比例；及

（c）电话营销业参与者的合法商业利益。

（3D）在确定行使权力过程是否充分考虑公众利益但又不将不当的财政及行政负担加诸于传真营销业参与者时，ACMA 必须注意到：

（a）可能受益于相关准则或标准的人数；及

（b）上述人员中住户或小企业从业者的比例；及

（c）传真营销业参与者的合法商业利益。

（4）本条（3）、（3A）、（3B）、（3C）及（3D），在默认情况下，不限制需要注意的事项。

113 行业准则及行业标准规定的相关事项示例

（1）本条列举了行业准则及行业标准规定的相关事项的示例。

（2）特定示例的适用性取决于涉及的电信业、电子营销业、电话营销业或传真营销业的具体组成部分。

（3）示例如下：

（a）告知客户：

（i）所提供的商品或服务；及

（ii）上述商品或服务的价格；及

（iii）提供上述商品或服务的其他条款；

（b）告知客户用以衡量服务质量的表现指标；

（c）根据上述指标定期告知客户其服务表现情况；

（d）客户投诉的内部处理；

（e）报告客户投诉；

（f）隐私，尤其是：

（i）个人信息的保护；及

（ii）运营商或服务供应商的侵入性电信使用；及

（iii）通信的监督或录音；及

（iv）呼叫号码显示；及

（v）电话目录产品及服务的提供；

（g）客户的流失；

（h）客户提交的押金；

（i）追讨债务时的手法；

（j）客户信贷实务；

（k）终止客户服务；

（l）确保客户在知情的情况下签订本法 22（2）（d）或（e）或（4）（a）所述（与电信网络边界相关的）协议；

（m）标准电话服务的质量；

（n）传输服务供应商就提供标准电话服务向客户提供准确的账单；

（o）账单的及时性与可读性；

（p）按照程序产生标准账单报告用以协助客户投诉调查；

（q）在处理非应邀商业电子信息时下列人员必须遵守的程序（包括提供或使用定期更新的软件用于过滤非应邀商业电子信息的程序）：

（i）互联网服务供应商；及

（ii）电子信息服务供应商；

（r）就过滤非应邀商业电子信息软件的可用性，使用方法及适当应用向客户提供有关信息；

（s）采取行动协助开发及评估过滤非应邀商业电子信息软件；

（t）采取行动减少或防止非应邀商业电子信息的发送及传递，包括：

（i）配置服务器以实现减少或防止非应邀商业电子信息的发送及传递；及

（ii）关闭开放式转发服务器；

（u）采取行动确保负责任地利用商业电子信息向未满十八岁的个人推销、广告或推广商品或服务；

（v）遵照程序就发送商业电子信息征得相关电子账户所有者（在2003年反垃圾邮件法规定的意义内）的同意；

（w）遵照记录保存惯例保存已经发出或试图发出的电话销售呼叫；

（x）当接听者接听了试图呼出的呼叫，但该呼叫不包含任何内容时，采取行动限制某特定电话营销业参与者在特定的时期内，试图呼出的电话销售呼叫数量；

（y）采取行动限制某特定电话营销业参与者在特定的时期内，向某特定澳大利亚号码呼出或试图呼出的电话销售呼叫数量；

（z）遵照记录保存惯例保存已经发出或试图发出的营销传真；

（za）采取行动限制某特定传真营销业参与者在特定的时期内，向某特定澳大利亚号码发出或试图发出的营销传真数量。

114　行业准则及行业标准可以赋予电信行业巡视官权力

（1）如果某电信行业巡视官同意，某行业准则或行业标准可以赋予该电信行业巡视官职责与权力。

（2）款（1）中同意的延续性不受下列问题影响：

（a）电信行业巡视官职位人员的变动；或

（b）电信行业巡视官职位空缺时间连续不超过 4 个月。

115　行业准则与行业标准不针对特定的设计特点及表现要求

（1）本章中，某行业准则或行业标准对下列内容不产生影响：

（a）遵守准则或标准可能在一定程度上（如果有）对客户设备、客户线路、电信网络或设施产生（直接或间接）的影响，要求其：

（i）具备特定的设计特点；或

（ii）达到特定的表现要求；或

（b）对处理内容服务的内容产生一定程度的影响（如果有）。

（2）款（1）中的规则不适用于某行业准则或行业标准，若遵守该准则或标准可能：

（a）间接要求客户设备、客户线路、电信网络或设施针对下列内容具备特定的设计特点：

（i）就提供标准电话服务向传输服务供应商的客户提供准确的账单；或

（ii）标准电话服务的质量；或

（iii）规定中特别指明的事项；或

（b）直接或间接地要求客户设备、客户线路、电信网络或设施针对下列内容达到表现要求：

（i）就提供标准电话服务向传输服务供应商的客户提供准确的账单；或

（ii）标准电话服务的质量；或

（iii）规定中特别指明的事项。

（3）款（1）中的规定不适用于某行业准则或行业标准，若该准则或标准针对 113（3）（f）所述事项。

（4）款（1）中的规定不适用于某行业准则，若该准则依据 1968

年版权法第 5 章第 2AA 节所制定。

116　行业准则与行业标准不针对无线电广播服务法第 9 章所述准则及标准针对的事项

本章中，某行业准则或行业标准中针对某内容服务事项的内容没有效力，若 1992 年无线电广播服务法第 9 章登记的准则，或制定的标准也针对了该事项。

116A　行业准则及标准不影响 1988 年保密法

行业准则或行业标准均不降低 1988 年保密法制定或基于此法制定的要求，或有效保密规范（定义见该法）。

第 4 节　行业准则

117　行业准则的登记

（1）下列情况满足时，本条适用：

（a）ACMA 承认某个团体或协会代表了电信业、电子营销业、电话营销业或传真营销业的特定组成部分；及

（b）上述团体或协会针对与电信活动、电子营销活动、电话营销活动或传真营销活动（视情况而定）相关的一个或多个事项，制定了适用于该行业参与者的行业准则；及

（c）上述团体或协会向 ACMA 提交了准则的副本；及

（d）ACMA 认为：

（i）当该准则针对与社区有重大关联的事项时，该准则为其所涵盖的事项提供适当的社区保护；或

（ii）当该准则不针对与社区有重大关联的事项时，该准则为其所

涵盖的事项提供适当的处理方式；及

（e）ACMA 认为，在向 ACMA 提交准则副本前：

（i）上述团体或协会发布了该准则的草案，并邀请所涉行业的参与者在特定时间内向该团体或协会提交草案的相关意见或建议；及

（ii）上述团体或协会认真考虑了所涉行业的参与者在特定时间内提交的任何意见或建议；及

（f）ACMA 认为，在向 ACMA 提交准则副本前：

（i）上述团体或协会发布了该准则的草案，并邀请公众人士在特定时间内向该团体或协会提交草案的相关意见或建议；及

（ii）上述团体或协会认真考虑了公众人士在特定时间内提交的任何意见或建议；及

（g）ACMA 认为已就该准则的制定与 ACCC 协商；及

（h）ACMA 认为已就该准则的制定与电信行业巡视官协商，除非：

（i）该准则适用于电话营销业的参与者且针对电话营销活动的一个或多个事项；或

（ii）该准则适用于传真营销业的参与者且针对传真营销活动的一个或多个事项；

ACMA 认为电信业调查员已经咨询了代码的发展情况；

（i）ACMA 认为已就该准则的制定与至少一个代表消费者利益的团体或协会协商；及

（j）当该准则涉及 113（3）（f）所述的事项时，ACMA 认为在向 ACMA 提交准则副本前，制定准则的团体或协会已经就准则的制定与隐私督察员协商；及

（k）ACMA 已经就该准则同隐私督察员协商，并因此相信其对该准则感到满意，如果该准则直接或间接地针对下列内容所针对的事项：

（i）国家隐私原则（定义见 1988 年保密法）；或

（ii）上述法律中与该原则相关的其他条款；或

（iii）约束电信业、电子营销业、电话营销业或传真营销业参与者的有效保密规范（定义见上述法律）；或

（iv）上述法律中与该有效保密规范相关的其他条款。

（2）ACMA必须对该准则进行登记，并依据第136条将其保存在行业准则登记记录中。

（3）本条（1）（e）（i）或（1）（f）（i）所述的特定时间必须不少于30天。

（4）如果：

（a）某行业准则（新准则）依据本章登记；及

（b）该新准则旨在取代另一部行业准则；

则当该新准则注册时，另一准则的注册记录将被终止。

注：当某行业准则依据第122A条从行业准则登记记录删除时，其注册记录也将终止。

118 ACMA可要求制定准则

（1）如果ACMA认为某团体或协会可以代表电信业、电子营销业、电话营销业或传真营销业的特定组成部分，ACMA可以，以书面通知的形式，要求该团体或协会：

（a）制定适用于该行业参与者的行业准则，且该准则针对与参与者的电信活动、电子营销活动、电话营销活动或传真营销活动（视情况而定）相关的一个或多个特定事项；及

（b）在通知指定的时间内向ACMA提交准则副本。

注：ACMA可以要求该团体或协会制定行业准则取代原有的行业准则，如果隐私督察员（依据1988年保密法行使职权）向ACMA建议原有准则不符合国家隐私原则或相关的有效保密规范（定义见上述法律）。

（2）款（1）所述通知中指定的时间不少于 120 天。

（3）ACMA 不得就电信业、电子营销业、电话营销业或传真营销业的特定组成部分作出款（1）所述的要求，除非 ACMA 认为：

（a）制定准则对于下列内容是必要或合宜的：

（i）提供适当的社区保护；或

（ii）反之处理该行业参与者的表现或行为；及

（b）在没有提出要求时，行业准则不可能在适当的时间内制定出来。

（4）ACMA 不得就某准则做出本条（1）所述的要求，如果：

（a）该准则将涉及 113（3）（f）所述的（与隐私有关的）事项；及

（b）遵守该准则可能将（直接或间接地）要求客户设备、客户线路、电信网络或设施：

（i）具备特定的设计特点；或

（ii）达到特定的表现要求。

但是，如果 ACMA 认为实行该准则对于社区的益处大于遵守该准则的成本，则本条规则不适用。

（4A）ACMA 必须在做出本条（1）所述的要求前，就行业准则的制定与隐私督查员协商，如果该准则可能直接或间接涉及下列内容所涉及的事项：

（a）国家隐私原则（定义见 1988 年保密法）；或

（b）上述法律中与该原则相关的其他条款；或

（c）约束该要求相关的电信业、电子营销业、电话营销业或传真营销业参与者的有效保密规范（定义见上述法律）；或

（d）上述法律中与该有效保密规范相关的其他条款。

（5）ACMA 可以改变本条（1）所述的通知，延长通知中指定的时间。

（6）本条（5）在默认情况下，不限制《1901 年法律解释法》第 33（3）条的适用情况。

（7）本条（1）所述通知可以直接阐明制定准则过程中的目标（如，在 60 天内完成准则的草稿）。

119 当没有团体或协会代表电信业、电子营销业、电话营销业或传真营销业的组成部分时，通知的发布

（1）当 ACMA 认为没有团体或协会代表电信业、电子营销业、电话营销业或传真营销业的特定组成部分时，ACMA 可以在《公告》发布通知：

（a）表明如果此类团体或协会在指定时间内出现，ACMA 将可能依据 118（1）向该团体或协会发出通知；及

（b）阐明可能在 118（1）所述通知中指明的与电信活动、电子营销活动、电话营销活动或传真营销活动（视情况而定）相关的事项。

（2）本条（1）所述通知中指定的时间不得少于 60 天。

120 行业准则的替代

（1）行业准则的变更通过准则替代而非准则修改来实现。但是，这并不限制 ACMA 从基于本章保存的行业规则登记记录中依据第 122A 条删除某行业准则或某行业准则中的条款。

（2）如果替代准则与原有准则只存在细微差别，则在准则登记方面，第 117 条生效，117（1）（e）及（f）不需要实行。

注：117（1）（e）及（f）针对就准则草案提交意见或建议。

121 关于遵守行业准则的指示

（1）如果：

（a）某个人或团体是电信业、电子营销业、电话营销业或传真营销业某特定组成部分的参与者；及

（b）ACMA 认为其违反了或正在违反符合下列条件的行业准则：

（i）依据本章登记；及

（ii）适用于该行业的参与者；

则 ACMA 可以，以书面通知的形式，指示其遵守该行业准则。

（1A）如果 ACMA 认为违反的行业准则直接或间接涉及国家隐私原则（定义见 1988 年保密法）或有效保密规范（定义见上述法律）所涉及的事项，ACMA 必须在同隐私监察员协商后做出指示。

（1B）如果：

（a）当某行业准则（原有准则）依本章注册在列时，本可以就原有准则给予某个人或团体款（1）中所述的指示；及

（b）原有准则被依本章登记的另一准则取代；及

（c）如果该个人或团体的行为发生在替代准则登记之后，该个人或团体本可以被给予款（1）所述有关替代准则的指示；

那么，在替代准则依本章登记在列期间，该个人或团体可能被给予款（1）所述有关替代准则的指示。

（2）某个人或团体必须遵守款（1）所述指示。

（3）某个人或团体不得：

（a）协助、唆使、建议或促成违反款（2）的行为；或

（b）诱使，无论通过威胁、承诺或其他手段，违反款（2）的行为；或

（c）以任何方式，直接或间接地，故意牵连于或参与违反款（2）的行为；或

（d）与他人合谋对违反款（2）的行为产生影响。

（4）款（2）及（3）是民事处罚条款。

注：第 31 章说明了违反民事处罚条款将受到的处罚。

（5）基于款（1）所做的指示，就《2003 年立法文书法案》而言，

不是法律文书。

122　正式警告——违反行业准则

（1）本条适用于电信业、电子营销业、电话营销业或传真营销业的特定组成部分的参与者。

（2）如果某个人或团体违反了依据本章注册的行业准则，ACMA 可以发出正式警告。

（3）如果 ACMA 认为违反的行业准则直接或间接涉及国家隐私原则（定义见 1988 年保密法）或有效保密规范（定义见上述法律）所涉及的事项，ACMA 必须在同隐私监察员协商后发出警告。

（4）如果：

（a）当某行业准则（原有准则）依本章注册在列时，本可以就原有准则给予某个人或团体本条（2）中所述的正式警告；及

（b）原有准则被依本章登记的另一准则取代；及

（c）如果该个人或团体的行为发生在替代准则登记之后，该个人或团体本可以被给予本条（2）所述有关替代准则的正式警告；

那么，在替代准则依本章登记在列期间，该个人或团体可能被给予款（2）所述有关替代准则的正式警告。

122A　行业准则及行业准则条款的注销

（1）ACMA 可以从依据第 136 条保留的行业准则登记记录中删除：

（a）某行业准则；或

（b）某行业准则中的条款。

（2）当某行业准则从登记记录中被删除时，其不再登记在列。

（3）如果 ACMA 从登记记录中删除了某行业准则的某条款，那么针对发生在该条款删除后的事项，在行使本章时视同依据本章登记的

该准则不包括被删除的条款。

第5节　行业标准

123　如果制定行业准则的要求没有被遵守，ACMA 可以决定制定行业标准

（1）本条适用于下列情况，如果：

（a）ACMA 已经就制定符合下列情况的准则做出本法 118（1）所述的要求：

（i）适用于电信业、电子营销业、电话营销业或传真营销业的特定组成部分的参与者；及

（ii）针对与上述参与者相关的电信活动、电子营销活动、电话营销活动或传真营销活动（视情况而定）的一个或多个事项；及

（b）下列任一条件得到满足：

（i）该要求没有得到遵守；

（ii）如果要求中明确指出了准则制定的进展目标，而该目标没有达到；

（iii）该要求得到遵守，但 ACMA 随即拒绝对该准则进行登记；及

（c）ACMA 认为由 ACMA 制定标准是必要或合宜的，以：

（i）就某（些）事项提供适当的社区保护；或

（ii）反之就某（些）事项对该行业的参与者进行适当的管理。

（2）ACMA 可以，以书面形式，决定适用于该行业参与者，针对一个或多个事项的标准。基于本款的标准被认定为行业标准。

（3）在依本节决定行业标准前，ACMA 必须同（1）（a）所述的接到要求的团体或协会协商。

（4）基于本条（2）的标准在《1901 年法律解释法》第 46A 节中，

是可否决文书。

124　如果没有形成行业团体或协会，ACMA 可以决定行业标准

（1）本条适用于下列情况，如果：

（a）ACMA 认为没有团体或协会代表电信业、电子营销业、电话营销业或传真营销业的特定组成部分；及

（b）ACMA 已经就该行业的该组成部分发布款 119（1）所述的通知；

（c）该通知：

（i）说明如果此类团体或协会在特定时间内出现，ACMA 将给予该团体或协会款 118（1）所述的通知；及

（ii）指明了与该行业参与者相关的电信活动、电子营销活动、电话营销活动或传真营销活动的一个或多个事项；及

（d）在上述时间内，没有此类团体或协会出现；及

（e）ACMA 认为由 ACMA 制定标准是必要或合宜的，以：

（i）就某（些）事项提供适当的社区保护；或

（ii）反之就某（些）事项对该行业的参与者进行适当的管理。

（2）ACMA 可以，以书面形式，决定适用于该行业参与者，针对一个或多个事项的标准。基于本款的标准被认定为行业标准。

（3）基于款（2）的标准在《1901 年法律解释法》第 46A 节中，是可否决文书。

125　当行业准则无法达到目的时，ACMA 可以决定行业标准

（1）本条适用于下列情况，如果：

（a）某行业准则：

（i）适用于电信业、电子营销业、电话营销业或传真营销业的某

特定组成部分的参与者；及

（ii）针对与上述参与者相关的电信活动、电子营销活动、电话营销活动或传真营销活动（视情况而定）的一个或多个事项；

已经依据本章登记在册不少于 180 天，及

（b）ACMA 认为该准则存在不足（定义见本条（7））；及

（c）ACMA 已经向制定该准则的团体或协会发出书面通知，要求其在指定时间内处理不足之处；及

（d）当该指定时间结束时，ACMA 认为由 ACMA 制定适用于该行业参与者，针对某（些）事项的标准是必要或合宜的。

（2）（1）（c）所述通知中指定的时间不得少于 30 天。

（3）ACMA 可以，以书面形式，决定适用于该行业参与者，针对一个或多个事项的标准。基于本款的标准被认定为行业标准。

（4）如果 ACMA 认为某团体或协会代表该行业的该组成部分，在依款（3）决定行业标准前，ACMA 必须同上述团体或协会协商。

（5）基于本条（3）的标准在《1901 年法律解释法》第 46A 节中，是可否决文书。

（6）在行业标准开始生效的当天，该行业准则不再依本章登记在册。

（7）在本条中，当且仅当下列情况满足时，适用于电信业、电子营销业、电话营销业或传真营销业的某特定组成部分的参与者，针对与其相关的电信活动、电子营销活动、电话营销活动或传真营销活动（视情况而定）的一个或多个事项的行业准则被认定为存在不足：

（a）该准则的实行未能就上述一个或多个事项提供适当的社区保护；或

（b）该准则的实行未能就上述一个或多个事项对该行业的参与者进行适当的管理。

125A　ACMA 必须就电话营销业确定特定的行业标准

（1）在 2006 年请勿致电登记法第 2 章开始实施之前，ACMA 必须，以法律文书的形式确定符合下列条件的标准：

（a）适用于电话营销行业各组成部分的参与者；及

（b）针对与上述参与者相关的电话营销活动的下列事项：

（i）限制允许呼出或试图呼出电话销售呼叫的时间及（或）日期；

（ii）要求电话销售呼叫必须包含与该相关参与者有关的指定信息；

（iii）如果电话销售呼叫是由相关参与者之外的人员引起的，要求该呼叫必须包含引起呼叫的人员的指定信息；

（iv）要求相关参与者在发生指定的事件时，终止电话销售呼叫；

（v）要求相关参与者确保在呼出电话销售呼叫时，来电线路识别是开启的；及

（c）表明该标准在 2006 年请勿致电登记法第 2 章开始实施时也开始实施。

（2）基于款（1）确定的标准将被称为行业标准。

（3）如果 ACMA 认为某团体或协会代表电话营销业的某组成部分，ACMA 必须在确定款（1）所述标准前与该团体或协会协商。

（4）ACMA 必须确保在 2006 年请勿致电登记法第 2 章开始实施后，基于款（1）的某标准一直有效。

125B　ACMA 必须就传真营销业确定特定的行业标准

（1）ACMA 可以以法律文书的形式确定符合下列条件的标准：

（a）适用于传真营销行业各组成部分的参与者；及

（b）针对与上述参与者相关的传真营销活动的下列事项：

（i）限制允许向澳大利亚号码发出或试图发出营销传真的时间及

（或）日期；

（ii）要求发送至澳大利亚号码的营销传真必须包含授权发送该传真的人员的指定信息；

（iii）限制相关参与者在特定时期内向特定澳大利亚号码发送或试图发送的营销传真的数量；

（iv）当发送至澳大利亚号码的营销传真由某特定人员（授权人）授权时，要求该传真必须包含信息告知传真接收者，如果不想继续接收该授权人授权的任何营销传真，该如何发送信息达到这一目的。

注：关于变动与撤销，见《1901 年法案解释法》第 33（3）条。

（2）基于本条（1）确定的标准将被称为行业标准。

（3）如果 ACMA 认为某团体或协会代表传真营销业的某组成部分，ACMA 必须在确定本条（1）所述标准前与该团体或协会协商。

（4）ACMA 必须确保在本条开始实施后，基于款（1）的某标准一直有效。

（5）本条中，授权在就营销传真被使用时，意义与 2006 年请勿致电登记法中的意思相同。

126　在涉及部分隐私事项时，ACMA 不得决定行业标准

下列情形下，ACMA 不得决定行业标准：

（a）标准涉及 113(3)(f) 规定的事项（113(3)(f) 与隐私事项有关）；并且

（b）遵守标准可能（直接或间接）要求客户设备、客户电缆、电信网络或电信设备：

（i）具备特定设计功能；或者

（ii）满足特定性能要求。

但是，如果 ACMA 认为标准实施带来的社群利益大于其成本，则

上述规定不适用。

127　本条生效后最初 180 天内不得决定行业标准

本条生效后的最初 180 天内，ACMA 不得决定行业标准。

128　遵守行业标准

（1）如果某标准依照本章规定登记，并且适用于电信、电子营销、电话营销或传真营销行业某特定领域的参与者，则参与者必须遵守这一行业标准。

（2）个人不得：

（a）协助、教唆、怂使或促致违反第（1）款规定的行为；或者

（b）用威胁、许诺或其他手段引诱他人从事违反第（1）款规定的行为；或者

（c）以任何方式直接或间接地在知情的情况下被牵扯进或者参与到违反第（1）款规定的行为中；或者

（d）与他人串通执行违反本条（1）规定的行为。

（3）本条（1）和（2）属于民事处罚规定。

注：第 31 章规定了违反民事处罚规定的罚金。

129　正式警告——违反行业标准

（1）本条适用于电信、电子营销、电话营销或者传真营销行业特定领域的参与者。

（2）如个人违反依照本章登记的行业标准，ACMA 可向其发出正式警告。

130　修改行业标准

（1）ACMA 如果认为出于下列目的，对适用于电信、电子营销、电话营销或者传真营销行业特定领域参与者的行业标准进行修改是必要或方便的，其可以以书面文书形式作出修改：

（a）针对与参与者的电信、电子营销、电话营销或者传真营销活动（视具体情况而定）相关的事项提供适当的社群保障；并且

（b）针对与参与者的电信、电子营销、电话营销或者传真营销活动（视具体情况而定）相关的事项对参与者进行充分管制。

注：对于不符合国家隐私保护原则或者认可隐私守则（认可隐私守则由《1988 年隐私法》界定）的行业标准，ACMA 可在听取隐私专员依照《1988 年隐私法》提出的意见后，认定对标准进行修改是必要或方便的。

（2）第（1）款所述文书属于《1901 年法律解释法》第 46A 条规定的可否决文书。

131　撤销行业标准

（1）ACMA 可以书面文书形式撤销行业标准。

（2）如果：

（a）某一行业守则依照本章规定登记；并且

（b）此行业守则被明确表示用来取代行业标准；

那么行业准则一经登记，行业标准即被撤销。

（3）第（1）款所述文书属于《1901 年法律解释法》第 46A 条规定的可否决文书。

132　就行业标准开展公众咨询

（1）确定或者修改行业标准前，ACMA 必须：

（a）安排在各州均有发行的一家报纸上发布通知：

（i）声明 ACMA 已经准备了行业标准草案或行业标准修改草案；并且

（ii）声明公众可于通知指定的期限内在正常办公时间获取草案副本；并且

（iii）明确获取草案副本的地点；并且

（iv）邀请利害关系人在第（ii）项规定的期限内向 ACMA 提交有关草案的书面意见；并且

（b）依照通知要求准备好草案副本。

（2）本条（1）(a)(ii) 所述期限不得少于 30 天（自通知发布后起算）。

（3）第（1）款不适用于行业标准小幅修改。

（4）如果利害关系人根据本条（1）所述通知提出意见，ACMA 在确定或修改行业标准时必须对所提意见给予适当考虑。

（5）本条中：

“州”包括北领地和首都领地。

133　咨询 ACCC 和电信业申诉委员会

（1）制定或修改行业标准前，ACMA 必须咨询 ACCC。

（1A）制定或修改行业标准前（依照第 125A 条或第 125B 条制定的行业标准除外），ACMA 必须咨询电信业申诉委员会。

（2）依照 131（1）撤销行业标准前，ACMA 必须咨询 ACCC 和电信业申诉委员会。

134　咨询隐私专员

（1）本条适用于涉及 113(3)(f) 规定事项的行业标准，包括由下列条文规定的事项：

（a）国家隐私保护原则（见《1988 年隐私法》）；或者

（b）《1988 年隐私法》中与国家隐私保护原则相关的规定；或者

（c）认可隐私守则（见《1988 年隐私法》）；或者

（d）《1988 年隐私法》中与“认可隐私守则”相关的规定。

（2）制定或修改行业标准前，ACMA 必须咨询隐私专员。

（3）依照 131(1) 撤销行业标准前，ACMA 必须咨询隐私专员。

135　咨询消费者团体

（1）决定或修改行业标准前，ACMA 必须咨询至少一个代表消费者利益的团体或协会。

（2）依照 131(1) 撤销行业标准前，ACMA 必须咨询至少一个代表消费者利益的团体或协会。

135A　咨询各州和领地政府

决定或修改依照第 125A 条或第 125B 条制定的行业标准前，ACMA 必须咨询：

（a）各州政府；和

（b）首都领地政府；和

（c）北领地政府。

第6节　行业守则和行业标准登记簿

136　ACMA负责保管行业守则和行业标准登记簿

（1）ACMA负责保管包含下列内容的登记簿：

（a）所有依照本章登记的行业守则；和

（b）所有行业标准；和

（c）依照第118条提出所有要求；和

（d）依照第119条发出的所有通知；和

（e）依照第121条下达的所有指示。

（IA）对于依照第122A条从登记簿中删除的行业守则或者行业守则某规定，第（1）(a）不要求ACMA对其继续收录。

（2）登记簿可采用电子介质保有。

（3）个人在支付依照《2005年澳大利亚通信与媒体局法》第60条所作决议规定的费用（如有）后可：

（a）查阅登记簿；和

（b）复制或者摘录登记簿内容。

（4）本条中，如登记簿采用电子介质保有，而ACMA向个人提供了登记簿全部或相关内容的印本，那么视为此人已经复印或摘录了登记簿内容。

（5）如个人请求获取登记簿电子版副本，ACMA可通过下列方式提供相关信息：

（a）数据处理设备；或者

（b）电子传输方式。

第6A节　对消费者相关行业守则制定费用的报销

136A　申请消费者相关行业守则制定费用的报销资格

（1）如果团体或协会拟制定的行业守则符合下列条件：

（a）适用于电信行业特定领域的参与者；并且

（b）处理与参与者的电信活动相关的事项；并且

（c）完全或者主要处理与运营服务提供商——零售客户关系相关的事项；

则团体或协会可向ACMA提出资格声明的申请，由后者声明该团体或协会有资格报销行业守则制定过程中产生的可退还费用。

注：了解“可退还费用”，参考第136E条。

申请形式等

（2）申请必须：

（a）为书面形式；并且

（b）遵照ACMA书面批准的形式；并且

（c）附随：

（i）团体或协会在行业守则制定过程中可能产生的全部可退还费用的估算。

（ii）把上述估算分解成不同可退还费用类别的清单。

进一步的信息

（3）ACMA可在申请提交后的20个工作日内，要求申请者在指定期限内提供有关申请的进一步的信息。

（4）在申请者提供进一步的信息前，ACMA可拒绝受理申请。

定义

（5）本条中：

“工作日”是指 ACMA 在首都领地和维多利亚州的工作日。

136B　对消费者相关行业守则制定费用补偿资格作出声明

（1）当团体或协会依照 136A（1）就行业守则提出资格声明的申请，如果 ACMA 认为申请符合下列条件，则其必须做出资格声明。

（a）申请团体或协会代表了 136A(1)(a) 项所述电信行业某领域；并且

（b）守则完全或主要处理与运营服务提供商——零售客户关系相关的事项；并且

（c）申请中包含的守则制定程序有可能保证零售客户的权利在守则制定过程中得以充分体现。

（d）申请附随材料中对团体或协会在行业守则制定过程中可能产生的全部可退还费用的预估是合理的。

（2）如果 ACMA 认为资格声明申请不符合第（1）款规定的条件，则其应向申请者出具书面通知告知其拒绝作出声明的决定。

（3）依照本条作出的声明不可撤消，有效期两年。

（4）依照本条作出的声明不属于《2003 年立法文书法》规定的法律文书。

136C　消费者相关行业守则制定费用的报销

费用报销

（1）如果：

（a）针对团体或协会制定行业守则作出第 136B 条所述声明；并且

（b）第 136B 条所述声明有效期间，团体或协会依照第 117 条向 ACMA 提交了行业守则副本；并且

（c）ACMA 认为守则完全或主要处理与运营服务提供商——零售

客户关系相关的事项；并且

（d）ACMA 认为申请中包含的守则制定程序有可能保证零售客户的权利在守则制定过程中得以充分体现；并且

（e）提交守则副本时附随了：

（i）书面清单，详细列明团体或协会在守则制定过程中产生的费用；和

（ii）要求对上述费用进行报销的书面申请；和

（iii）由被认可的审计员作出的声明，说明其认为第（i）项所述声明符合被认可的审计要求；和

（iv）有关守则制定程序的书面声明；并且

（f）ACMA 认为本条（e）（i）所述清单中详细列明的各项费用：

（i）是团体或协会在行业守则制定过程中产生的可退还费用；并且

（ii）产生于第 136B 条所述声明的有效期内；

那么 ACMA 必须向团体或协会出具书面通知决定团体或协会有权通过报销获支指定金额。

注：了解可退还费用，参考第 136E 条。

（2）指定金额为下列费用中的较小值：

（a）本条（1）（e）（i）项所述声明中详细列明的费用的总额；

（b）申请第 136B 条所述声明时做出的费用预估。

（3）ACMA 必须在依照第（1）款向团体或协会出具书面通知告知后者有权获支指定金额后的 30 天内，代表联邦政府向团体或协会支付指定金额。

（4）统一收入基金将被用来支付依照本条需支付的费用。

被认可的审计员和被认可的审计要求

（5）ACMA 可制定书面决议明确：

（a）本条所称的“被认可的审计员”的名单；和

（b）本条所称的“被认可的审计要求”的内容。

注：了解按照类别进行明确，参考《2003 年立法文书法案》第 13（3）款。

（6）依照第（5）款作出的决议相应生效。

（7）依照第（5）款作出的决议属于《2003 年立法文书法案》规定的法律文书。

136D 费用——当事人之间的非公平交易

如果：

（a）团体或协会某项费用产生于交易各方进行的非公平交易；并且

（b）除本条外，此项费用在本节适用于团体或协会时被计算在内；并且

（c）费用金额过高；

则在本节适用于团体或协会时，此费用金额被视为是各方公平交易时所产生的合理费用。

136E 可退还费用

（1）本节中，团体或协会在守则制定过程中产生的“可退还费用”是指，团体或协会在制定规范过程中产生的除 ACMA 依照本款所作书面决议明确的费用之外的费用。

注：了解按照类别进行明确，参考《2003 年立法文书法案》第 13（3）款。

（2）依照第（1）款作出的书面决议属于《2003 年立法文书法案》规定的法律文书。

第7节　杂　　项

137 免于民事诉讼

不可对：

（a）互联网服务提供商；或者

（b）电子信息传输服务提供商；

就其所做涉及下列各项的事情：

（c）依照本章登记的行业守则；或者

（d）行业标准；

提起民事诉讼，前提是上述守则或标准涉及113(3)(q）所述程序。

138　默示性政治交流自由

适用本章时的限度（如有）为不侵犯宪法所含默示性政治交流自由的原则。

139　有关开展电话或者传真营销活动的协议必须要求协议方遵守本章规定

（1）在下列情形下，个人（第一人）不得与他人订立合同或协议，或达成谅解：

（a）如果根据合同、协议或谅解，上述他人承诺开展电话或传真营销活动；并且

（b）合同、协议或谅解没有明文规定上述他人在开展合同、协议或谅解规定的电话或传真营销活动时必须遵守本章规定。

辅助违法行为

（2）个人不得：

（a）协助、教唆、怂使或促致违反本条（1）规定的行为；或者

（b）用威胁、许诺或其他手段引诱他人从事违反本条（1）规定的行为；或者

（c）以任何方式直接或间接地在知情的情况下被牵扯进或参与到违反第（1）款规定的行为；或者

（d）与他人串通执行违反本条（1）规定的行为。

民事处罚规定

（3）本条（1）和（2）属于民事处罚规定。

注：第31章规定了违反民事处罚规定的罚金。

合同协议或谅解的有效性

（4）不遵守本条（1）规定不影响合同、协议或谅解的有效性。

第13章　通信保护

第1节　介　　绍

270　纲要

以下为本章纲要：

- 运营商、运营服务提供商、号码数据库经营者、紧急呼叫主体及其各自协会必须保护涉及下列内容的信息的保密性：
  （a）运营商或运营服务提供商已经或正在传输的通信的内容；
  （b）运营商或运营服务提供商提供的传输服务；
  （c）他人的事务或个人资料。
- 只在有限的情形下，才可授权披露或使用保密信息。（例如，出于刑事执法的相关目的披露或使用保密信息属于有限情形之一。）
- 依据授权接收保密信息的人不得出于授权用途之外的目的披露或使用信息。
- 提出对根据授权进行的信息披露或使用行为进行记录并留存记录的要求。

271 合法主体

本章中，合法主体是指：

（a）运营商；或者

（b）运营服务提供商；或者

（c）运营商雇员；或者

（d）运营服务提供商雇员；或者

（e）电信承包商；或者

（f）电信承包商雇员。

272 号码数据库经营者和合法号码数据库主体

（1）本章中所称“号码数据库经营者”是指依照 472（1）所作书面决议的生效对象。

（2）本章中所称的“合法号码数据库主体”是指：

（a）号码数据库经营者；或者

（b）号码数据库经营者雇员；或者

（c）号码数据库承包商；或者

（d）号码数据库承包商雇员。

273 信息

本章所称“信息”包含“意见”。

274 电信承包商

本章所称“电信承包商”是指为或者代表：

（a）运营商；或者

（b）运营服务提供商；

提供服务的主体，但是不包含提供服务的运营商或者运营服务提供商雇员。

275 号码数据库承包商

本章所称“号码数据库承包商”是指为或者代表号码数据库经营者提供服务的主体，但是不包含提供服务的号码数据库经营者雇员。

275A 位置信息

（1）本章中，有关：

（a）移动手机；或者

（b）其他移动设备；

位置的信息被视为与拥有此手机或设备的客户的事务相关。

（2）本章中，有关：

（a）移动手机；或者

（b）其他移动设备；

位置的文件被视为与拥有此手机或设备的客户的事务相关。

（3）本条旨在避免疑问产生。

275B 应急管理主体

（1）本章中：

“应急管理主体”是指担任依照本条（2）明确的职务或岗位或履行此职务或岗位职责的主体。

（2）负责《1997年行政决定（司法审查）法》实施的部长可以法律文书形式，针对本条（1）所述“应急管理者主体”的定义，明确下列之一或全部：

（a）职务；

（b）岗位。

（3）可依照本条（2）对由或者根据州立法律或领地法律设立的职务或岗位进行明确。

（4）本条（3）不限制本条（2）。

（5）在依照本条（2）制定文书前，负责《1997 年行政决定（司法审查）法》实施的部长必须咨询负责本法实施的部长。

275C　紧急情况

（1）本章中：

“紧急情况”是指应急法律中所指的紧急情况或者灾难（不论实际如何称呼）。

275D　应急法律

（1）本章中：

“应急法律”是依照本条（2）明确的法律。

（2）负责《1997 年行政决定（司法审查）法》实施的部长可以法律文书形式，明确本条第（1）款所述“应急法律”定义中适用的州立法律或领地法律。

275E　相关信息

本章中：

“有关信息”是指依照第 285A 条获准披露的信息或文件的内容。

第2节　披露/使用主要罪行

276　披露/使用主要罪行——合法主体

现合法主体

（1）下列情形下，合法主体不得披露或使用信息或文件：

（a）信息或文件涉及到：

（i）运营商或运营服务提供商已经传输的通信的内容或实质；或者

（ii）运营商或运营服务提供商正在传输的通信的内容或实质（包括运营商或运营服务提供商已经采集或接收，准备传输但尚未交付的通信）；或者

（iii）运营商或运营服务提供商提供或拟提供给他人的运营服务；或者

（iv）他人的事务或个人资料（包括任何未列入电话薄的电话号码或任何地址）；并且

（b）信息或文件通过下列方式被合法主体获悉或拥有：

（i）如果合法主体为运营商或运营服务提供商，则是在与其业务相关的情况下获悉或拥有信息或文件；或者

（ii）如果合法主体为运营商或运营服务提供商雇员，则是在其受聘于运营商或运营服务提供商业务时获悉或拥有信息或文件；或者

（iii）如果合法主体为电信承包商，则是在与其业务相关的情况下获悉或拥有信息或文件；或者

（iv）如果合法主体为电信承包商雇员，则是在其受聘于电信承包商业务时获悉或拥有信息或文件；

前合法主体

（2）下列情形下，前合法主体不得披露或使用信息或文件：

（a）信息或文件涉及到本条（1)(a）所述事项；并且

（b）信息或文件通过下列方式被前合法主体获悉或拥有：

（i）如果前合法主体为运营商或运营服务提供商，则是在与其业务相关的情况下获悉或拥有信息或文件；或者

（ii）如果前合法主体为运营商或运营服务提供商雇员，则是在其受聘于运营商或运营服务提供商业务时获悉或拥有信息或文件；或者

（iii）如果前合法主体为电信承包商，则是在与其业务相关的情况下获悉或拥有信息或文件；或者

（iv）如果前合法主体为电信承包商雇员，则是在其受聘于电信承包商业务时获悉或拥有信息或文件；

罪行

（3）违反本条规定，定罪后，将被判处不超过两年的监禁。

注1：本条效力受本章第3节和《1979年电信（拦截与访问）法》第4章规定的例外情形约束。

注2：同时参考《1914年犯罪法》第4AA条和第4B条。

第（1）款适用范围—传输介质为电磁波

（4）除非运营商或运营服务提供商已经、正在或计划以制导或非制导电磁波作为传输介质来传输通信，否则不适用本条（1)(a)(i）和（ii）项。

277 披露/使用主要罪行—合法号码数据库主体

现合法号码数据库主体

（1）下列情形下，合法号码数据库主体不得披露或使用信息或文件：

（a）信息或文件涉及到：

（i）运营商或运营服务提供商提供或拟提供给他人的运营服务；或者

（ii）他人的事务或个人资料（包括任何未列入电话薄的电话号码或任何地址）；并且

（b）信息或文件通过下列方式被合法号码数据库主体获悉或拥有：

（i）如果合法号码数据库主体为号码数据库经营者，则是在与其业务相关的情况下获悉或拥有信息或文件；或者

（ii）如果合法号码数据库主体为号码数据库经营者雇员，则是在其受聘于号码数据库经营者业务时获悉或拥有信息或文件；或者

（iii）如果合法号码数据库主体为号码数据库承包商，则是在与其业务相关的情况下获悉或拥有信息或文件；或者

（iv）如果合法号码数据库主体为号码数据库承包商雇员，则是在其受聘于号码数据库承包商业务时获悉或拥有信息或文件。

前合法号码数据库主体

（2）下列情形下，前合法号码数据库主体不得披露或使用信息或文件：

（a）信息或文件涉及到本条（1）(a）所述事项；并且

（b）信息或文件通过下列方式被前合法号码数据库主体获悉或拥有：

（i）如果前合法号码数据库主体为号码数据库经营者，则是在与其业务相关的情况下获悉或拥有信息或文件；或者

（ii）如果合法号码数据库主体为号码数据库经营者雇员，则是在其受聘于号码数据库经营者业务时获悉或拥有信息或文件；或者

（iii）如果合法号码数据库主体为号码数据库承包商，则是在与其业务相关的情况下获悉或拥有信息或文件；或者

（iv）如果合法号码数据库主体为号码数据库承包商雇员，则是在其受聘于号码数据库承包商业务时获悉或拥有信息或文件。

罪行

（3）违反本条规定，定罪后，将面临不超过两年的监禁。

注 1：本条规定受本章第 3 节和《1979 年电信（拦截与访问）法》第 4 章规定的例外情形限制。

注 2：同时参考《1914 年犯罪法》第 4AA 条和第 4B 条。

278　披露/使用主要罪行—紧急呼叫主体

现紧急呼叫主体

（1）下列情形下，紧急呼叫主体不得披露或使用信息或文件：

（a）信息或文件涉及到：

（i）运营商或运营服务提供商已经传输的通信的内容或实质；或者

（ii）运营商或运营服务提供商正在传输的通信的内容或实质；或者

（iii）他人的事务或个人资料（包括任何未列入电话薄的电话号码或任何地址）；并且

（b）信息或文件是在与运行紧急呼叫服务相关的情况下为紧急呼叫主体获悉或者拥有。

前紧急呼叫主体

（2）下列情形下，前紧急呼叫主体不得披露或使用信息或文件：

（a）信息或文件涉及本条（1）(a）所述事项；并且

（b）信息或文件是在与运行紧急呼叫服务相关的情况下为前紧急呼叫主体获悉或者拥有。

罪行

（3）违反本条规定，定罪后，将面临不超过两年的监禁。

注 1：本条规定受本章第 3 节和《1979 年电信（拦截与访问）法》第 4 章规定的例外情形限制。

注 2：同时参考《1914 年犯罪法》第 4AA 条和第 4B 条。

第（1）款适用范围—传输介质为电磁波

（4）除非运营商或运营服务提供商已经、正在或计划以制导或非制导电磁波作为传输介质来传输通信，否则不适用本条（1）(a)(i）和（ii）项。

第 3 节　披露/使用主要罪行的例外情形

分节 A—例外情形

279　履行职责

（1）第 276 条不禁止下列情况下披露或使用信息或文件：

（a）如果信息披露或使用者受雇于：

（i）运营商；或者

（ii）运营服务提供商；或者

（iii）电信承包商；并且

（b）信息或文件的披露或使用是在雇员履行工作职责的过程中进行。

（2）第 276 条不禁止下列情况下披露或使用信息或文件：

（a）披露者或使用者为电信承包商；并且

（b）信息或文件的披露或使用是在承包商履行工作职责的过程中进行。

（3）第 277 条不禁止下列情况下披露或使用信息或文件：

（a）信息披露者或使用者受雇于：

（i）号码数据库经营者；或者

（ii）号码数据库承包商；并且

（b）信息或文件的披露或使用是在雇员履行工作职责的过程中进行。

（4）第 277 条不禁止下列情况下披露或使用信息或文件：

（a）披露者或使用者为号码数据库承包商；

（b）信息或文件的披露或使用是在承包商履行工作职责的过程中进行。

（5）第 278 条不禁止下列情况下披露或使用信息或文件：

（a）信息披露者或使用者受雇于：

（i）被认可的运行紧急呼叫服务的主体；或者

（ii）紧急呼叫承包商；并且

（b）信息或文件的披露或使用是在雇员履行工作职责的过程中进行。

（6）第 278 条不禁止下列情况下披露或使用信息或文件：

（a）披露者或使用者为紧急呼叫承包商；

（b）信息或文件的披露或使用是在承包商履行工作职责的过程中进行。

280　由或者根据法律授权

（1）第 2 节不禁止下列情况下披露或使用信息或文件：

（a）如果信息或文件的披露或使用与执法机构的工作相关，则可以依据逮捕令的要求或授权对信息或文件进行披露或使用；或者

（b）由或根据法律的要求或授权对信息或文件进行披露或使用。

（1A）在适用于澳大利亚廉政执法委员会时，本条（1）(a）所称执法工作被视为是廉政专员履行工作职能（廉政专员为《2006 年廉政执法专员法》所指）。

（2）本条中：

“执法机构”含义同《1979 年电信（拦截和访问）法》中该词的含义相同。

281　证人

第 2 节不禁止在作为证人应召出庭作证或出具文件的过程中披露信息或文件。

284 协助ACMA，ACCC和电信业申诉委员会

（1）第276条和第277条不禁止下列情况下披露或使用信息或文件：

（a）信息或文件的披露对象为ACMA或ACMA职员；并且

（b）所披露信息或文件可协助ACMA履行职能、行使权力。

（2）第276条和第277条不禁止下列情况下披露或使用信息或文件：

（a）信息或文件的披露对象为ACCC或ACCC职员；并且

（b）所披露信息或文件可协助ACCC在电信领域履行职能、行使权力。

（3）第276条和第277条不禁止下列情况下披露或使用信息或文件：

（a）信息或文件披露对象为电信业申诉委员会或其雇员；并且

（b）所披露信息或文件可协助电信业申诉委员会受理其接报的投诉。

285 公共号码集成数据库

获准使用

（1）第276条和第277条不禁止下列情况下使用信息或文件：

（a）信息或文件涉及公共号码集成数据库所含信息（与未列入电话簿电话号码相关的信息除外）；并且

（b）信息或文件涉及：

（i）运营商或运营服务提供商提供或拟提供给他人的运营服务；或者

（ii）他人的事务或个人资料（与未列入电话簿电话号码相关的地址除外）；并且

（c）信息或文件的使用目的与下列各项相关：

（i）由或代表运营服务提供商提供查号服务；或者

（ii）发布并维护公共电话号码簿；或者

（iii）处理拨打应急服务号码时提出的事项。

获准披露

（1A）第 276 条和第 277 条不禁止下列情况下披露信息或文件：

（a）信息或文件涉及公共号码集成数据库所含信息（与未列入电话簿电话号码相关的信息除外）；并且

（b）信息或文件涉及：

（i）运营商或运营服务提供商提供或拟提供给他人的运营服务；或者

（ii）他人的事务或个人资料（与未列入电话簿电话号码相关的地址除外）；并且

（c）信息或文件披露目的与下列各项相关：

（i）由或代表运营服务提供商提供查号服务；或者

（ii）发布和维护公共号码簿；或者

（iii）处理拨打应急服务号码时提出的事项；或者

（iv）开展依照本条（3）所作文书明确的某类研究；并且

（d）如果披露行为是出于本条（c）（ii）或（iv）所述目的，那么披露对象持有依照公共号码集成数据库计划生效的授权。此授权允许披露对象使用和披露信息或文件。

定义

（2）本条中：

“业务”包含贸易或商业业务，不论此业务是否定期、反复、持续开展。

“教育机构”包括：

（a）幼儿园；和

（b）小学或中学；和

（c）学院；和

（d）大学。

“公共号码集成数据库”是指：

（a）附件 2 第 4 章所述由 Telstra 维护的公共号码集成数据库；或者

（b）由第 472 条所述主体维护的公共号码集成数据库。

“公共号码”是指 455（3）所述编号计划明确的号码，但不包含未列入电话簿电话号码。

“公共号码簿”是指符合下列条件的记录：

（a）包括下列一项或者两项内容：

（i）个人的姓名及其公共号码（不论其是否包括地址信息）；

（ii）团体的名称及其公共号码（不论其是否包括地址信息）；并且

（b）如果个人或团体为不符合资质的实体，则只包括上述信息；并且

（c）如果个人或团体为符合资质的实体，则只包括下列信息：

（i）依照本条（4）所作文书明确的某类信息；和

（ii）适用于上述个人或团体的信息；并且

（d）：

（i）在只知道运营服务终端用户公共号码的情况下，无法轻易识别终端用户的姓名和/或地址；

（ii）在只知道运营服务终端用户完整或者部分地址的情况下，无法轻易识别终端用户的姓名和/或公共号码；并且

（e）符合依照本条（5）所作文书明确的各项要求。

“符合资质的实体”是指：

（a）开展业务的个人或团体；或者

（b）慈善机构；或者

（c）教育机构；或者

（d）宗教组织；或者

（e）联邦、州或领地政府部门；或者

（f）联邦、州或领地机构或当局；或者

（g）依照本条（6）所作文书明确的某类个人或团体。

研究

（3）部长可以法律文书形式针对（1A）(c)(iv)明确研究类型。除非部长认为研究类型符合公共利益，否则不得对其进行明确。

公共号码簿内其他信息

（4）部长可以法律文书形式针对本条（2）“公共号码簿”定义中的（c)(i)明确信息类型。部长可针对不同类型符合资质的实体明确不同类型的信息。

对公共号码簿进一步要求

（5）部长可以法律文书形式针对本条（2）“公共号码簿”定义中的（e）明确要求。

符合资质的实体

（6）部长可以法律文书形式针对本条（2）“符合资质的实体”定义中的（g）明确个人或团体的类型。

285A 应急预警信息

（1）第 276 条和第 277 条不禁止下列情况下主体（披露者）下披露信息或文件：

（a）信息或文件内容为公共号码集成数据库所含信息（包含未列入电话簿电话号码）；并且

（b）披露对象对应急管理主体；并且

（c）应急管理主体向披露者出具书面通知，说明被披露的信息或文件内容今后将出于下列一个或两个目的被使用或披露：

（i）就紧急情况或可能出现的紧急情况向人们发出警报；

（ii）合理测试突发情况出现时是否有能力向人们发出警报。

（1A）本条（1）(c）所述书面通知可适用于一次或者多次披露（包括根据披露者与应急管理主体的安排，一系列披露中的每次披露）。

（1B）本条（1）(c）所述书面通知不属于法律文书。

（2）本条中：

“公共号码集成数据库”是指：

（a）附件2第4章所述由Telstra维护的公共号码集成数据库；或者

（b）由第472条所述主体维护的公共号码集成数据库。

286　拨打应急服务号码

第2节不禁止下列情况下主体披露信息或文件：

（a）信息或文件是拨打应急服务号码时为主体获悉或拥有；并且

（b）信息或文件内容包括下列任何或者全部信息：

（i）名称；

（ii）电话号码；

（iii）地址；

（iv）位置；

（v）拨打应急服务号码提出的事项；并且

（c）出于处理拨打应急服务号码时提出的事项的相关目的，将信息或文件披露给：

（i）警察或警务机关人员；或者

（ii）消防部门人员；或者

（iii）救护服务人员；或者

（iv）紧急呼叫主体；或者

（v）编号计划中针对此项明确的服务机构的人员；或者

（vi）派遣本条（c)(i）、(ii）、(iii）或者（v）所述机构的机构。

287 对人的生命或健康的威胁

第 2 节不禁止下列情况下主体（第一主体）披露或使用信息或文件：

（a）信息或文件涉及他人的事务或者个人信息（包括任何未列入电话簿的电话号码或任何地址）；并且

（b）第一主体有适当理由相信，若要阻止或减弱对人的生命或健康构成的严重和紧迫威胁，信息或文件的披露或使用是合理所需。

288 海事通信目的

第 2 节不禁止下列情况下披露或使用信息或文件：

（a）信息或文件的披露或使用是海上保全人的生命合理所需；或者

（b）信息或文件的披露或使用：

（i）涉及船只的海上位置；并且

（ii）出于海事通信目的。

289 当事人知悉或者同意

第 2 节不禁止下列情况下披露或使用信息或文件：

（a）信息或文件涉及他人的事务或者个人资料（包括任何未列入电话簿的电话号码或者任何地址）；并且

（b）上述他人：

（i）很有可能已经意识到或被告知上述类型信息或文件通常会在有关情况下被披露或使用（视具体情况而定）；或者

（ii）已经同意在有关情况下对上述信息或文件进行披露或使用（视具体情况而定）。

290　通信发送者和接收者默许

第 276 条不禁止下列情况下披露或使用信息或文件：

（a）信息或文件涉及他人发送的通信的内容或实质；并且

（b）考虑到所有相关情况，可合理预期如果通信发送者和接收者知道上述信息或文件会被披露或使用，他们也会同意。

291　其他运营商或服务提供商开展业务所需

（1）第 276 条不禁止下列情况下披露或使用信息或文件：

（a）如果信息或文件的披露或使用由或者代表下列组织进行：

（i）运营商（第一运营商）；或者

（ii）运营服务提供商（第一运营服务提供商）；并且

（b）信息或文件的披露或使用是为了其他运营商或运营服务提供商开展业务所需或与之相关；并且

（c）信息或文件涉及下列组织现在或过去的客户（第三者）：

（i）第一运营商或第一运营服务提供商；或者

（ii）上述其他运营商或运营服务提供商；并且

（d）披露或使用是出于下列目的或与之相关：

（i）上述其他运营商或运营服务提供商向或拟向上述第三者提供运营或内容服务；或者

（ii）上述其他运营商或运营服务提供商向或拟向上述第三者提供商品或服务，以便提供运营或内容服务所用；或者

（iii）安装、维护、运行或提供对电信网络或设备的访问权限，而此网络或设备被上述其他运营商或运营服务提供商用来向上述第三者提供运营或者内容服务，或供其开展此业务所用；并且

（e）如果信息或文件涉及下列设备的位置：

（i）移动电话；

（ii）其他移动通信设备；

则上述第三者已经同意在有关情况下对信息或文件进行披露或使用（视具体情况而定）。

（2）第276条不禁止下列情况下披露或使用信息或文件：

（a）信息或文件的披露或使用由或者代表运营服务提供商进行；并且

（b）信息或文件的披露或使用是为了运营服务中间商安排或拟安排上述运营服务提供商向第三者提供运营服务的目的或与之相关；并且

（c）信息或文件与上述第三者相关；并且

（d）信息或文件的披露或使用是出于下列目的或与之相关：

（i）运营服务提供商向或拟向第三者提供上述服务；或者

（ii）运营服务提供商向或拟向第三者提供货物或服务，以便提供首次提到的服务所用；或者

（iii）安装、维护、运行或者提供对电信网络或设备的访问权限，而此网络或者设备商被上述运营服务提供商用来向第三者提供首次提到的服务，或供其开展此业务所用；并且

（e）如果信息或文件涉及下列设备的位置：

（i）移动电话；

（ii）任何其他移动通信设备；

则上述第三者已经同意在有关情况下对信息或文件进行披露或使用（视具体情况而定）。

（3）第276条不禁止下列情况下披露或使用信息或文件：

（a）信息或文件的披露或使用由或者代表运营服务中间商进行；并且

（b）信息或文件的披露或使用是为了运营服务中间商安排或拟安

排运营服务提供商向第三者提供运营服务或与之相关；并且

（c）信息或文件与第三者相关；并且

（d）信息或文件的披露或使用是出于下列目的或与之相关：

（i）运营服务提供商向或拟向第三人提供上述服务；

（ii）运营服务提供商向或拟向第三人提供货物或者服务，以供提供首次提及的服务所用。

（iii）安装、维护、运行或提供对电信网络或设备的访问权限，而此网络或设备被上述运营服务提供商用来向第三人提供首次提到的服务，或供其开展此业务所用；并且

（e）如果信息或文件涉及下列设备的位置：

（i）移动电话；

（ii）任何其他移动通信设备；

则上述第三者已经同意在有关情况下对信息或文件进行披露或使用（视具体情况而定）。

291A　位置依赖型运营服务

（1）第 276 条和第 277 条不禁止下列情况下披露信息或文件：

（a）信息或文件涉及公共号码集成数据库所含信息（与未列入电话簿的电话号码相关的信息除外）；并且

（b）信息或文件的披露对象为运营商或运营服务提供商；并且

（c）信息或文件的披露是为了提供或拟提供位置依赖型运营服务或与之相关。

（2）第 276 条和第 277 条不禁止下列情况下运营商或运营服务提供商披露或使用信息或文件：

（a）信息或文件涉及公共号码集成数据库所含信息（与未列入电话簿的电话号码相关的信息除外）；

（b）信息或文件的披露或使用是为了提供或拟提供位置依赖型运营服务或与之相关。

（3）本条中：

“公共号码集成数据库”是指：

（a）附件 2 第 4 章所述由 Telstra 维护的公共号码集成数据库；或者

（b）由第 472 条所述主体维护的公共号码集成数据库。

“位置依赖型运营服务”是指提供此类型服务依赖于对其终端用户地址信息的获取。

292 法规规定的例外情形：

（1）第 276 条不禁止在法规明确的例外情形下披露或使用信息或文件。

（2）第 277 条不禁止在法规明确的例外情形下披露或使用信息或文件。

（3）第 278 条不禁止在法规明确的例外情形下披露或使用信息或文件。

293 例外情形披露后的使用

（1）第 276 条不禁止下列情况下使用信息或文件：

（a）信息或文件的使用是出于信息或文件披露的目的或者与之相关；并且

（b）依照本节规定，信息或文件的披露未被第 276 条禁止；

（2）第 277 条不禁止下列情况下使用信息或文件：

（a）信息或文件的使用是出于信息或文件披露的目的或者与之相关；并且

（b）依照本节规定，信息或文件的披露未被第 277 条禁止；

（3）第 278 条不禁止下列情况下使用信息或文件：

（a）信息或文件的使用是出于信息或文件披露的目的或者与之相关；并且

（b）依照本节规定，信息或文件的披露未被第 278 条禁止；

294　本分节的效力

本分节任何内容都不限制本分节其他内容或《1979 年电信（拦截与访问）法》第 4－1 章第 5－3 节内容的一般性原则。

分节 B—举证责任

295　举证责任

（1）为确定违反第 2 节规定所犯罪行的法律程序中的说服举证责任，本节或《1979 年电信（拦截与访问）法》第 4 章规定的特殊情形被视为是对罪行的部分说明。

（2）违反第 2 节规定所犯罪行的法律程序中，被告负有涉及本节或《1979 年电信（拦截与访问）法》第 4 章规定的特殊情形的证据责任。

（3）本条中：

“证据责任”是指就特定事实的存在与否提供合理证据。

第 3A 节　公共号码集成数据库授权

分节 A—ACMA 的授权批准计划

295A　ACMA 负责制定公共号码集成数据库计划

ACMA 必须以法律文书形式制定计划（公共号码集成数据库计划）针对 285（1A）(d) 开展授权批准。

注 1：如果 ACMA 在公共号码集成数据库计划下就任一事项产生费用，ACMA 可制定决议厘定对此事项的收费：可参考《2005 年澳大利亚通讯与媒体局法》第 60 条。

注 2：依照此计划作出的各类决定均可被审查：参考第 555 条和附件 4　1（ma）和（md）规定。

295B　计划必须处理的事项

（1）计划必须对下列事项作出规定或者相关规定：

（a）提出授权申请；

（b）申请评估；

（c）授权有效期；

（d）告知申请者依照此计划所作的决定（包括告知运行 285（1A）（a）所述公共号码集成数据库的主体）。

（2）计划必须要求授权申请者说明申请授权的用途。

注：相关用途必须与公共号码簿的发布和运行以及开展特定研究有关。

295C　可对申请做差异化处理

计划可对不同类型授权申请作出不同规定。

295D　授权范围

计划可规定授权涉及下列内容：

（a）所有符合 285（1A）（a）和（b）规定的信息或文件；或者

（b）符合上述规定的指定信息或文件。

295E 临时授权与最终授权

计划可就临时授权和最终授权作出规定。

295F 条件

计划可就批准授权的条件作出规定：

注 1：第 295P 条也允许部长决定授权为附条件批准。

注 2：第 295R 条对违反授权条件设立了罪行。

295G 授权修改或撤销

计划可就修改或撤销授权作出规定。比如，修改内容可以是施加新的条件或是对现有条件进行修改或删除。

295H 计划可赋予 ACMA 行政权力

计划可通过授权 ACMA 做出行政性决定就某特定事项作出规定或与之相关的规定。

注：《2005 年澳大利亚通讯与媒体局法》第 50 条和第 51 条规定了 ACMA 的权力转授。

295J 附属或连带规定

计划可包含 ACMA 认为适当的附带或连带规定。

295K 制定计划的权力不受限

默认情况下，第 295B 条到第 295J 条不限制第 295A 条。

295L 计划修改

（1）可依照《1901 年法律解释法》33（3）对计划进行修改，而非撤销。

（2）本条（1）不限制《1901 年法律解释法》33（3）对本法其他文书的适用。

295M 咨询

制定计划

（1）制定计划前，ACMA：

（a）必须咨询隐私专员，并对其提出的陈词给予考虑；并且

（b）必须咨询负责《1988 年隐私法》实施的部长所在部门的秘书，并对其提出的陈词给予考虑；并且

（c）可咨询 ACMA 认为适当的其他人士，并对其提出的陈词给予考虑。

依照计划所作的决定

（2）依据计划做出决定前，ACMA 可咨询其认为适当的人士，并对其提出的陈词给予考虑。

分节 B——部长文书

295N 批准授权申请的标准

（1）部长必须以法律文书形式明确对依照公共号码集成数据库计划所作授权申请予以批准的标准。

（2）部长可就不同类型授权申请明确不同的标准。

（3）决定是否批准授权申请时，ACMA：

（a）必须选择适用的标准进行申请审核；并且

（b）可考虑其认为相关的其他事项。

295P　条件

（1）部长可以法律文书形式进行下列一项或者两项工作：

（a）决定所有依照公共号码集成数据库计划所作的授权批准都受指定条件约束；

（b）决定依照上述计划下所作的指定类型授权批准受指定条件的约束。

（2）依照此计划所作的授权批准必须附带依照本条制定的文书中明确的可适用于此授权的条件。

注 1：授权批准还可受依照此计划施加的条件的约束：参考第 295F 条。

注 2：第 295R 条对违反授权条件设立了罪行。

295Q　其他可复查决定

部长可以法律文书形式针对附件 4 1（md）明确依照公共号码集成数据库计划所作的决定。

分节 C—强制遵守授权条件

295R　违反授权条件的罪行

在下列情况下，当事人构成犯罪：

（a）当事人持有依照公共号码集成数据库所作的授权；并且

（b）当事人采取某行为或疏于采取某行为；并且

（c）采取或疏于采取某行为违反了授权条件。

处罚：基准罚金 60 倍的罚款

295S　违反授权条件的补救指示

（1）如果 ACMA 认定当事人已经或正在违反依照公共号码集成数据库生效的授权所附加的条件，则适用本条。

（2）ACMA 可向当事人下达书面指示，要求当事人采取指定的行动从而确保其现在或将来不会违反授权附加的条件。

（3）当事人不可违背依照本条（2）所作的指示。

（4）本条（3）属于民事处罚规定。

注：第 31 章规定了违反民事处罚条例的罚款。

（5）依照本条（2）所作的指示不属于法律文书。

295T　违反授权条件的正式警告

如果已认定当事人已经或正在违反依照公共号码集成数据库生效的授权所附加的条件，ACMA 可发出书面警告。

第 D 分节　向部长报告

295U　向部长报告

（1）在 ACMA 依照《2005 年澳大利亚通讯与媒体局法》第 57 条规定向部长提交报告时，必须同时提交另一报告，说明下列事项：

（a）遵守依照公共号码集成数据库计划所批准的授权的情况；

（b）ACMA 认为适当的与计划实施相关的其他事项。

（2）不要求 ACMA 在上述另一报告中包括：

（a）机密材料；或者

（b）如被披露可能会不利于对某人进行公平审判的材料。

（3）部长必须在收到上述另一报告后，于参议院和众议院的 15 个会议日内，将报告分别提交两院讨论。

第3B节　应急预警

295V　应急管理主体使用或者披露信息

可能出现的紧急情况

（1）如果应急管理主体有适当理由相信紧急情况可能出现，则其可以出于向人们发出预警的相关目的使用或披露相关信息（人名除外）。

已经出现的紧急情况

（2）如果紧急情况出现，则应急管理主体可以出于向人们发出预警的相关目的使用或披露相关信息（人名除外）。

测试

（3）应急管理者员在对紧急情况出现时的预警能力进行合理测试时可以使用或披露相关信息（人名除外）。

其他

（4）应急管理主体可向他人披露相关信息（人名除外），以便今后此信息被用来向人们发出有关紧急情况或可能出现的紧急情况的预警。

295W　其他主体使用或者披露信息

已经出现或者可能出现的紧急情况

（1）如果信息是在 295V(1)、(2）或者本款准许的情形下披露给另一主体，此主体可以出于向人们就有关的紧急情况或可能出现的紧急情况发出预警的相关目的使用或披露相关信息。

测试

（2）如果信息是在第 295V（3）或本款准许的情形下披露给另一主体，此主体在对紧急情况出现时的预警能力进行合理测试时可以使用或披露相关信息。

其他

（3）如果信息是在 295V（4）或者本款准许的情形下披露给另一主体，此主体可出于向人们就紧急情况或可能出现的紧急情况发布预警的相关目的使用或披露信息。

295X　对电信网络的影响

在第 295V 款或第 295W 款准许的情形下使用或披露信息时，披露人必须采取合理措施保证信息的使用或披露不会对电信网络的运行造成不利影响。

296Y　死因调查和其他调查

向涉及紧急情况或可能出现的紧急情况的：

（a）死因调查；或者

（b）由负责《1977 年行政决定（司法审查）法》实施的部长以法律文书形式针对本项明确的其他调查；

披露相关信息在本节中被视为出于向人们就有关的紧急情况或可能出现的紧急情况发出预警的相关目的。

295Z　罪行—应急管理主体使用或披露信息

下列情形下，应急管理主体构成犯罪：

（a）应急管理主体使用或披露相关信息；并且

（b）信息的使用或披露为第 295V 条所不允许。

处罚：2 年监禁

295ZA　罪行—其他主体使用或披露信息

（1）下列情形下，当事人构成犯罪：

（a）在295V（1）、（2）或295W（1）准许的情形下将信息披露给上述当事人；并且

（b）当事人使用或披露了信息；并且

（c）本款第（b）项所述的使用或披露并非出于向人们就有关的紧急情况或可能出现的紧急情况发出预警的相关目的。

处罚：2年监禁

（2）下列情形下，当事人构成犯罪：

（a）在295V（3）或295W（2）准许的情形下将信息披露给上述当事人；并且

（b）当事人使用或披露了信息；并且

（c）本款第（b）项所述的使用或披露并非出于合理测试紧急情况出现时向人们发布预警的能力的相关目的。

处罚：2年监禁

（3）下列情形下，当事人构成犯罪：

（a）在295V（4）或295W（3）准许的情形下将信息披露给上述当事人；并且

（b）当事人使用或披露了信息；并且

（c）本条（3）(b）所述的使用或披露行为并非出于向人们就紧急情况或可能出现的紧急情况发出预警的相关目的。

处罚：2年监禁

295ZB　信息使用报告

（1）如果应急管理主体披露了相关信息，其必须向负责《1977年

行政决定（司法审查）法》实施的部长和 ACMA 提交书面报告，对下列事项作出说明：

（a）如果披露是在 295V（1）或（2）指定情形下进行，报告需对有关的紧急情况或可能发生的紧急情况及其地点进行说明；

（b）报告需对任一披露行为中披露的电话号码数量以及披露日期作出说明；

（c）报告需对任一披露行为中电话号码披露对象的人数以及每次披露的目的作出说明。

（2）应急管理主体需在本条（1）（c）中所述的最后一次披露行为发生后，在切实可行的范围内尽快向负责《1977 年行政决定（司法审查）法》实施的部长和 ACMA 提交上述书面报告（无需考虑 295Y 条）。

295ZC　向 ACMA 和隐私专员提交年度报告

如果应急管理主体在一个财政年度内披露了相关信息，其必须在此财政年度结束后两个月内向 ACMA 和隐私专员提交书面报告，就每一次披露行为的下列各项进行说明：

（a）如果披露是在 295V（1）或（2）指定情形下进行，报告需对有关的紧急情况或者可能发生的紧急情况及其地点进行说明；

（b）报告需对任一披露行为中披露的电话号码数量以及披露日期作出说明；

（c）报告需对任一披露行为中电话号码披露对象的数量以及每次披露的目的（披露行为发生在上述财政年度还是接下来的财政年度）。

295ZD　与各州和领地的协议

（1）负责《1977 年行政决定（司法审查）法》实施的部长可与州或领地的部长作出安排，就应急管理主体依照本节履行职责及行使权力作出提出要求。

（2）本条中的协议文书不属于法律文书。

295ZE　联邦豁免

不得就出于下列目的使用或披露相关信息造成的人身或财产损失、损害或伤害对联邦政府提起法律行动、诉讼或者程序：

（a）出于向人们就紧急情况或可能出现的紧急情况发出预警的相关目的；或者

（b）出于合理测试紧急情况发生时向人们发出预警的能力的目的。

第 4 节　披露/使用次要罪行

296　履行个人职责

如果：

（a）如果是出于第 279 条或本条准许的特定目的将信息或文件披露给某人；并且

（b）信息或文件的内容与此人的事务或者个人资料无关；

则此人不得出于上述目的之外的目的披露或使用获取的信息或文件。

297　由或者根据法律授权

如果是出于第 280 条或本条准许的特定目的将信息或文件披露给某人，则此人在无法律要求或授权的情况下，不得披露或使用此信息或文件。

299 协助 ACMA，ACCC 或者电信业申诉委员会

（1）如果是在 284（1）或本款准许的情形下将信息或文件披露给某人，除非是出于 ACMA 履行职能和行使权力的目的或与之相关，否则此人不得披露或使用信息或文件。

（2）如果是在 284（2）或本款准许的情形下将信息或文件披露给某人，除非是出于 ACCC 履行职能和行使权力的目的或与之相关，否则此人不得披露或使用信息或文件。

（3）如果是在 284（3）或本款准许的情形下将信息或文件披露给某人，除非是出于协助电信业申诉委员会受理其接报的投诉的目的或与之相关，否则此人不得披露或使用信息或文件。

注：第 284 条规定了出于协助 ACMA，ACCC 或者电信业申诉委员会的目的披露或使用信息或文件的行为。

299A 公共号码集成数据库

公共号码簿

（1）如果：

（a）是在 285（1A）准许的情形下将信息或文件披露给某人；并且

（b）披露是出于 285（1A）(c)(ii) 所述目的；

那么：

（c）在此人持有依照公共号码集成数据库所作的涉及上述信息或文件的授权的有效期内，其不得出于上述目的之外的目的披露或使用信息；并且

（d）如果此人未持有此类授权，其不得披露或使用信息或文件。

研究

（2）如果：

（a）是在 285（1A）准许的情形下将信息或文件披露给某人；并且

（b）披露是出于 285（1A）(c)(iv) 所述目的；

那么：

（c）在此人持有依照公共号码集成数据库所作的涉及上述信息或文件的授权的有效期内，其不得出于上述目的之外的目的披露或使用信息；并且

（d）如果此人未持有此类授权，其不得披露或使用信息或文件。

（3）如果是出于本条（2）或本款准许的特定目的将信息或文件披露给某人，那么此人不得出于上述目的之外的目的披露或使用信息或文件。

300　对人的生命或健康的威胁

如果是在第 287 条或本条准许的情形下将信息或文件披露给某人（第一人），那么除非在下列情形下，否则第一人不得披露或使用信息或文件：

（a）披露或使用是为了预防或减轻即将对另一人的生命或健康构成的严重威胁或与之相关；或者

（b）第一人有适当理由相信，为了预防或者减轻即将对另一人的生命或健康造成的严重威胁，信息或文件的披露或使用是合理所需。

注：第 287 条规定如果某人有适当理由相信，为了预防或减轻即将对另一人的生命或健康构成的严重威胁，信息或文件的披露或使用是合理所需，那么此人可以对信息或文件进行披露或使用。

301　海事通信目的

如果是在第 288 条或本条准许的情形下将信息或文件披露给某人，那么此人不得出于下列目的之外的目的披露或使用信息或文件：

（a）披露或使用是海上保全人的生命合理所需；或者

（b）披露或使用：

（i）涉及船只的海上位置；并且

（ii）出于海事通信目的。

注：第 288 条规定了出于部分海事目的的信息或文件披露或使用。

302 其他运营商或服务提供商开展业务所需

如果是在第 291 条或本条准许的情形下将信息或文件披露给某人，那么此人不得出于下列目的之外的目的披露或使用信息或文件：

（a）出于：

（i）运营商；或者

（ii）服务提供商；

开展业务的目的或者与之相关；以及

（b）出于下列目的或者与之相关：

（i）运营商或服务提供商提供或拟提供运营服务或内容服务；或者

（ii）运营商或服务提供商提供或拟提供商品或服务，以供提供运营或内容服务所用；或者

（iii）安装、维护、运行或提供电信网络或设备的访问权限，而此网络或设备商被运营商或运营服务提供商用来提供运营或内容服务；或供其开展此业务所用。

注：第 291 条规定了出于运营商或服务提供商开展业务的目的的信息或文件披露或使用。

302A 位置依赖型运营服务

（1）如果是在 291A 或本款准许的情形下将信息或文件披露给某人，除非出于提供或拟提供位置依赖型运营服务的目的或与之相关，

否则此人不得披露或使用信息或文件。

注：第291A条规定了出于提供或拟提供位置依赖型运营服务目的的信息或文件披露或使用。

（2）本条中：

“位置依赖型运营服务”是指提供此类型服务依赖于对其终端用户地址信息的获取。

303　次要罪行—违反本节规定

违反本节规定，定罪后，将被判处不超过两年的监禁。

注：同时参考《1914年犯罪法》第4AA和第4B条规定。

303A　本节规定的一般性原则不受限制

本节任何内容都不限制本节其他内容的一般性原则。

第4A节　与《1988年隐私法》的关系

303B　为施行《1988年隐私法》，被视为由法律授权的行为

（1）除第3节规定的情形外，如果某信息的披露或使用行为被第2节所禁止但依然得以进行，那么为了《1988年隐私法》和认可隐私守则（由上述法律界定）的施行，此披露或使用被视为已获法律授权。

（2）如果某信息的披露或使用行为被第4节某一规定所禁止但依然得以进行，而且此披露或使用行为在上述规定中没有给出禁止的例外情形，那么为了《1988年隐私法》和认可隐私守则（由上述法律界定）的施行，此披露或使用被视为已获法律授权。

303C 对违反本章规定的罪行提起诉讼不影响依照《1988 年隐私法》进行的法律程序

（1）对违反本章第 2 节或第 4 节规定披露或使用信息或文件的罪行提起诉讼不影响根据《1988 年隐私法》或认可隐私守则（由上述法律界定）就上述披露或使用行为提起民事诉讼或行政诉讼。

（2）不论起诉结果如何，本条规定均适用。

（3）本条不影响《1988 年隐私法》第 49 条的实施。

第 5 节 留存记录的要求

304 相联者

本节所称运营商、运营服务提供商或号码数据库经营者的相联者是指：

（a）运营商、运营服务提供商或号码数据库经营者雇员；或者

（b）（雇员之外的）为或代表运营商、运营服务提供商或号码数据库经营者提供服务的主体；或者

（c）本条（b）所述主体的雇员。

305 依照《1979 年电信（拦截和访问）法》进行的授权

（1）如果：

（a）运营商、运营服务提供商或号码数据库经营者；或者

（b）运营商、运营服务提供商或号码数据库经营者相联者；

接到其获得依照《1979 年电信（拦截和访问）法》第 4－1 章第 4 节所作授权的通知，则适用本条。

注：《1979 年电信（拦截和访问）法》第 184 条对此类授权的通

知作出了规定。

（2）运营商、运营服务提供商或号码数据库经营者必须将此通知保留三年。

306　披露记录——一般情况

（1）如果：

（a）合法主体或合法号码数据库主体披露信息或文件；并且

（b）披露行为为下列规定所授权：

（i）第3节规定（第279条、第285条、第285A条、第290条、第291条或者第291A条除外）；或者

（ii）《1979年电信（拦截和访问）法》第177条、第178条、第179条或者第180（3）款；

则适用本条。

（2）如果上述主体为运营商、运营服务提供商或号码数据库经营者，则此运营商、运营服务提供商或号码数据库经营者必须：

（a）在披露发生后切实可行的范围内尽快对披露行为进行记录。无论是何情况，都必须在披露行为发生后5天内进行记录；并且

（b）将此记录保留3年。

（3）如果上述主体为运营商、运营服务提供商或号码数据库经营者相联者，则此主体必须：

（a）在披露发生后切实可行的范围内尽快对披露行为进行记录。无论是何情况，都必须在披露行为发生后5天内进行记录；并且

（b）在作出记录后的五天内，将记录副本提交给运营商、运营服务提供商或号码数据库经营者。

（4）如果依照本条（3）将记录副本提交给运营商、运营服务提供商或号码数据库经营者，运营商、运营服务提供商或号码数据库经营

者必须将此副本保留 3 年。

（5）依照本条（2）或（3）作出的记录必须列明：

（a）信息或文件披露者的姓名；和

（b）披露日期；和

（c）披露理由的声明；和

（d）如果披露是按照依据《1979 年电信（拦截和访问）法》所作授权进行，则须列明：

（i）授权者的名称；和

（ii）授权日期；和

（e）如果不是本条（5）(d）所述情形，披露是应另一团体或个人的要求进行，则须列明：

（i）提出要求的团体或个人的名称；和

（ii）提出要求的日期；和

（f）如果所披露信息或文件涉及运营服务所传输的通信的内容或实质，则须列明运营服务的详情。

（6）记录或记录副本可通过下列形式制作、提交或者留存：

（i）书面形式；或者

（ii）电子形式。

（7）违反本节规定，定罪后，将被判处不超过基准罚金 300 倍的罚款。

注：同时参考《1914 年犯罪法》第 4AA 条和第 4B 条。

306A　披露记录——依照《1979 年电信（拦截和访问）法》将会生效的授权

（1）如果：

（a）合法主体或合法号码数据库主体披露信息或文件；并且

（b）披露行为是按照《1979年电信（拦截和访问）法》第180条所作授权进行（只要此授权为上述法律180（2）所述类型）；

则适用本条。

（2）如果上述主体为运营商、运营服务提供商或号码数据库经营者，则此运营商、运营服务提供商或号码数据库经营者必须：

（a）在上述授权失效后切实可行的范围内尽快对披露行为进行记录。不论是何情况，都必须在失效之日后5天内进行记录；并且

（b）将此记录保留3年。

（3）如果上述主体为运营商、运营服务提供商或号码数据库经营者相联者，则此主体：

（a）在上述授权失效后切实可行的范围内尽快对披露行为进行记录。不论是何情况，都必须在披露行为发生后5天内进行记录；并且

（b）在作出记录后的5天内，将记录副本提交给运营商、运营服务提供商或号码数据库经营者。

（4）如果依照本条（3）将记录副本提交给运营商、运营服务提供商或号码数据库经营者，运营商、运营服务提供商或号码数据库经营者必须将此副本保留3年。

（5）依照本条（2）或（3）作出的记录必须列明：

（a）信息或文件披露者的名称；和

（b）下列其中一项：

（i）如果依照授权只进行了一次披露，则列明披露日期；

（ii）如果依照授权进行了多次披露，则列明第一次和最后一次披露的日期；和

（c）披露理由的声明；和

（d）授权者的姓名和授权日期。

（6）记录或者记录副本可通过下列形式制作、提交或者留存：

（i）书面形式；或者

（ii）电子形式。

（7）违反本节规定，定罪后，将被判处不超过基准罚金 300 倍的罚款。

注：同时参考《1914 年犯罪法》第 4AA 条和第 4B 条。

307　错误记录

（1）当事人不得对任何事或者物作出错误记录，并因此声称遵守了第 306 条或第 306A 条的规定。

（2）违反本条（1）规定，定罪后，将被判处不超过 6 个月的监禁。

注：同时参考《1914 年犯罪法》第 4AA 条和第 4B 条。

308　运营商、运营服务提供商或号码数据库经营者向 ACMA 提交年度报告

（1）如果：

（a）信息或文件是在某财政年度披露；并且

（b）下列情形之一存在：

（i）依照第 306 条或第 306A 条，运营商、运营服务提供商或号码数据库经营者对披露行为进行了记录；或者

（ii）依照第 306 条或第 306A 条，运营商、运营服务提供商或者号码数据库经营者获得披露行为记录的副本；

则运营商、运营服务提供商或号码数据库经营者必须在财政年度结束后 2 个月内，向 ACMA 提交披露行为书面报告。

（2）报告必须列明 ACMA 要求提供的信息。

309　隐私专员监控

（1）除了《1988 年隐私法》对其赋予的职责，隐私专员还负责监控遵守本节的情况。

（2）详细地说，本条第（1）款赋予隐私专员的监控职能包括监控下列内容：

（a）根据第 306 条或第 306A 条作出的记录是否包含披露理由的声明；

（b）上述声明的内容是否为本章第 3 节或《1979 年电信（拦截和访问）法》第 4 章所规定的情形（这些章节规定了例外情形）。

（3）如隐私专员在履行本条第（1）款赋予职能时对访问上述记录提出合理要求，运营商、运营服务提供商或号码数据库经营者必须遵守这些要求。

（4）隐私专员可就履行本条第（1）款赋予职能时出现的任何事项向部长提交书面报告。

（5）《1988 年隐私法》第 99 条适用于本条，犹如本条是《1988 年隐私法》的一项条例。

注：《1988 年隐私法》第 99 条规定了权力转授。

第 6 节　制定文书的权力不受限

310　制定文书的权力不受限

（1）默认情况下，本章不限制由或者根据本法赋予的制定文书的权力。

（2）默认情况下，本章不限制第 6 章所述行业守则或标准可以处理的事项。

（3）默认情况下，本条不限制《1901 年法律解释法》33（3B）规定。

第 14 章　有关国家利益的事项

311　纲要

以下为本章纲要：

- ACMA、运营商和运营服务提供商必须尽力防止利用电信网络和设备实施犯罪的行为发生。
- ACMA、运营商、运营服务提供商必须在下列方面给予当局合理所需的帮助：
  （a）强制执行刑法和对罚金作出规定的法律；和
  （b）保护公共收入；和
  （c）保卫国家安全。
- 在高级警官的要求下，运营服务提供商可在紧急情况下暂停某项运营服务。

312　ACMA 的义务

（1）ACMA 在履行其电信职能或行使电信权力时必须尽力防止：

（a）电信网络；和

（b）电信设备；

被用来实施违反联邦、州和领地法律的罪行，或者与之相关的目的。

（2）ACMA 在履行其电信职能或行使其电信权力时必须在下列方面给予联邦、州和领地政府官员或当局合理所需的帮助：

（a）强制执行刑法和对罚金作出规定的法律；

（b）保护公共收入；

（c）保卫国家安全。

（3）ACMA 无须为履行本条（1）或本条（2）所述职责时秉诚采取或疏于采取某行为负担诉讼或其他法律程序所追究的赔偿责任。

（4）ACMA的职员、雇员或者代理人无须为秉诚采取或疏于采取与本条（3）所述ACMA的行为相关的某行为负担诉讼或者其他法律程序所追究的赔偿责任。

313 运营商和运营服务提供商的义务

（1）运营商和运营服务提供商，必须在与下列业务相关的情况下：

（a）运行电信网络或设备；或者

（b）提供运营服务；

尽力防止电信网络和设备被用来实施违反联邦、州或者领地法律的罪行，或与之相关的目的。

（2）运营服务中间商必须尽力防止电信网络和设备被用来实施违反联邦、州或者领地法律的罪行，或与之相关的目的。

（3）运营商和运营服务提供商，必须在与下列业务相关的情况下：

（a）运行电信网络或者设备；或者

（b）提供运营服务；

在下列方面联邦、州和领地政府官员或当局合理所需的帮助：

（c）强制执行刑法和的法律；

（d）保护公共收入；

（e）保卫国家安全。

注：第314条规定了提供此类帮助的条款和条件。

（4）安排运营服务提供商提供运营服务的运营服务中间商，必须在与下列业务相关的情况下：

（a）运营服务提供商运行电信网络或者设备；或者

（b）运营服务提供商提供运营服务；

在下列方面给予联邦、州和领地政府官员或当局合理所需的帮助：

（c）强制执行刑法和对罚金作出规定的法律；

（d）保护公共收入；

（e）保卫国家安全。

注：第 314 条规定了提供此类帮助的条款和条件。

（5）运营商或运营服务提供商无须为在下列过程中秉诚采取或疏于采取某行为负担诉讼或者其他法律程序所追究的赔偿责任：

（a）履行本条（1）、（2）、（3）或（4）所述职责；或者

（b）遵守 ACMA 在依照第 312 条履行职责时秉诚下达的指示。

（6）运营商或运营服务提供商的职员、雇员或者代理人无须为秉诚采取或疏于采取与本条（5）所述运营商或运营服务提供商的行为相关的某行为负担诉讼或者其他法律程序所追究的赔偿责任。

（7）本条所称“提供帮助”包括通过下列方式提供帮助：

（a）提供拦截服务，包括执行依照《1979 年电信（拦截与访问）法》签发的拦截令状时提供的服务；或者

（b）执行依照上述法律签发的存储通信令状；或者

（c）提供下列内容的相关信息：

（i）依照上述拦截令状合法拦截的通信；或者

（ii）依照上述存储通信令状合法访问的通信；或者

（d）执行依照上述法律第 4-1 章第 3 节或第 4 节作出的授权；或者

（e）依照本法第 280 条披露信息或文件。

注：已经或可依照《1979 年电信（拦截与访问）法》第 5 章向运营商或者运营服务提供商施加更多有关拦截能力和交付能力的义务。

314 提供帮助的条款和条件

（1）如果依照本条 313（3）或（4），要求当事人向联邦、州或领地官员或当局提供帮助，则适用本条。

（2）当事人必须在提供帮助时遵守既不获利也不承担费用的原则。

（3）当事人必须依照下列条款和条件遵守要求：

（a）下列各方达成一致的条款和条件：

（i）当事人；

（ii）联邦、州或领地政府（视具体情况而定）；或者

（b）如以上各方未就条款和条件达成一致，则由各方指定仲裁员裁决。

如各方未能就仲裁员人选达成一致，将由ACMA指定人选。

（4）ACMA依照本条（3）任命的仲裁员必须是部长在书面决议中指定的人员。

注：人员可通过姓名、属于某指定类别或者任何其他方式明确。

（5）在根据本条（4）作出书面决议前，部长必须咨询总检察长。

（6）如本条所述仲裁由ACMA任命的仲裁员进行，那么仲裁费用将由上述各方平摊。

（7）法规可对本条所述仲裁的进行作出规定或者相关规定。

（8）涉及到《1979年电信（拦截与访问）法》第5-3章或5-5章（有关拦截能力和交付能力的规定）所述的运营商或运营服务提供商义务时，不适用本条。

注：《1979年电信（拦截与访问）法》第5-6章对涉及拦截能力和交付能力的费用的分配作出了规定。

315 紧急情况下暂停提供运营服务：

（1）如果某高级警察或警务人员有适当理由相信：

（a）某人可以访问特定运营服务；并且

（b）此人：

（i）做出某事，且此事已经或可能造成死亡或者严重的人身伤害；或者

（ii）威胁即将杀害或严重伤害他人；或者

（iii）威胁即将严重损害财产；或者

（iv）威胁即将自杀；或者

（v）威胁即将做出某事，且此事将会或可能会危及此人的生命或对其健康或安全造成严重威胁；并且

（c）暂停提供上述运营服务是达到下列目的的合理所需：

（i）预防本条（b）（i）所述行为再次发生；或者

（ii）排除或者降低将本条（b）（ii）、（iii）、（iv）和（v）所述威胁付诸实施的可能性；

那么上述警察或警务人员可要求运营服务提供商暂停提供上述运营服务。

（2）运营服务提供商可遵守上述要求。

（3）默认情况下，本条不限制运营商暂停提供上述运营服务的其他权力。

（3A）上述运营服务提供商无须为遵守上述要求时秉诚采取或疏于采取某行为负担诉讼或者其他法律程序所追究的赔偿责任。

（3B）上述运营服务提供商的职员、雇员或者代理人无须为秉诚采取或疏于采取与本条（3A）所述运营服务提供商的行为相关的某行为负担诉讼或者其他法律程序所追究的赔偿责任。

（4）本条中：

“高级警察或警务人员”是指级别不低于助理专员的警察或警务人员。

316 本章的一般性原则不受限制

本章任何内容都不限制本章其他内容的一般性原则。

第 16 章　国防所需和灾难应急计划

第 1 节　介　　绍

333　纲要

以下为本章纲要

- 可要求运营服务提供商就国防所需或自然灾害管理提供运营服务。
- 可要求运营商或运营服务提供商与联邦政府就下列内容订立协议：
  (a) 网络生存性计划；或者
  (b) 危机发生时的运行要求。
- 运营商许可证条件或服务提供商规则可对遵守灾难应急计划作出规定。

334　国防当局

本章中所称“国防当局”是指：

(a) 国防部秘书长；或者

(b) 国防军司令。

第 2 节　提供运营服务

335　就国防所需或自然灾害管理，对提供运营服务的提出要求：

(1) 国防当局可向运营服务提供商出具书面通知，要求后者提供指定运营服务，以供下列部门所用：

(a) 国防部；或者

(b) 国防军。

(2) 除非出于下列目的，否则国防当局不得就运营服务发出通知：

（a）国防目的；或者

（b）自然灾害管理；

或者同时出于上述两个目的。

（3）如果国防当局发出通知要求运营服务提供商在特定情形下提供某项运营服务，而由 ACMA 签发的书面证明表示 ACMA 认为要求运营服务提供商在上述情形下提供上述运营服务并不合理，且此书面证明仍在有效期内，那么国防当局的上述通知不具效力。

（4）如果国防当局的要求有效，运营服务提供商必须按照要求以及下列条款和条件提供运营服务；

（a）提供商和国防当局达成一致的条款和条件；或者

（b）如双方未就条款和条件达成一致，则由各方指定仲裁员裁决。

如上方未能就仲裁员人选达成一致，将由 ACCC 担任仲裁一职。

（5）法规可为本条所述仲裁的进行作出规定或者相关规定。

（6）法规可规定本条所述由 ACCC 担任仲裁一职的特定仲裁中，仲裁员既可为一名 ACCC 成员，也可为指定人数的 ACCC 成员。所有仲裁员都由 ACCC 主席以书面形式任命。

（7）默认情况下，本条（6）不限制（5）。

第 3 节　国防计划

336　定义

本节中：

“获认证协议”含义由第 338 条界定。

“危机”是指：

（a）战争、类似战争的冲突或行动；或者

（b）内乱；或者

（c）恐怖主义；或者

（d）地震、洪水、火灾、飓风、风暴或其他灾害（既包含自然灾害，也包括因人采取某行为或疏于采取某行为引发的灾害）。

“协议草案”是指依照第337条准备的协议草案。

“网络生存性”是指危机发生时，电信网络或设备能够继续运行的能力。

337 准备协议草案

（1）国防当局可准备协议草案并（代表联邦政府）与下列主体签署：

（a）运营商；或者

（b）运营服务提供商。

（2）协议内容必须包括：

（a）网络生存性的规划；或者

（b）危机发生时的运行要求。

或者同时关于上述两项。

（3）准备协议草案过程过，国防当局必须咨询有关运营商或运营服务提供商。

338 ACMA对协议草案进行认证

（1）ACMA如认为协议草案合理可对其进行认证。

（2）一经认证，协议草案成为“获认证协议”。

（3）要决定是否认证某一协议草案，ACMA必须考虑协议草案是否合理对待了下列事项：

（a）就电信网络或设备的维护、安装、修改或拆除咨询国防当局；

（b）就危机发生时的运行要求咨询国防当局；

（c）机密信息的保护，包括对此类信息用途的限制；

（d）出于下列相关目的，联邦政府给予的财政资助（包括有条件的资助）：

（i）网络生存性；或者

（ii）危机下的运行要求。

或者同时出于上述两个目的。

（4）本条中，要确定特定事项是否合理，ACMA 必须考虑：

（a）国防部和国防军的需求；和

（b）有关运营商或运营服务提供商的利益。

默认情况下，本款不限制“合理”的含义。

（5）要决定是否认证某一协议草案，ACMA 必须咨询协议各方。

（6）ACMA 必须在作出是否认证某一协议草案的决定后在切实可行的范围内尽快向协议各方出具书面通知告知决定。

339　必须签署获认证协议

（1）如果 ACMA 已经认证了涉及运营商或运营商服务提供商的协议草案，则适用本条。

（2）国防当局可向：

（a）运营商；或者

（b）运营服务提供商；

（视具体情况而定）出具书面通知，要求运营商或运营服务提供商在收到通知后 30 天内签订上述协议。

（3）运营商或运营服务提供商必须遵守通知要求。

340　遵守协议规定

如果：

（a）运营商；或者

（b）运营服务提供商；

已经签署协议，运营商或运营服务提供商（视具体情况而定）必须在协议有效期内遵守协议规定。

341 撤销对协议的认证

（1）如果：

（a）获认证协议在特定时间内有效；并且

（b）ACMA 认为如果此协议在上述特定时间内仍为协议草案，就不会对其进行认证了；

则适用本条。

（2）ACMA 必须撤销对协议的认证。

（3）ACMA 必须在撤销协议认证后切实可行的范围内尽快向协议各方出具书面通知，告知后者协议认证已被撤销。

342 协议有效期

（1）获认可协议被签署后，直至依照本条被废除之前，具有效力。

（2）如果协议双方签订新的获认证协议，并明确表示用新协议替代原协议，那么原协议失效。

（3）如果 ACMA 撤销对协议的认证，则协议在认证撤销后的第 60 日起失效。

343 修改协议

（1）本条适用于仍在有效期内的获认证协议。

（2）国防当局可准备上述协议的修改草案。

（3）在准备修改草案的过程中，国防当局必须咨询有关运营商或运营服务提供商。

（4）如果：

（a）国防当局已经准备了获认证协议的修改草案；并且

（b）ACMA 认为如果上述协议仍为协议草案并包括拟修改的内容，ACMA 会对其进行认证；

则 ACMA 必须对修改进行认证。

（5）在形成本条（4）(b）所述的判断之前，ACMA 必须咨询协议各方。

（6）在作出是否对获认证协议的修改草案进行认证的决定后，ACMA 必须向协议各方发出书面通知告知决定。

（7）在 ACMA 对获认证协议的修改草案进行认证后，协议相应被修改。

第 4 节　灾难应急计划

344　指定灾难应急计划

本节中所称“指定灾难应急计划”是指：

（a）用来应对灾难和/或民事紧急情况；并且

（b）由联邦、州或者领地政府制定；

的计划。

345　运营许可证中涉及指定灾难应急计划的条件：

（1）依照第 63 条所作的文书向运营商所持运营许可证附加条件时，可就运营商遵守指定灾难应急计划作出规定或与之相关的规定。

（2）默认情况下，本条（1）不限制第 63 条。

346 关于服务提供商的决议中涉及指定灾难应急计划的规定

（1）依照第 99 条所作的有关服务提供商的决议可就指定运营服务提供商遵守指定灾难应急计划作出规定或与之相关的规定。

（2）默认情况下，本条（1）不限制第 99 条。

346A 运营商和运营服务提供商豁免权

（1）运营商或运营服务提供商无须为遵守 345（1）或 346（1）所述指定灾难应急计划时秉诚采取或疏于采取某行为负担诉讼或者其他法律程序所追究的赔偿责任。

（2）运营商或运营服务提供商的职员、雇员或者代理人无须为秉诚采取或疏于采取与本条（1）所述运营商或者运营服务提供商的行为相关的某行为负担诉讼或者其他法律程序所追究的赔偿责任。

第 5 节　转　　授

347 转　　授

（1）国防部秘书长可通过书面形式将本章下其拥有的部分或全部权力转授给州应急服务中心雇员或国防部内代理州应急服务中心的雇员。

（2）国防军司令可通过书面形式将本章赋予其的权力部分或者全部转授给国防军高级别军官。

（3）本条中：

“高级别”是指：

（a）澳大利亚皇家海军中，不低于海军准将的级别；或者

（b）澳大利亚陆军中，不低于陆军准将的级别；或者

（c）澳大利亚皇家空军中，不低于空军准将的级别。

第 17 章　运营服务提供商预选

348　纲　　要

以下为本章纲要：

- ACMA 必须要求部分运营商或运营服务提供商提供运营服务提供商的预选。
- 预选必须规定每次呼叫时选择其他运营服务商所用的加拨代码。

349　提供预选的要求

（1）ACMA 必须以书面决议形式要求提供标准电话服务的各运营商或运营服务提供商：

（a）以决议中明确的方式，针对使用标准电话服务进行的呼叫提供指定运营服务提供商的预选；并且

（b）遵守决议中的附属或连带规定（如有）。

（2）ACMA 必须以书面决议形式要求提供指定被声明运营服务的各运营商或运营服务提供商：

（a）以决议中明确的方式，针对使用上述运营服务进行的呼叫提供指定运营服务提供商的预选；并且

（b）遵守决议中的附属或连带规定（如有）。

注：“被声明运营服务”含义由第 350A 条界定。

（3）依照本条（1）或（2）作出决议时，ACMA 必须考虑：

（a）遵守有关预选要求的技术可行性；

（b）遵守有关预选要求的成本和收益；

（4）默认情况下，本条（3）不限制 ACMA 可考虑的事项。

（5）本条所称“标准电话服务”不包括通过公共移动电信服务提

供的服务。

（6）依照本条作出决议前，ACMA必须咨询ACCC。

（7）在依照本条作出决议时，ACMA可将行业团体或协会提议或批准的守则或标准中的事项予以适用、采用或者收录（不论是否进行修改）。此守则或标准可以是：

（a）在特定时间内有效或者存在；或者

（b）不时生效或者存在。

默认情况下，本款不限制第589条。

（8）依照本条作出的决议属于《1901年法律解释法》第46A条规定的可否决文书。

350 何时提供运营服务提供商预选

（1）本条中，决议只在下列情形下才能要求运营商针对使用某特定运营服务进行的呼叫提供运营服务提供商的预选：

（a）决议要求上述运营商所控制的网络和设备允许其终端用户：

（i）就决议中指定的与使用上述运营服务进行呼叫相关的需求，预选上述运营服务提供商为其首选；并且

（ii）不时改变上述选择；并且

（c）决议要求上述运营商所控制的网络和设备针对使用上述运营服务进行的每次呼叫提供选择其他运营服务商所用的加拨代码。

注："终端用户"含义由本条（3）界定。

（2）本条中，决议只在下列情形下才能要求运营服务提供商（第一运营服务提供商）针对使用某特定运营服务进行的呼叫提供其他运营服务提供商（第二运营服务提供商）的预选：

（a）决议要求第一运营服务提供商所控制的网络和设备允许其终端用户：

（i）就决议中指定的与使用上述运营服务进行呼叫相关的需求，预选第二运营服务提供商为其首选；并且

（ii）不时改变上述选择；并且

（c）决议要求第一运营服务提供商所控制的网络和设备针对使用上述运营服务进行的每次呼叫提供选择其他运营服务商所用的加拨代码。

注："终端用户"含义由本条（3）界定。

（3）本条中，就运营商或运营服务提供商所控制的网络或设备而言，"终端用户"是指使用此网络或设备提供的运营服务的终端用户。

（4）以下例举了终端用户的需求：

（a）与国内长途电话相关的需求；

（b）与国际电话相关的要求。

350A　被声明运营服务

（1）ACCC 可以书面文书形式声明某指定运营服务为本章中所称"被声明运营服务"。

（2）声明相应生效。

（3）在决定是否依照本条作出声明时，ACCC 必须考虑声明是否有利于促进下列服务终端用户的长期利益：

（a）运营服务；或者

（b）利用运营服务提供的服务。

（4）ACCC 可考虑其认为相关的其他事项。

（5）本条中，确定某事是否有利于促进下列服务终端用户的长期利益：

（a）运营服务；或者

（b）利用运营服务提供的服务；

遵循《1974 年贸易惯例法》第 XIC 章对这一问题的解决方法。

注：参考《1974 年贸易惯例法》第 152AB 条。

351　提供预选

（1）如果依照第 349 条所作的决议生效，且此决议要求当事人提供预选，则本条适用于此当事人。

（2）当事人必须按照决议的要求以及下列条款和条件提供预选：

（a）下列各方达成一致的条款和条件：

（i）当事人；

（ii）预选出的运营服务提供商；或者

（b）在双方未就条款和条件达成一致的情况下，由双方指定仲裁员裁决。

如双方未能就仲裁员人选达成一致，将由 ACCC 担任仲裁一职。

（3）法规可对本条所述仲裁的进行作出规定或者相关规定。

（4）法规可规定本条所述由 ACCC 担任仲裁一职的特定仲裁中，仲裁员既可为一名 ACCC 成员，也可为指定人数的 ACCC 成员。所有仲裁员都由 ACCC 主席以书面形式任命。

（5）默认情况下，本条（4）不限制本条（3）。

（6）当事人必须遵守本条 349（1）(b）或（2)(b）所述决议中的规定。

352　需要提供预选的例外情形

（1）ACMA 可通过在公报发布通知的形式，声明指定运营商或运营服务提供商不必遵守第 349 条规定的要求。声明相应生效。

注：运营商或运营服务提供商可通过名称、属于某特定类别或任何其他方式明确。

（2）在决定运营商或运营服务提供商是否不必遵守第 349 条规定的要求时，ACMA 必须考虑：

（a）运营商或运营服务提供商遵守有关预选要求技术上是否可行；

（b）遵守有关预选要求是否会给运营商或运营服务提供商带来不合理的资金困难。

（3）默认情况下，本条（2）不限制 ACMA 可以考虑的事项。

（4）在依照本条作出声明前，ACMA 必须咨询 ACCC。

353　加拨代码的使用

（1）在下列情形下，本条适用于运营服务提供商（第一运营服务提供商）：

（a）第一运营服务提供商使用运营商、自身或者另一家运营服务提供商所控制的网络或设备提供运营服务；并且

（b）根据依照第 349 条作出的决议的要求，此网络或设备（视具体情况而定）针对每次呼叫提供选择其他运营服务提供商使用的加拨代码。

（2）除非 ACMA 认为：

（a）技术上不可行；或者

（b）会给第一运营服务提供商带来不合理的资金困难；

否则第一家运营服务提供商必须采取必要措施确保其运营服务的终端用户能够在每次呼叫时都可以使用加拨代码选择其它运营服务提供商。

（3）默认情况下，本条（2）不妨碍其它运营服务提供商拒绝向有关终端用户提供运营服务。

第 18 章　主叫号码识别

354　纲要

以下为本章纲要

- 部分交换系统必须具备识别主叫号码的能力。

355　主叫号码识别

（1）下列情形下，本条适用于某组织：

（a）此组织为运营商或运营服务提供商；并且

（b）上述当事人所控制的设备由：

（i）提供标准电话服务时所使用的交换系统组成；或者

（ii）由依照本条（3）所作决议中明确的某类型交换系统组成；并且

（c）下列任一情况存在：

（i）上述系统的安装完成于 1997 年 7 月 1 日或之后；或者

（ii）在 1977 年 7 月 1 日前夕，上述系统具备提供主叫号码识别的能力。

（2）此组织必须采取合理措施确保上述系统具备提供主叫号码识别的能力。

（3）ACMA 可针对本条（1)(b)(ii）作出书面决议。

（4）依照本条（3）作出的决议属于《1901 年法律解释法》第 46A 条规定的可否决文书。

356　遵守主要号码识别要求的例外情形

（1）ACMA 可通过在公报上发布通知的形式，声明指定组织不必遵守第 355 条规定的要求。声明相应生效。

注：人员可通过名称、属于某特定类别或者任何其他方式明确。

（2）在决定某组织是否不必遵守第 355 条规定的要求时，ACMA 必须考虑：

（a）施加要求是否合理；

（b）施加要求是否符合公众利益。

（3）默认情况下，本条（2）不限制 ACMA 可以考虑的事项。

第 19 章　高级移动电话系统（AMPS）

357　纲　　要

以下为本章纲要：

• 应在 2000 年 1 月 1 日前逐步淘汰高级移动电话系统。

358　AMPS 含义

本条中：

AMPS 代表高级移动电话系统。

注：高级移动电话系统未采用数字调制技术。

359　本章适用范围

本章适用对象：

（a）运营商；或者

（b）运营服务提供商。

360 禁止新的 AMPS

2000 年 1 月 1 日前，禁止 Telstra 之外的其他人安装或运行 AMPS 网络。

361 逐步淘汰 AMPS

（1）自 2000 年 1 月 1 日起，任何人不得安装或运行 AMPS 网络。

（2）2000 年 1 月 1 日前，所有人都必须遵守部长就下列事项确定的书面计划：

（a）停止安装或运行 AMPS 网络；或者

（b）停止提供 AMPS 服务；或者

（c）停止在 AMPS 中继续使用被用来提供 AMPS 服务的无线电通信频谱。

（3）本条（1）和（2）的效力受第 362 条约束。

（4）依照本条（2）所制定的计划可通过适用、采用或收录（无论是否进行修改）任何频段方案（《1992 年无线电通信法》所指）的规定对某一事项进行规定。此频段方案可以是：

（a）在特定时间内有效；或者

（b）不时生效。

（5）默认情况下，本条（4）不限制第 589 条。

362 淘汰 AMPS 的有限的例外情形

（1）某人可以：

（a）在 2000 年 1 月 1 日或之后；或者

（b）在违反 361（2）所述某类型计划要求的情况下；

在特定领域安装或使用 AMPS 网络，前提是：

（c）部长和各合法移动运营商书面达成一致；或者

（d）部长在：

（i）咨询了各合法移动运营商；并且

（ii）确定 AMPS 网络的安装或运行不会过度侵蚀第 306 条和第 361 条所载制度对各合法移动运营商的实际价值；

后给出书面同意。

（2）本条（1）不授权某人从事违反本法规定的行为（第 360 条或第 361 条除外）

（3）本条中：

“合法移动运营商”是指 1977 年 7 月 1 日前夕的移动运营商（为《1991 年电信法》所指）。

“本法”包括《1999 年电信（消费者保护和服务标准）法》及其法规。

363　不可限制竞争

（1）如果某人安装或运行了 AMPS 网络，则适用本条。

（2）此人不得利用安装或运行上述 AMPS 网络不公平地限制提供公共移动电信服务的运营服务提供商之间的竞争范围。

第 20 章　涉外的电信行业行为

第 1 节　纲　　要

364　纲要

以下为本章纲要：

- 部长可向国际通信卫星组织协议和国际海事卫星组织公约签署者下达指示。
- 可要求运营商或运营服务提供商遵守某些国际公约。
- 部长可就与国际电信运营商进行的交易制定行为规则。

第 2 节　遵守国际协议

365　国际通信卫星组织和国际海事卫星组织——向签署者下达的指示

（1）下列情形下，本法适用于某组织：

（a）如果上述组织是：

（i）运营商；或者

（ii）运营服务提供商；并且

（b）下列条件之一存在：

（i）此主体由联邦政府或联邦政府代表依照国际通信卫星组织协议第 II（b）条指定而签署了国际通信卫星组织业务协定，因此成为国际通信卫星组织协议所指的签署者；或者

（ii）此主体由联邦政府或联邦政府代表依照国际海事卫星组织协议第 2（3）条指定而签署了国际通信卫星组织业务协定，因此成为国际通信卫星组织公约所指的签署者。

（2）部长可就上述主体履行上述协议或公约内签署者的职责下达其认为必要的书面指示。

（3）部长不得依照本条（2）就签署者与特定客户打交道的方式下达指示。

（4）签署者必须遵守依照本条（2）下达的指示。

366　遵守公约

（1）本条适用于：

（a）运营商；或者

（b）运营服务提供商。

（2）部长可通过在公报上发布通知的形式声明，本条中某指定公约对指定类别的主体具有约束力；

（3）上述指定类别成员在：

（a）运行电信网络或设备时；或者

（b）提供运营服务时；

必须遵守公约规定的澳大利亚需履行的义务。

（4）部长可通过在公报上发布通知的形式声明，本条中某指定公约的指定内容对指定类别的主体具有约束力；

（5）上述指定类别成员在：

（a）运行电信网络或设备时；或者

（b）提供运营服务时；

必须遵守上述公约内容规定的澳大利亚需履行的义务。

（6）本条中：

“公约”是指：

（a）澳大利亚加入的公约；或者

（b）澳大利亚与其他国家签订的协议或安排。

此外，还包括（比如说）部长与其他国家的官员或当局订立的协议、安排或者谅解。

第 3 节　用于规范与国际电信运营商进行的交易的行为规则

367　用于规范与国际电信运营商进行的交易的行为规则

（1）本条中，只有在下列情形下，国际电信运营商才被认定为“从事不被接受的行为”：

（a）上述运营商以违背或有可能违背国家利益的方式，在下列市场内运用其权力：

（i）运营服务市场；或者

（ii）用于提供运营服务的商品或服务的市场；或者

（iii）安装、维护、运行或提供电信网络或设备的访问权限的市场；或者

（b）运营商以违背或有可能违背国家利益的方式使用他国法律赋予其的法定权利或法定地位，而且此权利或地位涉及下列内容：

（i）运营服务；或者

（ii）用于提供运营服务的商品或服务；或者

（iii）安装、维护、运行或者提供电信网络或设备的访问权限；或者

（c）运营商从事任何其他违背或有可能违背国家利益的行为。

（2）为了阻止、减轻或纠正国际电信运营商从事的不被接受的行为，部长可以书面形式制定行为准则：

（a）禁止或管制下列一方或双方：

（i）运营商；

（ii）运营服务提供商；

与上述国际电信运营商或其他主体进行的交易；或者

（b）授权ACCC做出具有法律性质的书面决议，对下列一方或双方提出要求、禁令或者限令：

（i）运营商；

（ii）运营服务提供商；或者

（c）授权ACCC向下列一方或双方：

（i）运营商；

（ii）运营服务提供商；

下达行政性书面指示，对运营商或运营服务提供商（视具体情况

而定）提出要求、禁令或者限令；或者

（d）要求：

（i）运营商；和

（ii）运营服务提供商；

遵守：

（iii）本条（b）所述决议；或者

（iv）本条（c）所述指示；

（e）授权 ACCC 向下列主体提供信息：

（i）公众；或者

（ii）指定类别人员；或者

（iii）指定人员；

前提是 ACCC 认为信息披露：

（iv）将促进市场的公平高效运行；或者

（v）符合国家利益。

（3）在依照《行为规则》作出决议或下达指示之前，ACCC 必须咨询 ACMA。

（4）《行为规则》属于《1901 年法律解释法》第 46A 条规定的可否决文书。

（5）本条（2）(b）所述决议属于《1901 年法律解释法》第 46A 条规定的可否决文书。

（6）本条中，如果某主体在澳大利亚境外从事下列活动：

（a）提供 16（1)(b）或（c）指定的运营服务；或者

（b）提供用来提供 16（1)(b）或者（c）指定的运营服务的商品或服务；或者

（c）安装、维护、运行或提供对下列设施的访问权限：

（i）电信网络；或者

（ii）电信设备；

那么此人即为国际电信运营商。

（7）本条中：

“从事某行为”与《1974 年贸易惯例法》中该词的含义相同。

“他国法律”是指澳大利亚境外的法律。

“国际电信运营商”含义为本条（6）所界定。

368 ACCC 负责实施行为规则

ACCC 负责全面实施依照第 367 条生效的《行为规则》。

369 《行为规则》对运营商或运营服务提供商的约束

（1）本条适用于：

（a）运营商；或者

（b）运营服务提供商。

（2）适用对象必须遵守依照第 367 条生效的《行为规则》。

（3）如果上述适用对象制定的协议有不符合依照第 367 条生效的《行为规则》的规定，那么此规定不可被执行（参考第 370 条）。

370 协议的不可执行性

（1）如果协议或协议某规定依照第 369 条不可被执行，则适用本条。

（2）协议一方无权针对协议另一方：

（a）直接或间接执行协议或协议某规定（视具体情况而定）；或者

（b）直接或间接在抗辩或其它时候依凭协议或协议规定（视具体情况而定）。

（3）协议一方（第一方）无权以任何方式（包括，比如说对返还性赔偿进行抵消或提出准合约申索或申索）追讨。如果本条不存在另一方按照协议或协议某规定需要支付给第一方的金额。

371　ACCC 调查

（1）本法不妨碍 ACCC 调查违反依照第 367 条生效的《行为规则》的行为。

（2）如 ACCC 对违反依照第 367 条生效的《行为规则》的行为展开调查，其必须：

（a）将调查告知 ACMA；并且

（b）就调查过程中任一重大进展咨询 ACMA。

372　复查本节实施情况

（1）ACCC 须在每个财政年度复查并向部长报告本节实施情况。

（2）ACCC 必须在有关财政年度结束后切实可行的范围内尽快依照本条（1）向部长提交报告。

（3）如部长提出书面指示要求 ACCC 就与本节实施相关的特定事项进行复查并提交报告，ACCC 必须予以遵守。

（4）ACCC 必须在书面指示要求的期限结束前依照本条（3）向部长提交报告。

（5）收到本条所述报告后，部长必须在参议院和众议院各自的 15 个会议日内，将报告分别提交两院讨论。

第21章　技术规定

第1节　纲　　要

373　纲要

以下为本章纲要：

- ACMA可制定下列类型标准：
  (a) 客户设备和客户电缆标准；
  (b) 有关客户设备中特殊助残功能的标准；
  (c) 设备互联的技术标准。
- ACMA可要求客户设备和客户电缆使用标签，通过标签说明设备或电缆符合某项标准。
- ACMA可颁发通过颁发联接许可证和制定联接规则，对不遵守标签使用要求的客户设备和客户电缆进行联接授权。
- 标签可包括遵守标准的标识。未经授权，不得使用遵守标准的标识。
- ACMA可颁发布缆许可证，制定布缆提供商规则，授权开展布缆工作。
- 可对非法或危险联接客户设备或客户电缆提起民事诉讼。
- 可对危险设备或电缆进行断网处理。
- ACMA禁止提供或拥有危险设备或电缆。

第2节　解释性规定

374　本章适用于澳大利亚境内由运营商或运营服务提供商运行的网络或设备

(1) 本章中所称“电信网络”是指在澳大利亚境内由运营商或运营服务提供商运行的电信网络。

(2) 本章中所称“设备”是指在澳大利亚境内由运营商或运营服务提供商运行的设备。

375　网络或设备管理者

本章中：

（a）电信网络；或者

（b）电信设备；

的管理者是指运行电信网络或者设备（视具体情况而定）的运营商或运营服务提供商。

第 3 节　客户设备和客户电缆技术标准

376　ACMA 拥有制定技术标准的权力

（1）ACMA 可以书面文书形式制定客户设备或客户电缆的技术标准。

（2）依照本条制定的标准所提出的要求必须是对于实现下列目标所必需，或方便实现下列目标：

（a）保护电信网络或设备的完整性；或者

（b）保护符合下列条件的人员的健康或安全：

（i）运行电信网络或设备；或者

（ii）从事电信网络或设备工作；或者

（iii）使用电信网络或设备提供的服务；或者

（iv）其他情况下很有可能受到电信网络或设备运行的影响；或者

（c）确保客户设备可以用来访问紧急呼叫服务；或者

（d）提供标准电话服务时，确保客户设备与其联接或拟联接的电信网络的互操作性；或者

（e）实现法规中明确的目标。

（3）如果某目标的实现可能（直接或间接）要求电信网络或设备：

（a）具备特定设计功能；或者

（b）满足特定的性能要求；

那么针对本条（2）(e）制定的法规不得对此目标进行明确

（4）依照本条制定的标准既可普遍适用也可有限度适用，根据标准规定而定。默认情况下，本款不限制《1901年法律解释法》第33（3A）条。

（5）依照本条制定的标准生效日期为：

（a）制定此标准的文书指定的生效日期；或者

（b）其他情况下，则为在公报上发布标准通知的日期。

（6）依照本条制定的标准属于《1901年法律解释法》第46A条规定的可否决文书。

377　采用自愿标准

（1）依照第376条制定技术标准的过程中，ACMA可适用、采用或收录（不论是否修改）由下列机构提议或通过的标准中的任一事项：

（a）澳大利亚国际标准公司；或者

（b）其他团体或协会；

这些机构所提议或通过的标准既可：

（c）在特定时间内有效或者存在；

（d）不时生效或者存在。

（2）默认情况下，本法（1）不限制第589条。

378　技术标准制定程序

（1）在依照第376条制定技术标准前，ACMA必须在切实可行的范围内尽力确保：

（a）利害关系人有充分机会就提议的标准（通过本条（2)(g）所述报告形式直接或者间接地）作出申诉；并且

（b）给予相关的申诉意见适当考虑。

注：本款效力受第 379 条约束（此条对 ACMA 紧急制订标准的权力作出了规定）。

（2）ACMA 可与下列任一团体或者协会：

（a）澳大利亚国际标准公司；

（b）澳大利亚国际标准公司针对本款书面批准的团体或协会；

（c）ACMA 针对本款作出的书面决议中明确的团体或协会；

就团体或协会开展下列工作做出安排：

（d）准备标准草案；并且

（e）发布标准草案；并且

（f）就标准草案展开公众咨询；并且

（g）向 ACMA 报告公众咨询的结果。

（3）本条（2）(b）所述书面批准副本必须发表在公报上。

（4）本条（2）(c）所述书面决议副本必须发表在公报上。

（5）本条（1）中，如果没有给予利害关系人至少 60 天的时间作出申诉，则认为利害关系没有充分的机会作出申诉。

379 紧急制定技术标准

（1）ACMA 在制定某特定技术标准时，如果其认为有必要尽快制定标准以实现下列目标，则其无需遵守 378（1）规定：

（a）保护电信网络或者设备的完整性；或者

（b）保护满足下列条件的人员的健康或者安全：

（i）运行电信网络或者设备；或者

（ii）从事电信网络或者设备工作；或者

（iii）使用电信网络或者设备提供的服务；或者

（iv）其他情况下很有可能受到电信网络或者设备运行的影响。

（2）如果本条（1）适用于某一标准（紧急标准），则此紧急标准将在实行12个月后失效。但这不妨碍ACMA废止紧急标准，并依照第376条制定新标准。新标准：

（a）不属于适用本条（1）的标准；并且

（b）处理的主要事项与紧急标准相同。

第4节　有关客户设备助残功能的标准

380　有关客户设备助残功能的标准

（1）下列情形下，ACMA可以书面文书形式就特定客户设备制定标准：

（a）客户设备被用于标准电话服务；并且

（b）客户设备主要供非残疾人士使用；并且

（c）上述标准主要涉及客户设备中专为满足残疾人部分或全部需求设计的特别功能。

（2）以下例举了本条（1）(c）所述功能：

（a）协助助听器工作的感应线圈；

（b）电话键“5”上的凸点。

（3）依照本条所制定的标准既可普遍适用也可有限度适用，根据标准规定而定。默认情况下，本款不限制《1901年法律解释法》第33（3A）条。

（4）依照本条所制定的标准生效日期为：

（a）制定此标准的文书指定的生效日期；或者

（b）其他情况下，则为公报上发布标准通知的日期。

（5）依照本条所制定的标准属于《1901年法律解释法》第46A条中规定的可否决文书。

（6）本条中：

“残疾”与《1992 年残疾歧视法》中该词的含义相同。

381　采用自愿标准

（1）在依照第 380 条制定技术标准的过程中，ACMA 可适用、采用或者收录（不论是否修改）由下列机构提议或通过的标准中的任一事项：

（a）澳大利亚国际标准公司；或者

（b）任何其他团体或者协会；

这些机构所提议或者通过的标准既可：

（c）特定时间内有效或者存在；

（d）不时生效或者存在。

（2）默认情况下，本条（1）不限制第 589 条。

382　助残功能标准制定程序

（1）在依照第 380 条制定技术标准前，ACMA 必须在切实可行的范围内尽可能确保：

（a）利害关系人有充分机会就提议的标准（通过本条（2）(g）所述报告形式直接或者间接地）作出申诉；并且

（b）给予相关的申诉意见适当考虑。

（2）ACMA 可与下列团体或者协会之一：

（a）澳大利亚国际标准公司；或者

（b）澳大利亚国际标准公司针对本款书面批准的团体或者协会；或者

（c）ACMA 针对本款作出的书面决议中明确的团体或者协会；

就团体或者协会开展下列工作做出安排：

（d）准备标准草案；并且

（e）发布标准草案；并且

（f）就标准草案展开公众咨询；并且

（g）向ACMA报告公众咨询的结果。

（3）本条（2)(b）所述书面批准副本必须发表在公报上。

（4）本条（2)(c）所述书面决议副本必须发表在公报上。

（5）本条（1）中，如果没有给予利害关系人至少60天的时间作出申诉，则认为利害关系没有充分的机会作出申诉。

383 遵守助残功能标准的效力

（1）如果要确定在提供或准备客户设备时，是否违反《1992年残疾歧视法》第24条规定，必须考虑客户设备是否遵守依照第380条生效的标准。

（2）默认情况下，本条（1）不限制要考虑的事项。

第5节 设备互联技术标准

384 ACMA拥有制定技术标准的权力

（1）ACMA可以书面文书形式制定设备互联技术标准。

注：了解标准的执行，参考《1974年贸易惯例法》第152AR条。

（2）除非接到ACCC依照本条（3）下达的书面指示，ACMA不得依照本条（1）制定标准。

（3）ACCC可就ACMA依照本条（1）行使权力制定标准向ACMA下达书面指示。

（4）ACMA依照本条（1）行使权力必须遵守ACCC依照本条（3）下达的书面指示。

（5）除非 ACCC 认为依照本条（3）下达书面指示是实现下列目标所必需，否则其不得依照本条（3）下达书面指示：

（a）促进运营服务终端用户或者使用运营服务提供的服务的终端用户的长期利益；或者

（b）降低或排除阻碍向已声明服务提供访问权限的情况出现的可能性。

（6）依照本条（1）制定的标准既可普遍适用也可有限度适用，根据标准规定而定。默认情况下，本款不限制《1901 年法律解释法》第 33（3A）条。

（7）依照本条（1）制定的标准生效日期为：

（a）制定此标准的文书指定的生效日期；或者

（b）其他情况下，则为在公报上发布标准通知的日期。

（8）依照本条（1）制定的标准属于《1901 年法律解释法》第 46A 条中规定的可否决文书。

（9）本条中：

“已声明服务”与《1974 年贸易惯例法》第 XIC 章中该词含义相同。

385　采用自愿标准

（1）在依照第 384 条制定技术标准的过程中，ACMA 可适用、采用或收录（不论是否修改）由下列机构提议或通过的标准中的任一事项：

（a）澳大利亚国际标准公司；或者

（b）其他团体或协会；

这些机构所提议或通过的标准既可：

（c）在特定时间内有效或者存在；或者

（d）不时生效或者存在。

（2）默认情况下，本条（1）不限制第 589 条。

386 技术标准制定程序

（1）在依照第 384 条制定技术标准前，ACMA 必须在切实可行的范围内尽力确保：

（a）利害关系人有充分机会就提议的标准（通过本条（2）(g）所述报告形式直接或者间接地）作出申诉；并且

（b）给予相关的申诉意见适当考虑。

（2）ACMA 可与下列任一团体或者协会：

（a）澳大利亚国际标准公司；

（b）澳大利亚国际标准公司针对本款书面批准的团体或协会；

（c）ACMA 针对本款作出的书面决议中明确的团体或协会；

就团体或协会开展下列工作做出安排：

（d）准备标准草案；并且

（e）发布标准法；并且

（f）就标准草案展开公众咨询；并且

（g）向 ACMA 报告公众咨询的结果。

（3）本条（2）(b）所述书面批准副本必须发表在公报上。

（4）本条（2）(c）所述书面决议副本必须发表在公报上。

（5）本条（1）中，如果没有给予利害关系人至少 60 天的时间作出申诉，则认为利害关系没有充分的机会作出申诉。

387 技术标准制定程序

（1）除非在下列情形下，否则 ACMA 不得依照第 384 条就特定事项制定标准：

（a）ACMA 已经向团体或协会出具书面通知，要求其在通知指定

的期限内就上述特定事项制定标准；并且

（b）下列任一情形存在：

（i）上述团体或协会拒绝遵守上述要求；或者

（ii）上述团体或协会遵守上述要求制定了标准，但 ACMA 认为其制定的标准不能充分规范上述事项；

（iii）上述团体或协会遵守上述要求制定了标准，但 ACMA 认为其制定的标准执行效果不够理想。

（2）本条（1）(a）所述期限不得少于通知发出后 120 天。

（3）在对本条（1）(b)(ii）或者（iii）所述事项作出决定的过程中，ACMA 必须考虑：

（a）团体或协会制定的标准是否有可能促进运营服务终端用户或者使用运营服务提供的服务的终端用户的长期利益；并且

（b）团体或协会制定的标准是否会降低或排除阻碍向已声明服务提供访问权限的情况出现的可能性。

（4）默认情况下，本条（3）不限制 ACMA 可以考虑的事项。

（5）在依照本条（1)(b)(ii）或（iii）作出决定前，ACMA 必须咨询 ACCC。

388　提供访问权限

本条中所称“提供访问权限”是指提供下列各项的访问权限：

（a）所有服务提供商；或者

（b）特定类别服务提供商；或者

（c）特定服务提供商；

以便服务提供商可以提供运营服务和/或者内容服务。

389　促进运营服务终端用户或使用运营服务提供的服务的终端用户的长期利益

本条中，确定某事是否会促进运营服务终端用户或使用运营服务提供的服务的终端用户的长期利益遵循《1974年贸易惯例法》第XIC章对这一问题的解决方式。

第6节　联接许可证和联接规则

分节A—授权非标准用户设备和非标准用户电缆联接的联接许可证

390　申请联接许可证

客户设备

（1）当事人（申请者）可向ACMA申请许可证以授权申请者或申请者不时指定的其他人：

（a）将指定客户设备联接到某电信网络或设备；并且

（b）保持这一联接。

这一许可证叫做“联接许可证。”

客户电缆

（2）当事人（申请者）可向ACMA申请许可证以授权申请者或申请者不时指定的其他人：

（a）将指定客户设备联接到某电信网络或者设备；并且

（b）保持这一联接。

这一许可证叫做“联接许可证。”

391　申请形式：

申请必须：

（a）为书面形式；并且

（b）遵照 ACMA 书面批准的形式。

392　申请费用

提交申请时，必须支付依照《2005 年澳大利亚通信与媒体权利法案》第 60 条所作决议规定的费用（如有）。

393　进一步的信息

（1）ACMA 可要求申请者向其提供有关申请的进一步的信息。

（2）在申请者向其提供进一步的信息前，ACMA 可拒绝受理申请。

394　发放联接许可证

（1）ACMA 在审批申请后可根据申请内容发放联接许可证。

（2）在决定是否发放联接许可证时，ACMA 可考虑：

（a）申请许可证的目的是否与下列目的相关：

（i）教育或研究；或者

（ii）测试客户设备或客户布缆；或者

（iii）演示客户设备或客户布缆；并且

（b）申请者的知识或经验。

（3）在决定是否发放联接许可证时，ACMA 必须考虑：

（a）对电信网络或设备完整性的保护；并且

（b）对满足下列条件的人员的健康或安全的保护：

（i）运行电信网络或者设备；或者

（ii）从事电信网络或者设备工作；或者

（iii）使用通过电信网络或者设备提供的服务；或者

（iv）其他情况下很有可能受到电信网络或者设备运行的影响。

（4）默认情况下，本条（2）和（3）不限制ACMA可以考虑的事项。

（5）如果ACMA决定不予发放联接许可证，必须向申请者出具书面通知告知其决定。

395　联接许可证效力受本法约束

（1）联接许可证效力受本法约束。

（2）本条中：

“本法”包含《1999年电信（消费者保护和服务标准）法》及其法规。

396　持证者指定人员

如果ACMA发放了联接许可证，则持证者指定的人员被称为“持证者指定人员”。

397　联接许可证有效期

（1）联接许可证发放日起生效，有效期截止：

（a）联接许可证规定的截止日期；或者

（b）如果联接许可证未规定截止日期，则许可证无限期有效。

（2）ACMA可向联接许可证持证者出具书面通知，声明许可证截止日为通知中指定的日期。声明相应生效。

（3）依照本条（2）作出的通知所指定的日期必须晚于通知发送给联接许可证持证者的日期。

398　联接许可证条件

（1）联接许可证受下列条件约束；

（a）持证者和持证者指定人员必须遵守本节规定；

（b）依照本条（2）许可证必须遵守的条件；

（c）许可证中指定的其它条件。

（2）ACMA 可以书面文书形式作出决议规定：

（a）所有联接许可证都必须遵守决议中指定的条件；或者

（b）指定类型联接许可证必须遵守决议中指定的条件。

（3）ACMA 可向联接许可证持证者出具书面通知：

（a）增加一个或多个许可证的约束条件；

（b）修改或废止下列条件：

（i）依照本条（a)(3）提出的条件；或者

（ii）许可证中规定的条件。

（4）联接许可证的约束条件可对持证者指定人员的资格作出规定。

（5）默认情况下，本条（4）不限制可以约束联接许可证的条件。

（6）依照本条（2）作出的决议属于《1901 年法律解释法》第 46A 条规定的可否决文书。

399　违反约束条件的罪行

（1）在下列情形下，当事人构成犯罪：

（a）当事人为联接许可证持证者或者持证者指定人员；并且

（b）当事人从事某行为；并且

（c）当事人上述行为违反了许可证的约束条件。

处罚：基准罚金 100 倍的罚款

注 1：同时参考《1914 年犯罪法》第 4AA 条和第 4B 条。

注2：同时参考本章第13节（本节对免于起诉的罚金支付作出了规定）。

（2）本条中：

“从事某行为”是指：

（a）采取某行为；或者

（b）疏于采取某行为。

400　正式警告—违反约束条件

如果联接许可证持证者或者持证者指定人员违反了许可证的约束条件，ACMA可向许可证持证者发出正式警告。

401　交回联接许可证

联接许可证持证者可随时向ACMA出具书面通知告知其交回联接许可证。

402　撤销联接许可证

（1）ACMA可向联接许可证持证者出具书面通知撤销许可证。

（2）决定是否撤销许可证时，ACMA可考虑其在依据394（2）决定是否发放许可证时有权考虑的问题。

（3）决定是否撤销许可证时，ACMA必须考虑：

（a）394（3）要求ACMA在决定是否发放许可证时必须考虑的事项；以及

（b）持证者或持证者指定人员是否被判定犯有违反本节内容的罪行。

（4）本条（2）和（3）不限制ACMA可以考虑的事项。

403　联接许可证登记簿

（1）ACMA 必须保管包含下列内容的登记簿：

（a）所有当前有效的联接许可证；以及

（b）上述许可证的所有约束条件。

（2）登记簿可通过电子介质保有。

（3）个人可在支付依照《2005 年澳大利亚通信与媒体局法》第 60 条所作决议规定的费用（如有）后可：

（a）查阅登记簿；和

（b）复制或摘录登记簿。

（4）本条中，如登记簿采用电子介质保有，而 ACMA 向个人提供了登记簿全部或相关内容的印本，那么视为此人已经复印或摘录了登记簿内容。

（5）如个人请求获取登记簿电子版副本，ACMA 可通过下列方式提供相关信息：

（a）数据处理设备；或者

（b）电子传输方式。

分节 B—联接规则

404　联接规则

（1）ACMA 可以书面文书形式制定符合下列条件的规则（联接规则）：

（a）联接规则被明确表示适用于特定主体；并且

（b）涉及下列部分或全部事项：

（i）将指定客户设备与电信网络或设备联接；

（ii）保持（b）(i）所述联接；

（iii）将指定客户电缆与电信网络或设备联接；

（iv）保持（b）（iii）所述联接。

注1：人员可通过姓名、属于某指定类别或者任何其他方式明确。

注2：客户设备或电缆可通过名称、属于某指定类别或者任何其他方式明确。

（2）依照（1）（a）明确的主体被认为要遵守联接规则。

（3）联接规则可通过授权 ACMA 作出行政性决定来就某特定事项作出规定或相关规定。

（4）依照本条制定的文书属于《1901 年法律解释法》第 46A 条规定的可否决文书。

405　联接规则制定程序

（1）在依照第 404 条制定联接规则前，ACMA 必须在切实可行的范围内尽力确保：

（a）利害关系人有充分机会就提议的标准（通过（2）（g）所述报告形式直接或者间接地）作出申诉；并且

（b）给予相关的申诉意见适当考虑。

（2）ACMA 可与下列任一团体或者协会：

（a）澳大利亚国际标准公司；

（b）澳大利亚国际标准公司针对本款书面批准的团体或者协会；

（c）ACMA 针对本款作出的书面决议中明确的团体或者协会；

就团体或者协会开展下列工作做出安排：

（d）准备规则草案；并且

（e）发布规则草案；并且

（f）就规则草案展开公众咨询；并且

（g）向 ACMA 报告公众咨询的结果。

（3）（2）(b）所述书面批准副本必须发表在公报上。

（4）（2）(c）所述书面决议副本必须发表在公报上。

（5）本条（1）中，如果没有给予利害关系人至少 60 天的时间作出申诉，则认为利害关系没有充分的机会作出申诉。

第 7 节　客户设备和客户电缆标签

406　标签的应用

（1）本节中所称“标签”包括标签声明。

（2）本节中，在下列情形下，被视为将标签应用在某物上：

（a）将标签粘帖在上述物体上；或者

（b）将标签编制、印压、嵌入或者附加于上述物体上；或者

（c）将标签粘贴在供应首次的物体所使用的集装箱、覆盖物、包裹、盒子、箱子或者其他物体上；或者

（d）将标签粘帖或包含在首次的物体的用法说明或其他文件内。

406A　本节对生产商或者进口商代理的适用性

针对本法，并为了避免疑问，本节中所指客户设备或客户电缆的生产商或进口商也包括由生产商或进口商书面授权可在澳大利亚境内代理此生产商或进口商（视具体情况而定）的人员。

407　标签要求

（1）ACMA 可以书面文书形式要求指定客户设备或客户电缆的生产商或进口商对设备或电缆应用标签，用以说明此设备或电缆是否符合文书中明确的第 376 条所述标准的要求。

（2）依照本条制定的文书属于《1901 年法律解释法》第 46A 条规

定的不可否决文书。

408　标签使用要求—附属事项

（1）本条适用于依照第407条作出的文书。

（2）标签必须符合ACMA在文书中指定的形式。

（3）对设备或电缆应用标签必须符合ACMA在文书中指定的方法。

（4）如果进口客户设备或客户电缆已经使用指定类型标签，而且此标签说明设备或电缆遵守下列要求，则ACMA可在文书中声明此进口设备或电缆不必符合文书中提出的要求：

（a）指定国家的指定法律提出的要求；或者

（b）依照指定国家的指定法律生效的文书提出的要求；或者

（c）指定公约、条约或国际协议提出的要求；或者

（d）依照指定公约、条约或国际协议生效的文书提出的要求。

（5）文书可明确使用标签前必须满足的要求，包括（但不限于）：

（a）要求生产商或进口商在对设备或电缆应用标签前必须取得认证机构的书面声明，以说明其设备或电缆符合指定的第376条的标准；并且

（b）要求生产商或进口商在对设备或者电缆应用标签前，设备或电缆必须已经经过了公认检测权威人士的检测，以确定其是否符合文书中指定的标准；并且

（c）要求生产商或进口商在对设备或电缆应用标签前，必须：

（i）开展质保项目；或者

（ii）确认已经开展了质保项目；或者

（iii）对质保项目的结果给予了考虑；并且

（d）要求生产商或进口商在对设备或电缆应用标签前必须取得具备资格机构的书面声明，说明其已采取合理措施避免违反指定的第376

条标准；并且

（e）要求生产商或进口商在对设备或电缆应用标签前必须按照文书中指定的形式就设备或电缆做出书面声明。

注1：“认证机构”含义由第410条界定。

注2：“公认检测权威人士”含义由第409条界定。

注3：“具备资格机构”含义由第409条界定。

（6）文书可明确应用标签后必须满足的要求，包括（但不限于）要求生产商或进口商在文书指定的期限内保留下列资料，以备查阅：

（a）按照文书要求对设备或电缆开展质保项目的记录；和

（b）就是否符合文书指定标准进行的所有测试的测试结果的记录；和

（c）（5）（e）所述声明或声明副本。

409　公认检测权威人士和具备资格机构：

（1）ACMA可通过在公报中发布通知的形式作出决议确定指定人员或协会为本条中所指“认可机构”。决议相应生效。

（2）认可机构可以书面文书形式作出决议确定指定人员为本节中所称公认检测权威人士。决议相应生效。

（3）认可机构可以书面文书形式作出决议确定指定人员或协会为本节中所称具备资格机构。决议相应生效。

410　认证机构

（1）ACMA可通过在公报中发布通知的形式作出决议确定指定人员或协会为本条中所指批准机构。决议相应生效。

（2）批准机构可以书面文书形式作出决议确定指定人员或者协会为本节中所称认证机构。决议相应生效。

411　客户设备或客户电缆联接——违反第276条标准

基本禁令

（1）当事人不得：

（a）将客户设备或客户电缆联接到电信网络或设备；或者

（b）保持上述联接：

如果：

（c）第407（1）款要求上述设备或电缆的生产商或进口商对设备或电缆应用标签；并且

（d）下列情形之一存在：

（i）生产商或进口商未遵守上述要求；或者

（ii）生产商或进口商遵守了上述要求，但所用标签表明设备或电缆不符合在首次的要求里指定的第376条标准的要求。

罪行

（2）违反本条（1）规定，定罪后，将被判处不超过基准罚金120倍的罚款。

注1：同时参考《1914年犯罪法》第4AA条和第4B条。

注2：同时参考本章第13节（本节对免于起诉的罚金支付作出了规定）。

例外情形——违规行为具备合理解释

（2A）如果当事人有合理解释，则不适用本条（2）。

注：被告人负责承担（2A）款所述事项的“证据责任”。（参考刑法典13.3（3））

例外情形——联接许可证

（3）当事人的下列行为不违反本条（1）规定：

（a）将客户设备或客户电缆联接到电信网络或设备；或者

（b）保持上述联接；

并且此联接或保持此联接（视具体情况而定）符合联接许可证要求。

注：联接许可证依照第 394 条发放。

例外情形——遵守联接规则

（4）当事人下列行为不违反本条（1）规定：

（a）将客户设备或客户电缆联接到网络或设备；或者

（b）保持上述联接：

前提是：

（c）当事人受联接规则约束；并且

（d）此联接或保持此联接（视具体情况而定）符合联接规则要求。

注：第 404 条对联接许可证作出了规定。

例外情形——网络管理者同意

（5）当事人在下列情形下，将客户设备或客户电缆联接到电信网络或设备的行为不违反本条（1）规定：

（a）网络或设备管理者书面同意上述联接；并且

（b）设备或电缆所使用标签说明此设备或电缆不符合此设备或电缆联

接网络或设备时所适用的第 376 条标准的要求。

注："管理者"含义由第 375 条界定。

412　不得拒绝联接使用标签的客户设备或客户电缆

（1）如果：

（a）在特定时间内，当事人提出将客户设备或客户电缆联接到电信网络或电信设备；并且

（b）407（1）要求设备或者电缆生产商或进口商对设备或者缆使用标签；并且

（c）同时满足下列条件：

（i）生产商或进口商遵守上述要求；并且

（ii）所使用标签说明设备或电缆符合首次提到的要求中指定的可适用第376条标准的要求；

则网络或设备的管理者不得拒绝对此联接予以书面同意。

注："管理者"含义由第375条界定。

（2）违反本条（1）规定，定罪后，将被判处不超过基准罚金100倍的罚款。

注：同时参考《1914年犯罪法》第4AA条和第4B条规定。

（2A）如果当事人有合理解释，则不适用本条（2）。

注：被告人负责承担本条（2A）所述事项的"证据责任"（参考刑法典13.3（3））。

（3）在下列情形下，电信网络或者设备管理者拒绝同意将客户设备或客户电缆联接到电信网络或设备上，并不违反本条（1）规定：

（a）管理者有适当理由相信设备或电缆标签的使用违反了第414条或第416条；或者

（b）管理者有适当理由相信设备或电缆的联接会或有可能会对电信网络或设备的完整性构成威胁；或者

（c）管理者有适当理由相信设备或电缆的联接会或有可能对符合下列条件的人员的健康或安全构成威胁：

（i）运行电信网络或者设备；或者

（ii）从事电信网络或者设备工作；或者

（iii）使用电信网络或者设备提供的服务；或者

（iv）其他情况下很有可能受到电信网络或者设备运行的影响。

（4）默认情况下，本条不规定向特定人员提供运营服务这一义务。

413 提供未使用标签的客户设备或客户电缆

（1）如果当事人：

（a）是客户设备或客户电缆的生产商或进口商；并且

（b）依照第 407 条需要对客户设备或客户电缆应用特定形式标签；

那么除非对设备或电缆使用了特定形式标签，否则此当事人不得提供此设备或电缆。

（2）违反本条（1）规定，定罪后，将被判处不超过基准罚金 100 倍的罚款。

注 1：同时参考《1914 年犯罪法》第 4AA 条和第 4B 条规定。

注 2：同时参考本章 13 节（本节对免于起诉的罚金支付作出了规定）。

（2A）如果当事人有合理解释，则不适用本条（2）。

注：被告人负责承担本条（2A）所述事项的“证据责任”（参考刑法典 13.3（3））。

（3）本条中：

“提供”是指通过销售、交换、长期租借、短期租借或者分期付款购买方式提供（包括再供）。

414 在满足 408（5）所述要求前使用标签

（1）如果当事人：

（a）必须满足 408（5）所述的要求；并且

（b）必须在客户设备或客户电缆应用特定标签前满足上述要求；

那么此人不得在满足上述要求前使用：

（c）上述特定标签；或者

（d）据称是上述特定标签的标签；

（2）违反本条（1）规定，定罪后，将被判处不超过基准罚金 100

倍的罚款。

注1：同时参考《1914年犯罪法》第4AA条和第4B条规定。

注2：同时参考本章13节（本节对免于起诉的罚金支付作出了规定）。

（3）如果当事人有合理解释，则不适用本条（2）。

注：被告人负责承担本条（3）所述事项的“证据责任”。（参考刑法典13.3（3））

415　未能留存记录等

（1）如果ACMA依照407（1）制定文书明确了标签使用后需要遵守的要求，生产商或进口商不得违反这些要求。

（2）下列情形下，当事人构成犯罪：

（a）当事人是客户设备或客户电缆生产商或进口商；并且

（b）当事人从事某行为；并且

（c）当事人的上述行为违反了本条（1）所述要求。

处罚：基准罚金100倍的罚款。

注1：同时参考《1914年犯罪法》第4AA条和第4B条规定。

注2：同时参考本章13节（本节对免于起诉的罚金支付作出了规定）。

（3）如果当事人有合理解释，则不适用本条（2）。

注：被告人负责承担本条（3）所述事项的“证据责任”（参考刑法典13.3（3））。

（4）本条中：

“从事某行为”是指：

（a）采取某行为；或者

（b）疏于采取某行为。

416　含有达标虚假声明的标签的使用

（1）下列情形下当事人不得对客户设备或客户电缆应用标签：

（a）标签所含声明表明标签或电缆符合第376条标准；并且

（b）此声明不实或者具有误导性。

（2）违反本条（1）规定，定罪后，将被判处不超过基准罚金120倍的罚款。

注1：同时参考《1914年犯罪法》第4AA条和第4B条规定。

注2：同时参考本章13节（本节对免于起诉的罚金支付作出了规定）。

第8节　受保护标识

417　受保护标识

（1）当事人不得：

（a）在商务、贸易、专业或者职业中应用受保护的标识或与受保护标识极其相似因此有可能被误认为是受保护标识的标识；或者

（b）将受保护标识或与受保护标识极其相似因此有可能被误认为是受保护标识的标识当作商标或以其它方式应用在进口、制造、生产、已售、正在出售或者出租的商品上；或者

（c）在涉及下列各项时应用受保护标识或与受保护标识及其相似因此有可能被误认为是受保护标识的标识：

（i）商品或服务；或者

（ii）以任何方式促进商品或服务的供应或使用；

（2）违反本条（1）款规定，定罪后，将被判处不超过基准罚金30倍的罚款。

注1：同时参考《1914年犯罪法》第4AA条和第4B条。

注2：同时参考本章13节（本节对免于起诉的罚金支付作出了规定）。

（3）本条（1）各项内容不互相限制。

（4）将本条（1）适用于受保护标识时，不影响法律赋予当事人的有关下列各项的权利：

（a）依照《1995年商标法》注册的商标；或者

（b）依照《2003年外观设计法》注册的外观设计；

而且本条（1）款所述事项并未在1996年8月16日前夕依照《1995年商标法》或《2003年外观设计法》就上述受保护标识进行注册。

（5）如果在1996年8月16日前夕，当事人有下列行为，则本条内容在适用于某受保护标识时，不影响当事人以特定方式使用受保护标识和享有法律赋予的与使用权相关的权利：

（a）当事人正在秉诚以特定方式使用标识；或者

（b）当事人有权阻止他人利用受保护标识或相似标识将其商品或服务冒充为当事人的商品或服务。

（6）如果当事人依照本法第407条对客户设备或客户电缆添加标签时使用或应用了受保护标识，或依照《1992年无线电通信法》对装置添加标签时使用或应用了受保护标识，则不适用本条。此处“装置”与《1992年无线电通信法》中该词的含义相同。

（7）如果当事人是出于ACMA书面决议中明确的某类目的使用或应用受保护标识，则不适用本条。

（8）本条所称“受保护标识”是指：

（a）电信行业中的C－Tick标识：

（i）ACMA在书面决议中对此类标识的设计作出了说明；并且

（ii）本条生效后，标识的作用是说明客户设备或客户电缆符合可适用的第376条标准；或者

（b）符合下列条件的标识：

（i）ACMA 在书面决议中对其设计作出说明的标识；并且

（ii）本条生效后，标识的作用是说明客户设备或客户电缆符合可适用的第 376 条标准；或者

（c）符合下列条件的标识：

（i）ACMA 在书面决议中对其设计作出说明的标识；并且

（ii）本条生效后，标识的作用是说明客户设备或客户电缆不符合可适用的第 376 条标准。

（9）本章中，如果：

（a）标签被应用在客户设备或客户电缆上；并且

（b）标签包含了本条（8）（a）或（b）所述的标识；

那么此标签被视为能够说明设备或电缆符合可适用的第 376 条标准。

（10）本章中，如果：

（a）标签被应用在客户设备或客户电缆上；并且

（b）标签包括了本条（8）（c）所述的标识；

那么此标签被视为能够说明设备或者电缆不符合可适用的第 376 条标准。

（11）本条中，只有在第 407 条（涉及设备或电缆的生产或进口）的要求中被明确，第 376 条标准才被视为适用于有关设备或电缆。

（12）ACMA 依照本条（7）或（8）作出的决议属于《1901 年法案解释法》第 46A 条规定的可否决文书。

（13）除了对本条（13）的效力外，如本条（1）所述当事人被明文限定为宪法 51（xx）的适用法人，本条同样具有效力。

（14）除了对本款的效力外，如果本条（1）中所述所有的使用或应用行为（视具体情况而定）都发生在下列过程中或在与之相关的情况下发生，则本条同样具有效力：

（a）澳大利亚的境外贸易或商业；或者

（b）澳大利亚各州间的贸易或商业；或者

（c）领地内的贸易或商业、州和领地间的贸易或商业、两个领地间的贸易或商业；或者

（d）向联邦政府、领地政府或者联邦或领地的当局或机构提供商品或服务；或者

（e）澳大利亚国防；或者

（f）使用灯塔、灯塔船、信号灯或浮标；或者

（g）天文或气象观测；或者

（h）宪法51（xx）适用法人从事某行为；或者

（i）州立银行业务外的银行业务；或者

（g）州立保险业务外的保险业务；或者

（k）称重或者测量。

第9节　布缆提供商

418　布缆工作

本节中所称布缆工作是指：

（a）安装客户电缆从而将其与电信网络或设备联接；或者

（b）将客户电缆联接到电信网络或设备；或者

（c）维护已联接到电信网络或设备的客户电缆。

419　布缆工作类型

（1）ACMA可通过在公报上发布通知的形式，声明某类布缆工作为本节中所称布缆工作类型。

（2）声明相应生效。

（3）只能通过查看声明来确定某类型布缆工作是否为本节所称的

布缆工作。

（4）依照本条（1）作出的声明属于《1901 年法案解释法》第 46A 条规定的可否决文书。

420 禁止未授权布缆工作

（1）除下列情形外，当事人不得进行特定类型布缆工作：

（a）当事人受布缆提供商规则约束；或者

（b）当事人进行特定类型布缆工作的过程中，必须有受布缆提供商规则约束的人员监督；或者

（c）当事人持有布缆许可证，授权其进行上述类型布缆工作；或者

（d）当事人进行特定类型布缆工作的过程中，必须有持有布缆许可证的人员监督，而且后者所持有许可证对上述类型布缆工作进行了授权。

（2）违反本条（1）规定，定罪后，将被判处不超过基准罚金 120 倍的罚款。

注 1：同时参考《1914 年犯罪法》第 4AA 条和第 4B 条。

注 2：同时参考本章 13 节（本节对免于起诉的罚金支付作出了规定）。

421 布缆提供商规则

（1）ACMA 可以书面文书形式制定符合下列条件的规则（布缆提供商规则）：

（a）规则被明确表示适用于指定人员；

（b）规则与下列各项相关：

（i）进行布缆工作；或者

（ii）监督布缆工作；

或者与两者同时相关。

注：人员可通过姓名、属于某指定类别或者任何其他方式明确。

（2）本条（1）（a）所述指定人员被认为要受布缆提供商规则的约束。

（3）受布缆提供商规则约束的人员必须遵守布缆提供商规则。

（4）违反本条（3）规定，定罪后，将被判处不超过基准罚金 100 倍的罚款。

注 1：同时参考《1914 年犯罪法》第 4AA 条和第 4B 条。

注 2：同时参考本章 13 节（本节对免于起诉的罚金支付作出了规定）。

（5）布缆提供商规则可通过授权 ACMA 作出行政性决定来就某特定事项作出规定或相关规定。

（6）依照本条制定的文书属于《1901 年法案解释法》第 46A 条规定的可否决文书。

422 布缆提供商规则制定程序

（1）在依照第 421 条制定布缆提供商规则前，ACMA 必须在切实可行的范围内尽力确保：

（a）利害关系人有充分机会就提议的规则（通过本条（2）(g) 所述报告形式直接或者间接地）作出申诉；并且

（b）给予相关的申诉意见适当考虑。

（2）ACMA 可与下列任一团体或者协会：

（a）澳大利亚国际标准公司；

（b）澳大利亚国际标准公司针对本款书面批准的团体或者协会；

（c）ACMA 针对本款作出的书面决议中明确的团体或者协会；

就团体或者协会开展下列工作作出安排：

（d）准备布缆提供商规则草案；并且

（e）发布布缆提供商规则草案；并且

（f）就布缆提供商规则草案展开公众咨询；并且

（g）向 ACMA 报告公众咨询的结果。

（3）本条（2）(b）所述书面批准副本必须发表在公报上。

（4）本条（2）(c）所述书面决议副本必须发表在公报上。

（5）本条（1）中，如果没有给予利害关系人至少 60 天的时间作出申诉，则认为利害关系人没有充分的机会作出申诉。

423　申请布缆许可证

个人可向 ACMA 申请可授权特定类型布缆工作的布缆许可证。

424　申请形式：

（1）申请必须：

（a）为书面形式；并且

（b）说明申请者布缆工作的知识和经验；并且

（c）符合 ACMA 书面批准的形式。

（2）ACMA 批准的申请形式可就对申请中的内容作出法律声明认证提出要求。

425　申请费用

提交申请时，必须支付依据《2005 年澳大利亚通信与媒体局法》第 60 条所作决议规定的费用（如有）。

426　进一步的信息

（1）ACMA 可在申请提出后 7 日内要求申请者向其提供与申请相关的进一步的信息。

（2）在申请者向其提供进一步的信息前，ACMA可拒绝受理申请。

427　发放布缆许可证

（1）ACMA在审批申请后可根据申请内容发放布缆许可证。

（2）在确定下列事项前，ACMA不得发放可授权进行特定类型布缆工作的布缆许可证：

（a）申请者具备进行上述类型布缆工作的知识和经验；并且

（b）按照许可证附加条件进行上述类型布缆工作符合依照第376条生效的标准；并且

（c）发放许可证不违反部长依照第440条下达的指示。

428　审批许可证的时间限制

如果ACMA在下列可适用的30天内未作出是否发放许可证的决定，则在适用期限结束后，视为ACMA拒绝依照第427条发放许可证：

（a）如果ACMA没有依照第426条就许可证申请提出要求，则适用期限为ACMA收到申请后的30天；

（b）如果：

（i）ACMA依照第426条就许可证申请提出要求；并且

（ii）要求得以满足；

则适用期限为要求得以满足后的30天内。

（c）如果：

（i）ACMA依照第426条就许可证申请提出要求；并且

（ii）要求未得以满足；

则适用期限为要求中指定的期限结束后的30天内。

429　告知拒绝发放许可证的决定

如果ACMA决定拒绝发放布缆许可证，必须书面告知申请者这一决定。

430　布缆许可证效力受本法约束

（1）布缆许可证效力受本法约束；

（2）本条中：

“本法”包含《1999年电信（消费者保护和服务标准）法》及其法规。

431　布缆许可证有效期

布缆许可证发放之日起生效，有效期截止：

（a）布缆许可证规定的截止日期；或者

（b）如果布缆许可证未规定截止日期，则许可证无限期有效。

432　布缆许可证条件

（1）布缆许可证受ACMA针对本款作出的书面决议中指定的条件约束。

（2）许可证中指定的任何条件。

（3）ACMA可向布缆许可证持证者出具书面通知：

（a）增加一个或者多个许可证的约束条件；或者

（b）修改或废止下列条件：

（i）依照第（a）项附加的条件；或者

（ii）许可证中规定的条件。

（4）以下例举了布缆许可证的约束条件：

（a）与许可证持证者布缆工作场所相关的条件；

（b）要求由ACMA针对此项书面授权的人员对客户电缆进行检查的条件。

433　许可证约束条件的修改程序

（1）ACMA依照432（3）行使权力可以：

（a）为ACMA主动行使；或者

（b）在许可证持证者提出修改申请后行使。

（2）依照本条（1）(b）提出的申请必须：

（a）为书面形式；并且

（b）符合ACMA书面批准的形式。

（3）ACMA批准的申请形式可就对申请中的内容进行法律声明认证提出要求。

（4）如果ACMA拒绝批准依照本条（1）(b）提出的申请，其必须向申请者出具书面通知告知其不予批准的决定。

（5）如果ACMA在收到依据本条（1）(b）提出的申请30天后未明确表示是否发放许可证，则上述期限结束后，视为ACMA拒绝批准上述申请。

434　与违反约束条件相关的罪行

（1）下列情形下，当事人构成犯罪：

（a）当事人持有可授权进行特定类型布缆工作的许可证；并且

（b）当事人开展了上述类型布缆工作；并且

（c）上述工作的开展违反了许可证的约束条件。

处罚：基准罚金100倍的罚款。

注1：同时参考《1914年犯罪法》第4AA条和第4B条。

注2：同时参考本章13节（本节对免于起诉的罚金支付作出了规定）。

（2）下列情形下，当事人构成犯罪：

（a）当事人持有可授权进行特定类型布缆工作的许可证；并且

（b）当事人从事某行为；并且

（c）当事人上述行为导致未能采取合理措施确保由当事人监督进行的上述类型布缆工作不违反许可证约束条件。

处罚：基准罚金100倍。

注1：同时参考《1914年犯罪法》第4AA条和第4B条。

注2：同时参考本章13节（本节对免于起诉的罚金支付作出了规定）。

（3）本条中：

“从事某行为”是指：

（a）采取某行为；或者

（b）疏于采取某行为。

435　正式警告——违反约束条件

如果布缆许可证持证者违反了许可证的约束条件，ACMA可向许可证持证者发出正式警告。

436　交回布缆许可证

（1）布缆许可证持证者可通过下列方式随时交回布缆许可证：

（a）将布缆许可证交还ACMA；并且

（b）书面通知ACMA布缆许可证被交回。

（2）交回布缆许可证自向ACMA出具书面通知之日起生效。

437　暂时吊销布缆许可证

（1）ACMA可向布缆许可证持证者出具书面通知将布缆许可证暂

时吊销不超过28天。

（2）决定是否暂时吊销许可证，ACMA必须要考虑：

（a）第427条要求ACMA在决定是否发放许可证时必须考虑的事项；并且

（b）持证者是否被判定犯有违反本节规定的罪行。

（3）默认情况下，本条（2）不限制ACMA可以考虑的事项。

（4）许可证暂时吊销期间，第420条效力与许可证不存在的情况相同。

438　撤销布缆许可证

（1）ACMA可向布缆许可证持证者出具书面通知撤销许可证。

（2）决定是否撤销布缆许可证时，ACMA必须考虑：

（a）第427条要求ACMA在决定是否发放许可证时必须考虑的事项；并且

（b）持证者是否被判定犯有违反本节内容的罪行。

（3）默认情况下，本条（2）不限制ACMA可以考虑的事项。

439　ACMA可限制本节对客户电缆的适用性

（1）ACMA可以书面文书形式声明本节或本节的指定内容不适用于特定类型客户电缆。

（2）依照本条（1）作出的文书可通过下列方式指定某类型客户电缆：

（a）电缆的特性；或者

（b）电缆的功能；或者

（c）有关客户使用或拟使用电缆的目的；或者

（d）电缆的位置。

（3）默认情况下，本条（2）不限制本条（1）。

（4）本节遵照依照（1）生效的文书发挥效力。

（5）依照（1）作出的文书属于《1901 年法案解释法》第 46A 条规定的可否决文书。

440 部长指示

（1）部长可就 ACMA 如何履行或行使本节赋予的职能或权力下达书面指示。

（2）依照本条（1）作出的指示属于《1901 年法案解释法》第 46A 条规定的可否决文书。

（3）依照本条（1）作出的指示不得就 ACMA 如何受理特定的布缆许可证申请提出要求。

（4）部长不可依照《2005 年澳大利亚通信与媒体局法》第 14 条下达指示，就 ACMA 如何履行或行使本节赋予的职能和权力提出要求。

441 转授

（1）ACMA 可以书面形式将本节赋予的职能或权力部分或者全部转授给他人。

（1A）如果 ACMA 依照《2005 年澳大利亚通信与媒体局法》第 50 条将本条（1）所述某职能或权力转授给 ACMA 的某部门，下列规定具有效力：

（a）上述部门可将职能或权力转授给某人；

（b）《2005 年澳大利亚通信与媒体局法》52（2）（3）（4）（5）和（6）的效力犹如上述部门授权是依照《2005 年澳大利亚通信与媒体局法》第 52 条进行的授权。

（2）本条（1）和（1A）不适用于下列权力：

（a）拒绝批准布缆许可证申请的权力；

（b）432（3）赋予的权力；

（c）撤销或暂时吊销布缆许可证的权力；

（d）依照第439条作出声明的权力。

（3）获转授人在行使被转授职能或权力时，受下列机构书面指示的约束：

（a）如果获转授人是依照本条（1）获得转授，则受ACMA书面指示的约束；或者

（b）如果获转授人是依照本条（1A）获得转授，则受上述转授职能或者权力的ACMA部门书面指示的约束。

（4）本条（1）赋予ACMA的权力和本条（1A）赋予ACMA某部门的权力是对《2005年澳大利亚通信与媒体局法》第50、51和52条赋予权力的补充。

442 布缆许可证登记簿

（1）ACMA必须保管包含下列内容的登记簿：

（a）所有当前有效的布缆许可证；和

（b）上述许可证的所有约束条件。

（2）登记簿可通过电子介质保有。

（3）个人可在支付依照《2005年澳大利亚通信与媒体局法》第60条所作决议规定的费用（如有）后：

（a）查阅登记簿；和

（b）复制或者摘录登记簿。

（4）本条中，如登记簿采用电子介质保有，而ACMA向个人提供了登记簿全部或者相关内容的印本，那么视为此人已经复印或者摘录了登记簿内容。

（5）如个人请求获取登记簿电子版副本，ACMA可通过下列方式

提供相关信息：

（a）数据处理设备；或者

（b）电子传输方式。

第 10 节　未授权电信网络联接等行为的补救事宜

443　针对未授权电信网络联接等行为提起民事诉讼

（1）如果：

（a）当事人：

（i）违反第 411 条，将客户设备或客户电缆联接到电信网络或设备；或者

（ii）他人违反第 411 条，将当事人所控制的客户设备或客户电缆联接到电信网络或设备；并且

（b）因为：

（i）客户设备或客户电缆与电信网络或设备的联接；或者

（ii）客户设备或客户电缆在与电信网络或设备的联接状态下被使用；

下列情况发生：

（iii）电信网络或设备受损；或者

（iv）电信网络或设备管理者蒙受损失或承担法律责任；

那么电信网络或设备管理者可向联邦法院申请补偿。

（2）可批准的补偿包括强制令，以及损害赔偿或（要求被告）交出所得利润（由电信网络或设备管理者二选一）。

（3）如果依照本条向联邦法院申请强制令，联邦法院在最终决定是否批准申请前可发放暂时强制令。

（4）在下列情形下，法院可依据本条规定发出强制令，限制某人从事某类行为：

（a）如果法院认为此人已经从事上述类型行为——不论在法院看来此人是否意欲再次或者继续从事此类型行为；或者

（b）如果在法院看来，如不发出强制令，此人有可能从事上述类型行为——不论此人是否之前从事过上述类型行为以及如果此人从事上述类型行为是否会给任何人带来迫切的重大损害的危险。

（5）在下列情形下，法院可依据本条规定发出强制令，要求某人采取某行动：

（a）如果法院认定此人拒绝或未能采取上述行动——不论在法院看来此人是否意欲再次或者继续拒绝或未能采取上述行动；或者

（b）如果在法院看来，如不发出强制令，此人有可能会拒绝或未能采取上述行动——不论此人是否之前拒绝或未能采取上述行动以及如果此人拒绝或未能采取上述行动，是否会给任何人带来迫切的重大损害的危险。

（6）依照本条作出的申请必须在造成损害、蒙受损失、承担法律风险（视具体情况而定）后的三年内提出。

444 违反标签应用规定的补救事宜

（1）如果：

（a）某人（第一人）就特定客户设备或客户电缆违反第413、414或者415条；并且

（b）某人（可能是第一人）将上述设备或电缆联接到电信网络或设备；并且

（c）因为：

（i）上述设备或电缆与电信网络或设备的联接；或者

（ii）客户设备或客户电缆在与电信网络或设备的联接状态下被使用；

下列情况发生：

（iii）电信网络或设备受损；或者

（iv）电信网络或设备管理者蒙受损失或承担法律责任；

那么电信网络或设备管理者可向联邦法院申请补偿。

（2）依照本条作出的申请必须在造成损害或者蒙受损失（视具体情况而定）后的三年内提出。

445　联接未使用标签客户设备或客户电缆的补救措施

（1）下列情形适用本条，如果：

（a）某人：

（i）将客户设备或客户电缆联接到电信网络或电信设备；或者

（ii）所控制的客户设备或客户电缆被联接到电信网络或电信设备；并且

（b）407（1）要求设备或电缆的生产商或进口商对设备或电缆应用标签；并且

（c）下列情况发生：

（i）生产商或进口商没有遵守要求；或者

（ii）生产商或者进口商遵守了要求，但标签表明设备或者电缆不符合

“首次提到的要求”中指定的第376条所述标准的要求。

（2）如果，因为下列行为：

（a）客户设备或客户电缆与电信网络或设备的联接；或者

（b）客户设备或客户电缆在与电信网络或者设备的联接状态下被使用；

下列情况发生：

（c）电信网络或设备受损；或者

（d）电信网络或设备管理者蒙受损失；

那么电信网络或设备管理者可向联邦法院申请补偿。

(3) 可批准的补偿包括强制令，以及损害赔偿或（要求被告）交出所得利润（由电信网络或者设备管理者二选一)。

(4) 电信网络或设备管理者可将客户设备或客户电缆从电信网络或设备上断开。

(5) 如果要依照本条 (4) 断开联接，需要将其它客户设备或客户电缆从电信网络或设备上断开，电信网络或设备管理者可以将其它客户设备或客户电缆从电信网络或设备上断开。

(6) 如果依照本条向联邦法院申请强制令，联邦法院在最终决定是否批准申请前可发放暂时强制令。

(7) 在下列情形下，法院可依据本条规定发出强制令，限制某人从事某类行为：

(a) 如果法院认为此人已经从事上述类型行为——不论在法院看来此人是否意欲再次或者继续从事此类型行为；或者

(b) 如果在法院看来，如不发出强制令，此人有可能从事上述类型行为——不论此人是否之前从事过上述类型行为以及如果此人从事上述类型行为是否会给任何人带来迫切的重大损害的危险。

(8) 在下列情形下，法院可依据本条规定发出强制令，要求某人采取某行动：

(a) 如果法院认定此人拒绝或未能采取上述行动——不论在法院看来此人是否意欲再次或者继续拒绝或者未能采取上述行动；或者

(b) 如果在法院看来，如不发出强制令，此人有可能会拒绝或未能采取上述行动——不论此人是否之前拒绝或未能采取上述行动以及如果此人拒绝或未能采取上述行动，是否会给任何人带来迫切的重大损害的危险。

(9) 依照本条作出的申请必须在造成损害或者蒙受损失（视具体

情况而定）后的三年内提出。

446 断开危险客户设备或客户电缆

（1）如果：

（a）某人（第一人）：

（i）将客户设备或客户电缆联接到电信网络或设备；或者

（ii）所控制的客户设备或客户电缆被联接到电信网络或设备；并且

（b）电信网络或设备管理者真诚地相信上述客户设备或电缆会或可能会对满足下列条件的人员的健康或者安全构成威胁：

（i）运行电信网络或者设备；或者

（ii）从事电信网络或者设备工作；或者

（iii）使用电信网络或者设备提供的服务；或者

（iv）其他情况下很有可能受到电信网络或者设备运行的影响。

那么电信网络或者设备管理者可：

（c）将客户设备或电缆从电信网络或设备上断开；并且

（d）如果要依照本条（c）断开联接，需要将其它客户设备或客户电缆从电信网络或设备上断开，电信网络或设备管理者可以将其它客户设备或客户电缆从电信网络或者设备上断开。

（2）如果：

（a）依照本条（1）将客户设备或电缆从电信网络或设备上断开，或者据称已断开；并且

（b）ACMA认为本条（1）（b）所述所信之事并无适当理由；

那么ACMA可以向电信网络或设备管理者出具书面通知，指示其将客户设备或电缆重新联接到电信网络或设备上。

（3）当事人必须遵守依照本条（2）作出的指示。

（4）如果：

（a）依照本条（1）将客户设备或电缆从电信网络或设备上断开，或者据称已断开；并且

（b）电信网络或者设备管理者针对本条（1）（b）所述所信之事并无适当理由；并且

（c）因为断开联接，第一人蒙受损失或损害；

第一人可向联邦法院申请向电信网络或设备管理者追讨损失或损害的金额。

（5）依照本条（4）作出的申请必须在造成损害或者蒙受损失（视具体情况而定）后的三年内提出。

447　断开客户设备或电缆联接——保护电信网络或设备的完整性

（1）如果：

（a）某人（第一人）：

（i）将客户设备或客户电缆联接到电信网络或设备；或者

（ii）所控制的客户设备或客户电缆被联接到电信网络或设备；并且

（b）电信网络或设备管理者真诚地相信上述客户设备或客户电缆会或可能会对电信网络或设备的完整性构成威胁；

那么电信网络或设备管理者可以：

（c）将客户设备或电缆从电信网络或设备上断开；并且

（d）如果要依照本条（c）断开联接，需要将其它客户设备或客户电缆从电信网络或设备上断开，电信网络或设备管理者可以将其它客户设备或客户电缆从电信网络或设备上断开。

（2）如果：

（a）依照本条（1）将客户设备或电缆从电信网络或设备上断开，或者据称已断开；并且

（b）ACMA认为本条（1）（b）所述所信之事并无适当理由；

那么 ACMA 可以向电信网络或设备管理者出具书面通知，指示其将客户设备或电缆重新联接到电信网络或设备上。

（3）当事人必须遵守依照本条（2）作出的指示。

（4）如果：

（a）依照本条（1）将客户设备或电缆从电信网络或设备上断开，或者据称已断开；并且

（b）电信网络或者设备管理者针对本条（1）（b）所述所信之事并无适当理由；并且

（c）因为断开联接，第一人蒙受损失或损害；

第一人可向联邦法院申请向电信网络或设备管理者追讨损失或损害的金额。

（5）依照本条（4）作出的申请必须在造成损害或者蒙受损失（视具体情况而定）后的三年内提出。

448　针对具有危险性的电信网络联接提起民事诉讼

（1）如果：

（a）当事人：

（i）将客户设备或客户电缆联接到电信网络或设备；或者

（ii）所控制的客户设备或客户电缆被联接到电信网络或设备；并且

（b）客户设备或电缆会或有可能会对符合下列条件的人员的健康或者安全构成威胁：

（i）运行电信网络或者设备；或者

（ii）从事电信网络或者设备工作；或者

（iii）使用电信网络或者设备提供的服务；或者

（iv）其他情况下很有可能受到电信网络或者设备运行的影响；

（c）因为下列行为：

（i）客户设备或客户电缆与电信网络或设备的联接；或者

（ii）客户设备或客户电缆在与电信网络或者设备的联接状态下被使用；

下列情况发生：

（iii）电信网络或者设备受损；或者

（iv）电信网络或者设备管理者蒙受损失或者承担法律责任；

那么电信网络或设备管理者可向联邦法院申请向当事人追讨损失或损害的金额。

（2）依照本条（1）作出的申请必须在造成损害或者蒙受损失（视具体情况而定）后的三年内提出。

449 其他补救事宜不受影响

默认情况下，本节不影响其他补救事宜。

第 11 节 违禁客户设备和违禁客户电缆

450 违禁客户设备或违禁客户电缆声明

（1）ACMA 可以书面文书形式声明，鉴于文书中所述理由禁止提供或运行下列设备或者为了提供或运行而拥有下列设备：

（a）指定客户设备；或者

（b）指定客户电缆。

（2）文书所述理由必须与下列内容相关：

（a）保护电信网络或设备的完整性；或者

（b）保护符合下列条件的人员的健康或者安全：

（i）运行电信网络或者设备；或者

（ii）从事电信网络或者设备工作；或者

（iii）使用电信网络或者设备提供的服务；或者

（iv）其他情况下很有可能受到电信网络或者设备运行的影响。

（3）依照本条（1）作出的文书的副本必须刊发在各州首府普遍发行的一家或者多家报纸上。

（4）依照本条制定的文书属于《1901 年法案解释法》第 46A 条规定的可否决文书。

（5）本条中：

“州”包括北部领地和首都领地。

“提供”是指通过销售、交换、长期租借、短期租借或者分期付款购买方式提供（包括再供）。

451　就提议的声明开展意见咨询

（1）在依照第 450 条制定文书前，ACMA 必须通过在公报上发布通知的形式：

（a）对有关客户设备或客户电缆作出说明；并且

（b）明确 ACMA 提议制定上述文书的理由；并且

（c）邀请利害关系人在通知指定的期限内对提议的声明作出申诉。

上述期限不得少于 28 天。

（2）如果利害关系人按照通知要求向 ACMA 作出申诉，后者必须适当考虑申诉意见。

（3）如果 ACMA 认为必须尽快制定文书，则不适用本条。

452　运行违禁客户设备或违禁客户电缆

（1）当事人不得：

（a）运行或提供依照第 450 条生效的声明所述的客户设备或客户电缆；

或者

（b）不得出于运行或者提供的目的，拥有上述声明所述的客户设备或客户电缆。

（2）违反本条（1）规定，定罪后，将被判处不超过基准罚金2000倍的罚款。

注：同时参考《1914年犯罪法》第4AA条和第4B条规定。

（3）本条中：

“提供”指通过销售、交换、长期租借、短期租借或者分期付款购买方式提供（包括再供）。

第12节　先前生效的标签

453　先前生效的标签

（1）下列情形下，适用本条：

（a）本条生效前，客户设备已经依照《1991年电信法》258（2）（a）所述某类条件添加标签；并且

（b）上述标签包含了受保护标识（“受保护标识”与《1991年电信法》第402A条该词含义相同）。

（2）本章具有的效力犹如下列情形存在时的效力一样：

（a）上述设备生产或进口时，407（1）要求生产商或制造商对设备应用标签；并且

（b）生产商或制造商已经按照要求对设备应用了标签；并且

（c）标签表明设备符合其生产或进口时所有可适用第376条所述标准的要求。

第 13 节　取代起诉的应付罚款

453A 取代起诉的应付罚款

（1）法规可制定条文，允许被控犯有下表所列某类罪行的人员向联邦政府支付本条（2）规定的罚款，以免于被起诉。

（2）依据针对本条（1）制定的法规，就某罪行须向联邦政府支付罚金的数额依照下表决定：

应付罚款			
编号	被控罪行	个人罚款	法团罚款
1	399（1）	基准罚金 12 倍	基准罚金 60 倍
2	411（2）	基准罚金 12 倍	基准罚金 60 倍
3	413（2）	基准罚金 12 倍	基准罚金 60 倍
4	414（2）	基准罚金 12 倍	基准罚金 60 倍
5	415（2）	基准罚金 12 倍	基准罚金 60 倍
6	416（2）	基准罚金 12 倍	基准罚金 60 倍
7	417（2）	基准罚金 6 倍	基准罚金 30 倍
8	420（2）	基准罚金 12 倍	基准罚金 60 倍
9	421（4）	基准罚金 12 倍	基准罚金 60 倍
10	434（1）or（2）	基准罚金 12 倍	基准罚金 60 倍

第 22 章　运营服务编号和电子编制规定

第 1 节　纲　　要

454　纲要

以下为本章纲要：

- ACMA须就下列内容制定计划：
  （a）澳大利亚境内运营服务编号；和
  （b）与提供上述服务相关的号码的使用。
- 上述计划称为编号计划。
- 号码可依照下列方式分配给运营服务提供商：
  （a）依照分配系统；或者
  （b）不依照上述分配系统。
- 编号计划必须明确应急服务号码。
- 如果电子编址对公众具有重要性，ACMA和ACCC可向电子编址管理者下达指示。

第2节　运营服务编号

分节A——编号计划

455　编号计划

（1）ACMA必须以书面文书形式就下列内容制定计划：

（a）澳大利亚境内运营服务编号；和

（b）与提供上述服务相关的号码的使用。

（2）上述计划称为“编号计划”。

（3）编号计划必须指定在澳大利亚境内向公众提供运营服务时要使用的号码。

注：“指定”为一级概念，是指总体上指定号码。

（4）可对提供不同类型的运营服务指定不同的号码。

（5）编号计划可就下列内容制定规则：

（a）向运营服务提供商分配号码；和

（b）运营服务提供商间转让已分配号码；和

（c）交回或撤回已分配号码；和

（d）已分配号码的可携性（包括针对可促进号码可携性的数据库的维护或者访问制定规则）；和

（e）在澳大利亚境内向公众提供运营服务时对已分配号码的使用（包括制定运营服务提供商为了提供运营服务将已分配号码发放给客户的规则）。

注 1：“分配”为二级概念，指分配给特定运营服务提供商。

注 2：“发放”是三级概念，指发放给运营服务提供商的特定客户。向客户发放已分配号码不影响将此号码分配给有关运营服务提供商。

（6）针对本条（5）（a）制定的规则可按照下列方式授权指定号码的分配：

（a）根据依照第 463 条决定的分配系统进行分配；或者

（b）不依照上述分配系统进行分配。

（7）编号计划可通过授权 ACMA 作出行政性决定来就某特定事项作出规定或者相关规定。

（8）默认情况下，本条（3）到（7）不限制编号计划可处理的事项。

（9）依照编号计划对某号码重新编号不影响下列事项的连续性：

（a）分配此号码；或者

（b）发放此号码。

（10）制定或者修改编号计划时，ACMA 必须考虑：

（a）依照《1999 年电信（消费者保护和服务标准）法》第 4 章运营服务提供商需履行的义务；和

（b）公认的国际标准。

默认情况下，本条（10）不限制 ACMA 可以考虑的事项。

（11）依照本条（1）作出的文书属于《1901 年法案解释法》第 46A 条规定的可否决文书。

（12）尽管有本条（1）规定，ACMA 无须在 1998 年 1 月 1 日前制定编号计划。

456　编号计划——向公众提供的运营服务

（1）针对第455条，本条规定了某运营服务被视为是向公众提供的运营服务的情形。

（2）如果：

（a）此运营服务用于传输两个终端用户间的通信；并且

（b）两个终端用户都不属于最邻近运营服务提供商的圈子；

则此服务属于向公众提供的运营服务。

457　编号计划——不依照分配系统分配号码

（1）如果并非按照第463条决定的分配系统申请号码分配，编号计划必须提出下列要求：

（a）申请时，必须支付依照《2005年澳大利亚通讯与媒体局法》第60条所作决议规定的费用（如有）；

（b）申请者必须依照《1997年电信（编号费用）法》第2章支付号码分配费用（如有）。

（2）如果申请者支付了本条（1）（b）所述费用，但申请未被批准，费用应如数退还申请者。

458　编号计划——已分配号码可携性的规定

（1）除非ACCC依照本条（2）下达指示，否则ACMA所制定编号计划不得包含涉及455（5）（d）所述事项（关于已分配号码可携性）的规则。

（2）ACCC可就ACMA决定涉及本条（1）所述规则的编号计划下达书面指示。

（3）在行使本条（2）赋予权力时，ACCC必须确保在编号计划有效期内编号计划始终包含涉及 455（5）（d）所述事项的规则。

（4）ACMA 在依照第 455 条行使权力时，必须遵守 ACCC 依照本条（2）作出的指示。

（5）在依照本条（2）行使权力时，ACCC 必须考虑特定已分配号码的可携性是否有助于促进运营服务终端用户或使用运营服务提供的服务的终端用户的长期利益。

（6）本条中，确定某事是否会促进运营服务终端用户或使用运营服务提供的服务的终端用户的长期利益，遵循《1974 年贸易惯例法》第 XIC 章对这一问题的解决方法。

459　ACMA 负责实施编号计划

ACMA 负责全面实施编号计划。

460　就编号计划开展意见咨询

（1）制定编号计划前，ACMA 必须：

（a）安排在各州均有发行的一家报纸上发布通知：

（i）声明 ACMA 已经制定了计划草案；并且

（ii）声明公众可于通知发布后 90 天内，在正常办公时间查阅和购买草案副本；并且

（iii）明确查阅和购买草案副本的地点；并且

（iv）邀请利害关系人在通知发布后 90 天内向 ACMA 提交有关草案的书面意见；并且

（b）依照通知要求准备草案副本以供查阅和购买。

（2）如利害关系人按照通知要求提出意见，ACMA 在制定编号计划时必须对意见予以适当考虑。

（3）如果 ACMA 认为：

（a）编号计划的修改：

（i）会影响向运营商的客户发放的号码，而且此客户位于特定州；并且

（ii）不属于ACMA依照本项所作书面声明认为的小幅修改；或者

（b）就编号计划的修改咨询特定州公众的意见符合公众利益；

那么ACMA必须：

（c）安排在上述特定州发行的一家报纸上发布通知：

（i）声明ACMA已经制定了修改草案；并且

（ii）声明公众可于通知发布后90天内，在正常办公时间查阅和购买修改草案副本；并且

（iii）明确查阅和购买草案副本的地点；并且

（iv）邀请利害关系人在通知发布后30天内向ACMA提交有关草案的书面意见。

（d）依照通知要求准备好草案副本以供查阅和购买。

（4）如利害关系人按照通知要求提出意见，ACMA在制定修改计划时必须对意见给予适当考虑。

（4A）依照本条（3）（a）（ii）作出的声明属于《2003年立法文书法案》规定的法律文书。

（5）本条中：

“州”包括北领地和首都领地。

461　咨询ACCC

（1）制定或修改编号计划前，ACMA必须咨询ACCC。

（2）编号计划可规定在行使编号计划所赋予的权力之前，ACMA必须咨询ACCC。

462　遵守编号计划

（1）运营商和运营服务提供商必须遵守编号计划。

（2）如果：

（a）某主体（第一主体）是运营商或运营服务提供商；并且

（b）编号计划要求第一主体针对某运营服务提供商的客户提供号码可携性；

那么第一主体必须依照下列条款和条件遵守上述要求：

（c）下列各方达成一致的条款和条件：

（i）第一主体；

（ii）上述运营服务提供商；或

（d）如以上各方未就条款和条件达成一致，则由各方指定仲裁员裁决。

如果以上各方未就仲裁员的人选达成一致，则由 ACCC 担任仲裁一职。

（3）法规可就依照本条进行的仲裁作出规定或相关规定。

（4）法规可规定本条所述由 ACCC 担任仲裁一职的特定仲裁中，仲裁员既可为一名 ACCC 成员，也可为指定人数的 ACCC 成员。所有仲裁员都由 ACCC 主席以书面形式任命。

（5）默认情况下，本条（4）不限制本条（3）。

（6）依照本条进行的仲裁，其裁决不得违背：

（a）编号计划；或者

（b）定价原则决议。

此处，“定价原则决议”为部长作出的书面形式决议，对处理涉及本条（2）（b）某类要求的价格相关条款和条件设定了原则。

（7）部长依据本条（6）作出的决议属于《1901 年法案解释法》第 46A 条规定的可否决文书。

（8）本条中：

“与价格相关的条款和条件”是指涉及价格或定价方法的条款和条件。

分节 B——号码分配系统

463 号码分配系统

（1）ACMA 可以书面文书形式决定向运营服务提供商分配指定号码的分配系统。

（2）在确定分配系统前，ACMA 必须咨询 ACCC。

（3）上述系统：

（a）可普遍适用或适用于某特定领域；并且

（b）可要求支付申请费用。

（4）上述系统可：

（a）限制 ACMA 向下列人员分配的号码数量：

（i）任何人员；或者

（ii）指定人员；或者

（b）限制 ACMA 向指定群体成员分配的号码总量。

注：人员或群体可通过名称、属于某指定类别或者任何其他方式明确。

（5）默认情况下，本条（3）和（4）不限制本条（1）。

（6）系统必须规定：

（a）是否批准特定号码分配申请；以及

（b）号码分配费用（称为合法金额）；

需要通过系统规定的下列方式来决定：

（c）招标；或者

（b）公开拍卖；或者

（e）其它过程；

（7）ACMA可与某主体订立协议，由此主体代表ACMA收取本条（3）规定的某类费用。

464　就分配系统开展意见咨询

（1）依照第463条决定或修改分配系统前，ACMA必须：

（a）安排在各州均有发行的一家报纸发布通知：

（i）声明ACMA已经准备了计划草案或修改草案；并且

（ii）声明公众可于通知发布后30天内，在正常办公时间查阅和购买草案副本；并且

（iii）明确查阅和购买草案副本的地点；并且

（iv）邀请利害关系人在通知发布后30天内向ACMA提交有关草案的书面意见；并且

（b）依照通知要求准备好草案副本以供查阅和购买。

（2）如利害关系人按照通知要求提出意见，ACMA在确定或修改分配系统时（视具体情况而定）必须对意见给予适当考虑。

（3）如果对分配系统的修改为小幅修改，则不适用本条（1）。

（4）本条中：

“州”包括北领地和首都领地。

分节C——杂项

465　已分配号码登记簿

（1）本条中，“指定权力机关”是指：

（a）ACMA；或者

（b）如果ACMA与某主体订立协议。根据协议，此主体同意履行

本条赋予指定权力机关的职能，那么此主体即为指定权力机关。

注：本条（b）所述协议可规定ACMA需向上述主体支付的费用。

（2）指定权力机关负责保管包含下列内容的登记簿：

（a）依照编号计划分配给运营服务提供商的号码的详情；并且

（b）如果号码分配是按照第463条决定的分配系统进行，则需要记录：

（i）成功获得此号码的申请者；和

（ii）上述分配的合法费用；并且

（c）如果号码不是按照上述系统分配，则需要记录获取号码的人的姓名。

（3）对于按照《1997年电信（编号费用）法》第3章规定被视为由运营服务提供商持有的号码，指定权力机关可在登记簿中记录这些号码的详情。详情可包括有关运营服务商的名称。

（4）登记簿可采用电子介质保有。

（5）如果ACMA为指定权力机关，个人在支付依照《2005年澳大利亚通信与媒体局法》第60条所作决议规定的费用（如有）后可：

（a）查阅登记簿；和

（b）复制或摘录登记簿。

（6）如果ACMA不是指定权力机关，个人可在向指定权力机关支付法规中规定的费用（如有）后：

（a）查阅登记簿；和

（b）复制或摘录登记簿。

（7）本条中，如登记簿采用电子介质保有，而指定权力机关向个人提供了登记簿全部或者相关内容的印本，那么视为此人已经复印或者摘录了登记簿内容。

（8）如个人请求获取登记薄电子版副本，指定权力机关可通过下列方式提供相关信息：

（a）数据处理设备；或者

（b）电子传输方式。

466　应急服务号码

（1）本条明确了紧急情况下如需呼叫紧急呼叫服务以获取下列服务时所使用的号码：

（a）警务服务；

（b）消防服务；

（c）救护服务；

（d）编号计划中针对本项指定的服务。

（2）本法中，应急服务号码是指编号计划针对本款指定的号码。

（3）编号计划可就不同的领域指定不同的号码。

（4）编号计划可就不同类型的服务指定不同的号码。

（5）编号计划可制定应急服务号码的使用规则。

（6）制定编号计划时，ACMA 必须在切实可行的范围内尽可能保证全国不应有超过一个的应急服务号码。

（7）默认情况下，本条（6）不限制第 455 条。

467　转授

（1）ACMA 可以书面形式将编号计划赋予的权力部分或全部转授给某法人团体。

（1A）如果 ACMA 依照《2005 年澳大利亚通信与媒体局法》第 50 条将本条（1）所述权力转授给 ACMA 某部门，则下列规定具有效力：

（a）上述部门可将职能或权力转授给某法人团体；

（b）《2005 年澳大利亚通信与媒体局法》52（2）（3）（4）（5）

和（6）的效力犹如上述授权是依照《2005年澳大利亚通信与媒体局法》第52条进行的授权。

（2）获转授主体在行使被转授权力时，受下列机构书面指示的约束：

（a）如果获转授主体是依照本条（1）获得权力转授，则受ACMA书面指示的约束；或者

（b）如果获转授主体是依照本条（1A）获得权力转授，则受转授权力的ACMA部门书面指示的约束。

（3）在依照本条（2）下达指示前，ACMA或上述ACMA部门（视具体情况而定）必须咨询ACCC。

（4）本条（1）赋予ACMA的权利和本条（1A）赋予上述ACMA部门的权力是对《2005年澳大利亚通信与媒体局法》第50、51和52条赋予权力的补充。

468 收取编号费用

定义

（1）本条中：

“分配费用”是指《1997年电信（编号费用）法》第2章规定的费用。

“年费”是指《1997年电信（编号费用）法》第3章规定的费用。

“迟缴罚款”是依照本条（4）所作决议规定的作为罚金的应缴费用。

分配费用到期须支付日期

（2）分配号码时需支付的分配费用在分配号码时到期须支付。

年费到期须支付日期

（3）年费在ACMA书面决议中确定的日期到期须支付。

迟缴罚款

（4）ACMA可以书面文书形式作出决议，规定年费到期未支付须

向联邦政府交纳下列数额的罚款：

（a）每年（从到期日起算）交纳未付费用20%的罚款；或者

（b）如果决议中指定了较小的比例，则按较小比例交纳罚款；

决议效力

（5）依照本条（4）作出的决议相应生效。

免除罚金

（6）依照本条（4）作出的决议可授权 ACMA 就免除部分或全部迟缴罚款作出决定。

支付费用和迟缴罚款

（7）分配费用、年费和迟缴罚款须向联邦政府代表 ACMA 支付。

追缴费用和罚金

（8）ACMA 可将分配费用、年费和迟缴罚款作为对联邦政府的债务代表联邦政府进行追缴。

上缴联邦政府

（9）以分配费用、年费和迟缴罚款形式收取的金额必须如数上缴联邦政府。

未缴年费撤回号码

（10）如果某人到期未支付号码年费，ACMA 可向此人出具书面通知撤回号码。此类撤回被视为遵守编号计划。

可否决文书

（11）依照本条（3）或本条（4）作出的决议属于《1901 年法案解释法》第 46A 条规定的可否决文书。

469　代表联邦政府收取费用

ACMA 可与某主体签订协议，规定此主体可代表联邦政府收取《1997 年电信（编号费用）法》规定的费用。

470　取消无须支付费用的规定的效力

（1）如果其他法律规定某人无须交纳《1997年电信（编号费用）法》规定的费用，则本条通过后，此规定无效。

（2）如果上述其它法律的规定是在本条生效后实施，且特指《1997年电信（编号费用）法》规定的费用，则本条不影响其效力。

471　联邦政府无须支付费用

（1）联邦政府无须支付《1997年电信（编号费用）法》规定的费用。

（2）即使联邦政府无须支付《1997年电信（编号费用）法》第2章第1节规定的费用，议会仍认为下列机构理论上应该支付费用：

（a）州政府部门；

（b）议会下设部门；

（c）澳大利亚公共服务委员会下设部门的秘书有权管理的分支；

（d）根据联邦法律无须向联邦政府缴税的联邦权力机构。

（3）财政部长如认为对执行本条（2）规定有必要或者方便时，可下达书面指示。尤其是就公共帐户内转帐下达指示。

（4）依照本条（3）作出的指示具有法律效力，必须予以遵守。此指示不受其它联邦法律限制。

（5）本条中所称联邦政府包括根据联邦法律无须向联邦政府缴税的联邦当局。

472　公共号码集成数据库

（1）部长可以书面文书形式作出决议，确定某指定人员（Telsa除外）提供并维护公共号码集成数据库。

（2）依照本条（1）作出的决议对某人生效后，此人必须遵守决议规定。

（3）依照本条（1）作出的决议对某人生效后，部长可通过向此人出具书面通知指示其进行或者不进行与公共号码集成数据库提供或维护相关的指定行为。

（4）依照本条（3）作出的指示可要求数据库包括指定信息。默认情况下，本款不限制本条（3）。

（5）如根据运营商许可证条件，Telstra 有义务提供或维护公共号码集成数据库，则依照本条（1）作出的决议无效。

（6）依照本条（1）作出的决议属于《1901 年法案解释法》第46A 条规定的可否决文书。

（7）本条中：

“公共号码”是指本条 455（3）所述的编号计划指定的号码。

473　字母和标识作为号码使用

本节中，字母或者标识被视为号码使用。

第 3 节　电子编址规定

474　已声明电子编址管理者

（1）针对本节，ACMA 可通过在公报上发布通知作出决议，确定指定人员或协会为指定类型电子编址和指定类型已登记运营服务的“已声明电子编址管理者”。

（2）上述决议相应生效。

（3）除下列情形外，ACMA 不得依照本条（1）就指定人员或协会作出决议：

（a）ACCC 依照本条（4）作出指示，要求 ACMA 做出上述决议；

或者

（b）ACMA 认为上述人员或协会对上述类型电子编址的管理不能令其满意。

（4）ACCC 可就 ACMA 行使本条（1）赋予的权力下达书面指示。

（5）ACMA 依照本条（1）行使权力时，必须遵守 ACCC 依照本条（4）下达的指示。

（6）除非 ACCC 认为遵守依照本条（4）作出的指示关乎竞争或者消费者保护，否则其不得下达此指示。

475 ACMA 向已声明电子编址管理者下达指示

（1）ACMA 可以采用书面通知的方式向已声明电子编址管理者就有关特定的电子编址和某类列出的电信服务下达指示，要求其实施或不实施相关的特定行动。

（2）除非 ACMA 认为该电子编址具有公众影响，否则 ACCC 不得下达指示。

（3）在决定此类电子编址是否具有公共影响时，ACMA 必须考虑该地址在多大程度上具有社会和（或）经济意义。

（4）前款对 ACMA 可能考虑的事项没有暗示性限制。

（5）ACMA 须在下达指示前向 ACCC 咨询。

（6）任何人必须听从本条所述的指示。

（7）任何人有以下行为，则构成犯罪：

（a）该人受到本条中的指示；并且

（b）该人实施行为；并且

（c）该人的行为违反了该指示。

处罚：10 倍基准罚金。

（8）根据《1901 年法案解释法》第 46A 条，本条中的指示为可否决文书。

（9）在本条中，“实施行为”是指：

（a）作为；或

（b）不作为

476 ACCC向已声明电子编址管理者下达指示

（1）ACCC可以采用书面通知的方式向已声明电子编址管理者就有关特定的电子编址和某类列出的电信服务下达指示，要求其实施或不实施相关的特定行动。

（2）除非ACCC认为存在以下情况，否则ACCC不得下达指示：

（a）该电子编址具有公众影响；并且

（b）听从该指示可能对竞争和用户产生影响。

（3）在决定此类电子编址是否具有公共影响时，ACCC必须考虑该地址在多大程度上具有社会和（或）经济意义。

（4）前款对ACCC可能考虑的事项没有暗示性限制。

（5）ACCC须在下达指示前向ACMA咨询。

（6）任何人必须听从本条所述的指示。

（7）任何人有以下行为，则构成犯罪；

（a）该人受到本条中的指示；并且

（b）该人实施行为；并且

（c）该人的行为违反了该指示。

处罚：10倍基准罚金。

（8）根据《1901年法案解释法》第46A条，本条中的指示为可否决文书。

（9）在本条中，“实施行为”是指：

（a）作为；

（b）不作为

477 ACCC 的指示效力高于 ACMA 的指令

如果 ACMA 依据第 475 条所下达的指令与 ACCC 依据第 476 条所下达的指令不一致时，ACMA 的指令则不具有效力。

第 23 章 电信服务提供的标准协议

478 纲要

以下是本章的简要内容：

- 有关提供电信相关产品和服务的条款及条件
  （a）由提供商和用户进行协议；或
  （b）如未达成协议，在标准协议表格中阐明。

479 除非排除在外，否则适用的标准条款与条件

（1）本条适用于电信服务提供商向普通用户提供的以下服务：

（a）标准电话服务；或

（b）条例中规定的某类电信服务；或

（c）条例中规定的某类配套产品；或

（d）条例中规定的某类配套服务。

（2）提供商品或服务所依据的条款和条件：

（a）只要是该提供商和该客户协议的提供商品或服务的条款和条件；并且

（b）如果该提供商和该用户未能就条款和条件达成一致，但条款和条件须在协议标准表格中明确列出，协议标准表格须满足以下内容：

（i）由提供商为了本条而制定；并且

（ii）与商品或服务相关，并且

（iii）在商品或服务提供期间有效；

条款和条件依此列出，只要它们适用于商品或服务的提供。

（3）前款效力取决于本法案或其他法案的任何明文规定。

（4）在本条中：

“配套产品”是指与电信服务配套使用的产品。

“配套服务”是指与电信服务配套使用的服务。

“普通用户”是指电信运营商或电信服务提供者之外的人。

与商品或服务提供相关的“条款和条件”包括：

（a）提供商品或服务的费用；以及

（b）与提供商品或服务相关任何折扣、补贴、退税以及抵免；以及

（c）对商品或服务提供应支付或已支付的任何佣金或相似利益（无论是以金钱或其他形式）；以及

（d）其他商品或服务的提供，包括与首次提到的商品或服务相关的其他商品或服务；以及

（e）对上述其它商品或服务的支付。

480 可公开获取的协议标准格式

（1）本条适用于电信服务提供商为了第 479 条的目的而制定的协议的标准格式。

（2）提供商必须保证在其经营场所内提供协议的副本作为检查或购买之用。

（3）任何人可向提供商要求提供协议全部或部分内容的副本；

（4）提供商不得拒绝前款所作的要求：

（a）如果该协议与明确供应商和用户间商业关系的条款和条件的

确认有关，提供商不得拒绝前款所作的要求，并且不得向该用户收取费用；或

（b）在其他情况下，供应商不得拒绝前款所作的要求，但可对提出前款要求的用户收取合理费用（如有）。

480A 其他可公开获取的信息

（1）为了本条的目的，如果电信服务提供商为了第 479 条而制定的协议的标准格式明确列出适用于向某人提供产品或服务的条款和条件，

（a）某人是指电信服务提供商的普通客户；以及

（b）商品或服务是特定的商品或服务。

（2）ACMA 可以作出书面决定，要求电信服务提供商：

（a）向普通客户提供与特定商品或服务提供相关的指定信息；或

（b）向指定的普通客户提供与提供特定商品或服务相关的特定信息；或

（c）公开与特定商品或服务提供相关的信息。

（3）前款决定可以明确提出信息以何种形式或格式提供或公开。

（4）本条（2）中的决定可以对客户的知情权作出规定。消费者应当被告知（以个人通知或大众公开的方式）作为消费者的任何或所有权利，包括《1999 年电信（用户保护和服务标准）法》第五章中的权利（关于用户服务保障）。

（5）前两款对本条（2）无限制。

（6）在作出本条（2）中的决定前，ACMA 须向电信产业监督协会咨询。

（7）电信服务提供商必须遵守本条（2）所述的决定。

（8）ACMA 须确保本条生效后的任何时间内本条（2）所述的决定有效。

（9）根据《1901 年法案解释法》第 46A 条，本条（2）所述之决定属可否决的文书。

481　须提供给 ACMA 的协议标准表格

（1）本条适用于电信服务提供商制定的协议标准表格。

（2）提供商应当在协议或协议变更生效前，在可行的情况下，尽快向 ACMA 提供以下副本：

（a）协议；以及

（b）任何协议的变更；

482　州/领地法的同时实施

本章不妨碍或限制州或领地法的实施，并且州或领地法可与本章同时实施。

483　《贸易惯例法》不受本章影响

本章如与《1974 年贸易惯例法》不一致，则不具有效力。

第 24 章　电信运营商的权力及豁免权

484　附则 3

附则 3 具有效力

第 24 章 A　海底电缆

484A　附则 3A

附则 3A 具有效力

第 25 章　公开问询

第 1 节　纲要

485 纲要

以下是本章的简要内容：

• ACMA 和 ACCC 可以就涉及电信的事项举行公开问询。

第 2 节　ACMA 的问询

486　当必须举行问询时

（1）部长可以通过书面形式向 ACMA 下达指令，要求就以下事项举行公开问询：

（a）电信服务；或

（b）内容服务；或

（c）电信产业。

（2）部长不得向 ACMA 下达前款中的指示，要求其对内容服务中的内容举行公开问询。

（3）如果部长就特定公开问询下达本条（1）中的指令，部长可要求 ACMA：

（a）向一个或多个指定的个人、团体或机构就问询的实施方式进行咨询；并且

（b）考虑问询的相关事宜。

（4）ACMA 必须遵循本条所述之指示。

487　可以举行问询的情况

（1）如 ACMA 认为就以下事宜举行本节所述的公开问询是适当并可行的，本条则适用：

（a）ACMA 电信职能的执行；或

（b）ACMA 电信权力的行使。

（2）ACMA 可以就上述事宜举行问询。

488　将问询告知公众

（1）如 ACMA 举行公开问询，必须以任何它认为合适的方式通知以下内容：

（a）它将要举行公开问询的事实；以及

（b）举行问询的时间段；以及

（c）问询涉及的事项性质；以及

（d）公众在何时、以何方式向 ACMA 就相关事项提出书面材料；以及

（e）ACMA 希望书面材料涉及的事项；以及

（f）书面材料的发送地址。

（2）ACMA 不需要同时或以同样的方式公告前款规定的各项内容。

489　讨论文件

（1）决定就某事项举行公开问询后，ACMA 需准备包含以下内容的讨论文件：

（a）确认 ACMA 认为与该事项有关的各项事宜；并且

（b）陈述 ACMA 认为相关的背景材料以及相关讨论。

（2）ACMA 必须在每个 ACMA 的办公室向公众提供讨论文件的副

本，并且可以根据本款收取一定合理的费用。

（3）ACMA 可以公开包括电子版在内的其他形式的讨论文件，并根据《2005 年澳大利亚通信和媒体管理局法》第 60 条的决定收取费用。

490　书面材料以及寻求民事诉讼保护

（1）ACMA 必须给予每位公众就公开问询相关事宜向 ACMA 提交书面材料的合理机会。

（2）为了前款，ACMA 被视为没有提供合理的机会来提交书面材料，除非书面材料的提交可以在至少 28 天之内完成。

（3）某人因他人作出诚实声明或提供诚实的文件或信息而遭受任何损失、损害或伤害的，不得就公开问询向 ACMA 提出民事诉讼。

（4）与书面材料或公开听证会相关的，无论是否作出声明，无论是否提供文件或信息，适用本条（3）的规定。

491　听证会

（1）ACMA 可以为了公众问询举行听证会。

（2）听证会可以为了以下目的召开：

（a）为了接收与问询的相关事宜有关提交的书面材料；或

（b）为了提供相关事宜的公开讨论平台。

（3）在听证会上，ACMA 可由以下成员组成：

（a）听证会主席为了听证会的目的书面决定的一名或多名成员；或

（b）如 ACMA 根据《2005 年澳大利亚通讯和媒体管理局法》第 50 条、第 51 条或第 52 条将其听证会相关的职能或权利委托给某人或 ACMA 的某一部门，该人或该部门则为成员。

（4）听证会主席须主持他或她出席的所有听证会。

（5）如听证会主席缺席某一听证会，该听证会则由以下人员主持：

（a）如适用于本条（3）（a）中的情况，则由书面任命的成员主持；或

（b）如适用于本条（3）（b）所述的委托给某人的情况，则由该人主持；或

（c）如适用于本条（3）（b）所述的委托给某ACMA部门的情况，则由该部门挑选一位部门成员主持。

（6）ACMA可以以它认为合理的方式监管听证会的举行进程。

492　除特殊情况，听证会须公开举行

（1）本条适用于本节中的听证会。

（2）基本原则为听证会必须在公开场合举行。

（3）但是，如果ACMA确信存在以下情况，听证会或听证会的部分环节可闭门举行：

（a）在听证会或听证会的部分环节中展示的证据，或在听证会或听证会的部分环节中发生的事项具有机密性质；或

（b）对某事项或某事项的一部分进行公开听证不利于该法案的妥善执行。

（4）如果听证会将公开举行，ACMA必须以合理的方式通知公众。

（5）在本条中：

“本法案”包括：

（a）《1999年电信（用户保护和服务标准）法》以及相关条例；以及

（b）《2003年反垃圾邮件法》以及相关条例；以及

（c）《2006年请勿致电登记法》以及相关条例。

493　不得公开的机密材料

（1）根据本节举行的听证会，适用本条。

（2）如果：

（a）听证会或听证会的一部分公开举行；并且

（b）ACMA 认为：

（i）提交听证会的证据或其他材料；或

（ii）提交给 ACMA 的书面材料；

具有机密性质；

ACMA 可下达以下命令：

（c）证据或材料不得公开；或

（d）限制证据或材料的披露。

（3）任何人不得违反本条（2）的命令。

（4）任何人如有以下行为，则构成犯罪：

（a）ACMA 依据本条（2）下达命令；并且

（b）该人实施行为；并且

（c）该行为违反了该命令。

处罚：50 倍基准罚金。

（5）如该人作出合理辩解，则不适用本条（3）以及本条（4）。

注：被告就本条（5）所述事项承担举证责任（见《刑法典》13.3（3））。

（6）在本条中：

“实施行为”是指

（a）作为；或

（b）不作为。

494　关于非公开听证会的指示

（1）本节中的听证会，此节适用。

（2）如听证会或听证会的部分环节不公开举行，ACMA：

（a）必须对可能出席听证会或听证会部分环节的人员下达指示；并且

（b）可以下达指令，限制对提交给听证会或听证会部分环节的证据或其他材料进行披露。

（3）任何人不得违反本条（2）中的指令。

（4）任何人如有以下行为，则构成犯罪：

（a）ACMA 下达了本条（2）（a）中的指示；并且

（b）该人实施行为；并且

（c）该行为违反了该命令。

处罚：10 倍基准罚金。

（5）任何人如有以下行为，则构成犯罪：

（a）下达了本条（2）（b）中的指示；并且

（b）该人实施行为；并且

（c）该行为违反了该命令。

处罚：50 倍的基准罚金。

（6）如该人作出合理辩解，则不适用前三款。

注：被告就本条（6）所述事项承担举证责任（见《刑法典》13.3（3））。

（7）在本条中：

“实施行为”是指

（a）作为；或

（b）不作为。

495　问询的报告

（1）如 ACMA 举行公众问询，ACMA 必须准备一份载明问询结果的报告。

（2）如问询的举行源于第 486 条中部长下达的指示，ACMA 必须向部长提供报告的副本。

（3）如果问询因其他原因而举行，ACMA 必须公开该报告。

（4）如材料具有以下情况，ACMA 无需将其包含在报告中：

（a）材料具有绝密性质；或

（b）材料的披露可能会影响对某人的公正审判；或

（c）第 493 条或第 494 条中命令或指示不得公开的材料。

第 3 节　ACCC 的问询

496　必须举行问讯的情况

（1）部长可以通过书面形式向 ACCC 下达指令，要求就以下事项举行公开问询：

（a）电信服务；或

（b）内容服务；或

（c）电信行业。

（2）部长不得向 ACCC 下达前款中的指示，要求其对内容服务的内容本身举行公开问询。

（3）如部长就特定公开问询下达本条（1）中的指令，他或她可要求 ACCC：

（a）向一个或多个指定的个人、团体或机构就问询的实施方式进行咨询；并且

（b）考虑问询的相关事宜。

（4）ACCC 必须遵循本条所述之指示。

497　可以举行问询的情况

（1）如 ACCC 认为举行关于 ACCC 的电信职能和权力的公开问询是适当并可行的，则适用本条。

（2）ACCC 可以就前款所述事项举行公开问询。

498　将问询告知公众

（1）如 ACCC 举行公开问询，必须以任何它认为合适的方式通知以下内容：

（a）它将要举行公开问询的事实；以及

（b）举行问询的时间段；以及

（c）问询涉及的事项性质；以及

（d）公众在何时、以何方式向 ACMA 就相关事项提出书面材料；以及

（e）ACCC 希望书面材料涉及的事项；以及

（f）书面材料的发送地址。

（2）ACMA 不需要同时或以同样的方式公告本条（1）规定的各项内容。

499　讨论文件

（1）决定就某事项举行公开问询后，ACCC 需准备包含以下内容的讨论文件：

（a）确认 ACCC 认为与该事项有关的各项事宜；并且

（b）陈述 ACMA 认为相关的背景材料以及相关讨论。

（2）ACCC 必须在每个 ACCC 的办公室向公众提供讨论文件的副本，并且可以根据本款收取一定合理的费用。

（3）ACCC 可以公开包括电子版在内的其他形式的讨论文件，并根据本款收取一定的费用。

500　书面材料及寻求民事诉讼保护

（1）ACCC 必须给予每位公众就公开问询相关事宜向 ACMA 提交书面材料的合理机会。

（2）为了前款的目的，ACCC 被视为没有提供合理的机会来提交书面材料，除非书面材料的提交可以在至少 28 天之内完成。

（3）某人因他人作出诚实声明或提供诚实的文件或信息而遭受任何损失、损害或伤害的，不得就公开问询向 ACCC 提出民事诉讼。

（4）与书面材料或公开听证会相关的，无论是否作出声明，无论是否提供文件或信息，适用本条（3）规定。

501　听证会

（1）ACCC 可以为了公众问询举行听证会。

（2）听证会可以为了以下目的召开：

（a）为了接收与问询的相关事宜有关提交的书面材料；或

（b）为了提供相关事宜的公开讨论平台。

（3）在听证会上，ACCC 可由听证会主席书面决定的一名或多名成员组成。

（4）听证会主席须主持他或她本人出席的所有听证会。

（5）如主席缺席某场听证会，由主席书面决定的成员主持该听证会。

（6）ACCC 可以以它认为合理的方式监管听证会的举行进程。

502 听证会不公开举行的特殊情况

（1）本条适用于本节中的听证会。

（2）基本原则为听证会必须在公开场合举行。

（3）但是，如果 ACCC 确信存在以下情况，听证会或听证会的部分环节可闭门举行：

（a）在听证会或听证会的部分环节中展示的证据，或在听证会或听证会的部分环节中发生的事项具有机密性质；或

（b）对某事项或某事项的一部分进行公开听证不利于该法案的妥善执行。

（4）如果听证会将公开举行，ACCC 必须以合理的方式通知公众。

（5）在本条中：

“本法案”包括：

（a）《1999 年电信（用户保护和服务标准）法》以及相关条例；以及

（b）《2003 年反垃圾邮件法》以及相关条例；以及

（c）《2006 年请勿致电登记法》以及相关条例。

503 不得公开的机密材料

（1）根据本节举行的听证会，适用本条。

（2）如果：

（a）听证会或听证会的一部分公开举行；并且

（b）ACCC 认为：

（i）提交听证会的证据或其他材料；或

（ii）提交给 ACMA 的书面材料；

具有机密性质；

ACCC可下达以下命令：

（c）证据或材料不得公开；或

（d）限制证据或材料的披露。

（3）任何人不得违反本条（2）的命令。

（4）任何人如有以下行为，则构成犯罪：

（a）ACMA依据本条（2）下达命；并且

（b）该人实施了行为；并且

（c）该行为违反了该命令。

处罚：50倍基准罚金。

（5）如该人作出合理辩解，则不适用本条（3）以及本条（4）。

注：被告就本条（5）所述事项承担举证责任（见《刑法典》第13.3（3）条）。

（6）在本条中：

“实施行为”是指

（a）作为；或

（b）不作为。

504　关于非公开听证会的指示

（1）根据本节举行的听证会，适用本条。

（2）如听证会或听证会的部分环节不公开举行，ACCC：

（a）必须对可能出席听证会或听证会部分环节的人员下达指示；并且

（b）可以下达指令，限制对提交给听证会或听证会部分环节的证据或其他材料进行披露。

（3）任何人不得违反前款中的指令。

（4）任何人如有以下行为，则构成犯罪：

（a）ACCC 下达了本条（2）（a）中的指示；并且

（b）该人实施行为；并且

（c）该行为违反了该命令。

处罚：10 倍基准罚金。

（5）任何人如有以下行为，则构成犯罪：

（a）ACCC 下达了本条（2）（b）中的指示；并且

（b）该人实施行为；并且

（c）该行为违反了该命令。

处罚：50 倍基准罚金。

（6）如该人作出合理辩解，则不适用前三款。

注：被告就本条（6）所述事项承担举证责任（见《刑法典》13.3(3)）。

（7）在本条中：

“实施行为”是指

（a）作为；或

（b）不作为。

505　问询报告

（1）如 ACCC 举行公众问询，ACCC 必须准备一份载明问询结果的报告。

（2）如问询是因为部长的指示而举行（如第 496 条中所述）的，ACCC 必须将报告的副本提交给部长。

（3）如果问询因其他原因而举行，ACCC 必须公开该报告。

（4）如材料具有以下情况，ACCC 无需将其包含在报告中：

（a）材料具有绝密性质；或

（b）材料的披露可能会影响对某人的公正审判；或

（c）第 503 条或第 504 条中命令或指示不得公开的材料。

506　ACCC 不受限制的其他权力

本节对《1974 年贸易惯例法》赋予 ACCC 的权力无暗示性限制。

第 26 章　调查

507　纲要

以下是本章的简要内容：

- ACMA 可以调查涉及电信的某些事项。

508　适用本章的事项

以下事项适用本章：

（a）违反本法案；

（aa）违反《1999 年电信（用户保护和服务标准）法》或相关条例。

（ab）违反《2003 年反垃圾邮件法》或相关条例；

（ac）违反《2006 年请勿致电登记法》或相关条例；

（b）违反第六章的注册代码；

（c）电信服务提供商未能履行根据《1999 年电信（用户保护和服务标准）法》的第五章中的义务或责任；

（d）涉及提供电信服务或拒绝或未能提供电信服务的事项；

（e）涉及联接用户设备、决绝或未能联接用户设备的事项；

（f）涉及 ACMA 电信职能履行以及电信权利行使的问题；

但涉及内容服务的内容（如有）除外。

509 向 ACMA 投诉

（1）任何人可以就某事项向 ACMA 进行投诉。

（2）投诉必须是书面形式。

（3）投诉人必须指明投诉的对象作为投诉的回应人。

（4）如果 ACMA 认为有以下情形：

（a）某人希望进行投诉；并且

（b）此人要求协助其制定投诉或将投诉简化为书面材料；

ACMA 则有责任采取合理步骤，向此人提供适当协助。

（5）如出现以下情形：

（a）任何人（第一人）希望就以下问题进行投诉：

（i）违反第六章的注册代码，该代码适用于电话销售行业（具有第六章给予的含义）的号段，并处理涉及参与者的电话销售活动（具有第六章给予的含义）的一项或多项事务；或

（ii）违反第 128 条中的行业标准，该标准适用于电话销售行业（具有第六章给予的含义）号段的参与者，并处理涉及参与者从事的电话销售活动（具有第六章给予的含义）的一项或多项事务；或

（iii）违反《2006 年请勿致电登记法》或相关条例；并且

（b）与拨打或试图拨打某一澳大利亚电话号码的语音电话（具有《2006 年请勿致电登记法》给予的含义）相关的投诉；并且

（c）第一个人没有足够的资料进行确定：

（i）拨打或试图拨打电话的人；或

（ii）造成拨打或试图拨打电话的人；并且

（d）应 ACMA 要求，第一人向 ACMA 提供有关传真的信息；

ACMA 有责任采取合理步骤帮助第一人确认下列哪项内容适用：

（e）发送或引起试图发送电话的人；

（f）引起发送或引起试图发送电话的人。

（6）上述本条（5）款对本条（4）款无限制。

（7）如果出现以下情况：

（a）某人（第一人）希望就以下问题进行投诉：

（i）违反第六章的注册代码，该代码适用于传真销售行业（具有第六章给予的含义）的号段，并处理涉及参与者的传真销售活动（具有第六章给予的含义）的一项或多项事务；或

（ii）违反第128条中的行业标准，该标准适用于传真销售行业（具有第六章给予的含义）号段的参与者，并处理涉及参与者从事的传真销售活动（具有第六章给予的含义）的一项或多项事务；或

（iii）违反《2006年请勿致电登记法》或相关条例；并且

（b）涉及向某个澳大利亚号码发送或试图发送销售传真的投诉；以及

（c）第一人无法提供足够的资料来确定以下内容：

（i）发送或试图发送传真的人；或

（ii）引起发送或引起试图发送传真行为的人；以及

（d）应ACMA要求，第一人向ACMA提供有关传真的信息；

ACMA有责任采取合理步骤帮助第一人确认下列哪项内容适用：

（e）发送或试图发送传真的人；

（f）引起发送或引起试图发送传真行为的人。

（8）本条（7）对本条（4）无限制。

510 ACMA的调查

（1）如有下列情形，ACMA可以就述第508条中所述的事项进行调查：

（a）就508（a）而言，ACMA有理由怀疑某人可能违反了本法规

定；或

（aa）就 508（aa）而言，ACMA 有理由怀疑某人可能违反了《1999 年电信（用户保护和服务标准）法》或相关条例；或

（ab）就 508（ab）而言，ACMA 有合理理由怀疑某人可能违反了《2003 年反垃圾邮件法》或相关条例；或

（ac）如有 508（ac）涉及的情况，ACMA 有理由怀疑某人可能违反了《2006 年请勿致电登记法》或相关条例；或

（b）任何根据第 509 条进行的投诉；或

（c）任何 ACMA 认为可以调查的事项。

（2）如果 ACMA 认为调查对象和内容与它的职能履行无关，则不得开展该调查。

（3）ACMA 必须调查：

（a）第 508 条中提到的事项；或

（b）任何涉及电信服务或电信产业的事项。

如果部长要求 ACMA 调查。

511　初步问询

如果 ACMA 收到第 509 条所述的投诉，ACMA 可以向被投诉人就以下情况进行问询以作出决定：

（a）ACMA 是否有权调查投诉涉及的事项；或

（b）ACMA 是否应该自行决定来调查该事项。

512　调查实施

（1）在调查投诉涉及的事项前，ACMA 必须告知被投诉人该事项将被调查。

（1A）但是如出现以下情形，ACMA 无须告知被投诉人该事项将被

调查：

（a）该事项涉嫌违反下列法律：

（i）《2003 年反垃圾邮件法》或相关条例；或

（ii）《2006 年请勿致电登记法》或相关条例；以及

（b）ACMA 有合理理由相信告知被投诉人可能会导致涉嫌违法的物品被藏匿、损坏或销毁。

（2）本章中的调查必须以 ACMA 认为合适的方式展开。

（3）出于调查的目的，ACMA 可以从其认为合适的人员处取得信息或进行问询。

（4）投诉人或被投诉人无需因调查而前往 ACMA。本款的效力取决于本条（5）。

（5）如果 ACMA 未能给予投诉人或被投诉人就调查的相关事项提交书面材料的机会，ACMA 不得作出不利于投诉人或被投诉人的调查结果。

（6）如有以下情形，ACMA 无须要求给予被投诉人提交书面材料的机会。

（a）被调查事项可能涉及违反以下法律：

（i）《2003 年反垃圾邮件法》或相关条例；或

（ii）《2006 年请勿致电登记法》或相关条例；并且

（b）ACMA 有合理理由相信给予被投诉人提交书面材料的机会可能会导致涉嫌违法的物品被藏匿、损坏或销毁。

513　被告知若干事项的投诉人或的其他人员

（1）如果 ACMA 决定对投诉所涉及的事项不展开调查或不展开进一步调查，ACMA 应当尽快以可行和它认为合适的方式通知投诉人和被投诉人该决定并说明理由。

（2）但是如有以下情形，ACMA 无须通知被投诉人该决定并说明理由：

（a）被调查事项可能涉及违反以下法律：

（i）《2003 年反垃圾邮件法》或相关条例；或

（ii）《2006 年请勿致电登记法》或相关条例；并且

（b）ACMA 有合理理由认为通知被投诉人有可能导致涉嫌违法的物品被藏匿、损坏或销毁。

514　有关专门调查员或其他负责人员的参考事项

（1）在 ACMA 开始调查投诉涉及的事项前或已经开始调查投诉涉及的事项后，如果 ACMA 认为：

（a）已经或本应该向以下人员或机构就该事项进行投诉：

（i）《1976 年专门调查员法》中的专门调查员；或

（ii）电信产业专门调查员；或

（iii）根据第六章的注册代码或决定标准，其它负责处理投诉的人员或机构；并且

（b）该事项可以更便捷或更有效由以下人员或机构来处理：

（i）专门调查员；或

（ii）电信产业专门调查员；或

（iii）根据第六章的注册代码或决定标准，其它负责处理投诉的人员或机构；

则 ACMA 可以视情况作出对该事项不展开调查或不展开进一步调查的决定。

（2）如 ACMA 作出前款之决定，它必须：

（a）将投诉移交给：

（i）专门调查员；或

（ii）电信产业专门调查员；或

（iii）根据第六章的注册代码或决定标准，其它负责处理投诉的人员或机构；

视情况需要；并且

（b）书面通知投诉人该投诉已被移交。

（3）如果ACMA作出本条（1）的决定：

（a）在适用本条（1）（a）（i）的情况下，ACMA必须向专门调查员提供与投诉相关的任何资料或文件，交由专门调查员掌握或控制；以及

（b）在适用本条（1）（a）（ii）的情况下，ACMA可以向电信产业专门调查员提供与投诉相关的任何资料或文件，交由后者掌握或控制；以及

（c）在适用本条（1）（a）（iii）的情况下，ACMA可以向该分段所述的人或机构提供：

（i）与投诉相关的任何资料或文件，交由该人或该机构掌握或控制；或

（ii）该信息或文件的副本或抽取其中的部分章节。

（4）本条（2）中移交至专门调查员的投诉被视为向《1976年专门调查员法》中的专门调查员进行的投诉。

515　ACCC的参考事项

（1）在ACMA开始调查投诉涉及的事项前或已经开始调查投诉涉及的事项后，如果ACMA认为该事项可以由ACCC更便捷或更有效地处理，则ACMA可以视情况决定不展开调查或不展开进一步调查。

（2）如果ACMA作了本条（1）中的决定，它必须：

（a）将投诉移交给ACCC；并

（b）书面通知投诉人该投诉已被移交；并

（c）向 ACCC 提供与投诉相关的任何资料或文件，交由 ACCC 掌握或控制。

（3）如果 ACCC 决定对该事项进行调查，必须向 ACMA 报告以下内容：

（a）调查的开展；以及

（b）任何作为调查结果的发现；以及

（c）支持调查结果的证据和其他材料；以及

（d）其他 ACCC 认为适合报告的与调查相关或由调查引起的事项。

（4）如果 ACCC 决定不对该事项进行调查，ACCC 必须书面通知 ACMA 并解释原因。

515A　隐私专员的参考事项

（1）涉及以下事项的投诉，适用本条：

（a）违反第六章中的注册代码，该代码适用于电话销售行业（具有第六章给予的含义）的号段，并处理涉及参与者的电话销售活动（具有第六章给予的含义）的一项或多项事务；

（b）违反第 128 条中的行业标准，该标准适用于电话销售行业（具有第六章给予的含义）号段的参与者，并处理涉及参与者从事的电话销售活动（具有第六章给予的含义）的一项或多项事务；

（ba）违反第六章中的注册代码，该代码适用于传真销售行业（具有第六章给予的含义）号段的参与者，并处理涉及参与者从事的传真销售活动（具有第六章给予的含义）的一项或多项事务；

（bb）违反第 128 条中的行业标准，该标准适用于传真销售行业（具有第六章给予的含义）号段的参与者，并处理涉及参与者从事的传真销售活动（具有第六章给予的含义）的一项或多项事务；

（c）违反《2006 年请勿致电登记法》或相关条例。

（2）在 ACMA 开始调查投诉涉及的事项前或已经开始调查投诉涉及的事项后，如果 ACMA 认为：

（a）《1988 年隐私法》第 36 条中的隐私专员已经收到或本应该收到有关该事项的投诉；并且

（b）该事项可以由隐私专员更便捷、更有效地进行处理；

则 ACMA 可以视情况作出对该事项不展开调查或不展开进一步调查的决定。

（3）如 ACMA 作出本条（2）中的决定，它必须：

（a）将投诉移交给隐私专员；并且

（b）书面通知投诉人该投诉已被移交；并且

（c）向隐私专员提供任何 ACMA 掌握或控制的并且与投诉相关的信息或文件。

（4）移交至隐私专员的投诉被视为向《1988 年隐私法》中的隐私专员进行的投诉。

516　调查报告

（1）ACMA 在完成 510（1）所述的调查后可以准备报告，并提交给部长。

（2）ACMA 在完成 510（3）所述的调查后可以准备报告，并提交给部长。

（3）本条中的报告应当涵盖以下内容：

（a）有关调查的开展；以及

（b）任何作为调查结果的发现；以及

（c）支持调查结果的证据和其他材料；以及

（d）其他 ACMA 认为适合报告的与调查相关或由调查引起的事项。

517　报告的公布

（1）如 ACMA 准备第 516 条所述的报告的，适用本条。

（2）如果报告是根据 516（1）而准备的，ACMA 可以发布该报告。

（3）如果报告是根据 516（2）而准备的，部长可以指示 ACMA 发布该报告。ACMA 须遵守该指示。ACMA 不得自行发布该报告。

（4）如果报告的公布或披露会引起以下情形，ACMA 不须发布报告或报告的一部分，或将报告透露给与报告相关的人。

（a）披露具有机密性质的事项；或

（b）可能影响对某人的公正判决。

（5）如果公布报告或报告的一部分将涉及任何个人信息（包括死者）的不合理泄露，ACMA 无须公布该报告或报告的一部分。

518　受报告负面影响的人被给于申述的机会

（1）如果公布报告或报告的一部分中会损害或有可能损害任何人的利益，则适用本条。

（2）ACMA 给予该人一段合理时间（不超过 30 天），使其通过口头或书面的形式对相关事项作出申述，在此之前，ACMA 不得发布报告或报告的任何部分。

（3）但是如果有以下情形，ACMA 无须给予该人一段合理时间作出申述：

（a）该事项可能涉及违反下列法律：

（i）《2003 年反垃圾邮件法》或相关条例；或

（ii）《2006 年请勿致电登记法》或相关条例；并且

（b）ACMA 有合理理由相信给予此人一段合理时间进行申述有可能导致涉嫌违法的物品被藏匿、损坏或销毁。

519 民事诉讼保护

（1）任何人因他人实施以下诚实行为而遭受任何损失、损害或伤害的，不得提出民事诉讼。

（a）根据第509条作出投诉；

（b）就第510条的调查，向ACMA作出声明或提供文件或信息；

（c）向电信产业特别检查员进行投诉；

（d）就电信产业特别检查员对投诉进行的考虑，向该组织作出声明，或提供文件或信息，但以本条（2）为准。

（2）本条（1）（d）不适用于以下人员作出声明，或提供文件或信息：

（a）电信运营商；或

（b）服务提供商或参与电信产业特别检查员任命指定的人。

第27章 ACMA的信息收集权

第1节 纲要

520 纲要

以下是本章的简要内容：

- 如果信息与以下内容相关，ACMA可以向电信运营商、电信服务提供商或其他人获取信息：

  （a）ACMA电信职能的履行；或

  （b）ACMA电信权力的行使。
- ACMA可以对适用于电信运营商和电信服务提供商的记录保持作出规定。

第2节　信息收集权

521　ACMA可以向电信运营商和电信服务提供商获取信息

（1）ACMA有理由相信电信运营商或提供商具有以下情形的，适用本条：

（a）拥有与以下相关的信息或文件：

（i）ACMA电信职能的履行；或

（ii）ACMA电信权力的行使；或

（b）能够提供ACMA有理由相信与以下相关的证据：

（i）ACMA电信职能的履行；或

（ii）ACMA电信权力的行使；或

（2）ACMA可以通过书面通知的方式要求电信运营商或提供商：

（a）在通知指定的时间内，以通知指定的方式和形式向ACMA提供任何上述信息；或

（b）在通知指定的时间内，以通知指定的方式和形式向ACMA提供上述文件；或

（c）在通知指定的时间内，以通知指定的方式和形式向ACMA提供上述文件的副本；或

（d）如果该电信运营商或提供商是个人，则必须依照通知指定的时间和地点出现，口头或书面提供证据并且出示文件；或

（e）如果该电信运营商或提供商为法人团体或公共团体，则选派一名有决定权的官员在通知指定的时间和地点出现，口头或书面提供证据并出示文件；或

（f）如果该电信运营商或提供商为合营公司，则选派以下成员：

（i）合营公司的一方；或

（ii）合营公司的雇员；

在通知指定的时间和地点出现，口头或书面提供证据并出示文件。

（3）电信运营商或服务提供商必须遵守本条（2）所作的规定。

（4）本条中对电信运营商发出的通知必须载明下列规定的效力：

（a）本条 3；

（b）第 68 条；

（c）第 570 条；

（d）附则一第一章；

（e）第 525 条。

（5）本条中对服务提供商发出的通知必须载明下列规定的效力：

（a）本条 3；

（b）第 101 条；

（c）第 570 条；

（d）附则二第一章；

（e）第 525 条。

522 ACMA 可从其他人员处获取信息和文件

（1）ACMA 有理由相信该人员具有以下情形的，适用本条：

（a）掌握与以下相关的信息或文件：

（i）ACMA 电信职能的履行；或

（ii）ACMA 电信权力的行使；或

（b）能够提供 ACMA 有理由相信与以下相关的证据：

（i）ACMA 电信职能的履行；或

（ii）ACMA 电信权力的行使。

（2）ACMA 可以以书面通知的方式要求该人：

（a）在通知指定的时间内，以通知指定的方式和形式向 ACMA 提

供任何上述信息；或

（b）在通知指定的时间内，以通知指定的方式和形式向 ACMA 提供上述文件；或

（c）在通知指定的时间内，以通知指定的方式和形式向 ACMA 提供上述文件的副本；或

（d）如果该电信运营商或提供商是个人，则必须依照通知指定的时间和地点出现，口头或书面提供证据并且出示文件；或

（e）如果该电信运营商或提供商为法人团体或公共团体，则选派一名有决定权的官员在通知指定的时间和地点出现，口头或书面提供证据并出示文件；或

（f）如果该电信运营商或提供商为合营公司，则选派以下成员：

（i）合营公司的一方；或

（ii）合营公司的雇员；

在通知指定的时间和地点出现，口头或书面提供证据并出示文件。

（3）任何人必须遵守本条（2）所作的规定。

（4）任何人有以下情形的，则构成犯罪：

（a）ACMA 向该人发出了本条（2）中的通知；并且

（b）该人实施行为；并且

（c）该人的行为违反了通知中的规定。

处罚：20 倍基准罚金。

（5）本条中的通知必须载明本条（4）和第 525 条的效力。

（6）在本条中：

“实施行为”是指：

（a）作为；或

（b）不作为。

523 复印文件 合理赔偿

任何人遵守 521（2）（c）或 522（2）（c）规定的要求的，有权获得 ACMA 的合理赔偿。

524 自证其罪

（1）如果本条中的信息或证据或文件的出示或复制可能会使个人受到指控或受到处罚，该人则免于提供该信息、证据或出示文件或文件副本。

（2）尽管如此：

（a）提供该信息或证据或出示文件或副本；或

（b）通过提供信息或证据，或出示文件或副本的方式，直接或间接获得的任何信息、文件或物品；

不得作为指控在以下情况中个人的证据：

（c）刑事诉讼程序，而不是 522（4）或第 525 条中所述的诉讼程序或由 522（4）或第 525 条引发的诉讼程序；或

（d）第 570 条中的为了收回罚金的诉讼程序。

525 提供虚假或误导的信息或证据

在第 521 条或第 522 条下，任何人不得提供虚假或误导信息或证据。

处罚：12 个月监禁。

注：见《1914 年刑法》第 4AA 条和第 4B 条。

527 文件副本

（1）ACMA 可以检查本节中出示的文件或文件副本，并且可以复

制和保留副本，或抽取和保留文件中的部分章节。

（2）根据 521（2）（c）或 522（2）（c）所作的规定，ACMA 可以保留文件副本。

528 ACMA 可以保留文件

（1）只要有必要，ACMA 可以保留本节中出示的文件。

（2）ACMA 保留文件原件的情况下，本该持有该原件的人有权获得 ACMA 认证的副本，该副本与原件具有同等效力。

（3）获得认证的副本应当被法庭和审理委员会视为同原件具有同等效力的证据。

（4）在提供经认证的副本之前，ACMA 必须允许本该持有文件原件的人，或该人授权的其他人，在它认为适当的时间和地点检查和复印原件，或抽取原件中的部分章节。

第 3 节 记录保持规则

529 ACMA 可以制定记录保持规则

（1）ACMA 可以通过书面文本方式制定规则，要求电信运营商或电信服务提供商制定保持或保留记录。本款中的规则是指“记录保持规则”。

注：可采用名字、指定分类或以其他方式指明电信运营商或电信服务提供商。

（2）该规则可以载明记录以何种方式或形式进行保存。

（3）如果规则适用于某个特定的电信运营商或电信服务提供商，ACMA 必须向其提供规则的副本。

（4）除非记录包含或将包含与以下情况有关的信息，否则 ACMA

不得行使本条的权力要求保持或保留记录：

（a）ACMA被第五章（涉及电信运营商和电信服务提供商的履行监督）赋予的职能履行或行使权力；或

（b）ACMA被《1999年电信（用户保护和服务标准）法》第二章（涉及普遍服务）赋予的职能履行或行使权力。

注：在第521条中，ACMA可以要求电信运营商或电信服务提供商出示某个文件（包括根据保持记录规则而保持的某个记录）

530　保持记录规则的遵守

电信运营商或电信服务提供商必须遵守适用于电信运营商或电信服务提供商的任何保持记录规则。

531　错误记录

（1）任何人不得表面遵守记录保持规则制定的要求，实际却以错误的记录方式记录事项。

（2）任何人违反本条（1），则构成犯罪，一经定罪被处100倍基准罚金以下罚款。

注：见《1914年刑法》第4AA和第4B条。

第27章A　与宽带电信网络相关的信息

第1节　介　绍

531A　纲要

以下是本章的简要内容：

- 电信运营商必须向授权的信息官提供信息（包括受到保护的电信运营商信息）。
- 除了本章允许的情况，否则不得披露或使用受保护的电信运营商信息。
- 可向部长或其他政府人员披露受保护的电信运营商信息，供其考虑与以下提案有关的联邦行动：

  （a）为了建立或发展一个能够承载宽带通讯的电信网络；并且

  （b）在公司提交的书面材料中载明的，作为对建议通知的指定要求的回应。
- 可以向有以下情形的公司的官员披露受保护的电信运营商信息：

  （a）正在考虑提交书面材料，作为对建议通知的指定要求的回应；或

  （b）计划提交书面材料。

531B 定义

在本法案中：

“授权的信息官”是指

（a）该部秘书；或

（b）该部副部长；或

（c）以下个人：

（i）该部门中的高级行政人员；以及

（ii）职责与国家宽带网络专责小组有关的人；或

（d）第 531M 条中具有效力的受公司委托的公司官员。

与公司有关的“受委托的公司官员”是指：

（a）公司董事；或

（b）公司雇员；或

（c）担任公司顾问的个人；或

（d）向公司提供服务的个人；或

（e）向该公司提供咨询的法人团体的雇员或董事；或

（f）向该公司提供服务的法人团体的雇员或董事；或

（g）向该公司提供咨询业务的合营公司的合伙人或雇员；或

（h）向该公司提供服务的合营公司的合伙人或雇员；或

（i）向该公司提供服务的政治团体的官员或雇员；或

（j）担任向该公司提供服务的政治团体的顾问；或

（k）向某政治团体提供服务的个人，该政治团体向该公司提供服务；或

（l）法人团体的雇员或董事，该法人团体是向该公司提供服务政治团体的顾问；或

（m）法人团体的雇员或董事，该法人团体服务于为该公司提供服务的政治团体；或

（n）某合营公司的合伙人或雇员，该合营公司担任向该公司提供服务的政治团体的顾问；或

（o）某合营公司的合伙人或雇员，该合营公司服务于为该公司提供服务的政治团体；或

（p）向该公司提供服务的法人团体的雇员或董事；或

（q）向该公司提供服务的法人团体的顾问；或

（r）向某法人团体提供服务的个人，该法人团体向该公司提供服务；或

（s）某法人团体的雇员或董事，该法人团体担任向该公司提供服务的法人团体的顾问；或

（t）某法人团体的雇员或董事，该法人团体服务于向该公司提供服务的法人团体；或

（u）某合营公司的合伙人或雇员，该合营公司担任向该公司提供服务的法人团体的顾问；或

（v）某合营公司的合伙人或雇员，该合营公司服务于向公司提供服务的法人团体。

以上定义中的各项独立。

“受委托“的政府官员是指

（a）部长；或

（b）部门秘书长；或

（c）联邦官员或雇员；或

（d）根据联邦行政权力设立的委员会的成员；或

（e）ACCC 官员；或

（f）ACMC 官员；或

（g）澳大利亚安全情报组织总干事；或

（h）担任联邦顾问的个人；或

（i）从事向联邦提供服务的个人；或

（j）联邦的顾问公司的雇员或董事；或

（k）向联邦提供服务的法人团体的雇员或董事；或

（l）从事向联邦提供咨询业务的合营公司的合伙人或雇员；或

（m）从事向联邦提供服务的合营公司的合伙人或雇员。

以上定义中的各项独立。

在公布建议要求的指定通知前的事项，包括在公布变更的建议要求的指定通知前的事项。

“受保护的电信运营商信息”是指：

（aa）在以下时间内电信运营商提供给授权信息官的任何信息：

（i）从 2008 年 2 月 27 日开始；并且

（ii）到本章生效起的 12 个月内；

在该信息被提供后，授权信息官代表联邦向电信运营商作出如下书面承诺：

（iii）本章生效后，信息应作为受保护的电信运营商信息来对待；并且

（iv）授权信息官不得在本章生效前公开该信息；或者

（a）向授权信息官提供的任何第 531F 条中的信息；或

（b）对531G（2）（a）、531G（2）（b）、531G（2）（c）、531G（2）（d）、531G（2）（e）、531G（2）（f）或531G（2）（g），或531K（2）（a）或531K（2）（b）中的任何信息的披露。

531C 指定信息

（1）部长可以通过书面文本作出以下决定：

（a）为了特定的电信运营商适用本法案，某信息为指定信息；并且

（b）某方式是某电信运营商向第531F条中的授权信息官提供指定信息的经批准的方式；并且

（c）某形式是某电信运营商向第531F条中的授权信息官提供指定信息的经批准的方式；并且

（d）某工作日的天数是某电信运营商向第531F条中的授权信息官提供指定信息的经批准的一段时间。

注：按分类进行明确，见《1901年法案解释法》46（3）。

（2）本条（1）（d）中提及的天数不得超过10。

（3）本条（1）只有在以下情况中具有效力：

（a）《宪法》1（v）授权本款［单独引用该条或联合引用宪法51（xxxix）］；或

（b）同时具有以下两种情况：

（i）《宪法》第122条授权；并且

（ii）如果《宪法》第51条的效力的范围延展到领地，则它被《宪法》51（v）授权［单独引用该条或联合引用宪法第51（xxxix）］。

咨询

（4）在制定本条（1）中与电信运营商有关的文本之前，部长应当首先：

（a）书面通知电信运营商，包含以下内容：

（i）载明该法律文本的草案；并且

（ii）邀请电信运营商在通知发出后三个工作日内向部长就草案递交材料。

（b）在收到材料的三个工作日内，对材料进行考虑。

“文件的公布”

（5）本条（1）中所述的文件的副本被发布到互联网上。

工作日

（6）本条中所述的工作日，是指除了周六、周日或任何澳大利亚首都领地法定假日之外的一天。

可否决的非法律文本

（7）根据《1901 年法案解释法》第 46B 条，本条（1）中的文本属于可否决的文本。

（8）本条（1）中的文本不属于法律文本。

531D 建议通知的指定要求

（1）为了本法案的目的，建议通知的指定要求是具有以下性质的通知：

（a）公布的：

（i）在互联网上的；以及

（ii）在行使联邦的行政权的过程中；以及

（b）邀请公司向联邦递交载明建议建立或发展具有以下情形的电信网络的书面材料：

（i）能够在宽带的基础上承载通讯；并且

（ii）符合通知中载明的要求；并且

（c）指定递交材料时间期限。

（2）为了本条（1）的目的，该通知可以载明或不载明公司必须符合的一项或多项要求，使得公司有资格提交书面材料，作为对通知中发出的邀请的回应。

（3）为了本条（1）的目的，该通知可在本条实施之前或之后发布。

531E 联邦行动

为了本章的目的，联邦采取的行动包括

（a）联邦支出；以及

（b）向联邦议会提出议案。

第 2 节　电信运营商须向授权信息官提供信息

531F 电信运营商必须向授权信息官提供信息［见注 1］

范围

（1）电信运营商具有以下情形的，适用本条：

（a）531C（1）中的文本生效；并且

（b）为了本法案适用于电信运营商，文本的效力或文本的任何效力指某些信息是特定的信息。

要求

（2）在该文本生效后，该电信运营商必须向授权信息官以批准的方式和形式，在批准的时间期限内提供信息。

注 1：见附则一第一章的电子运营商经营执照条件。

注 2："经批准的方式""经批准的形式"和"经批准"的时间期限，见 531C（1）。

注 3：向授权信息官提供的第 531B 条中的信息为"受保护的电信运营商信息"（定义见第 531B 款）。

定期废止

（3）本条（1）和（2）于本款开始生效起的第 12 个月末废止。

第 3 节　信息保护

531G 信息保护——受委托的政府官员［见注 1］

（1）如果任何人作为受委托的政府官员在职责范围内获取了受保护的电信运营商信息，该人不得有以下行为：

（a）将该信息透露给另外一人；或

（b）使用该信息。

（2）以下情形之一不属于本条（1）所述的泄露信息：

（a）向内阁披露信息，作内阁考虑以下事项之用：

（i）公布建议通知指定要求之前的事项；或

（ii）在公开或在建议公开建议通知的指定要求后，考虑提交书面材料所采取的方法，作为对通知发出的邀请的回应；或

（iii）针对回应通知中邀请而在提交的书面材料中提出的建议，联邦或部长对此须采取的行动。

（iv）分段（i）（ii）（iii）本条中提到的事项的附属事项；

（b）向部长披露信息，作为部长考虑以下事项之用：

（i）在公开建议通知指定要求前的事项；或

（ii）在公开或在建议公开建议通知的指定要求后，考虑提交书面材料所采取的方法，作为对通知发出的邀请的回应；或

（iii）针对回应通知中邀请而在提交的书面材料中提出的建议，联邦或部长对此须采取的行动；或

（iv）分段（i）（ii）（iii）中提到的事项的附属事项；

（c）作为建议，向以下受委托的政府官员披露信息：

（i）内阁；或

（ii）部长；或

（iii）部门秘书；

关于

（iv）在公开建议通知指定要求前的事项；或

（v）在公开或在建议公开建议通知的指定要求后，考虑提交书面材料所采取的方法，作为对通知发出的邀请的回应；或

（vi）针对回应通知中邀请而在提交的书面材料中提出的建议，联邦或部长对此须采取的行动；或

（vii）分段（iv）（v）（vi）中提到的事项的附属事项；

（d）将信息披露给其他受委托的政府官员，使得澳大利亚安全情报组织、ACCC或ACMA向以下人员或机构提供建议：

（i）联邦；或

（ii）部长；或

（iii）联邦行政力所授权成立的委员会；

关于

（iv）在公开建议通知指定要求前的事项；或

（v）在公开或在建议公开建议通知的指定要求后，考虑提交书面材料所采取的方法，作为对通知发出的邀请的回应；或

（vi）针对回应通知中邀请而在提交的书面材料中提出的建议，联邦或部长对此须采取的行动；或

（vii）分段（iv）（v）（vi）中提到的事项的附属事项；

（e）为了条例中载明的目的，向受委托的政府官员披露信息；

（f）为了以下目的，向受委托的政府官员披露信息：

（i）就授权信息官采取什么行动，向该信息官提供建议；或

（ii）就授权信息官如何行使权力，向该信息官提供帮助；或

（g）为了以下目的，一名授权信息官向另一名授权信息官披露信息：

（i）使另一名授权信息官能够作出第 531H 条中的决定；或

（ii）使另一名授权信息官能够披露第 531H 条中的信息；

（h）第 531H 条授权披露的信息；

（i）向授权信息官提供信息的电信运营商同意对信息进行披露；

（j）已经被以下人员公开的信息：

（i）向授权信息官提供信息的电信运营商；或

（ii）电信运营商授权公开信息的人；

（k）依据联邦法、州法或领地法的要求披露的信息；

（3）到本段生效起的第 12 个月结束时，本条（2）（e）废止。

（3A）以下是本条（1）的例外情况：

（a）使用信息，作为内阁考虑以下事项之用：

（i）在公布建议通知指定要求前的事项；或

（ii）在公开或在建议公开建议通知的指定要求后，考虑提交书面材料所采取的方法，作为对通知发出的邀请的回应；或

（iii）针对回应通知中邀请而在提交的书面材料中提出的建议，联邦或部长对此须采取的行动，或

（iv）分段（i）（ii）（iii）中提到的事项的附属事项；

（b）使用信息，作为部长考虑以下事项之用：

（i）在公布建议通知指定要求前的事项；或

（ii）在公开或在建议公开建议通知的指定要求后，考虑提交书面材料所采取的方法，作为对通知发出的邀请的回应；或

（iii）针对回应通知中邀请而在提交的书面材料中提出的建议，联邦或部长对此须采取的行动，或

（iv）分段（i）（ii）（iii）中提到的事项的附属事项；

（c）使用信息，作为对以下人员的建议：

（i）内阁；或

（ii）部长；或

（iii）部门秘书；

关于：

（iv）在公布建议通知指定要求前的事项；或

（v）在公开或在建议公开建议通知的指定要求后，考虑提交书面材料所采取的方法，作为对通知发出的邀请的回应；或

（vi）针对回应通知中邀请而在提交的书面材料中提出的建议，联邦或部长对此须采取的行动，或

（vii）分段（iv）（v）（vi）中提到的事项的附属事项；

（d）为了澳大利亚安全情报组织、ACCC 或 ACMA 向以下人员或机构提供建议，使用信息：

（i）联邦；或

（ii）部长；或

（iii）依据联邦行政权建立的委员会；

与以下有关：

（iv）在公布建议通知指定要求前的事项；或

（v）在公开或在建议公开建议通知的指定要求后，考虑提交书面材料所采取的方法，作为对通知发出的邀请的回应；或

（vi）针对回应通知中邀请而在提交的书面材料中提出的建议，联邦或部长对此须采取的行动；或

（vii）分段（iv）（v）（vi）中提到的事项的附属事项；

（e）为了条例中载明的目的，使用信息；或

（f）为了以下目的使用信息：

（i）就第 531H 条所述的授权信息官须采取的行动向该信息官提供建议；或

（ii）就授权信息官如何行使权力，向该信息官提供帮助；或

（g）为了以下目的使用信息：

（i）使另一名授权信息官能够作出第 531H 条中的决定；或

（ii）使另一名授权信息官能够披露第 531H 条中的信息；

（h）向授权信息官提供信息的电信运营商同意使用信息；

（i）信息已经被以下人员公开：

（i）向授权信息官提供信息的电信运营商；或

（ii）电信运营商授权公开信息的人；

（j）联邦法、州法或领地法授权信息的使用。

（3B）到本段生效之日起的第 12 个月结束时，本条（3A）（e）废止。

（4）受委托的政府官员作出公布本条（2）中信息的决定，无须听取电信运营商的意见。

（4A）受委托的政府官员作出公布本条（3A）中信息的决定，无须听取电信运营商的意见。

（5）如果某人作为受委托的政府官员的身份获取了受保护的电信运营商信息，《1914 年刑法》第 70 条对该信息具有效力，该人视同联邦官员。

531H 对公司被保护的电信运营商信息的披露

（1）如果：

（a）建议通知的指定要求已经发布；并且

（b）公司书面通知某授权信息官：

（i）该公司正考虑提交书面材料，作为对通知中发出的邀请的回应；或

（ii）该公司计划提交书面材料，作为对通知中发出的邀请的回应；或

（iii）该公司已经提交了书面材料，作为对通知中发出的邀请的回应；或

（iv）该公司已经提交了书面材料，并且计划对该材料做出更改；以及

（c）如果本条（3）中的决定有效力，该通知应附带决定中载明的信息；并且

（d）如果本条（4）中的决定有效力，授权信息官确信满足了该决定中规定的条件；并且

（e）如果建议通知的指定要求载明一个或多个公司必须符合的要求，为了使之有资格提供书面材料，作为对该通知中发出的邀请的回应，那么某授权信息官确信该公司已经满足了这些要求；并且

（f）为了以下目的，电信提供商已经向授权信息官提供了受保护的电信运营商信息；

授权信息官可以向受公司委托的公司官员披露信息：

（g）公司考虑是否提交书面材料，作为对建议通知的指定要求中发出的邀请的回应；或

（h）公司准备书面材料，作为对建议通知的指定要求中的邀请的回应；或

（i）如果公司已经提交了书面材料，作为对建议通知的指定要求中的邀请的回应；或

（j）如果公司已经提交了书面材料，作为对建议通知的指定要求中的邀请的回应，公司准备对书面材料作出变更；

只要信息披露符合任何使用的限制收件人规定。

（2）授权的信息官作出公布本条（1）中信息的决定，无须听取电信运营商的意见。

（3）为了本条（1）（c）的目的，部长可以通过法律文本作出决定，对信息进行明确规定。

（4）为了本条（1）（d），部长可以通过法律文本作出决定，对条

件进行明确规定。

531J 决定的维持

（1）决定披露 531G（2）或 531H（1）中的信息的，或决定使用 531G（3A）中的信息的，不适用《1977 年行政决定（司法审查）法》的 15（1）（a）、15（1）（b）、15A（1）（a）以及 15A（1）（b）。

（2）如果任何人向《1903 年司法条例》39B（1）所述的联邦法院就决定披露 531G（2）或 531H（1）中的信息或决定使用 531G（3A）中的信息申请令状或禁令，法院不得在等待该申请终局期间，下令维持或影响该决定的执行或实施。

531K 信息保护—受委托的公司官员

（1）如果任何人以作为受公司委托的公司官员的身份取得受保护的电信运营商信息，该人不得：

（a）向其他人披露该信息；或

（b）使用该信息。

（2）以下情况除外，不受本条（1）限制：

（a）为了以下目的，向另一受公司委托的公司官员披露信息：

（i）公司考虑是否提交书面材料，作为对建议通知的指定要求中发出的邀请的回应；或

（ii）公司对书面材料的准备，作为对建议通知的指定要求中发出的邀请的回应；或

（iii）如果该公司回应并提交了书面材料，作为对建议通知的指定要求中发出的邀请的回应，公司考虑是否对该材料进行变更；或

（iv）如果该公司提交了书面材料，作为对建议通知的指定要求中发出的邀请的回应，公司准备对材料作出变更；

只要信息披露遵守任何适用的限制收件人规则；

（b）在以下材料中披露信息：

（i）该公司提交的书面材料，作为对建议通知的指定要求中发出的邀请的回应；或

（ii）该书面材料的变更；

（c）向授权的信息官提供信息的电信运营商已经同意披露该信息；

（d）信息已经被以下人员公布：

（i）向授权信息官提供信息的电信运营商；或

（ii）电信运营商授权公布信息的人；

（e）信息披露须符合联邦、州及领地法规定的要求。

（2A）以下是本条（1）的例外情况：

（a）信息作为以下目的使用：

（i）公司考虑是否提出申诉，作为对建议通知的指定要求中发出的邀请的回应；或

（ii）公司准备书面材料，作为对建议通知的指定要求中发出的邀请的回应；或

（iii）如果公司对建议通知的指定要求中发出的邀请进行了回应并提交了书面材料；或

（iv）如果该公司提交了书面材料，作为对建议通知的指定要求中所作的邀请的回应，公司准备对材料作出变更；

（b）向授权的信息官提供信息的电信运营商已经同意使用该信息；

（c）信息已经被以下人员公布：

（i）向授权的信息官提供信息的电信运营商；或

（ii）电信运营商授权公布信息的人；

（d）信息的使用得到联邦法、州法或领地法的授权。

（3）任何人不得：

（a）协助、教唆、怂使或促使违法本条（1）；或

（b）采取威胁、允诺或其他方式引违反本条（1）；或

（c）以任何故意参与的方式违反本条（1）。

（d）与他人合谋违反本条（1）。

（4）本条（1）和本条（3）属“民事处罚规定”。

注：第三十一章规定了违反民事处罚规定的罚金。

531L 电信运营商对损失或损坏的赔偿

（1）如果：

（a）电信运营商将受保护的电信运营商信息提供给授权的信息官；并且

（b）联邦法院确信受公司委托的公司官员违反了 531K（1）；或

（c）该法院确信电信运营商由于该违反行为遭受了损失或损害；并且

（d）该法院确信该公司以明确、默许或暗示的方式授权或允许该违反行为；

法院一经电信运营商申请后，可以下达法院认为适当的指示，要求该公司对电信运营商作出赔偿。

（2）前款中的申请可在违反行为发生后六年内的任何时候作出。

（3）如果：

（a）电信运营商将受保护的电信运营商信息提供给授权的信息官；并且

（b）联邦法院确信受公司委托的公司官员违反了 531K（1）；并且

（c）该法院确信电信运营商由于该违反行为遭受了损失或损害；并且

（d）法院确信：

（i）被公司委托的公司官员为该公司的员工或代理人；并且

（ii）受委托的公司官员的行为在他或她作为该公司雇员或代理人的实际或明显权限内；

一经电信运营商申请，法院可以下达它认为适当的命令，要求该公司赔偿电信运营商。

（4）本条（3）中的申请可在违反行为发生后六年内的任何时候作出。

（5）违反531K（1）或531K（3）的，不得向公司支付赔偿。

531M 授权信息官的任命

为了本法案的目的，部长可以书面任命SES雇员为授权的信息官。

注1：SES雇员的定义见《1901年法案解释法》17AA。

注2：废止见《1901年法案解释法》33（3）。

531N 限制收件人规则

（1）部长可以同法律文本制定规则（限制收件人规则），对531H（1）或531K（2）（a）中的信息披露给哪些受委托的公司官员作出限制。

（2）限制收件人规则在不同情况下可对信息披露作出不同规定。

（3）本条（2）款不限制《1901年法案解释法》33（3A）。

（4）限制接收人规则可以通过赋予公共服务部门雇员作出行政性决定的权力来作出规定。

注：公共服务部门雇员的定义见《1901年法案解释法》第17AA条。

（5）限制收件人规则可以对作出上述权力的费用支付作出规定。

（6）本条（5）中规定的费用不得是税收金额。

531P 受保护的电信运营商信息的储存、处理或销毁

（1）部长可以通过法律文本制定关于受保护的电信运营商信息的

储存、处理或销毁的规定。

（2）电信运营商向授权的信息官提供受保护的电信运营商信息，本条（1）中正在发生效力的规定不得对该电信运营商施加任何要求或禁令。

（3）任何人必须遵守本条（1）中正在发生效力的规定。

（4）任何人员不得：

（a）协助、教唆、怂使或促使违反本条（3）；或

（b）采取威胁、允诺或其他方式引诱对本条（1）的违反；或

（c）以任何直接或间接的方式，故意参与对本条（3）的违反行为；或

（d）与他人合谋违反本条（3）。

（5）本条（3）和（4）为民事处罚规定。

注：第三十一章对违反民事处罚规定的罚金作出规定。

531Q 公司的书面材料

为了本章的目的，公司可以单独提交书面材料或与其他一家或多家公司联合提交书面材料。

第28章 执　　行

第1节 介　　绍

532 纲要

以下是本章的简要内容：

- 任何人可以被任命为检查员。
- 与违反第 21 章（技术条例）的行为相关的搜查可以以下形式开展：
  （a）在搜查令的授权下；或
  （b）取得业主或居住人员的允许；或
  （c）在紧急情况下。
- 为了监督第 21 章的遵守情况，可以在取得居住人的同意后进行搜查。
- 可以进行与违反《2003 年反垃圾邮件法》的行为相关的搜查。
  （a）在搜查令的授权下；或
  （b）取得业主或居住人员的允许；或
- 为了监督《2003 年反垃圾邮件法》的遵守情况，搜查可以以下形式开展：
  （a）在搜查令的授权下；或
  （b）取得业主或居住人员的允许；或
- 检查员可以要求出示电信运营商的运营许可证。
- 检察员可要求提供和出示与《2003 年反垃圾邮件法》或本法案第 21 章（技术条例）的遵守情况相关的信息并文件。
- 法庭可以下令没收在违法行为中被使用或涉嫌违法的物品。

532A 对《2003 年反垃圾邮件法》的参考

在本章中：

《2003 年反垃圾邮件法》包括《2003 年反垃圾邮件法》的相关条例。

第 2 节　检查员及身份证

533　检查员

（1）为了本法案的特定规定，如有一下情形，任何人即为检察员：

（a）该人员为被 ACMA 书面任命为检察员的官员：

（i）为了普遍法案；或

（ii）为了某规定；或

（b）该人是 ACMA 通过登报公告任命的一类官员中的一名：

（i）为了某普遍法案；或

（ii）为了某规定；或

（c）如果该人是澳大利亚联邦警察局的成员（非特别成员）或领地警员。

（2）在本节中：

“联邦官员”是指

（a）某人，无论是全职或是兼职，无论是永久身份或是其他：

（i）服务于或受雇于联邦，外部领地政府或联邦行政管理机构；或

（ii）持有或执行联邦或外部领地法律所赋予的职务或职位；或

（b）国防部成员。

“官员”是指

（a）联邦官员；或

（b）州官员。

“州”包括：

（a）澳大利亚首都领地；以及

（b）北领地。

“州官员”是指具有以下情况的人，无论全职或兼职，无论是永久身份或是其他：

（a）服务于或受雇于州或州行政管理机构；或

（b）持有或执行州法赋予的职务或职位的责任；

并且包括州警务人员。

534　身份证

（1）ACMA 可以以某种批准的形式向检察员发放警员之外的书面身份证明。

（2）该人一旦不再担任检察员，必须以可行的方式尽快向 ACMA 归还他或她的身份证。

(3) 该人员不得违反本条 (2)。

罚金：5 倍基准罚金。

注：见《1914 年刑法》第 4AA 和第 4B 条

(4) 该人员提出合理辩解的，则不适用本条 (3)。

注：被告就本条 (4) 所述事项承担举证责任 (见《刑法典》13.3 (3))。

(5) 本条 (3) 属对严格的法律责任的违反。

注：严格的法律责任见《刑法典》6.1。

第 3 节　与违反《2003 年反垃圾邮件法》或本法案第 21 章有关的搜查令

535　法官可以签发搜查令

(1) 如果：

(a) 如法官获得根据经宣誓而作的告发提供的信息，确信有合理理由怀疑在某土地上，或在某场所、船只、飞机或车辆中：

(i) 任何涉嫌触犯第 21 章的行为被实施；或

(ii) 任何可能提供触犯第 21 章行为的证据的物品；或

(iii) 任何用于或计划用于触犯第 21 章行为的物品；或

(iv) 任何涉及触犯《2003 年反垃圾邮件法》行为已经发生；或

(v) 任何可能提供触犯《2003 年反垃圾邮件法》行为的证据的物品；或

(vi) 任何用于或计划用于触犯《2003 年反垃圾邮件法》行为的物品；以及

(b) 该信息提供上述理由；

该法官可以发放搜查令，授权搜查令指名的检察员进入土地、场所、船只、飞机或车辆，并行使 542（2）（b）、542（2）（c）和 542（2）（d）中的权力。必要时，可在协助下或使用武力进入。

（2）本节中提到的“触犯第 21 章”包括《1914 年刑法》第 6 条或《刑法典》第 2.4 章规定的犯罪。

536 签发搜查令等的合理理由

除了以下情况，否则法官不得签发搜查令：

（a）应法官要求，提供消息的人或其他人通过口头或宣誓的方式向法官提供进一步信息（如有）以支持申请搜查令的理由；并且

（b）该法官确信签发搜查令有合理理由。

537 搜查令的内容

第 535 条中搜查令必须声明以下内容：

（a）签发搜查令的目的以及犯罪或违反行为的性质；

（b）在白天或夜晚的任何时间还是白天或夜晚的某个特定时间进入；

（c）对将被没收物品的描述；

（d）搜查令失效的日期，该日期不得超过搜查令签发后七天。

538 搜查令可通过电话等签发

在紧急情况下，检查员可以通过电话、传真或其他电子方式向法官申请第 535 条中的搜查令。

539 关于通过电话等方式签发搜查令的规定。

（1）在申请第 538 条中的搜查令之前，检查员必须准备第 535 条中提到的信息，明确说明申请搜查令的原因。但如有必要，该检查员可以在以宣誓方式向法官提出证据前提出申请。

（2）如果收到申请的法官确信：

（a）经过对根据本条（1）准备的信息的条款考虑后；并且

（b）已经收到法官所要求提供的能够进一步解释申请搜查令理由的信息（如有）后；

当签发搜查令的合理理由已经具备，法官必须在完成并签发第535条中的搜查令。

（3）如果法官签发了本条（2）中的搜查令：

（a）该法官必须：

（i）告知该检查员搜查令的条款；并且

（ii）告知该检查员搜查令签发的日期和时间；并且

（iii）告知该检查员搜查令失效的日期（不超过法官签发搜查令后七天）；并且

（iv）在搜查令上记录签发搜查令的原因；并且

（b）该检查员必须：

（i）根据法官完成和签发的搜查令，以相同的条款完成搜查令表格；并且

（ii）在表格中填写法官的姓名以及签发的日期和时间。

（4）该检查员必须在不迟于搜查令过期或执行日期后的一日之内，以较早的那日为准，将相关的信息送至法官：

（a）该检查员完成搜查令的表格；以及

（b）经妥当宣誓与搜查令相关的信息。

（5）法官在接到本条（4）中的文件后，法官必须：签署的搜查令之后。

（a）将它们附在签署的搜查令后；并且

（b）如果对第535条中的搜查令作出了申请，法官必须以处理信息的方式来处理这些文件。

（6）如果检察员及时完成的搜查令表格符合法官签发的搜查令的条款，则同搜查令一样可以对进入、搜查、没收或其他权力的行使进行授权。

540　电话等签发搜查令的法律程序

如果：

（a）在任何法律程序中，法院须确认任何进入、搜查、扣押或其他权力的行使是根据第 539 条得到授权的；并且

（b）对进入、搜查、没收或其他权力的行使进行授权的法官签发的搜查令未被明显出示；

除非相反的情况得到证明，否则该法院假定进入、搜查、扣押以及权力的行使没有得到搜查令的授权。

第 4 节　涉嫌违反《2003 年反垃圾邮件法》或本法案第 21 章的搜查和没收

541　物品何时与犯罪产生联系？

如果有以下情形，物品则与犯罪行为有联系：

（a）涉嫌违法的行为已经实施；或

（b）可能提供犯罪证据的物品；或

（c）用于或计划用于实施犯罪的物品。

541A 物品何时与《2003 年反垃圾邮件法》产生联系？

如果有以下情形，物品则与违反《2003 年反垃圾邮件法》有联系：

（a）涉嫌违法的行为已经发生；或

（b）可能提供违反行为证据的物品；或

（c）用于或计划用于实施违法行为的物品。

542　搜查及没收

（1）如果检察员有合理理由怀疑在某片土地上或在某场所、船只、飞机或车辆中存在以下行为：

（a）本法案第21章的犯罪；或

（b）违反《2003年反垃圾邮件法》的行为。

（2）该检察员可以在获得该土地、场所、船只、飞机或车辆的所有人或占用人的同意后，或依照第三节中签发的搜查令，实施以下行为：

（a）进入该土地、场所、船只、飞机或车辆；并且

（b）搜查该土地、场所、船只、飞机或车辆；并且

（c）打开并搜查任何检察员有足够理由怀疑涉及本条（1）所述行为的固定或活动橱柜、抽屉、钱柜、箱子、盒子、包装和以及其他存放物品的地方；并且

（d）检查并没收任何检察员有足够理由怀疑与犯罪或违反行为有联系的物品。

（3）如果检察员可以进入本条（2）中的船只、飞机或车辆，该检察员为了行使本条（2）（b）、本条（2）（c）或本条（2）（d）中的权力，可以截停该船只、飞机或车辆并扣留。

（4）本节提到的“第21章犯罪”这一表述包括对《1914年刑法》第6条或《刑法典》第2.4章的引用，前两者与本法案第21章有关。

543　身份证件的出示

（1）检查员（身穿制服的警员除外）如建议进入根据第542条进入土地或场所，必须：

（a）如该检查员为警员，则必须提供能够证明警员身份的书面证

明，供该土地或场所所有人或占用人检验；

（b）如该检查员非警员，则必须出示检查员身份证件供场所所有人或占用人检验；

并且，如该检查员未能如上述要求出示身份证明，他或她则无权进入该土地或场所。

（2）如果依据第三节中的签发的搜查令进入，该检查员被视为违反了第（1）款，除非他或她出示了搜查令供场所所有人或占用人检验。

544　该法案第 21 章犯罪或《2003 年反垃圾邮件法》违法行为的证据

（1）如果：

（a）依据第三节中签发的搜查令进行搜查，并在搜查涉嫌某犯罪物品的过程中，如果检察员有合理理由相信该物品具有以下情形：

（i）尽管不是搜查令中所列出的物品，但与犯罪相关；或

（ii）与第 21 章犯罪规定相关的物品；并且

（b）该检察员有合理理由相信，有必要扣押该物品防止藏匿、损失或销毁，或防止其被用于继续或重复进行犯罪活动；

（1A）如果：

（a）检察员依据搜查令进行搜查，并在搜查涉嫌违反《2003 年反垃圾邮件法》的物品的过程中，有合理理由相信该物品具有以下情形：

（i）尽管该物品没有在搜查令上列出，但与违反活动有关；或者

（ii）与违反《2003 年反垃圾邮件法》的另一行为有关的物品；并且

（b）该检察员有合理理由相信，有必要扣押该物品防止藏匿、损失或销毁，或防止其被用于继续或重复进行犯罪活动；

该搜查令则可授权该检察员扣押该物品。

（2）本节提到的“第 21 章犯罪”这一表述包括对《1914 年刑法》

第 6 条或《刑法典》第 2.4 章的引用，前两者与本法案第 21 章有关。

545　紧急进入、搜查和扣押

（1）如果检查员有合理理由相信：

（a）某人携带涉嫌第 21 章犯罪的物品；并且

（b）有必要行使本条中的权力阻止与犯罪行为有关的物品被隐瞒、损坏或销毁；

该检查员可以：

（c）搜查该人、该人的衣物以及受该人直接控制的任何财产；并且

（d）只要在危机和紧急情况下行使上述权力，即可被证明在没有获得第三节中的搜查令授权的情况下立即行使权力是合法的。

（2）如果检查员有合理理由相信：

（a）在某土地、场所、船只、飞机或交通设备内具有涉嫌第 21 章犯罪的物品；并且

（b）有必要行使本条中的权力阻止与犯罪行为有关的物品被隐瞒、损坏或销毁；

该检查员可以借助合适的协助和必要的武力：

（c）进入该土地、场所、船只、飞机或车辆；并且

（d）对物品进行搜查；并且

（e）并且扣留任何在搜查过程中发现的涉嫌违法的物品；

只要在危机和紧急情况下行使上述权力，即可被证明在没有获得第三节中的搜查令授权的情况下立即行使权力是合法的。

（3）如果检察员进入本条（2）中的船只、飞机或车辆，该检查员可以为了行使本条（2）（d）或本条（2）（e）中的权力截停该船只、飞机或车辆。

（4）本条中提及的“对第 21 章的触犯”包括参考《1914 年刑法》

第 6 条或《刑法典》第 2. 4 章给出的犯罪。

546　扣押物品的保留

（1）在本节中，如果检查员扣押了物品，该检查员可以保留该物品直至：

（a）扣押后的 60 天；或

（b）如果在 60 天内提起以下任何诉讼：

（i）可依据该物品可能提供的证据，对违反该法案提起诉讼；

（ii）可依据该物品可能提供的证据，对违反《2003 年反垃圾邮件法》提起诉讼；

诉讼（包括向法院提起的与诉讼有关的上诉）完成。

（2）ACMA 可以通过书面文书授权被扣押的物品返还所有者，或返还物品被扣留的人：

（a）无条件地；或

（b）有条件地（ACMA 认为适合的条件），例如：如果该物品被没收，确保等价支付。

（3）在本条内：

“本法案”包括《1999 年电信（用户保护和服务标准）法》以及相关条例。

第 5 节　为监督第 21 章的遵守情况而进行的搜查

547　为监督第 21 章的遵守情况而进行的搜查

（1）为了确定第 21 章是否被遵守，检查员可以在一天当中的任何时候进入任何该检察官有合理理由相信使用本条的场所：

（a）搜查该场所；或

（b）对该场所或该场所内的任何事物或物品进行检查、拍照或素描；或

（c）检查该场所内的任何文件；或

（d）取走或复印任何文件。

该条的效力取决于本条（2）和本条（3）。

（2）检查员可以不进入居住场所，除非该场所的占用人同意进入。

（3）如果有以下情形，检查员无权行使本条（1）中的权力：

（a）该场地的占用人要求该检查员出示他或她的身份证件以检验身份；并且

（b）该检查员未能出示身份证。

（4）本条适用于以下场所：

（a）第21章提到的活动在该场所内实施；或

（b）对上述活动的记录存于该场所内。

第5A节　监督《2003年反垃圾邮件法》的遵守情况进行的搜查

547A 检查员有权对遵守情况进行监督

（1）为了确定《2003年反垃圾邮件法》是否被遵守，一名检查员可以：

（a）进入任何场所；并且

（b）行使第547B条载明的监督权。

（2）除非有以下情形，否则检查员无权进入本条（1）中的场所：

（a）场所的占用人同意进入；或

（b）根据第537D条签发的搜查证进入。

同意

（3）在取得任何人的同意之前，该检查员必须告知该人他或她有

权拒绝进入。

（4）除非检查人获得任何人的自愿同意，否则视为非法进入。

547B 监督权

（1）547A（1）（b）中所述的检查员的监督权包括以下范围：

（a）搜查场所；

（b）对场所内的任何事物或物品进行检查、拍照或素描；

（c）对场所内的任何文件进行检查；

（d）取走或复印任何文件；

（e）为了在该场所内行使权力，将检查员要求的设备和材料带进该场所；

（f）如果有以下情形，保护某物品直到获得搜查令的授权没收该物品为止：

（i）该检查员在该场所内行使权力时发现该物品；并且

（ii）检查员有合理理由认为该物品涉嫌违反《2003 年反垃圾邮件法》；并且

（iii）检查员有合理理由相信该物品在取得搜查令前会丢失、损毁或篡改；

（g）如果有以下情形，在接到第 547J 条中的命令前保护某电脑：

（i）该检查员在场所内行使权力时，发现了该电脑；并且

（ii）并有合理理由怀疑电脑中存有涉嫌违反《2003 年发垃圾法》的物品；并且

（iii）该检查员有合理理由认为在收到命令前，前款中的物品会丢失、损毁或篡改。

（2）检查员根据 547A（1）（b）行使的监管权包括操作场所内的设备的权力，为了判断该设备或场所内可以通过该设备进行使用的磁

盘、磁带或其他存储设备是否包含涉嫌违反《2003 年反垃圾邮件法》的信息。

（3）如果该检查员在操作场所内的设备后发现该设备或场所内的磁带、磁盘或其他存储设备包含本条（2）所述的信息，该检查员可以：

（a）开启场所内的设备，以文档格式打开信息并进行拷贝；或

（b）如果该信息可被传输至带入该场所内的磁带、磁盘或其他存储设备上，或如果得到该场所占用人的书面同意后，该信息可被传输至该场所内的磁带、磁盘或其他存储设备上；

操作设备或其他仪器将信息拷贝至存储设备，并将移动设备带出该场所。

注：见第 547J 条（要求人员协助获取电脑数据）。

547C 出示身份证件等

提出进入场所的检查员（非身穿制服的警员）必须：

（a）如为警员，出示能够证明该检查员为警员的书面证明供该场所的居住者检验；或

（b）如非警员，出示检查员身份证件供居住者检验；

并且，如果该检查员未能按上述出示证件，他或她无权进入该场所。

547D 监督许可证

（1）检查员可以向法官申请场所监督许可证。

（2）如果该法官通过经宣誓或证实的信息，确认一名或多名检查人员进入场所搜查有行为违反了《2003 年反垃圾法》是合理而必要的，他或她则可签发许可证。

（3）法官不得签发许可证，除非检查员或其他人通过口头或宣誓的

方式向法官进一步提供要求的信息（如有）以支持申请许可令的理由。

（4）如果该场所属住宅，法官不得签发许可证，以下情况除外：

（a）以下所有条件均被满足：

（i）联邦法院发现个人违反了《2003年反垃圾邮件法》；

（ii）该发现并未在上诉后被推翻；

（iii）该个人正常居住在该场所内；

（iv）该场所存在或曾存在涉嫌违法的设备使用；

（v）许可证在发现该情况后的十年内签发；或

（b）以下条件均被满足：

（i）个人已对《2003年反垃圾邮件法》第38条做出承诺；

（ii）该承诺发生效力；

（iii）该个人正常居住在该场所；

（iv）该承诺适用于该场所内的设备使用。

（5）该许可证必须：

（a）授权一名或多名检查员（无论是否其姓名在许可证上列出），在必要而合理的协助下或使用武力：

（i）进入该场所；并且

（ii）行使第547B条载明的权力；并且

（b）声明是在一天当中的任何时间内进入，还是在一天当中的某个指定时间内入场；并且

（c）明确指出许可证失效的日期（不超过签发日期起的六个月）；并且

（d）声明许可证签发的目的。

547E 向占用人提供的许可证的细节等

（1）如果：

（a）第547D条中的入场许可证正在被检查员使用；并且

（b）该场所的占用人或代理该占用人的其他人在场；

检查员必须向该占用人或代理人提供许可证的副本。

（2）该检查员必须向该占用人或代理人确认自己的身份。

（3）本条（1）中的许可证副本不需要签发该许可证的法官签名。

547F 入场前声明

（1）在依据签发的许可证进入场所前，检查员必须：

（a）声明他或她被授权进入该场所；并且

（b）询问场所中的任何人是否可以进入该场所。

（2）如果检查员有合理理由认为为了确保人员安全或许可证的有效执行必须立即进入该场所，该检查员不须遵守前款。

547G 设备损坏的赔偿

（1）如有以下情形的，适用本条：

（a）对设备的操作导致：

（i）设备的损坏；或

（ii）记录在设备中的数据的破坏；或

（iii）用于设备或数据的程序的破坏或损坏；并且

（b）破坏或损坏的发生是由于：

（i）挑选操作人员不慎；或

（ii）操作人员操作不慎。

（2）对于破坏、损坏设备和数据或程序，联邦政府应当对设备拥有人、数据或程序使用人按双方协议做出合理赔偿。

（3）如果双方未能对赔偿达成一致，所有人或使用人可以向联邦法院提起诉讼，由法院裁定合理的赔偿金额。

（4）在判定应该支付的赔偿金额时，需要考虑该场所的占用人或占用人的雇员或代理人是否在场就设备的操作提供了任何适当的警告或指导。

（5）赔偿由议会拨款支付。

（6）为了本条（1）的目的，数据损坏包括抹除数据或增加数据造成的损坏。

547H 占用人有权在搜查过程中在场

（1）如果：

（a）第 547D 条中的许可证正在被执行；并且

（b）在场的该场所的占用人或代表该占用人的他人有权观察搜查的进行。

（2）妨碍搜查的人丧失观察搜查的权力。

（3）本条不妨碍搜查在两个或两个以上的场所内同时进行。

第 5B 节　《2003 年反垃圾邮件法》相关的电脑信息获取

547J 与《2003 年反垃圾邮件法》相关的电脑信息获取

范围

（1）有以下情形的，适用本款：

（a）同时有以下两种情形：

（i）第三章中的发生效力的搜查令授权检察员进入某一场所；并且

（ii）该搜查令与《2003 年反垃圾邮件法》有关；或

（b）授权检察员进入某一场所的搜查令具有效力。

向法官申请获取令

（2）检查员可以向法官申请命令，要求指定人员提供合理和必要的信息或协助，使得该检查员能够：

（a）从存于该场所内的电脑获取数据；

（b）将数据拷贝到数据存储设备上；

（c）将数据转化成文档格式。

签发获取令

（3）如果法官确信以下情形，可以签发获取令：

（a）有合理理由怀疑有关违反《2003年反垃圾邮件法》的物品存于该电脑或可从该电脑中获取；并且

（b）该人员：

（i）被合理地怀疑涉嫌违法；或

（ii）或拥有或租赁该电脑；或

（iii）受雇于该电脑的拥有者或租赁者；以及

（c）该人员了解：

（i）该电脑以及该电脑所连接的电脑网络；或

（ii）采取何种措施保护存于该电脑中的数据或从该电脑中获取的数据。

犯罪

（4）任何人有以下情形，则构成犯罪：

（a）人须遵守本条中的命令；并且

（b）该人未做某项行为；并且

（c）该人的上述行为违反了该命令。

处罚：六个月监禁

定义

（5）在本条内：

“数据”包括：

（a）任何形式的信息；

（b）或程序（或程序的一部分）。

“存储在电脑中的数据”包括：

（a）此时任何存储在电脑中的可移动存储设备中的数据；以及

（b）储在该电脑所在网络中的数据存储设备中的数据。

“数据存储设备”是指储存电脑数据的介质。

（6）本条不暗示性地影响“数据”这一表达使用在《1999 年电信（用于保护和服务标准）法》中的规定。

第 6 节　检查员的其他权力

548　检查员的一般权力

（1）检查员可以：

（a）要求他或她有合理理由怀疑有某种行为的任何人，持有以下：

（i）电信运用商经营许可证；或

（ii）连接许可；或

（iii）电缆经营许可证；

出示许可证或许可（视具体情况），或出示存在和内容证明；并且

（b）根据第 407 条规定的义务，要求任何人出示采用商标的证据；并且

（c）根据 408（5）（a）或 408（5）（d），要求任何人：

（i）取得认证机构的书面声明，证明客户设备或客户电缆符合第 376 条中标准规定；

（ii）取得认证机构的书面声明，证明已经采取了合理的努力来避免违反第 376 条中的标准规定；

出示声明，或出示存在和内容的证据；并且

（d）根据 408（5）（b），要求任何人将用户设备或用户电缆交给

公认的监测机构进行监测，并出示检测证明；并且

(e) 根据408 (6)，要求任何人保留：

(i) 记录；或

(ii) 声明；或

(iii) 声明的副本；

为了在特定时期内出示这些记录、声明或附件，只要该检查员在该时期结束后不要求出示这些记录、声明或附件。

(2) 任何人不得违反本条规定的要求。

处罚：20 倍基准罚金。

注：见《1914 年刑法》第 4AA 条和第 4B 条。

(2A) 该人有合理辩解理由的，不适用前款。

注：被告就本条 (2A) 所述事项承担举证责任［见《刑法》13.3 (3)］。

(2B) 第 (2) 款为严格责任的犯罪。

注：严格责任，见《刑法典》6.1。

(3) 在本条中：

与商标有关的“应用”与第 21 章第七节中的表述同义。

“认证机构”与第 21 章第七节中的表述同义。

“权力机构”与第 21 章第七节中的表述同义。

“实施行为”是指：

(a) 作为；

(b) 或不作为。

“公认的检测机构”与第 21 章第七节中的表述同义。

549　要求信息等的权力

(1) 为了确定第 21 章的遵守情况，已经进入第四节或第五节中的

土地、场所、船只、飞机或车辆中的检查员可以要求该人：

（a）回答检察员提出的任何问题；

（b）出示检察员要求的任何文件。

（1A）为了确定《2003 年反垃圾邮件法》的遵守情况，已经进入第四节或第五节中的土地、场所、船只、飞机或车辆中的检查员可以要求该人：

（a）回答检察员提出的任何问题；并且

（b）出示检察员要求的任何文件。

（2）除非有以下情形，否则检查员无权对任何人提出上述要求：

（a）该检察员向该人出示了检察身份证件；或

（b）该检察员是一名身穿警服的警员。

（3）如有以下行为，则构成犯罪：

（a）该人应当遵守本条（1）或（1A）中的要求；并且

（b）该人实施行为；并且

（c）该人的行为违反了该要求。

处罚：20 倍基准罚金。

（3A）该人有合理辩解理由的，不适用本条（3）。

注：被告就本条（3A）所述事项承担举证责任［见《刑法》13.3（3）］。

（4）如果提供本条中的信息或出示本条中的文件可能会使个人受到指控或被处以罚金，该个人可免于提供该信息或出示该文件。

（5）在本条中：

“实施行为”是指：

（a）作为；或

（b）不作为。

550　文件的保留

如果：

（a）检查员从第542条、第547条或第547B条中的土地、场地、船只、飞机或车辆内取走了文件；或

（b）任何人根据549（1）或549（1A）中的规定向检查员出示了文件；那么

（c）该检查员可以在一段必要而合理的时间内保留该文件，以确定是否违反了《2003年反垃圾邮件法》或本法案的第21章；并且

（d）在此期间，如果该检察员未掌握该文件，检查员必须允许有权检查该文件的人在合理的时间内检查该文件。

第7节　没　　收

551　法院可要求没收

（1）如果法院认定任何人违反该法案，法院可以向联邦要求没收任何涉及违法行为的物品。

（2）本节提到的“第21章犯罪”这一表述包括对《1914年刑法》第6条或《刑法典》第2.4章的引用，两者与本法案的第21章有关。

（3）在本节中：

“本法案”包括《1999年电信（用户保护和服务标准）法》以及相关法案。

552　没收物品可出售

第551条中被没收的物品：

（a）可以根据ACMA的指令出售或以其他方式处理；并且

(b) 在上述指示未下达前，必须依照ACMA的指示进行保管。

第8节 未来犯罪

553 将要实施的犯罪

(1) 如果有合理理由怀疑本法案的犯罪将要被实施，并且该犯罪的实施会威胁到生命安全或造成重大损失或损害的，适用本章。

(2) 本节提到的“第21章犯罪”这一表述包括对《1914年刑法》第6条或《刑法典》第2.4章的引用，该两者与本法案的第21章有关。

(3) 在本条中：

“本法案”包括《1999年电信（用户保护和服务标准）法》以及相关条例。

第29章 审查决定

554 纲要

以下是本章的简要内容：

- 在通过ACMA的内部复议后，行政上诉法院可以审查ACMA的若干决定。

555 可能受到ACMA复议的决定

可向ACMA申请对附则四第一章中规定的某类决定进行复议。

556 作出某些决定的最后期限

(1) 本条适用于第555条提到的决定，不适用于附则四第二章所规定的决定。

（2）如果任何人根据本法案规定向ACMA对某类决定申请作出上述决定，ACMA必须在收到申请后的90天内作出决定。如果ACMA在90天内书面要求申请人进一步提供有关申请的信息，ACMA必须在收到进一步信息后的90天里作出决定。

（3）如ACMA未在90天后通知申请人决定，则被视为已经作出了拒绝该申请的决定。

557　申请通知的附带声明

（1）如果ACMA作出了第555条中提到的这类决定，并书面通知利益相关者，则该通知必须包括以下内容：

（a）一份大意如下的声明：受该决定影响的人如对决定不满，可根据558（1）寻求对ACMA决定的复议；并且

（b）一份大意如下的声明：如果提出复议的人对复议结果不满：

（i）依据《1975年行政上诉法庭法》，可以向行政上诉法庭申请对复议决定的审查；并且

（ii）该人可以要求法庭对该复议决定发表声明。

（2）未能遵守本条的，不影响决定的效力。

558　申请对决定的复议

（1）受第555条中提到的决定影响的人如对决定不满，可以向ACMA申请复议。

（2）该申请必须：

（a）填写在ACMA批准的表格中；并且

（b）清楚说明申请理由。

（3）申请人必须在收到决定通知后28天内提出申请，申请必须在

以下时间内提出：

（a）收到决定通知后 28 天内；或

（b）如果 ACMA 在 28 天结束之前或之后延长了提出申请的期限，可在延长的期限内提出申请。

（4）经批准的申请表格可以通过申请中的法定声明来核实。

559　ACMA 的复议

（1）ACMA 在收到复议申请后，必须对该决定进行重新考虑，并作出确认、更改或撤销该决定的决定。

（2）ACMA 的复议决定具有效力。

（3）ACMA 必须通知申请人复议结果并说明理由。

560　复议的最后期限

（1）ACMA 必须在收到复议申请后的 90 天内对复议作出决定。

（2）如果在 90 天结束后未通知申请人复议结果，ACMA 则视为作出了肯定原决定的复议决定。

561　复议结果通知的附带声明

（1）559（3）中的向申请人告知决定被肯定或修改的通知必须包括：

（a）一份如下大意的声明：如果受该决定影响的人对该决定如此被确认或被变更不满，可以向行政上诉法庭申请对该决定的审查，最终结果以行政上诉法庭作出的决定为准；并且

（b）一份如下大意的声明：就被确认或被变更的决定，该人可以要求作出本法案第 28 条中的声明。

（2）未能遵守本条规定的，不影响决定的效力。

562　行政上诉法庭的审查

如果 ACMA 确认了或变更了第 559 条的决定，申请人可以向行政上诉法庭申请对第 55 条中提到的一类决定进行审查。

第 30 章　禁　　令

563　纲　　要

以下为本章的简要内容：

• 联邦法院可以就违反本法案、《1999 年电信（用户保护和服务标准）法》或相关条例的行为作出禁令。

564　禁令

限制性禁令

（1）如果任何人在从事，正在从事或拟从事违反本法的行为，一经部长、ACMA 或 ACCC 申请，联邦法院可作出禁令：

（a）制止该人从事违法活动；并且

（b）要求该人做某些事情（如果法院法院认为这么做是可取的）。

执行性禁令

（2）如果：

（a）任何人拒绝或不，或正在决绝或不，或建议拒绝或建议不，实施一个行为或做一件事情；并且

（b）这些拒绝或不实施的行为违反了或将违反本法案；

一经部长、ACMA 或 ACCC 的申请，联邦法院作出禁令，要求该人实施该行为或做该事情。

ACMA 的权力限制

（3）尽管前两款的规定，但如有以下行为，ACMA 无权申请禁令：

（a）违反附则一第一章中对电信运营商的营业许可证条件的规定；或

（b）违反附则一第三或第四章中对电信运营商的营业许可证条件的规定；或

（c）违反附则二第二章中对服务提供商的规定；或

（d）违反《1974 年贸易惯例法》第 152AZ 条对电信运营商营业许可证条件的规定；或

（e）违反《1974 年贸易惯例法》第 152BA（2）款对服务提供商的规定。

注 1：第 369 条涉及第 367 条中的行为规范。

注 2：附则一第三章以及第四章涉及配套设施以及网络信息的准入的部分。

注 3：《1974 年贸易惯例法》第 152AZ 条涉及标准准入义务的部分。

注 4：《1974 年贸易惯例法》第 152BA（2）规定电信服务提供商必须遵守标准准入义务以及一些适用该提供商的配套义务。

（4）在本条内：

“本法案”包括《1999 年电信（用户保护和服务标准）法》以及相关条例。

565 临时禁令

作出临时禁令

（1）如果向法院申请第 564 条中的禁令，法院可以在考虑该申请前同意作出临时禁令限制某人实施某行为。

无有关损害的承诺

（2）法院不要求申请第 564 条中的禁令的申请人作出任何有关损害的承诺作为发放临时禁令的条件。

566　禁令的解除等

法院可以解除或变更作出的禁令。

567　若干对禁令发放的限制不适用

限制性禁令

（1）根据本章，如有以下情形，法院有权作出禁令，限制某人从事某一行为：

（a）法院确信该人已经从事了某行为，无论法院是否认为该人计划再次或继续从事这一行为；或

（b）无论该人是否之前实施了该行为，也无论如果他实施了该行为，在法院看来，如果不作出禁令，该人有可能将实施该行为，该行为会有对某人造成重大伤害的危险。

执行性禁令

（2）如有以下情形，法院有权作出禁令，要求某人实施一个行为或事情。

（a）如果法院确信该人已经拒绝或未实施一个行为或事情——无论法院是否认为该人计划再次拒绝或不实施，或打算继续拒绝或不实施一个行为或事情；或

（b）如果法院认为不作出禁令，该人有可能将拒绝或不实施某一行为或事情——无论该人之前已经拒绝或不实施该行为或事情，也无论该人因拒绝或不实施该行为或事情会有对某人造成重大伤害的危险。

568　其他不受影响的法院权力

本章赋予法院的权力不得代替本法案或其他法案赋予法院的其他权力。

第31章　民事处罚

569　纲要

以下是本章的简要内容：

• 违反民事处罚条例应缴纳的罚金。

570　违反民事处罚条例应缴纳的罚金

（1）如果联邦法院确信某人违反了民事处罚条例，法院可以要求该人向联邦支付法院判定合理的罚金。

（2）在判定罚金时，法院必须考虑以下相关事项：

（a）违法行为的性质和程度；以及

（b）违法行为造成的损失和损害的性质和程度；以及

（c）在何种情况下发生违法行为；以及

（d）该人是否在之前的法律诉讼中被法院发现实施过相似的行为。

（3）本条（1）中规定法人团体应该缴纳的罚金数额不得超过：

（a）如果违反了668（1）、668（2），101（1）或101（2），对每项违法行为不得超过1，000万澳元；

（b）在其他情况下，对每项违法行为不得超过250，000澳元。

（4）对于法人团体以外的个人，每项违法行为的罚金不得超过50，000澳元。

（4A）违反139（1）或139（2）的，不适用本条（3）和（4）。

（4B）《2006年请勿致电登记法》第25条适用于违反本法案139（1）或139（2）的违反行为，并同样适用于对《2006年请勿致电登记法》12（1）或12（2）得违反行为，以如下修改为准：

（a）《2006年请勿致电登记法》第25条提到的该法案24（1）中包括对本条（1）的引用。

（b）《2006年请勿致电登记法》第25条提到的民事处罚规定包括对本法案139（1）或139（2）引用；

（c）《2006年请勿致电登记法》第25条提到的民事处罚命令包括对本条（1）的引用。

（5）如果某人的行为构成对两项或两项以上民事处罚规定的违反，可以根据本法向该人提出诉讼。但该人不得因该行为被处以两项以上的罚金。本款效力受到本条（6）的制约。

（6）如果行为构成对第68条或第101条以及一条或多条民事处罚条例的违反，必须就第68条或第101条向该人提起本法案的诉讼。

（7）在本条中：

“本法案”包括《1999年电信（用户保护和服务标准）法》以及相关条例。

571　收回罚金的民事诉讼

（1）部长、ACMA或ACCC可以代表联邦向联邦法院提起诉讼，要求收回第570条所述的罚金。

（2）可在违法行为实施后六年内提起前款诉讼。

（3）尽管本条（1）的规定，ACMA无权对以下行为提起诉讼要求收回罚金：

（a）违反附则一第一章明确列出的电信运营商营业许可证条件，并且该条件与第369条有关；或

（b）违反附则一第三章或第四章明确列出的电信运营商营业许可证条件；或

（c）违反附则二第一章明确列出的对服务提供商所作的规定，并

且该规定与第 369 条有关；或

（d）《1974 年贸易惯例法》第 152A 条明确列出的电信运营商营业许可证条件；或

（e）《1974 年贸易惯例法》第 152BA（2）款明确列出的对服务提供商所作的规定。

注 1：第 369 条涉及第 367 条中的行为规范。

注 2：附则一的第三章和第四章涉及配套设施和网络信息的准入。

注 3：《1974 年贸易惯例法》第 152AZ 条涉及标准准入义务。

注 4：《1974 年贸易惯例法》152BA（2）规定电信服务提供商必须遵守适用于该提供商的任何标准准入义务以及配套义务。

572　不得因违反民事处罚规定而向任何人提出刑事诉讼

不得因违反民事处罚规定而向任何人提出刑事诉讼。

第 31A 章　强制执行的承诺

572A 纲　　要

以下是本章的简要内容：

- 任何人可以就本法案的遵守向 ACMA 提出强制执行的承诺。

572B　承诺的接受

（1）ACMA 可以接受以下任何承诺：

（a）任何人书面承诺为了遵守本法，将采取特定的行动；

（b）任何人书面承诺为了遵守本法，将不采取特定的行动；

（c）某人书面承诺特定的行动以确保在未来不违反本法案或不可

能违反本法案。

（2）承诺必须以本条中的承诺进行表述。

（3）该人可以在征得 ACMA 同意后随时撤消或更改承诺。

（4）ACMA 可以取消承诺并书面通知该人。

（5）ACMA 可以将该承诺发布在它的网站上。

（6）在本条中：

“本法案”包括《1999 年电信（用户保护和服务标准）法》以及《2006 年请勿致电登记法》。

572C 承诺的执行

（1）如果：

（a）某人已经作出第 572B 条所述的承诺；并且

（b）该承诺仍未撤销或取消；并且

（c）ACMA 认为该人已经违背了该承诺；

ACMA 可以向联邦法院申请本条（2）的命令：

（2）如果联邦法院确信该人违背了承诺，法院可以下达命令：

（a）指示该人遵守该承诺；

（b）指示该人向联邦缴纳与他因违背承诺而获得的财务效益等值的金额；

（c）以法院认为合适的方式，指示该人赔偿因违背承诺而对他人造成的损失或损害；

（d）任何法院认为合适的其他命令。

第 32 章　转承责任

573　概　　要

以下是本章的主要内容：

- 本章涉及雇员、代理人等的证明事项。

574　本法的诉讼程序

本章提到的本法案的诉讼包括：

（a）本法案中的诉讼；以及

（b）对以下提起的诉讼：

（i）本法案的犯罪；或

（ii）《1914 年刑法》第 6 节或《刑法典》第 2.4 章规定的犯罪。

574A 定义

在本章中：

“本法案”包括

（a）《1999 年电信法（用户保护和服务标准）》及相关条例；以及

（b）《2003 年反垃圾邮件法》及相关条例；以及

（c）《2006 年请勿致电登记法》及相关条例。

575　公司责任

精神状态

（1）在对公司实施的行为提起本法案的诉讼时，如果有必要证明该公司的精神状态，则必然要显示：

（a）该公司的董事、雇员或代理人实施了该行为；并且

（b）实施该行为的董事、雇员或代理人在他或她实际或明显的权限内实施行为；并且

（c）该董事、雇员或代理人具有该精神状态。

行为

（2）如果：

（a）公司的董事、雇员或代理人代表公司实施的行为；并且

（b）该行为没有超出他或她实际或明显的权限；

为了本法案诉讼的目的，该行为则被视为该公司实施的行为，除非该公司能够证明它采取了合理的预防措施并尽到了应尽的责任来避免该行为的发生。

精神状态的延伸含义

（3）本条（1）所提的某人的精神状态包括以下：

（a）该人的知识、意图、意见、信念或目的；以及

（b）该人对意图、意见、信念或目的的理由。

"董事"的延伸含义

（4）本条中提到的公司"董事"包括根据联邦、州或领地法成立的公共法人团体的成员。

"实施行为"的延伸含义

（5）本条中提到的"实施行为"包括作为和不作为。

576　公司之外的他人责任

本条不适用于某些犯罪的法律程序

（1）该条不适用于以下犯罪的法律程序：

（a）第42条的犯罪；或

（b）《1914年刑法》第6条的犯罪或《刑法典》第2.4章的犯罪。

精神状态

（2）在对任何人实施的行为提起本法案诉讼时，如果有必要证明该人的精神状态，则必然要显示：

（a）此人的雇员或代理人在他或她的权限内实施行为；并且

（b）该雇员或代理人具有该精神状态。

行为

（3）如果：

（a）某人的雇员或代理人代表该人，而不是公司，实施了行为；并且

（b）该行为在该雇员或代理人的实际或明显的权限内；

该行为则被视为该人实施的，除非该人证明他或她采取了合理预防措施并尽了应尽的责任来避免该行为的发生。

监禁限制

（4）尽管本法案有其他规定，但是如果有以下情形：

（a）任何人被判定犯罪；并且

（b）如果本条（2）和本条（3）没有效力，此人则被判无罪；

此人不应由于该罪行被判监禁。

精神状况的扩展含义

（5）本节提到的某人的“精神状况”包括：

（a）该人的知识、意图、意见、信念或目的；

（b）此人对该意图、意见、相信或目的的理由。

“实施行为”的延伸含义：

（6）本条中的“实施行为”包括未能或拒绝实施行为。

第34章　与ACMA及总检察官电信职能权力相关的特殊规定

579　纲要

以下是本章的简要内容：

- 当履行电信职能和行使电信权力时，ACMA须考虑某些国际义务。
- ACMA可以就电信职能的履行或电信权力的行使对电信运营商或服务提供商作出指示。

580　ACMA必须考虑公约

（1）在履行电信职能和行使电信权力时，ACMA必须考虑澳大利亚在部长书面通知的公约中的义务。

（2）在本条中：

“公约”是指：

（a）澳大利亚加入的公约；或

（b）澳大利亚与其他国家之间达成的协议或安排；

还包括任何部长与其他国家的官员或权威机构之间达成的协议、安排或谅解。

581　对电信运营商和服务提供商的指示权

（1）针对ACMA履行电信职能或行使电信权力，ACMA可以书面指示：

（a）电信运营商；或

（b）服务提供商。

（2）本条不受其他任何法律规定的限制：

（a）赋予ACMA职能或权力；或

（b）对 ACMA 履行职能或行使权力的方式作出规定；或

（c）对 ACMA 在履行职能或行使权力时应遵守的条款或限制作出规定。

（3）如果：

（a）电信运营商或电信服务提供商出于自身的要求或利益，建议使用或使用一项或多项电信服务，或建议向其他人提供或向其他人提供一项或多项电信服务；并且

（b）总检察长向总理和管理本法案的部长咨询后，认定该建议使用或建议提供，或该使用或提供可能会危害安全；

总检察长可以根据情况书面指示电信运营商或电信服务提供商不得使用或提供，或停止使用或提供该电信服务或所有电信服务。

（3A）前款中的指示必须与普遍电信服务有关，不能适用于向特定的人、特定人群或特定类型的人提供的电信服务。

（4）任何人必须遵守本条（1）或本条（3）中的指示。

（5）在本条中，“安全”的含义与《1979 年澳大利亚安全情报组织法》中的含义相同。

第35章　其　　它

582　纲　　要

以下是本章的主要内容：

- 对继续犯罪作出规定。
- 根据《2003 年反垃圾邮件法》以及相关条例、《2006 年请勿致电法》以及相关条例、《1999 年电信（用户保护和服务标准）法》以及相关条例，合营公司须作为自然人对待。
- 对文件服务作出规定。
- 本法案以及《2006 年请勿致电登记法》以及《1999 年电信（用户保护和服务标准）法》中的文本可以适用、采纳或合并其他法律文本。

续表

• 本法案、《1999 年电信（用户保护和服务标准）法》中的仲裁不得引起不公平的财产取得。
• 为了提供宪法保障，对实施本法、《2003 年反垃圾邮件法》以及相关条例、《2006 年请勿致电登记法》以及相关条例、《1999 年电信（用户保护和服务标准）法》以及相关条例过程中而引起不公平的财产获得而应该支付的赔偿。
• 部长可以为与电信客户利益相关的消费者团体提供财政支持。
• 部长可以为与电信相关的社会、经济、环境或技术发展研究提供财政支持。
• 为了本法案的目地，总检察长可以作出规定。

583　继续犯罪的罚金

（1）本法案的犯罪为持续犯罪（无论在本法案中或因为《1914 年刑法》第 4k 条）的，适用本条。

（2）对继续犯罪每天所处的罚金为主要犯罪最高罚金的百分之十。

（3）在本条中，“本法案”包括《1999 年电信（用户保护和服务标准）法》以及相关条例。

584　继续犯罪的诉讼程序

（1）如第 43 条适用于本法律的犯罪，对有如下行为的同一个人的数罪指控可以包括在同一告发、投诉或传唤中：

（a）基于相同事实的指控；或

（b）对相同或类似性质的系列犯罪的指控。

（2）如果一人对某项规定犯有数罪，法庭可以处以罚金，但罚金数额不得超过各项罚金数额相加之和。

585　合营公司的处理

（1）把合营公司视为个人的，则适用本法案，但是适用须作以下改变：

（a）合营公司承担的义务被赋予到每位合伙人，但是可能被任何一位合伙人免除；

（b）合营公司涉及本法案的任何犯罪视同由每位合伙人所为：

（i）协助、教唆、怂使或促致该违反法律的行为或不履行法律的行为；

（ii）以任何方式故意涉及或参与违反法律的行为或不履行法律的行为（无论是以直接或间接的方式）。

（2）在本条中，“民事处罚规定”包括：

（a）《2003 年反垃圾邮件法》中赋予该表述的含义；以及

（b）《2006 年请勿致电登记法》赋予该表述的含义。

“犯罪”包括违反民事处罚规定。

“本法案”包括：

（a）《1999 年电信（用户保护和服务标准）法》以及相关条例；以及

（b）《2003 年反垃圾邮件法》以及相关条例；以及

（c）《2006 年请勿致电登记法》以及相关条例。

586　向合营公司提供文件

（1）为了本法案的目的，如果文件依据《1901 年法案解释法》第 28A 条提供给了合营公司中的合伙人，则该文件被视为提供给了该合营公司。

（2）在本条中，“本法案”包括：

（a）《1999 年电信（用户保护和服务标准）法》以及相关条例；以及

（b）《2003 年反垃圾邮件法》以及相关条例；以及

（c）《2006 年请勿致电登记法》以及相关条例。

587　指定文件服务的地址

（1）为了本法案的目的，任何人可以指定以下文件材料的邮寄地址：

（a）该人根据本法案所作的申请；或

（b）该人提供给 ACCC 或 ACMA 的任何其他文件。

该地址必须为澳大利亚境内地址。

（2）为了本法案的目的，文件可以通过预知邮费的邮寄方式送至该人指定的地址。

（3）前款连同《1901 年法案解释法》第 28A 条有效力。

注：《1901 年法案解释法》第 28A 条涉及文件服务。

（4）在本条中，“本法案”包括：

（a）《1999 年电信（用户保护和服务标准）法》以及相关条例；以及

（b）《2003 年反垃圾邮件法》以及相关条例；以及

（c）《2006 年请勿致电登记法》以及相关条例。

588　外国公司的传唤——刑法诉讼程序

（1）在本法案下提起的诉讼程序中的传唤的，适用本条：

（a）该传唤须针对在澳大利亚境外的公司团体；以及

（b）在澳大利亚没有注册办事处或主要办事处的法人团体；以及

（c）在澳大利亚有代理的法人团体。

（2）可以通过代理执行传唤。

（3）前款连同《1901 年法案解释法》第 28A 条有效力。

注：《1901 年法案解释法》第 28A 条涉及该文件服务。

（4）在本条中：

刑事诉讼程序包括判定一人是否应当受到审判的程序。

“本法案”包括《1999 年电信（用户保护和服务标准）法》以及相关条例。

589 本法案文本可以引用其他文本

（1）本法案中的文本可以对适用、采纳或合并（修订或未修订）其他法案的规定最初规定：

（a）在具体时间内发生效力；或

（b）在不同的时间段内发生效力。

（2）本法案中的文本可以对适用、采纳或合并（修订或未修订）其他文本或书面材料中的事项：

（a）在具体时间内发生效力；或

（b）在不同的时间段内发生效力；

即使其他文本或书面材料在该法案下的文本制定时还不存在。

（3）前款中对其他文本或书面材料的引用包括对以下文本或书面材料的引用：

（a）在澳大利亚或其他地方的任何人或团体制定的（包括联邦、州或领地、联邦或州或领地或其他海外实体的官员或行政机构）；以及

（b）无论是否具有法律、行政、官方或其他任何属性；并且

（c）无论是否具有任何法律效力；例如：

（d）法案下的条例或规定；或

（e）州法、领地法或法案或法律下的条例或任何其他文本；或

（f）国际技术标准或执行指标；或

（g）单方面做出的书面协议或安排或文本或书面材料。

（4）本条不得限制本条其他内容的普遍性。

（5）尽管以下法案的规定，本条（1）和本条（2）仍具有效力：

（a）《1901 年法案解释法》；或

（b）《2003年立法文书法案》

（6）在本条中：

“本法案”的文本是指：

（a）该条例；或

（b）法案下的任何其他文本。

“本法案”包括：

（a）《1999年电信（用户保护和服务标准）法》；以及

（b）《1974年贸易惯例法》第XIB章和第XIC章；以及

（c）《2003年反垃圾邮件法》；以及

（d）《2006年请勿致电登记法》。

590　仲裁——对财产的取得

（1）对仲裁员被授权的行为所作的规定（无论是ACCC还是其他人担任仲裁员），适用本条。

（2）如果该规定授权有以下情形的财产的取得，该规定则无效力：

（a）通过不公平条款；并且

（b）《宪法》51（xxxi）规定该财产的取得无效。

（3）在本条中：

“财产的取得”具有《宪法》51（xxxi）给予的含义。

“公平条款”具有《宪法》51（xxxi）给予的含义。

“本法案”包括《1999年电信（用户保护和服务标准）法》以及相关条例。

591　赔偿——宪法保障

（1）如果：

（a）本法案的实施导致在不公平的条款下取得财产；并且

（b）根据《宪法》51（xxxi），该取得无效；

联邦有责任因此向该人支付合理金额的赔偿。

（2）如果联邦和该人对赔偿金额不能达成一致，该人可以向联邦法院提起申诉，要求认定合理的赔偿金额以使之恢复损失。

（3）在本条中：

“财产的取得”与《宪法》51（xxxi）给予的含义相同。

公平条款与《宪法》51（xxxi）给予的含义同义。

“本法案”包括：

（a）《1999 年电信（用户保护和服务标准）法》以及相关条例；以及

（b）《2003 年垃圾法案》以及相关条例；以及

（c）《2006 年请勿致电登记法》以及相关条例。

592　不得影响州或领地职能履行的法案

（1）行使本法案赋予的权力不得妨碍州政府、北领地政府、澳大利亚首府领地政府或诺福克岛政府行使权力或履行职能。

（2）在本条内：

“该法案”包括：

（a）《1999 年电信（用户保护和服务标准）法》以及相关条例；以及

（b）《2003 年反垃圾邮件法》以及相关条例；以及

（c）《2006 年请勿致电登记法》以及相关条例。

593　对与电信相关的用户代表以及研究的资金

（1）部长可以代表联邦对代表电信客户利益的消费者团体提供财政支持。

（2）部长可以代表联邦从事与电信相关的社会、经济、环境或技术发展研究的任何人或团体提供财政支持。

（3）提供财政支持的条款须在联邦和接受财政支持的人或团体之间达成的协议上明确列出。

（4）部长可以代表联邦达成前款中的协议。

（5）部长必须尽快在每一财年结束后的六个月内准备一份与本条的管理情况相关的报告。

（6）部长必须准备本条（5）中的报告的副本，并在完成报告准备后的 15 个会期日内将其提交给议会各院。

（7）本条内的财政支持来自议会拨款。

（8）在本条中：

“消费团体”是指代表消费者利益的团体或协会。

“电信”是指通过制导和/或非制导的电磁能量对通讯的传递。

594 条例

（1）总督可以作出以下规定：

（a）该法案要求或允许作出的规定；

（b）为执行或实施本法案有必要或适宜作出的规定；

（2）该条例可以对任何违反该条例的行为作出不超过 10 倍基准罚金的规定。

附则 1：标准电信运营商经营许可证条件*

第 1 章　遵守本法案

1　遵守本法案

（1）电信运营商必须遵守本法案。

（2）在本条款，本法案包括《1999 年电信（用户保护和服务标准）法》以及相关条例，以及《1979 年电信（解释和准入）法》第五章。

第 3 章　配套设施的准入

16　纲要

以下是本章的简要内容：

- 为了使其他运营商能够提供竞争设备和电信服务以及建立他们自己的设施，运营商必须向其他运营商提供设备准入。

17　配套设施的准入

（1）任何电信运营商（第一运营商）如果被其他电信运营商（第二运营商）要求为后者提供对前者所拥有或运营的设备的准入，第一电信运营商必须提供。

（2）除了以下情形，第一电信运营商可以不遵守前款：

* 注：见第 61 条。

（a）提供准入的某一目地是为了使第二电信运营商能够：

（i）提供竞争设备和电信服务；或

（ii）建立自己的设施；并且

（b）第二电信运营商的要求合理；并且

（c）第二电信运营商合理通知第一运营商前者要求准入；并且

（d）在设备不包括用户电缆或用户设备的情况下，该设施：

（i）在 1991 年 6 月 30 日建成；或

（ii）不在 1991 年 6 月 30 日建成，并且不是第一电信运营商在之后的时间内仅仅通过商业谈判获得的。

（3）为了本条的目地，在决定第二电信运营商的要求是否合理时，必须考虑到一个问题：对该要求的遵守是否会促进电信服务终端用户或电信服务的长期利益。对该问题的决定方式应该与《1974 年贸易惯例法》第 XIC 章的决定方式相同。

（4）前款对须考虑的事项有限制。

（5）本条中提到的“设施”是指：

（a）第 7 条定义的设施；或

（b）前款提到的设施所在的地面；或

（c）前款提到的地面上的建筑或结构；或

（d）连接到电信运营商拥有或运营的电信网络的用户设备或用户电缆。

18　准入条款和条件

（1）第一电信运营商（具有第 17 条中的含义）必须遵守 17（1），所依据的条款：

（a）在以下双方之间达成一致：

（i）第一电信运营商；

（ii）第二电信运营商（具有第 17 条中的含义）；或

（b）如未达成协议，则由双方任命的仲裁员裁定。

如果双方就仲裁方的委任无法达成一致，仲裁员则由 ACCC 担任。

（2）该条例可以对本条中的仲裁实施作出规定。

（3）该条例可以规定，为了 ACCC 执行仲裁，ACCC 仲裁团可以由一名或多名指定的 ACCC 成员组成。ACCC 主席书面任命成员。

（4）本条（3）对本条（2）无暗示性限制。

（5）仲裁员所作的裁定不得与第 19 条中的正在发生效力的部长定价决定相抵触。

19　部长定价决定

（1）部长可以作出书面决定，对与 17（1）中的义务有关的价格相关条款原则作出规定。该决定则被称为“部长定价决定”。

（2）根据《1901 年法案解释法》第 46A 条，前款中的决定属于可否决的文本。

（3）在本条款中：

“价格相关条款”是指与价格或定价方式相关的条款。

第 4 章　网络信息的准入

20　纲要

以下是本章的简要内容：

• 电信运营商必须向其他运营商提供关于电信网络运营的信息。

21　网络信息的准入

（1）电信运营商适用本条，如果该电信运营商（第一电信运营商）向另一电信运营商（第二电信运营商）提供电信服务。

（2）第一电信运营商如果向第二电信运营商提供电信服务，则必须向后者提供以下准入：

（a）来自第一电信运营商的运营支持系统的及时而详细的信息；以及

（b）及时而详细的流量信息。

（3）除非以下情形，否则第一电信运营商可以不遵守前款：

（a）准入的目的是为了使第二电信运营商能够对第二电信运营商的电信网络实施规划、维护或重置；并且

（b）第二电信运营商的要求合理。

（4）如果第二电信运营商要求获得本条（2）中的信息，第一电信运营商必须尽快提供。

（5）第 22 条、第 23 条、第 24 条、第 25 条以及第 29 条对本条无暗示性限制。

22　对数据库信息的准入

（1）如果一电信运营商（第一运营商）向另一电信运营商（第二运营商）提供电信服务，适用本条。

（2）如果第二运营商要求，第一运营商必须向第二运营商提供对以下信息的合理准入：

（a）存储在第一运营商数据库内的及时而详细的信息；以及

（b）与第一运营商处理某类呼叫的方式相关的及时而详细的信息。

（3）除非有以下情形，否则第一运营商可以不遵守前款：

（a）准入的目的是为了使第二运营商能够对第二运营商的电信网络实施计划、维护或重置；并且

（b）第二运营商的要求是合理的。

（4）如果第二运营商要求获得对本条（2）所述的信息的准入，第一运营商必须在接到要求后尽快向第二运营商提供。

23　对网络规划信息的准入

（1）电信运营商（第一运营商）向另一电信运营商（第二运营商）提供电信服务的，适用本条款。

（2）如第二运营商要求，第一运营商必须向第二运营商提供及时而详细的电信网络规划信息。

（3）该信息包括，但不仅限于：

（a）第一运营商对第二运营商的电信网络提供的流量容量或属性；

（b）第一运营商对电信网络性能标准（如有）所作的规定。

（4）除非有以下情形，否则第一运营商可以不遵守前款：

（a）提供信息的目的是使第二运营商可以对其电信网络实施计划；并且

（b）第二运营商的要求是合理的。

（5）如果第二运营商要求获得对本条（2）所述的信息的准入，第一运营商必须在接到要求后尽快向第二运营商提供。

24　对网络设施可能发生的变化的信息准入——接通率

（1）一电信运营商（第一运营商）向另一电信运营商（第二运营商）提供电信服务的，适用本条。

（2）如第二运营商要求，第一运营商必须向第二运营商提供以下信息：

（a）与位于第一运营商的电信网络内的设施的变化有关的信息；并且

（b）将会影响第二运营商的接通率的信息。

（3）除非有以下情况，第一运营商可以不遵守本条（2）：

（a）提供信息的目的是为了让第二运营商能够对自己的电信网络实施计划；并且

（b）第二运营商的要求是合理的。

（4）如果第二运营商要求获得对本条（2）中的信息，第一运营商必须在接到要求后尽快向第二运营商提供。

25　对服务信息等质量的准入

（1）电信运营商（第一电信运营商）向另一电信运营商（第二电信运营商）提供电信服务的，适用本条款。

（2）如第二电信运营商要求，第一电信运营商必须向第二电信运营商提供及时且详细的信息：

（a）影响第二电信运营商用户服务体验的条件；以及

（b）电信网络本地化条件，该条件影响第二电信运营商向第一电信运营商的电信网络提供的流量；以及

（c）帮助第二电信运营商确定呼叫失败所在网络的路由信息；以及

（d）确定第一电信运营商的电信网络中的转换或其他设备或设施引起未完成电话的程度，从而影响第二运营商提供的流量，高于第一电信运营商和第二电信运营商协定的门槛，但符合国际电信联盟远程通信标准化组织采用的条款；并且

（e）就第二电信运营商的流量，定期对第一电信运营商网络中的呼叫率进行总结，根据呼叫失败的原因、电信网络困难和拥堵单独确定进行分类；并且

（f）第一电信运营商采取的电信网络控制行动，可能会影响第二电信运营商提供给第一电信运营商的呼叫的成功率；并且

（g）在该条例中载明的其他事项（如果有）。

（3）除非第二电信运营商的要求合理，否则第一电信运营商可以不遵守本条（2）。

（4）如果第二电信运营商提出获得本条（2）中的信息，第一运营商必须在接到要求后尽快提供该信息。

（5）在本条款中：

“国际电信联盟远程通信标准化组织建议”是指国际电信联盟远程通信标准化组织颁布的涉及服务质量，电信网络管理以及流量工程的E500、E600 以及 E700 系列建议。该建议在 1997 年 7 月生效，或在条例中规定的稍后日期（如有）生效。

26 安全程序

（1）一电信运营商（第一电信运营商）不须向另一电信运营商（第二电信运营商）提供信息或信息准入，除非第二电信运营商制定了安全程序：

（a）该安全程序由第一电信运营商和第二电信运营商协议；或

（b）如未达成协议，则由 ACCC 书面裁定。

（2）“安全程序”是指为保护信息机密而设计的程序。

27 遵守条款

（1）第一电信运营商（具有第 21 条、第 22 条、第 23 条、第 24 条或第 25 条中的含义）必须遵守本条对第一电信运营商规定的要求，所依据的条款：

（a）由以下双方协议：

（i）第一电信运营商；

（ii）第二电信运营商（具有本条的含义）；或

（b）如未达成协议，由双方委任的仲裁员裁定。

如果双方就仲裁员的裁定未达成一致，则由 ACCC 担任仲裁员。

（2）该条例可以对本条款内的仲裁实施作出规定。

（3）该条例可以规定，为了 ACCC 执行仲裁，ACCC 仲裁团可以由一名或多名指定的 ACCC 成员组成。ACCC 主席书面任命成员。

（4）本条（3）对本条（2）无暗示性限制。

（5）在本条款中的仲裁决定不得与第 28 条款中的生效的部长定价决定相抵触。

27A 有关信息准入的准则

（1）ACCC 可以通过书面文本制定准则，载明与第 21 条、第 22 条、第 23 条、第 24 条或第 25 条的信息提供或信息准入规定有关的遵守条件。

（2）电信运营商必须遵守该准则。

（3）本条对该法案赋予的制定法律文本的权力无暗示性限制。

（4）本条对第六章中的准则或标准所涉及的事项无暗示性限制。

（5）前两款对《1901 年法案解释法》33（3B）无暗示性限制。

（6）根据《1901 年法案解释法》第 46A 条，本条（1）中的文本属于可否决的文本。

28 部长定价决定

（1）部长可以作出书面决定，对与第 21 条、22 条、23 条、24 条或 25 条中的义务有关的价格相关条款原则作出规定。该决定则被称为“部长定价决定”。

（2）根据《1901年法案解释法》第46A条，前款中的决定属于可否决的文本。

（3）在本条中：

“价格相关条款”是指与价格或确定价格方式相关的条款。

29 配置等的咨询

（1）如果一个电信运营商（第一电信运营商）向另一个电信运营商（第二电信运营商）提供电信服务，第一电信运营商适用本条。

（2）在被要求更改或重置第一电信运营商的电信网络，第一电信运营商必须向第二电信运营商咨询。

（3）除非更改或重置影响以下情况，否则第一电信运营商可以不遵守前款：

（a）第二电信运营的电信网络规划活动；或

（b）第二电信运营的电信网络维护活动；或

（c）第二电信运营的电信网络重置活动。

（4）第一电信运营商必须遵守本条（2）规定的要求，所依据的条款：

（a）由以下双方协议：

（i）第一电信运营商；

（ii）第二电信运营商；或

（b）如未能达成协议，由双方委任的仲裁员裁决。

如双方未能就仲裁员的委任达成协议，仲裁员则由ACCC担任。

（5）该条例可以对仲裁的实施作出规定。

（6）条例可以规定，为了ACCC执行仲裁，ACCC仲裁团可以由一名或多名指定的ACCC成员组成。ACCC主席书面任命成员。

（7）本条（6）对本条（5）无暗示性限制。

29A 与咨询有关的准则

（1）ACCC 可以通过书面文本制定准则，对必须遵守的与第 19 条中的咨询有关的条款作出规定。

（2）该准则可以指定咨询的方式和形式。

（3）本条（2）对本条（1）无暗示性限制。

（4）电信运营商必须遵守该准则。

（5）本条款对本法案赋予的制定文本的权力无暗示性限制。

（6）本条对第六章中的准则或标准所涉及的事项无暗示性限制。

（7）本条（5）和本条（6）对《1901 年法案解释法》33（3B）无暗示性限制。

（8）《根据 1901 年法案解释法》第 46A 条，第（1）款中的文本属于可拒绝的文本。

第 5 章　电信传输塔和地下设施的准入

30　纲要

以下是本章的简要内容：

• 电信运营商必须向其他电信运营商提供以下设施的准入： （a）电信传输塔；以及 （b）电信传输塔的场地；以及 （c）埋设线路的地下设施。

31　定义

在本章中：

“工作日”是指周六、周日或有关地区的法定假日之外的一天。

“合格的地下设施”是指使用中的、待安装后即可使用的、计划使用的或拟作埋设线路用途的设施。

“场地”是指地面、地面上的建筑物，或地面上的结构。

“电信传输塔”是指用于通过无线电通讯提供电信服务的塔、杆、桅或类似结构。

32 “准入”的扩展含义

（1）为了本章的目的，提供电信塔准入包括在同一地址用其他电信塔替换该电信塔，并且提供对替换电信塔的准入。

（2）为了本章的目的，提供电信塔所在场地准入包括在该场地用其他电信塔替换该电信塔。

33 电信传输塔的准入

（1）如果电信运营商（第一电信运营商）被另一电信运营商（第二电信运营商）要求提供对前者拥有或运营的电信传输塔的准入，则前者必须提供。

（2）如有以下情形，第一电信运营商必须遵守前款：

（a）提供准入的唯一目的是使第二电信运营商能够安装设施，该设施用于无线电通讯电信服务或为了供无线电通讯电信服务使用；并且

（b）第二电信运营商合理告知第一电信运营商前者要求准入。

（3）如果一份有效的由 ACMA 发放的书面证书声明 ACMA 认为对本条（1）的遵守不具备技术可行性，第一电信运营商可以不遵守本条（1）关于电信传输塔的规定。

（4）在决定遵守本条（1）有关电子传输塔的规定是否具有技术可行性，ACMA 必须考虑以下方面：

（a）遵守规定是否可能引起重大技术或工程困难；并且

（b）遵守规定是否可能对塔上的操作或施工人员的健康或安全构成重大威胁；并且

（c）如果遵守规定可能会导致前两款中的结果，是否有可行的方法避免该结果，包括（但不限于）：

（i）改变位于塔上的设施的配置或操作参数；以及

（ii）对电信塔作出调整；以及

（d）其他 ACMA 认为相关的方法（如有）。

（5）如果 ACMA 被要求对发放本条（3）所述的证书作出决定，ACMA 必须尽最大努力在收到要求后 10 个工作日内作出决定。

34 电信传输塔的场地准入

（1）如果有以下情形，电信运营商（第一电子运营商）如果被另一电信运营商（第二电信运营商）要求提供电子传输塔的场地准入，第一电子运营商必须提供：

（a）第一电信运营商拥有、占用或控制该场地，或该第一电信运营商有权（无论是有条件的还是无条件的）使用该场地。

（b）第一电信运营商在该场地拥有或运营一座电信传输塔。

（2）除非有以下情况，否则第一电信运营商可以不遵守前款：

（a）提供准入的唯一目的是使第二电信运营商能够安装设施，该设施用于无线电通讯电信服务或为了供无线电通讯电信服务使用；并且

（b）第二电信提供商合理通知第一电信提供商，要求准入。

（3）如果一份由 ACMA 发放的具有效力的书面证书声明 ACMA 认为对本条（1）的遵守不具备技术可行性，第一电信运营商可以不遵守本条（1）有关场地的规定。

（4）在决定遵守本条（1）有关场地的规定是否具备技术可行性时，ACMA 必须考虑以下方面：

（a）遵守规定是否可能引起重大技术或工程困难；以及

（b）遵守规定是否可能对在塔上进行操作或施工的人员的健康或安全构成重大威胁；以及

（c）如果遵守规定可能导致前两款中的结果，是否有可行的方法避免该结果，包括（但不限于）：

（i）改变场地内的设施的配置或操作参数；以及

（ii）对位于场地内的设施作出调整；以及

（d）其他 ACMA 认为相关的方法（如有）。

（5）如果 ACMA 被要求对发放本条（3）所述的证书作出决定，ACMA 必须尽最大努力在收到要求后 10 个工作日内作出决定。

35 合格地下设施的准入

（1）电信运营商（第一电信运营商）如果被另一电信运营商（第二电信运营商）要求提供合格地下设施的场地准入，则前者必须提供。

（2）除非有以下情形，否则第一电信运营商可以不遵守本条（1）：

（a）提供准入的唯一目的是使第二电信运营商能够安装设施，该设施用于电信服务或为了供电信服务使用；并且

（b）第二电信提供商合理通知第一电信提供商准入的要求。

（3）如果一份由 ACMA 发放的有效力的书面证书声明 ACMA 认为对本条（1）的遵守不具备技术可行性，第一电信运营商可以不遵守本条（1）关于特定合格地下设备的规定。

（4）在判定遵守本条（1）有关合格地下设施的规定是否具备技术可行性，ACMA 必须考虑以下方面：

（a）遵守该规定是否可能引起重大技术或工程困难；以及

（b）遵守该规定是否可能对在合理地下设施中进行操作或施工的人员的健康或安全构成重大威胁；以及

（c）如果遵守规定可能会导致前两款中的结果，是否有可行的方法避免该结果，包括（但不限于）：

（i）改变该合格地下设施的配置或操作参数；

（ii）对合格地下设施作出调整；以及

（d）其他ACMA认为相关的方法（如有）。

（5）如果ACMA被要求对发放本条（3）所述的证书作出决定，ACMA必须尽最大努力在收到要求后10个工作日内作出决定。

36　准入条款

（1）第一电信运营商（具有第33条的含义）必须遵守33（1），所依据的条款：

（a）由以下双方协议：

（i）第一电信运营商；

（ii）第二电信运营商（具有本条款中的含义）；或

（b）如双方未达成一致，由双方任命的仲裁员裁定。

如果双方就仲裁员的任命未能达成一致，则由ACCC担任仲裁员。

（2）第一电信运营商（具有第34条的含义）必须遵守34（1），所依据的条款：

（a）由以下双方协议：

（i）第一电信运营商；

（ii）第二电信运营商（具有本条款中的含义）；或

（b）如双方未达成一致，由双方委任的仲裁员裁定。

如果双方就仲裁员的任命未能达成一致，则由ACCC担任仲裁员。

（3）第一电信运营商（具有第35条的含义）必须遵守35（1），所依据的条款：

（a）由以下双方协议：

（i）第一电信运营商；

（ii）第二电信运营商（具有本条款中的含义）；或

（b）如双方未达成一致，由双方为人的仲裁员裁定。

如果双方就仲裁员的委任未能达成一致，则由 ACCC 担任仲裁员。

（4）该条例可以对本条款中的仲裁实施作出规定。

（5）条例可以规定，为了 ACCC 执行仲裁，ACCC 仲裁团可以由一名或多名指定的 ACCC 成员组成。ACCC 主席书面任命成员。

（6）本条（5）对本条（4）无暗示性限制。

37　与准入相关的准则

（1）ACCC 可以通过书面文本制定准则，载明与本章的准入规定有关的遵守条件。

（2）电信运营商必须遵守该准则。

（3）本条对该法案赋予的制定法律文本的权力无暗示性限制。

（4）本条对第六章中的法规或标准所涉及的事项无暗示性限制。

（5）前两款对《1901 年法案解释法》33（3B）无暗示性限制。

（6）根据《1901 年法案解释法》第 46A 条，本条（1）中的文本为可否决的文本。

38　共享场地和合格地下设施的产业合作

电信运营商在计划未来电信服务的提供时，必须与其他电信运营商合作，共享场地和合格地下设施。

39　本章不限制本附则第三章

本章不限制本附则第三章。

第6章　设备等检查

40　纲要

以下是本章的简要内容：

- 电信运营商必须对指定架空线、电信传输塔以及地下设施保持记录。
- 电信运营商必须对其设施定期进行检查。
- 如果有合理理由怀疑任何设施可能会对人群的健康和安全或财产造成危险，电信运营商必须对该设备进行调查。
- 电信运营商必须在完成上述检查或调查之后采取必要且合理的补救行动。

41　地下设施的记录

（1）如果电信运营商拥有或经营指定架空线，电信运营商必须对这些线路的种类和位置保持并保留记录。

（2）如果电信运营商拥有或经营指定电信传输塔，该电信运营商必须对这些塔的种类和位置保持并保留记录。

（3）如果电信运营商拥有或经营指定地下设施，该电信运营商必须对：

（a）这些设施的种类和位置保持记录；

（b）如果以上设施中包括合格地下设施，必须对该设施的线路扩容量保持并保留记录。

（4）电信运营商应严格遵守本条（1）、（2）、（3），不得以错误的记录方进行记录。

（5）在本条款中：

“指定架空线”具有附则三给以该表述的含义。

“合格地下设施”是指用于或安装后准备用于或计划用于埋线的设施。

“电信传输塔”是指用于通过无线电通讯提供电信服务的塔、杆、桅或类似结构。

42　设施的定期检查

（1）电信运营商要对其拥有或经营的设施定期进行检查。

（2）在决定本条（1）中的检查的规律性时，必须考虑良好的工程实践。

43　危险设施的立即调查

如果作为设备所有人或经营者的电信运营商有合理理由怀疑设施状况有可能危险到人的健康或安全、或财产，该电信运营商必须立即对该设施状况进行调查。

44　补救行动

（1）在完成第 42 条中的检查之后，电信运营商必须应要求采取补救行动。

（2）在完成第 43 条中的检查之后，电信运营商必须应要求采取补救行动。

（3）在电信运营商意识到需要采取相关补救行动后，必须以可行的方式尽快遵守前两款的规定。

第 7 章　点到点连接

44A　纲要

以下是本章的简要内容：

- 如果电信服务提供商的电信网络与另一家电信服务提供商的电信网络互联，该电信运营商必须从该电信服务提供商获得指定互联服务以确保点到点的连接。

45 定义

在本章中：

“有效申报服务”与《1974年贸易惯例法》第152AR条中的表述同义。

“指定互联服务”与第47条中的定义相同。

“合格服务”与《1974年贸易惯例法》第152AL条中的表述同义。

46 为了保证点到点连接，电信运营商必须从电信服务提供商取得特定互联服务

（1）如果：

（a）电信运营商拥有电信网络（该电信运营商的电信网络）或通过该网络提供电信服务；并且

（b）电信服务提供商通过电信网络（该电信运营服务供应商的电信网络）提供电信服务；并且

（c）适用以下任何一项：

（i）该电信服务提供商的电信网络与该电信运营商的电信网络互联；

（ii）该电信服务提供商的电信网络将与该电信运营商的电信网络互联；

（iii）该电信服务提供商正寻求其电信网络与该电信运营商的电信网络互联；并且

（d）为了确保以下每位终端客户，该电信服务提供商要求该电信

运营商从该电信服务提供商获得指定的互联服务：

（i）与该电信运营商电信网络连接的终端客户；并且

（ii）获得与其它终端客户交流在内的电信服务；并且

能够通过电信服务与其它与该电信服务提供商的电信网络相连的终端客户进行交流；

该电信运营商必须从该电信服务提供商获得指定互联服务。

（2）取得的特定互联服务依据的条款：

（a）由电信运营商和电信服务提供商协议；或

（b）如未能达成协议，则由双方委任的仲裁员裁决。

如双方就仲裁员的委任未达成协议，由 ACCC 担任仲裁员。

（3）该条例可以对本条例中的仲裁实施作出规定。

（4）该条例可以规定，为了 ACCC 执行仲裁，ACCC 仲裁团可以由一名或多名指定的 ACCC 成员组成。ACCC 主席书面任命成员。

（5）前款对本条（3）无暗示性限制。

47　指定的互联服务

（1）为了本章的目的，部长可以通过书面文本声明某合格服务为指定互联服务。

（2）前款中的声明相应地具有效力。

（3）就一项非有效申报服务的服务是否作出决定前，部长必须书面要求 ACCC 提交一份书面报告，该报告关于该建议申报是否会促进点到点连接［具有《1974 年贸易惯例法》152AB（8）中给予的含义］的目标的实现。

（4）ACCC 必须在收到要求后 30 天内向部长提交报告。

（5）在决定是否作出声明时，部长必须考虑：

（a）ACCC 的报告；以及

（b）部长认为的其他相关事项（如有）。

（6）根据《2003 年立法文书法案》，本条（1）中的声明为法律文本。

第 8 章　Telstra 的运营分离

第 1 节　介绍

48　目的和目标

目的

（1）本章的目的是促进与 Telstra[①] 提供的批发合格服务相关的透明和等价原则。

目标

（2）本章目标如下：

（a）促进涉及与 Telstra 提供的指定服务有关的等价原则。

（i）Telstra 的批发客户；以及

（ii）Telstra 的零售业务部门；

（b）要求 Telstra 保留以下业务部门：

（i）一个或多个批发业务部门；

（ii）一个或多个零售业务部门；

（iii）一个或多个关键网络服务部门；

（c）提高下列部门间的组织和运行分离的程度；

（i）Telstra 的批发业务部门（视为一个集团）；以及

（ii）Telstra 的零售业务部门（视为一个集团）；以及

（iii）Telstra 的关键网络服务部门（ 视为一个集团）；

① 即澳大利亚电信公司，是澳大利亚最大的电信公司。译者注。

（d）提高 Telstra 对满足其批发客户在合格服务方面的需求的反应能力；

（e）要求 Telstra 制定计划（即最终运营分离计划）来完成本章的目的和其他目标；

（f）确保 Telstra 具有促进以下事项的系统、程序和过程：

（i）遵守最终运营分离计划；以及

（ii）对该计划遵守情况的监管和报告；以及

（iii）性能措施的发展；以及

（iv）对计划遵守情况的审计和其他检查；

（g）为了确保实现：

（i）本章的目的；以及

（ii）以上任一目标；

不损害 Telstra 展开公平有效竞争的能力。

（3）在决定本条（2）（a）中的等价原则，必须考虑到以下方面：

（a）有关价格或定价方法的条款；以及

（b）其他条款。

（4）本条（3）不限制须考虑的事项。

（5）在决定 Telstra 批发客户在合格服务方面的需求时，必须考虑下列需求：

（a）Telstra 在允许展开公平竞争的平台上向客户提供合格服务的需求；

（b）客户与 Telstra 之间有关合格服务的纠纷被妥善和及时解决的需求；

（c）与 Telstra 向客户提供的合格服务相关的保密需求；

（d）随时了解与下列相关的问题和发展的需求：

（i）Telstra 与合格服务相关的网络；并且

（b）Tesltra 提供的合格服务。

（6）第（5）款不限制须要考虑的事项。

注：见61（2）。

49　纲要

以下是本章的主要内容：

- Telstra 必须准备一份针对本章目的和目标实现的运营分离计划草案。
- 最终运营分离计划为通过部长批准的运营分离计划草案。
- 如 Telstra 已经违反了，或正在违反最终运营分离计划，该部长可以要求 Telstra 准备一份整改计划草案。
- 最终整改计划为通过部长批准的整改计划草案。
- 如果整改计划正在发生效力，Telstra 必须遵守该计划。

50　定义

在本章中：

“业务部门”是指 Telstra 的一部分。

“申报网络服务”具有第50B条给予的含义。

“特定服务”具有第50A条给予的含义。

“运营分离计划草案”是指第二节中的运营分离计划草案。

“整改计划草案”是指第三节中的整改计划草案。

“合格服务”具有《1974年贸易惯例法》第152AL条给予的含义。

“最终运营分离计划”是指第二节中的最终运营分离计划。

“最终整改计划”是指第三节中的最终整改计划。

“关键网络服务业务部门”是指提供与合格服务相关的业务的 Telstra 的业务部门：

（a）故障检测，处理和整改；

（b）服务激活和提供；

（c）申报网络服务。

“零售业务部门”是 Telstra 中涉及零售用户的部门。

“提供”，是指与服务有关，包括 Telstra 向自己提供的服务。

“批发业务部门”是指 Telstra 中涉及批发用户的部门。

50A 指定服务

（1）指定服务是指一项后款中部长所作的书面决定中载明的合格服务。

（2）除非有以下情况，否则部长不得作出本条（1）中的决定，该决定载明了一项非有效申报服务（具有《1974 年贸易惯例法》第 152AR 条给予的含义）的服务：

（a）该决定为本条（1）中的第一项决定；或

（b）Telstra 已经书面同意作出该决定。

（3）《1901 年法案解释法》33（3）适用于本条（1）赋予部长的权利，但本条（4）中载明的变更同样适用。

（4）除非 Telstra 书面同意对本条（1）中决定作出变更，否则部长不得为了载明一项非有效申报服务（具有《1974 年贸易惯例法》第 152AR 条给予的含义）的服务而对该决定进行变更。

（5）在作出本条（1）中的决定前，部长必须咨询 Telstra。

（6）根据《2003 年立法文书法案》，本条（1）中的决定为法律文本。

50B 申报网络服务

（1）为了本章的目的，申报网络服务是在部长根据本条（1）在书面决定中载明的服务。

（2）根据《2003 年立法文书法案》，前款中的决定属于法律文本。

50C 名义合同

为了本章的目地：

（a）Telstra各业务部门之间的名义合同（无论如何被描述）须被视为真正的契约；并且

（b）名义合同中的任何条款（无论有关价格或定价方式）须被视为真正合同的条款。

第2节　运营分离计划

51　草拟或最终的运营分离计划内容

（1）草拟或最终运营分离计划必须：

（a）针对本章的目的和目标；以及

（b）包含以下内容的规定：

（i）要求Telstra在每一财年结束的指定时间内，准备一份关于在上一年中执行该计划的情况的报告；并且

（ii）向部长提交该报告；并且

（iii）在Telstra的网站上提供该报告的副本或部分章节；并且

（c）包含以下内容的规定：

（i）要求Telstra在每一财年结束的指定时间内，对Telstra在上一年中遵守该计划的情况进行独立审计，并且获得一份独立审计报告；并且

（ii）向部长提交该报告；并且

（iii）在Telstra的网站上提供该报告的副本或部分章节；并且

（d）遵守部长作出的书面决定中载明的要求（如有）。

（2）前款中的要求可以涉及以何种方式符合本条（1）(b）或本条

(1)(c) 中的要求。本款不限制前款。

(3) 草拟或最终的运营分离计划可以通过赋予部长、ACCC 或 ACMA 作出行政性决定的权力来对某事项作出规定。

(4) 根据《2003 年立法法》，本条 (1)(d) 中的决定为法律文本。

注：最终运营分离计划是指被部长批准的运营分离计划草案，见第 55 条。

52 提交部长的运营分离计划草案

Telstra 必须在本条生效后 90 天内向部长提交运营分离计划草案。

53 公众意见——运营分离计划草案

(1) 向部长提交第 52 条中的运营分离计划草案前，Telstra 必须：

(a) 在各州、澳大利亚首府领地和北领地均有发行的报纸上发布的通知：

(i) 声明 Telstra 已经准备了一份计划草案的初步版本；并且

(ii) 声明在通知发布起 20 天内，公众可以在网站上看到该初步版本的副本；并且

(iii) 邀请公众在通知发布起 20 天内，对该初步版本提出书面意见；并且

(b) 根据通知制作发布在网站上的初步版本的副本。

(2) 如果公众根据通知对该初步版本提出了书面意见，Telstra 必须将该初步版本连同这些意见的副本提交给部长。

54 部长对草案的审批

(1) Telstra 向部长提交运营分离计划的，适用该条款。

(2) 部长必须：

（a）批准该计划；或

（b）拒绝批准该计划。

（3）在决定是否批准该计划时，部长必须考虑以下事项：

（a）该计划在多大程度上可能实现本章的目的和目标；以及

（b）部长所作的书面决定中载明的其他事项（如有）。

（4）附则三不限制部长可能考虑的事项。

（5）如果部长在收到该计划草案之日起90天内没有作出批准或拒绝批准的决定，则部长被视为批准了本条（2）中的计划。

（6）部长对计划作出决定后，必须尽快书面通知Telstra。

（7）如果部长拒绝批准该计划，部长必须书面通知Telstra并解释拒绝理由。

（8）如果部长拒绝批准该计划，必须书面通知Telstra，并指示Telstra：

（a）根据指示对计划草案作出更改；并且

（b）将更改后的计划草案提交部长。

Telstra必须将更改后的计划在收到指示之日起60天内提交部长。

（9）根据《2003年立法文书法案》，本条（3）（b）的决定为法律文本。

（10）根据《2003年立法文书法案》，本条（8）中的指示为法律文本。

55　批准的效力

（1）如果该部长批准了运营分离计划草案，该计划则为最终的运营分离计划。该计划自批准通知到达Telstra时生效。

（2）根据《2003年立法文书法案》，最终的运营分离计划不属于法律文本。

（3）对最终运营分离计划的遵守不是 Telstra 获得运营许可证的条件。

56 最终运营分离计划的变更

（1）如有以下情形，本条则适用：

（a）最终运营分离计划则正在发生效力；并且

（b）Telstra 向部长提交该计划的更改草案。

（2）部长必须：

（a）批准该变更；或

（b）拒绝批准该变更。

（3）在决定是否批准该变更时，部长必须考虑以下事项：

（a）根据建议作出的更改，该最终经营分离计划在多大程度上可能实现本章制定的目的和目标；以及

（b）部长书面决定中载明的其他事项（如有）。

（4）本条（3）对部长可能考虑的事项无限制。

（5）如果部长在收到该变更草案之日起 90 天内没有作出批准或拒绝批准的决定，则部长被视为批准了本条（2）中的计划。

（6）部长对变更作出决定后，必须尽快书面通知 Telstra。

（7）如果部长拒绝批准该变更，部长必须书面通知 Telstra 并解释拒绝理由。

（8）如果部长批准该变更，该计划则作出相应变更。

（9）根据《2003 年立法文书法案》，本条（3）（b）的决定属于法律文本。

（10）根据《2003 年立法文书法案》，最终运营分离计划的变更不属于法律文本。

56A 部长可以指示 Telstra 对最终运营分离计划作出变更

（1）最终运营分离计划正在发生效力的，适用本条。

（2）部长可以书面通知 Telstra，指示 Telstra：

（a）根据指示准备计划的变更草案；并且

（b）将变更草案提交部长。Telstra 必须将变更草案在收到指示之日起 60 天内提交部长。

（3）根据《2003 年立法文书法案》，本条中的决定为法律文本。

57 公众意见——最终运营分离计划的变更

（1）除了以下情况，本条适用于最终运营分离计划的变更草案：

（a）根据 56A（2）的指示，变更草案已经提交部长；或

（b）Telstra 之前已经向部长提交了变更草案的书面大纲；并且部长已经书面通知 Telstra，声明该部长确信变更草案是细微的变更。

（2）在向部长提交 56（1）的最终运营分离计划前，Telstra 必须：

（a）在各州、澳大利亚首府领地和北领地均有发行的报纸上发布通知：

（i）声明 Telstra 已经准备了一份变更草案的初步版本；并且

（ii）在通知发布起的 20 天内，公众可以在网站上看到该初步版本的副本；并且

（iii）邀请公众在通知发布起的 20 天内，对该初步版本提出书面意见；并且

（b）根据通知制作发布在网站上的初步版本的副本。

（3）如果公众根据通知对该初步版本提出了书面意见，Telstra 必须将该初步版本连同这些意见的副本提交给部长。

（4）根据《2003 年立法文书法案》，本条（1）（b）（ii）中的通

知不属于法律文本。

58 最终运营分离计划的公布

（1）最终运营分离计划一旦生效，Telstra 必须尽快在其网站上发布该计划的副本。

（2）最终运营分离计划的变更一旦生效，Telstra 必须尽快在其网站上发布该计划的副本。

第3节 整改计划

59 整改计划草案或最终整改计划的内容

（1）以下事项必须在每份与违反最终经营分离计划有关的整改计划草案或最终整改计划中详细说明：

（a）Telstra 为确保违规行为停止而将要采取的行动；

（b）Telstra 为确保违规行为在未来不再发生而将要采取的行动；

（c）Telstra 向部长报告任何采取的上述行动。

注：“最终整改计划”是指经部长批准的整改计划草案，见第 62 条。

（2）整改计划草案或最终整改计划可以通过授权部长、ACCC，或 ACMA 作出行政决定的方式对某事项作出规定。

60 须提交部长的整改计划草案

（1）Telstra 已经违反、正在违反最终经营分离计划的，适用本条。

（2）部长可以通过书面指示，要求 Telstra 提交针对违反行为的整改计划草案。

（3）Telstra 必须在收到部长指示起 90 天内提交上述草案。

（4）根据《2003 年立法文书法案》，本条中的指示为法律文本。

61　部长对草案的批准

（1）Telstra 向部长提交针对违反行为的整改计划草案的，适用本条。

（2）部长必须作出批准或拒绝批准的决定。

（3）在决定是否批准该计划时，该部长必须考虑以下方面：

（a）Telstra 建议采取的行动在何种程度上可能确保违法行为的停止和违法行为在未来不再发生。

（b）部长在所作的书面决定中明确规定的其他事项（如有）。

（4）前款对部长须考虑的事项无暗示性限制。

（5）如果部长在收到计划草案当日起的 90 天内未作出批准或拒绝批准的决定，该部长则被认为批准了该计划。

（6）部长对计划作出决定后，必须尽快书面通知 Telstra。

（7）如果部长拒绝批准该计划，则必须书面通知 Telstra 并解释拒绝理由。

（8）如果部长拒绝批准该计划，可以书面通知 Telstra，并指示 Telstra：

（a）根据指示对计划草案作出更改；并且

（b）Telstra 必须在收到指示后 60 天内向部长提交更改后的计划草案。

（9）根据《2003 年立法文书法案》，本条（3）（b）中的决定为法律文本。

（10）根据《2003 年立法文书法案》，本条（8）中的决定为法律文本。

62　批准效力

（1）如果该部长批准了整改计划草案，该计划则为最终整改计划。批准通知到达 Telstra 时生效。

（2）根据《2003 年立法文书法案》，最终整改计划不属于法律文本。

63 最终整改计划的变更

（1）有以下情形的，适用本条：

（a）最终整改计划正在发生效力；以及

（b）该计划涉及某特定违法行为；以及

（c）Telstra 向部长提交整改计划草案。

（2）该部长必须：

（a）批准整改计划草案；或

（b）拒绝批准整改计划草案。

（3）决定是否批准变更时，该部长必须考虑以下事项：

（a）在部长建议更改的计划中，Telstra 建议采取的行动在多大程度上可能确保：

（i）违规行为停止；并且

（ii）未来不再发生同样的违规行为；

（b）该部长根据本款在书面决定中列出其他事项（如有）。

（4）附则三对该部长可能考虑的事项不限制。

（5）如果该部长在收到变更草案后的 90 天结束时没有作出批准或拒绝批准决定，则视为作出了批准的决定。

（6）该部长在作出是否批准的决定后，须尽快以可行的方式书面通知 Telstra。

（7）如果该部长拒绝批准该变更，须书面通知 Telstra 并说明拒绝理由。

（8）如果该部长批准变更，计划则相应作出变更。

（9）根据《2003 年立法法文书法案》，本条（3）（b）的决定属于法律文本。

（10）根据《2003 年立法文书法案》，最终整改计划的变更不属于法律文本。

64　部长可以指示 Telstra 对最终整改计划作出变更

（1）最终整改计划发生效力的，适用本条。

（2）该部长须书面通知 Telstra，指示 Telstra：

（a）准备一份计划变更草案；并且

（b）将变更草案提交给该部长。

该变更草案必须在该指示发出 60 天内提交给部长。

（3）根据《2003 年立法文书法案》，本条中的指示为法律文本。

65　对最终整改计划的遵守

如果最终整改计划正在发生效力，Telstra 必须遵守该计划。

66　最终整改计划的公布

（1）最终整改计划一旦生效，Telstra 必须尽快在其网站上发布该计划的副本。

（2）最终整改计划的变更一旦生效，Telstra 必须尽快在其网站上发布该计划的副本。

附则2：标准服务提供商规定*

第1章　遵守本法案

1　遵守本法案

（1）服务提供商必须遵守该法案。

（2）在本条款中：

“该法案”包括《1999年电信（用户保护和服务标准）法》以及相关条例，以及《1979年电信（拦截和获取）法》第五章。

第2章　运营商服务

2　纲要

以下是本章的简要内容：

- 某些运营商服务必须向终端用户提供标准电话服务。

3　本章的范围

以下运营商服务适用本章：

（a）处理故障和服务困难的服务；

（b）条例明确规定的服务。

* 注：见第98条。

4 运营商必须向终端客户提供标准电话服务

（1）提供标准电话服务的电信服务提供商必须提供运营商服务可供每位标准电话服务的终端用户使用。

（2）运营商可以通过以下方式提供前款中的服务：

（a）该运营商自己提供运营商服务；或

（b）安排他人提供运营商服务。

5 其他电信服务提供商终端用户的准入

（1）如果：

（a）自己供标准电话服务的电信服务提供商（第一提供商）向它的标准电话服务的终端用户提供某种特定的运营商服务；并且

（b）另一家提供标准电话服务的电信服务运营商（第二运营商）不通过自己向特定的标准电话服务的终端客户提供某类运营商服务；并且

（c）第二运营商要求第一运营商订立协议，由第一运营商向第二运营商的标准电话服务终端客户提供某类运营商服务；

第一运营商必须遵守该要求。

（2）向第二运营商的标准电话服务终端提供服务所依据的要求以及条款：

（a）在第一提供商和第二提供商之间达成协议；或

（b）如果未能达成一致，则由双方指定的仲裁员决定。

如果双方就仲裁员的任命未能达成一致，仲裁员则由ACCC担任。

（3）本条例可以对本条的仲裁实施作出规定。

（4）条例可以规定，为了ACCC执行仲裁，ACCC仲裁团可以由一名或多名指定的ACCC成员组成。ACCC主席书面任命成员。

（5）本条（4）对本条（3）无暗示性限制。

第3章　查号服务

6　纲要

以下是本章的简要内容：

• 必须向标准电话服务的终端客户提供查号服务。

7　必须向标准电话服务的终端客户提供查号服务

（1）提供标准电话服务的电信服务提供商必须向该服务的每位终端用户提供查号服务。

（2）提供商可以自己或安排他人提供查号服务：

（a）由该提供商自己提供查号服务；或

（b）安排他人提供查号服务。

8　其他电信服务提供商终端用户的准入

（1）如果：

（a）自己向标准电话服务终端客户提供标准电话服务的电信服务提供商（第一提供商）；并且

（b）不由自己向其标准电话服务终端客户提供标准电话服务的电信服务提供商（第二提供商）；并且

（c）第二运营商要求第一运营商订立协议，由第一运营商向第二运营商的标准电话服务终端客户提供电话查询服务；

第一提供者必须遵守该要求。

（2）向第二运营商标准电话服务的终端用户提供查号服务所依据

的要求和条款：

（a）在第一提供商和第二提供商之间达成协议；或

（b）如果双方未能达成一致，则由双方指定的仲裁员决定。

如果双方就仲裁员的委任未能达成一致，仲裁员则由ACCC担任。

（3）本条例可以对本条的仲裁实施作出规定。

（4）本条例可以规定，为了ACCC执行仲裁，ACCC仲裁团可以由一名或多名指定的ACCC成员组成。ACCC主席书面任命成员。

（5）本条（4）对本条（3）无暗示性限制。

第4章　公众号码集成数据库

9　纲要

以下是本章的简要内容：

- 如果任何人或任何组织有义务提供和维护公众号码集成数据库，电信服务提供商必须向该人或该组织提供履行该义务相关的信息。

10　电信服务提供商必须向Telstra提供信息

（1）Telstra负有电信经营许可证条款所规定的提供和维护公众号码集成数据库的义务的，适用本条。

（2）如果：

（a）信息服务提供商向终端用户提供电信服务；并且

（b）该终端用户拥有一个公共号码；

该电信服务提供商必须向Telstra提供后者合理要求的与履行其义务有关的信息。

（3）在本条内：

“号码”与第二十二章第二节同义。

"公共号码"是指455（3）中的分配号码方案载明的号码。

11　电信服务提供商必须向其他人或组织提供信息

（1）任何人或任何组织负有第472条规定提供和维护公众号码集成数据库的义务的，适用本条。

（2）如果：

（a）信息服务提供商向终端用户提供电信服务；并且

（b）该终端用户拥有一个公共号码；

该电信服务提供商必须向该人或该组织提供后者合理要求的与履行其义务有关的信息。

（3）在本条内：

"号码"与第二十二章第二节同义。

"公共号码"是指455（3）中的分配号码方案中载明的号码。

第5章　分项计费

12　纲要

以下是本章的简要内容：

- 提供标准电话服务的电信服务提供商必须对每项客户服务提供分项计费。

13　分项计费

（1）提供标准电话服务的电信服务提供商，适用本条。

（2）该提供商必须对适用这种服务的电话提供分项计费。提供商可以通过以下方式提供该服务：

（a）由该提供商自己提供；或

（b）安排他人提供。

（3）如果客户不选择分项计费服务，通过特定服务拨打的呼叫不适用本条（2）中的规定。

（4）指定的当地呼叫不适用本条（2）中的规定，除非该客户要求提供商对该当地呼叫提供分项计费服务。

（5）为了本条适用于向客户提供标准电话服务的电信服务供应商，“特定呼叫”是指：

（a）使用该服务的呼叫；以及

（b）在与提供商和客户相关的适用区内，各点之间进行拨打的呼叫；以及

（c）非豁免呼叫的呼叫［如第本条（6）所作的定义］。

（6）为了本条（5）的目的，任何呼叫如有以下情形则为豁免呼叫：

（a）该呼叫包含公共移动电信服务的使用（无论是呼出方还是接听方）；或

（b）该呼叫包含卫星服务的使用。

（7）本条中提到的适用区与《1999 年电信（用户保护和服务标准）法》第四章中的适用区同义。

（8）为了本条的目的，有且只有当呼叫属于《1999 年电信（用户保护和服务标准）法》第四章中规定的合格的当地呼叫，该呼叫为不计时的当地呼叫。

（9）在本条中：

“分项计费”，与特定呼叫有关，是指对提供客户的以下帐单：

（a）如果 ACMA 作出的书面决定正在发生效力，账单显示决定中载明的详细内容；或

（b）在其他情况下，对不视为不计时的当地呼叫，账单显示以下详细内容：

（i）呼叫的日期；

（ii）被呼叫的号码；

（iii）呼叫的持续时间；

（iv）该呼叫适用的费用；

并且符合第 15 条中的生效决定。

“卫星服务”是指一种电信服务，该服务可以让连接到该服务的用户设备与基于卫星的设施进行传输。

（10）根据《1901 年法案解释法》第 46A 条，本条（9）中的分项计费定义的本条（a）所述的决定为可否决的法律文本。

14　分项计费要求的例外

（1）ACMA 可以刊登报纸通知，声明某一指定电信服务提供商免于本条 13（2）规定的要求，原因是该要求适用于特定客户。该声明相应地有效力。

注：可按姓名、分类或其他方式指出提供商或客户。

（2）在决定提供商是否免于本条 13（2）规定的要求时，ACMA 必须考虑以下方面：

（a）遵守该款规定的要求的技术可行性；以及

（b）提供商为客户安装提供分项计费功能的任何方案。

（3）本条（2）对 ACMA 可能考虑的事项无暗示性限制。

15　不得列在分项账单中的详细内容

（1）ACMA 可以通过书面文本决定，指定的详细信息不得出现在电信服务提供商提供给客户的分项账单中。

（2）在作出本条（1）中的决定时，ACMA 必须考虑《1988 年隐私法》第 14 条规定的信息隐私原则，以及国家隐私原则（如本法案给予的定义）。本款对 ACMA 须考虑的事项没有暗示性限制。

（3）电信服务提供商必须遵守本条（1）中所述的决定。

附则 3：电信运营商权力与豁免*

第 1 章　总　　则

第 1 节　纲要及定义

1　纲要

以下是本章的简要内容：

- 电信运营商可进入土地行使下列职权：

（a）有权检查土地，以确定该地是否符合电信运营商需要；

（b）有权在土地上安装设备；

（c）有权维护坐落在该地的设施。

- 满足以下条件，可行使安装设施的权力：

（a）电信运营商持有设备安装许可证；或

（b）设施属于低影响度设施；或

（c）该设施是防务机构或代表防务机构用于防卫目的的临时性设施；或

（d）安装工作于 2000 年 7 月 1 日前进行，目的只是为了将某建筑物与 1997 年 6 月 30 日前已存在的网络相连接。

- 某设施相关的设施安装许可证仅在如下条件下颁发：

（a）电信运营商已做出适当努力，与相关业主及管理机构真诚协商；且

（b）如设施属于指定架空线路，装线前须得到各相关管理机构的核准；且

（c）设施相关的电信网络具有或将具有全国性的重要意义；且

（d）该设施是设施相关电信网络的重要组成部分；且

（e）设施相关电信网络基础设施大部分已经安装完毕，或者相关管理机构很有可能批准设施相关电信网络基础设施大部分安装工程；且

---

* 注：参见第 484 条。

续表

(f) 设施相关电信网络中，设施运作带来的利益超过任何潜在环境影响。
• 电信运营商依据本章行使权力须满足下述条件：
(a) 尽可能减少损害；
(b) 施工遵守良好的工程实践；
(c) 遵守公认的行业标准；
(d) 遵守条例规定的条件；
(e) 遵守部长行为准则；
(f) 遵守设备安装许可证中规定的条件；
(g) 向土地所有者发出通知。

2 定义

在本章中：

“土著人”指澳大利亚土著人。

“营业日”指除星期六、星期日或相关地区公众节假日以外的日子。

“防务机构”是指：

(a) 国防部；或

(b) 澳大利亚国防军；或

(c) 具有下述特点的外国组织：

(i) 具有与国防部或澳大利亚国防军相应的职能或部分职能；且

(ii) 得到澳大利亚联邦授权，在澳大利亚或其外部领地从事经营或培训活动；或

(d) 此类组织或机构的一部分。

“指定架空线路”含义见第 3 条。

“生态群落”含义与《1999 年环境保护与生物多样性保护法》中相同。

“生态系统”是指植物、动物及微生物群落及其非生物环境作为一个功能单位相互作用的动态复合体。

“进入土地”包括进入公共场所。

“环境”的含义与《1999 年环境保护与生物多样性保护法》中相同。

“环境局局长”是指负责实施《1999 年环境保护与生物多样性保护法》部门的局长。

“设施安装许可证”是指依据第 25 条颁发的许可证。

“安装”，与设备相关的安装，包括：

（a）任何地上、土地上空或地下的设施建造；及

（b）设施与任何建筑物或构筑物的连接；及

（c）任何附属于或设施安装过程中产生的活动（此处的安装包含了本条（a）或（b）所包括的活动）。

“国际协定”是指：

（1）澳大利亚加入的国际公约；或

（2）澳大利亚与外国之间的协议或约定；

并包括，例如，澳大利亚部长与外国官员或官方达成的协议、约定或谅解等。

“土地”包括下沉陆地（但附则三 A 中的土地不包括澳大利亚领海下的下沉陆地）。

“入列国际协定”是指条例中规定的国际协定。

“公众听证”，当与设施安装许可证相关时，是指依据第二十五章就是否颁发许可证开展的公众听证，如决定颁发，则应在许可证中指明条件（如有）。

“公共场所”是指市民可随意出入的场所。

“公用事业”是指为公众提供以下服务的机构：

（a）网状产品或服务，如电力、煤气、水、排污或排水系统；或

（b）电信服务（电信服务提供者提供的电信服务除外）；或

（c）运输服务；或

（d）类似（a）（b）或（c）所涉产品或服务。

“受威胁生态群落”是指依据《1999 年环境保护与生物多样性保护法》第十三章第 1 节收录在受威胁生态群落列表中的生态群落。

“受威胁物种”是指依据《1999 年环境保护与生物多样性保护法》第十三章第 1 节收录在以下受威胁物种类别中的物种：

（a）野外已经灭绝；

（b）极度濒危；

（c）濒危；

（d）脆弱的。

“托雷斯海峡岛民”是指托雷斯海峡群岛原住民的后裔。

3 指定架空线路

本章所称“指定架空线路”是指：

（a）悬于下述表面上空的线路：

（i）土地（下沉陆地除外）；或

（ii）河流、湖泊、潮汐汊道、海湾、河口、港口或其他水体；及

（b）部分线路最大外部横截面超过以下数值的线路：

（i）13 毫米；或

（ii）如条例另有规定，则以规定数值为准。

4 扩建塔视为安装设施

（1）依据本章，下述情况视为设施安装：

（a）如某塔属于设施；且

（b）将扩建该塔；

则：

（c）扩建该塔视为安装设施；且

（d）扩建部分本身被视为设施。

（2）为避免歧义，本条所称“塔”不含天线。

（3）在本条中：

“塔”是指电信传输塔、电线杆或天线杆。

第2节　土地检查

5　土地检查

（1）电信运营商如为确定土地是否符合其需要，可进行下述行为：

（a）进入并检查土地；及

（b）就该目的对土地开展必要或适当的研究，例如：

（i）测量、抄平、沉降孔、取样、挖坑及土壤研究；及

（ii）砍伐、修剪树木，清理和清除其他植被及灌木丛；及

（iii）封路、改道或收窄道路或桥梁；及

（iv）在道路或桥梁上、道路或桥梁上空或以下安装设备；及

（v）改变水利、污水处理或燃气主管道或分支管道；及

（vi）改变电力电缆或电线的位置。

（2）如果电信运营商认为某地合适或可能合适，为了对该土地进行测量或获取信息，电信运营商可从事以下活动：

（a）进入任何土地；且

（b）在进入的土地上从事任何服务于该目的的、必要或适当的活动，例如：

（i）测量、抄平；及

（ii）砍伐、修剪树木，清理和清除其他植被及灌木丛；及

（iii）封路、改道或收窄道路或桥梁；及

（iv）在道路或桥梁上、道路或桥梁上空或以下安装设备；及

（v）改变水利、污水处理或燃气主管道或分支管道；及

（vi）改变电力电缆或电线的位置。

（3）依据本章从事本节所述活动时，须参考本节行使权力。

第3节　设施安装

6　设施安装

（1）为提供电信服务，在以下情况下，电信运营商可安装设施：

（a）电信运营商经由设施安装许可证授权安装；或

（b）设施属于低影响度设施［定义见本条（3）］；或

（c）设施是防务机构或代表防务机构用于防卫目的的临时性设施；或

（d）所涉安装满足下述所有条件：

（i）安装工作于2000 年7 月1 日前进行；

（ii）目的只是为了将某建筑物、构筑物、活动住宅或移动住房与电信网络所属电线相连；

（iii）整个或部分网络于1997 年6 月30 日前已经存在。

注：如设施安装未经本条授权，则可能需要行政机关依据州法或领地法批准。

（2）如本条（1）授权电信运营商开展某特定活动，为开展该活动，电信运营商可从事下述活动：

（a）进入或占据任何土地，并

（b）就该目的，在地下、地面和地上从事任何必要或适宜的活动，例如：

（i）建造、树立以及安放任何厂房、机器、设备及物品；及

（ii）砍伐、修剪树木，清理和清除其他植被及灌木丛；及

（iii）开凿通道和挖掘洞穴；及

（iv）修复地表，及以该目的对土壤、植物及其他材料采取的清除和处置工作；及

（v）搭设临时车间、棚屋及其他建筑物；及

（vi）地面抄平及修路；

（3）部长可依据本条以书面形式认定某特定设施属于低影响度设施。认定将产生相应法律效力。

注：有关类别的详细说明，参见《1901 年法案解释法》46（2）。

（4）依据本条（3），指定架空线路不可通过法律文书认定。

（4A）依据本条（3），（附则三 A 中所述）海底电缆不可通过法律文书认定。

（5）依据本条（3），塔不可通过法律文书认定，除非遇到以下情况：

（a）塔附属于某建筑；及

（b）塔高不超过 5 米。

（6）为避免疑义，本条（5）中所涉“塔”不包括天线。

（7）依据本条（3），扩建塔不可通过法律文书认定，除非遇到以下情况：

（a）扩建高度不超过 5 米；及

（b）塔此前未进行过扩建。

此处塔的含义同第 4 条。

（8）本条（1）（a）（c）和（d）未默示限制本条（3）。

（9）依据本章从事本节所述活动时，须参考本节行使权力。

（10）根据《1901 年法案解释法》第 46A 条，依据本条（3）作出的决定是可驳回的法律文件。

第 4 节　设施维护

7　设施维护

（1）电信运营商可在任何时间维护设施。

（2）为行使本条（1）赋予的权力，电信运营商可采取任何必要或者适宜的措施，包括（但不限于）：

（a）进入和使用土地，及

（b）拆除围墙上的门，或给围墙安装门。

（3）本条所述设施维护（原设施）包括以下内容：

（a）改建、拆除或修复原设备；及

（b）为原设施提供材料或信息（电子或其他形式）；及

（c）确保原设施的正常运作；及

（d）在满足本条（5）的情况下，在原设施所在的原始位置对全部或部分原有设施进行更换；及

（e）在满足本条（6）的情况下，在与原设施所处位置相同的位置安装附加设施；及

（f）在树木、灌木丛或草木妨碍，或可能妨碍原设施运转的情况下，可酌情砍伐、修剪树木，清理和清除灌木丛或草木。

（4）本条所述设施维护不包括扩建塔的情况。塔的含义同第 4 条。

（5）依据本条（3）（d），特指定以下条件：

（a）更换设施运作中可能产生的噪音水平须低于或等于原设施运作的噪音水平。

（b）如原设施是塔；

（i）更换设施的高度不得超过原设施高度；且

（ii）更换设施的体积不得超过原设施体积；

（c）如设施不是塔；

（i）更换设施的体积不得超过原设施；或

（ii）更换设施位于全封闭建筑内，原设施原来位于该建筑内，建筑物未因更换原设施而改变外观；或

（iii）更换设施位于管道、地坑、洞穴、烟道或地下管道内；

（d）条例指定的其他条件（如有）。

（6）依据本条（3）（e），特指定以下条件：

（a）附加设施与原设施运作产生的噪音之和须低于或等于原设施运作的噪音水平；

（b）下述条件满足其一：

（i）附加设施位于全封闭建筑内，原有设施位于该建筑物内，建筑物未因安装附加设施而改变外观；或

（ii）附加设施位于管道、地坑、洞穴、烟道或地下管道内；

（c）条例指定的其他条件（如有）。

（7）依据本条（5）（a）（b）和（c）及本条（6）（a）（b）和（c），细微变动可忽略不计。

（8）依据本条（5）和（6）：

（a）塔高的测量不包含任何从塔顶部延伸出的天线；

（b）设施的体积是材料的表观体积：

（i）构成设施的；且

（ii）从设施外某点可见；且

（c）如果某个结构从外边任何角度都无法看到其内部设施，则该结构被视为全封闭建筑。

（9）依据本章从事本节所述活动时，须参考本节行使权力。

（10）在本条中［本条（4）除外］：

“塔”是指电信传输塔、电线杆或天线杆。

第 5 节　开展授权活动的相关条件

8　电信运营商须尽可能减少破坏

从事第 2 节、第 3 节或第 4 节所述活动时，电信运营商须采取一切合理步骤将损害和不便降至最低，在可行的范围内尽可能减少破坏。

9　电信运营商须恢复土地原貌

（1）如从事第 2 节、第 3 节或第 4 节所述活动时涉及土地使用，电信运营商须采取一切合理步骤确保土地恢复到与从事活动前相似的状况。

（2）电信运营商须采取一切合理步骤确保在前述活动结束 10 个工作日内开始修复土地。

（3）如电信运营商与以下方面达成协议，本条（2）中的规定不适用：

（a）与土地所有者；及

（b）对于土地被土地所有者以外的人——占据者，占据的情况。

在 10 个工作日以后某个时间开始修复土地。

10　活动的管理

在开展第 2 节、第 3 节或第 4 节所述活动时，电信运营商必须采取一切合理步骤：

（a）依照良好的工程实践行事；及

（b）保护人身和财产安全；及

（c）确保活动尽可能少干扰以下方面：

（i）公用事业的运作；及

（ii）公共道路及小径；及

（iii）交通状况；及

（iv）用地；及

（d）保护环境。

11　与公用事业订立协议

（1）电信运营商须通过合理努力与公用事业订立协议，为其将开展的第 2 节、第 3 节或第 4 节所述的、可能影响公用事业运作的活动做准备。

（2）电信运营商必须遵守依据本条（1）所订立的、现行有效的协议。

12　符合行业标准

开展第 2 节、第 3 节或第 4 节所述活动，电信运营商必须遵守以下行业标准：

（a）与开展活动有关的；及

（b）经 ACMA 认可、适用于该行业的；及

（c）若电信运营商遵守，可能降低公众安全风险的。

13　遵守国际协议

开展第 2 节、第 3 节或第 4 节所述活动，电信运营商须遵守国际协议，确保相关活动的开展符合澳大利亚在所列国际协议中的义务。

14　条例规定的条件

开展或拟开展第 2 节、第 3 节或第 4 节所述活动，电信运营商须遵守条例规定的所有条件。

15　部长行为准则中规定的条件

（1）部长可以书面形式制定行为准则，规定电信运营商开展第 2 节、第 3 节或第 4 节所述活动（设备安装许可证所述活动除外）或附则三 A 第三章所述活动时须遵守的条件。

（2）电信运营商必须遵守行为准则。

（3）行为准则中可能规定下述条件：

（a）有条件要求电信运营商评估或进一步评估有关活动对环境的影响；

（b）有条件要求电信运营商就相关活动咨询特定的人或机构；

（c）有条件要求电信运营商就相关活动获得某人或某机构批准。

（4）本条并非默示限制依据本法出具法律文书的权力。

（5）本条并非默示限制依据第六章所述准则或标准可能解决的问题。

（6）本条（4）和（5）并未默示限制《1901 年法案解释法》33（3B）。

（7）依据《1901 年法案解释法》第 46A 条，依据本条（1）出具的法律文件为可驳回的法律文件。

16　设施安装许可证须遵守的条件

如果：

（a）电信运营商从事或拟从事第 3 节所述活动；且

（b）该活动已经或即将获得设施安装许可证；且

（c）设施安装许可证须遵守一个或多个条件；

则电信运营商必须遵守这些条件。

17 通知土地所有者——总则

（1）在开展第2节、第3节或第4节所述任何涉及土地的活动前，电信运营商须以书面形式通知以下对象其即将从事的活动：

（a）土地所有者；及

（b）如土地被土地所有者以外的人占据，该占据者。

（2）通知中必须指明电信运营商拟从事活动的目的。

（3）本条（1）中提及的通知必须包含如下声明，大意为：如因电信运营商开展活动对某人造成经济损失或财产损毁，须依据第42条作出赔偿。

（4）须在电信运营商开始从事活动至少10个工作日前通知。

（4A）尽管有本条（4）的规定，根据第2节（涉及土地检查）规定，只要活动满足以下条件，电信运营商只需在开展活动2个工作日前发出通知：

（a）不违背澳大利亚在所列国际协议中的义务；且

（b）不会产生本附则27（7）（a）（ii）至（xii）（含）所述的某项或多项效果；且

（c）不会对街景或其他景观产生不利影响；

（d）不会对本附则27（7）（c）或（d）所涉地方、区域或事物产生影响。

（5）当事人可放弃本条（1）所述的被告知权。

（6）以下情况，本条（1）不适用：

（a）电信运营商拟依据第2节（涉及土地检查）、第3节（涉及设施安装）或第4节（涉及维护）从事活动；且

（b）为保护以下对象，活动须毫不迟延地开展：

（i）电信网络或设施的完整；或

（ii）人员健康和安全；或

（iii）环境；或

（iv）财产；或

（v）维持合格的服务水准。

（6A）以下情况，本条（1）不适用：

（a）电信运营商拟依据第2节、第3节或第4节涉及安装、建议安装或维修某临时防卫设施的内容开展活动；且

（b）电信运营商认为在此情境下无法遵守本条（1）。

（6B）本条所称的临时防卫设施是指本附则本条（1）（c）中所述同类设备。

（7）如电信运营商拟依据第2节（涉及土地检查）在涉及公共场所的土地上开展活动，对于以下情况的活动，本条（1）不适用：

（a）活动不违背澳大利亚在所列国际协议中的义务；且

（b）活动不会产生本附则中27（7）（a）（ii）至（xii）（含）所述的某项或多项效果；且

（c）活动不会对街景或其他景观产生不利影响；且

（d）活动不会对本附则27（7）（c）或（d）所涉地方、区域或事物产生影响。

18　通知土地所有者——修剪树木等

（1）依据第2节、第3节或第4节开展下列活动时，须至少提前10个工作日作出通知：

（a）在私人土地上砍树或修剪树枝；

（b）清理或清除私人土地上的灌木丛或植被；

电信运营商必须向：

（c）土地所有者；及

（d）如土地占有者非土地所有者，该土地占有者；

发出书面通知，要求其按照通知所述方式，在规定期限内砍伐或修剪树木，或者清除林下植被。

（2）如要求未得到遵守，电信运营商可自行从事上述活动；

（3）当事人可放弃本条（1）所述的被告知权。

（3A）以下情况，本条（1）和（2）不适用：

（a）电信运营商拟依据第2节、第3节或第4节涉及安装、建议安装或维修某临时防卫设施的内容开展活动；且

（b）电信运营商认为在此情境下无法遵守本条（1）。

（3B）本条所称“临时防卫设施”是指本附则6（1）(c）所称设备。

（4）以下情况，本条（1）和（2）不适用：

（a）电信运营商拟依据第2节（涉及土地检查）、第3节（涉及设施安装）或第4节（涉及维护）开展工作；且

（b）为保护以下对象，活动须毫不迟延地进行：

（i）电信网络或设施的完整；或

（ii）人员健康和安全；或

（iii）环境；或

（iv）财产；或

（v）维持合格的服务水准。

19 通知道路主管部门、公用事业等

（1）依据第3节或第4节开展下列活动时，须至少提前10个工作日通知：

（a）封路、改道或收窄道路或桥梁；

（b）在道路或桥梁上、道路或桥梁上空或下方安装设施；

（c）改变水利、污水处理或燃气主管道或分支管道；

（d）改变电力电缆或电线的位置；

电信运营商须向负责道路、桥梁、主要管道、运输管道、电缆或电线维护和管理的人员或部门发出书面通知，告知其开展活动的意图。

（2）当事人或部门可放弃本条（1）所述的被告知权。

（2A）以下情况，本条（1）和（2）不适用：

（a）电信运营商拟依据第 2 节、第 3 节或第 4 节涉及安装、建议安装或维修某临时防卫设施的内容开展活动；且

（b）电信运营商认为在此情境下无法遵守本条（1）。

（2B）本条所称“临时防卫设施”是指本附则 6（1）(c）所称设备。

（3）以下情况，本条（1）不适用：

（a）电信运营商拟依据第 2 节（涉及土地检查）、第 3 节（涉及设施安装）或第 4 节（涉及维护）开展工作；且

（b）为保护以下对象，活动须毫不迟延地进行：

（i）电信网络或设施的完整；或

（ii）人员健康和安全；或

（iii）环境；或

（iv）财产；或

（v）维持合格的服务水准。

20　道路等保持通行

如从事第 3 节所述活动，电信运营商须确保安装在道路、桥梁、路径或通航水域的设施不影响人员、车辆和船只的合理通行。

第6节　设施安装许可证

21　设施安装许可证申请

（1）电信运营商可向ACMA提出申请，要求授权其安装一个或多个设施。

（2）许可证全称为“设备安装许可证”。

22　申请形式

申请必须：

（a）以书面形式；且

（b）与ACMA书面批准的表格形式相一致。

23　有附加费用的申请

设施安装许可证的申请费用（如有）须依据《2005年澳大利亚通讯媒体管理局法案》第60条规定，即ACMA受理申请所发生的费用，不涉及就颁发许可证而举行公众听证的费用。

24　申请的撤回

本节并未禁止撤回申请和提交新申请。

25　颁发设施安装许可证

（1）在对申请进行考虑后，ACMA可颁发设施安装许可证，授权申请人安装申请中提出的各项设施。

（2）除非就许可证举行相关公众听证，否则ACMA不得颁发设备安装许可证。

（3）ACMA 可不就是否签发设施安装许可证举行公众听证而直接拒绝签发许可证。

注：本款适用情况之一为，申请材料中未提供足够理由使 ACMA 批准申请。

（4）如决定拒绝签发设施安装许可证，ACMA 须向申请人发出书面通知告知其决定。

（5）第 23 条并未禁止依据《2005 年澳大利亚通讯媒体管理局法案》第 60 条为颁发许可证举行公众听证的费用确定收费。

26　视同拒绝颁发设施安装许可证：

（1）如果：

（a）ACMA 接到设施安装许可证申请；且

（b）经过 10 个工作日，ACMA 既未：

（i）以书面形式通知申请人 ACMA 决定拒发许可证；也未

（ii）以书面形式通知申请人 ACMA 决定就申请召开公众听证；

在第 10 个工作日结束时，视同 ACMA 决定拒发许可证。

（2）如果：

（a）ACMA 接到设施安装许可证申请；且

（b）经过 65 个工作日，ACMA 既未：

（i）以书面形式通知申请人 ACMA 决定拒发许可证；也未

（ii）以书面形式通知申请人 ACMA 决定签发许可证；

在第 65 个工作日结束时，视同 ACMA 决定拒发许可证。

（3）就某特定设施安装许可证申请，ACMA 可通过书面法律文件认定本条（2）具有法律效力，视同该本条所述 65 个工作日只是泛指较多的工作日，但最长不得超过决定所规定的 85 个工作日期限。决定具有相应的法律效力。

（4）在确定ACMA依据第25章就许可证举行相关公众听证所采取行为的合法性时，必须考虑ACMA为满足本条（2）中的时间限制需要足够迅速地采取行动。

27　颁发设施安装许可证的标准

标准

（1）ACMA不得颁发设施安装许可证授权电信运营商安装一个或多个设施，除非ACMA确信：

（a）设施连接的电信网络具有或可能具有全国意义；且

（b）设施属于或将成为设施连接的电信网络的重要组成部分；且

（c）满足下列任一条件：

（i）设施连接的电信网络基础设施大部分已安装；

（ii）设施连接的电信网络基础设施大部分未安装，但设施安装需要或可能需要的各行政机关批准（除第3节外），已得到或很可能得到行政机关的批准；

（iii）设施连接的电信网络基础设施尚未安装，但设施安装需要或可能需要的各行政机关批准（除第3节外），已得到或很可能得到行政机关的批准；且

（d）电信网络所属设施的运作可能带来的益处超过安装设施可能对环境造成的不利影响；且

（e）当所有设施都不包含指定架空线路时，须满足本条（2）的条件；且

（f）当有设施包含指定架空线路时，须满足本条（2A）的条件；且

（g）当提议在包括住宅区、托儿所、学校、老年护理中心、医院、操场和区域标识处等社区敏感地带安装设施时：

（i）须充分咨询社区，并在可能的情况下，已取得社区同意；且

（ii）已考虑过敏感度相对较低的替代位置；且

（iv）已采取努力尽可能减小对公众的电磁辐射。

指定架空线路以外设施的有关条件

（2）本条（1）（e）所称条件如下：

（a）电信运营商已作出合理努力与以下各方真诚谈判：

（i）就安装设施与须征得或可能须征得同意（除第 3 节外）的业主真诚谈判；且

（ii）就安装设施与须征得或可能须征得同意（除第 3 节外）的行政机关真诚谈判；且

（b）下列分项之一适用：

（i）本条（a）（i）所称的同意中，至少有一个不是在有关谈判开始后 20 日内得到的；

（ii）本条（a）（ii）所称的同意中，至少有一个不是在有关谈判开始后 6 个月内得到的；

（iii）（a）所称的同意中，至少有一个被拒绝。

包含指定架空线路设施的有关条件

（2A）本条（1）（f）须满足如下条件：

（a）电信运营商已作出合理努力，与安装设施须征得同意或可能须征得同意（除第 3 节外）的各位业主真诚谈判；且

（b）这些同意中，至少有一个不是在有关谈判开始后 20 日内得到的；且

（c）为安装线路须征得同意或可能须征得同意（除第 3 节外）的各行政机关都已批准。

具有全国意义的网络

（3）在判定本条（1）（a）所述事项时，ACMA 须考虑以下方面：

（a）网络覆盖的地域范围；

（b）接入的用户数，或者可能接入网络的用户数；

（c）网络对国民经济的重要性；

（d）ACMA 所认为有关的其他事项（如有）。

如何判断设施是否属于网络的重要组成部分

（4）在判定本条（1）（b）所述事项时，ACMA 须至少考虑以下方面之一：

（a）设施连接的电信网络中，该设施的技术重要性；

（b）设施连接的电信网络中，该设施的经济重要性；

（c）设施连接的电信网络中，该设施的社会重要性；

如何判断设施的益处是否大于对环境的危害

（5）在判定本条（1）（d）所述事项时，ACMA 须考虑以下方面：

（a）安装设施可能在何种程度上推动电信服务或电信服务衍生服务终端用户的长远利益；

（b）设施安装、维护或运行对环境的影响；

（c）促进向公众提供高效、现代和低成本电信服务的目标；

（d）在设施连接的电信网络中，设施安装、维护或运行相关的技术和/或经济前景；

（e）设施安装是否有助于申请人履行普遍服务义务；

（f）设施安装是否涉及一个或多个其他设施的位置问题；

（g）设施安装是否有助于该设施现在或未来与其他一个或多个设施的协同安置；

（h）ACMA 认为有关的其他事项（如有）。

终端用户的长期利益

（6）就本条而言，关于某特定事物是否推动电信服务或电信服务衍生服务终端用户的长远利益这一问题，判断方法与依据《1974 年贸易惯例法》第 XIC 章判断该问题的方法相同。

对环境的影响

（7）在判定本条（5）(b）所述事项时，ACMA 必须考虑以下方面：

（a）设施安装、维护或运营是否：

（i）符合澳大利亚在所列国际协议中的义务；或

（ii）可能导致受威胁物种灭绝，或显著阻碍其复苏；或

（iii）可能会使某一动植物成为濒危物种；或

（iv）可能对受到威胁的动植物产生不利影响；或

（v）可能毁坏某受威胁动植物物种全部或部分栖息地；或

（vi）可能毁坏某受威胁动物或植物物种继续存活所必不可少的全部或部分地方，或者某个生态群落；

（vii）可能威胁某受威胁生态群落，使其灭绝或显著影响其复苏；或

（viii）可能对某受威胁生态群落产生不利影响；或

（ix）可能毁坏受威胁生态群落全部或部分栖息地；或

（x）可能对入册的迁徙物种（见《1999 年环境保护与生物多样性保护法》中的定义）产生不利影响；或

（xi）将对或可能对澳大利亚联邦海域（见《1999 年环境保护与生物多样性保护法》中的定义）环境产生显著影响；或

（xii）将对或可能对澳大利亚联邦陆地（见《1999 年环境保护与生物多样性保护法》中的定义）环境产生显著影响；或

（b）安装设施对街道及其他景观视觉效果的影响；

（c）设施是否会被安装在下列地方：

（i）声明的世界文化遗产所在地（见《1999 年环境保护与生物多样性保护法》中的定义）；

（ia）声明的拉姆萨尔湿地（见《1999 年环境保护与生物多样性保护法》中的定义）；

（ii）所列国际协议要求澳大利亚加以保护的地方；

（iii）澳大利亚联邦、州或领地法律规定的，全部或大部分用于自然保护目的地方（无论如何描述）；

（iv）澳大利亚联邦、州或领地法律规定的，要求排除显著环境干扰的地方；

（d）是否要将设施安装在以下某区域或物品上，或以下某区域或物品附近：

（i）依据《1999年环境保护与生物多样性保护法》，列入国家文化遗产名录或澳大利亚文化遗产名录的；或

（ii）依据《2003年澳大利亚文化遗产委员会法案》，列入国家文化遗产登记册的；或

（iii）依据澳大利亚州法或领地法文物保护相关内容注册登记的；或

（iv）对澳大利亚土著或者托雷斯海峡岛民具有特殊意义的，符合其传统的；

（e）ACMA认为有关的其他事项（如有）。

视同被行政机关批准

（8）如假设某行政机关核准安装一个或多个指定设施，ACMA可以书面法律文件形式决定本条具有应有的法律效力。该决定从而具有法律效力。

注：有关类别的详细说明，参见《1901年法案解释法》46（2）。

定义

（9）在本条中：

“行政机关”是指：

（a）办公室拥有者；或

（b）州或领地官员；或

（c）地方政府机构；

依据州法或领地法履行行政职能。

“批准”是指同意或允许（两种表达皆可）。

“协商”包括：

（a）提交待批准申请；及

（b）努力使申请通过。

“业主”是指土地所有者或占用者。

“审核”，在被拒绝核准的情况下，是指对优点的评估（换句话说，未通过审核并不意味着违反法律规定）。

“电信网络”包括提出的电信网络。

28　环保事宜相关的特别规定

（1）《1999 年环境保护与生物多样性保护法》第 2 章、第 4 章及第 13 章的第 1 至 4 节（含）不适用于：

（a）ACMA 依据本节行使的职责或权力；或

（b）设施安装许可证授权的行动（见该法案中的定义）。

（2）颁发设施安装许可证前，ACMA 必须咨询环境局局长。

（5）在本条中：

“本节”包括：

（a）第 25 章，该章所涉就某许可举行公众听证的内容；及

（b）第 29 章，该章涉及本节的内容。

29　咨询澳大利亚竞争与消费者委员会（ACCC）

ACMA 在决定是否颁发设施安装许可证前必须咨询 ACCC。

30　依据本法，设施安装许可证具有法律效力

（1）依据本法，设施安装许可证具有法律效力。

（2）在本条中：

“本法”包括《1999 年电信（用户保护和服务标准）法》及依据该法出台的条例。

31　设施安装许可证的有效期限

（1）设施安装许可证自颁发之日起生效，至许可证指定终止期前一直有效。

（2）但在特定情况下，如果 ACMA 认为有必要延长许可证有效期，则可以书面形式通知设施安装许可证持有人，延长许可证有效期。

32　设施安装许可证的条件

（1）设施安装许可证须符合许可证规定的条件。

（2）设施安装许可证的条件可能约束、限制或阻止第 3 节所述活动。本条并未非默示限制本条（1）。

（3）以下是设施安装许可证可能须符合的条件：

（a）有条件要求许可证持有人对相关设施安装对环境产生的影响进行评估，或者进一步评估；

（b）有条件要求许可证持有人就有关设施的安装咨询某人或者某机构；

（c）有条件要求许可证持有人安装设施时取得某特定的人或机构的批准。

33　放弃设施安装许可证

如要放弃设施安装许可证，持有人可在任意时间以书面形式告知 ACMA。

34 撤销设施安装许可证

（1）ACMA 可向设施安装许可证持有人发出书面通知，撤销许可证。

（2）在决定是否撤销许可证时，ACMA 可考虑以下方面：

（a）是否有违反第 5 节的行为；及

（b）是否有任何 ACMA 颁发许可证时未考虑到的行为。

（3）本条（2）并未默示限制 ACMA 可能考虑的问题。

35 联邦行政上诉审裁处对决定进行复审

（1）如 ACMA 未就许可证举行公众听证，而依据第 25 条和第 26 条作出拒绝颁发设施安装许可证的决定，则联邦行政上诉审裁处可对审核结果进行复审。

（2）如果 ACMA：

（a）作出本条（1）所述决定；且

（b）以书面形式通知利益受影响方其所作决定；

该书面通知须包含以下声明，依据《1975 年联邦行政上诉审裁处法案》规定，联邦行政上诉审裁处可对审核结果进行复审。

（3）未遵守本条（2）并不影响决定的有效性。

（4）在本条中：

决定的意思与其在《1975 年联邦行政上诉审裁处法案》中的意思相同。

第 7 节　州法和领地法豁免

36 州法和领地法一般不对活动作出豁免

（1）第 2 节、第 3 节或第 4 节并未赋予某些活动特权，使其可以违背州法或领地法而行。

（2）本条（1）所定规则的法律效力服从于依据第 37 条所作豁免。

37　州法和领地法豁免

（1）本条款适用于电信运营商依据第 2 节、第 3 节或第 4 节授权开展的活动。

（2）尽管州法和领地法中有如下内容，电信运营商仍可开展活动：

（a）评估开展此活动对环境的影响；或

（b）保护对于澳大利亚自然或文化遗产具有重要意义的地方或物品；或

（c）城市规划；或

（d）规划、设计、选址、建设、改造或拆除某建筑物；或

（e）地方政府机构的权力和职能；或

（f）土地使用；或

（g）租赁；或

（h）燃料或动力供应，包括超低压电力系统的供应和分配；或

（i）条例规定事项。

（3）如某法规定对澳大利亚土著或托雷斯海峡岛民文化遗产具有重要意义的地方或物品进行保护，则本条（2）（b）对该法不适用。

（4）如某法涉及普通商用或家用电力以外的电力供应，则第（2）（h）项对该法不适用。

38　州法与领地法并行

国会的意图是，虽然第 37 条赋予电信运营商权力，使其可以避开某州法或领地法开展活动，只要州法或领地法能够与本法案并行实施，本节不对州法或领地法造成影响。

39　税务责任不受影响

本节不影响电信运营商依据州法或领地法纳税的义务。

第 8 节　其他

41　指导方针

（1）ACMA 依据本章履行职能或行使权力时，须考虑以下方面：

（a）依据本条（2）生效的指导方针；及

（b）ACMA 认为相关的其他事宜。

（2）ACMA 可依据本条（1）以书面形式制定指导方针。

42　补偿

（1）如电信运营商依据第 2 节、第 3 节或第 4 节开展活动，使某人遭受以下经济损失或损害：

（a）该人所拥有的财产；或

（b）该人有相关利益的财产；

电信运营商应对该人支付下述合理数额的赔偿：

（c）依照双方协商；或

（d）如未能达成协议，依据具有管辖权的法院的裁决结果。

（2）本条（1）所述补偿包括但不限于：

（a）临时性或永久性损害；及

（b）耗用的砂、土、石、砂石、木材、水及其他物品。

（3）在本条中：

“有管辖权的法院”，涉及到财产，是指：

（a）联邦法院；或

（b）财产所在州或领地最高院，或者发生相关损失或损害时所在的州或领地最高院；或

（c）对以下项目有管辖权的下级法院：

（i）偿还欠款金额不低于该人索赔金额；及

（ii）当有关损失或损害发生时，全部或部分财产位于或曾处于该法院辖区。

“下级法院”是指：

（a）县法院、区法院或某州、某领地的地方法院；或

（b）行使民事司法管辖权的简易法院。

43　赋予电信运营商雇员等的权力

如第 2 节、第 3 节或第 4 节赋予电信运营商：

（a）进入土地；或

（b）视察土地；或

（c）占用土地；或

（d）在土地上方、地表或地下做任何事；

则该规定也授权：

（e）电信运营商的雇员；或

（f）根据合同代表电信运营商执行任务的人员；或

（g）本条（f）提及人员的雇员；

开展相同活动。

44　州法和领地法中对电信运营商及电信服务用户的歧视性条款

（1）以下条文具有法律效力：

（a）如某州法或领地法对某个、某类或所有电信运营商产生歧视，或将产生歧视效果（无论直接或间接），则该州法或领地法不具法律效力；

（b）在未对本条（a）构成限制的前提下，依据对某个、某类或所有电信运营商产生歧视，或将产生歧视效果（无论直接或间接）的州法或领地法，该人不享有权利、特权、豁免或利益，不得行使权力。

（c）在未对本条（a）构成限制的前提下，如某州法或领地法对某个、某类或所有电信运营商产生歧视，或将产生歧视效果（无论直接或间接），则该人不须遵守歧视性法条。

（2）以下条文具有效力：

（a）如州法或领地法中的条文对某个、某类或符合条件的一般用户产生歧视，或将产生歧视效果（无论直接或间接），则该法条不具法律效力；

（b）在未对本条（a）构成限制的前提下，依据对某个、某类或符合条件的一般用户产生歧视，或将产生歧视效果（无论直接或间接）的州法或领地法，该人不享有权利、特权、豁免或利益，不得行使权力。

（c）在未对本条（a）构成限制的前提下，如某州法或领地法对某个、某类或符合条件的一般用户产生歧视，或将产生歧视效果（无论直接或间接），则该人不须遵守歧视性法条。

（3）本条款中，如果某项电信服务要或将要通过某电信运营商的受控网络或受控设施提供给某人，该人即为符合条件的用户。

（4）部长可凭借书面法律文件豁免本条（1）对某特定州法或领地法条文的适用。

注：有关类别的详细说明，参见《1901年法案解释法》46（2）。

（5）部长可凭借书面法律文件豁免本条（2）对某特定州法或领地法条文的适用。

注：有关类别的详细说明，参见《1901年法案解释法》第46条。

（6）依据本条（4）或（5）的豁免可能是无条件的，或须服从于豁免给出的条件（如有）。

（7）根据《1901年法令解释法》第46A条规定，依据本条（4）或（5）制定的法律文件为可驳回法律文件。

注：以下为州法或领地法的例子：

（a）州法或领地法的条款；

（b）依据州法或领地法制定的法律文书。

45 州法和领地法可赋予电信运营商权力和豁免权

国会的意图是，只要州法或领地法能与本法案并行，本章将不会限制州法或领地法赋予电信运营商权力或豁免权。

46 ACMA可限制因提供某项电信服务造成的民事侵权责任

（1）提供某特定电信服务过程中，因作为或不作为造成的侵权行为，ACMA可以书面形式对赔偿金额设限。

注：有关类别的详细说明，参见《1901年法案解释法》46（2）。

（2）依据本条（1）出具的法律文书有效。

（3）依据本条（1）对赔偿金额设限的法律文书可适用于以下方面：

（a）可全额收回损失的单一事件；或

（b）损失总额可由某原告全额收回的单一事件。

（4）依据本条（1）出具的法律文书可以美元数额的形式设限，也可规定金额计算方法。

（5）本条（3）和（4）未默示限制本条（1）。

（6）本条款不构成《1999年电信（用户保护和服务标准）法》（涉及消费者服务保障方面的问题）第五章的诉因。

（7）本条款不构成第42条（涉及电信运营商依据第2节、第3节或第4节开展活动造成的损失或损害赔偿）的诉因。

（8）根据《1901年法案解释法》第46A条规定，依据本条（1）

出具的法律文书是可驳回法律文件。

47 设施所有权

如未特殊指明，电信运营商提供、安装或维护的设施或部分设施属于其财产所有者：

（a）在任何情况下，不论其（部分或全部）是否已成为固定装置；且

（b）对于网络原件，不论该网络原件相关提名电信运营商申报生效与否。

48 ACMA 可告知公众指定架空线路、电信传输塔及地下设施

（1）ACMA 可将以下设施种类及位置告知公众：

（a）指定架空线路；及

（b）电信传输塔；及

（c）地下设施。

（2）在履行本条（1）赋予 ACMA 的职能时，ACMA 须考虑以下事项：

（a）如果：

（i）ACMA 同意某团体或组织代表电信运营商；且

（ii）该团体或协会向 ACMA 出具书面声明，陈述该团体或协会对于 ACMA 应如何履行职能的看法；

声明中阐述上述看法；

（b）电信运营商的合法商业利益；

（c）维护国家安全的目标；

（d）通过电线、塔或相关设施提供电信服务的终端用户的隐私。

（3）本条（2）并未默示限制 ACMA 可考虑因素。

（4）第 40 条和第 41 条不适用于本条（1）赋予 ACMA 的职能。

（5）本条中：

“电信传输塔”是指通过无线电提供电信服务的：

（a）塔；或

（b）电线杆；或

（c）天线杆；或

（d）类似结构。

49 地下设施安装选项的审核

（1）1998年7月1日前，部长必须对地下设施安装选项进行审核。

（2）这些选项包括将地下设施作为某协同项目的一部分，同时考虑其他地下设施（例如，输电和配电基础设施）的放置。

（3）部长必须出具审核报告。

（4）报告编制完成后，部长须在众议院和参议院15个开会日内将报告副本送达参、众两院。

50 地下设施安放进展情况监控

ACMA负责监控并向部长汇报地下设施安放进展。

51 移除某些架空线路

（1）如果：

（a）某架空线路（符合条件的架空线路）与某电线杆（第一条电线杆）相连接；且

（b）该符合条件的架空线路，或符合条件的架空线路的一部分，悬挂在第一条电线杆和另一条电线杆（第二根电线杆）之间；且

（c）该符合条件的架空线路的安装依据以下条款：

（i）本法案；或

（ii）《1991年电信法》第116条；或

（iii）《1991 年电信法》第七章第 3 节；或

（iv）澳大利亚联邦已废止的法条；且

（d）第一条电线杆上还连着其他一条或多条架空线路，且这些架空电缆中至少有一条为非通信电缆；且

（e）各非通信电缆被永久移除（同时或在一段时间内），并不会用其他电缆更换；

在完成本条（e）所述移除工作六个月内，符合条件的架空线路所有者必须永久性地移除第一条和第二根电线杆间悬着的符合条件的架空线路。

（2）如果：

（a）第一条电线杆所在区域有地方政府机构；且

（b）第一条电线杆所在区域没有规定的州或领地行政当局；

地方政府可以书面形式：

（c）免除本条（1）有关第一条电线杆的内容对符合条件的架空线路所有者的约束；或

（d）将本条（1）中提及的六个月期限延长，以对符合条件的架空线路所有者及第一条电线杆适用本条（1）中所述事项。

（3）如第一条电线杆所在区域有规定的州或领地行政当局，该当局可以书面形式：

（a）免除本条（1）有关第一条电线杆的内容对符合条件的架空线路所有者的约束；或

（b）将本条（1）中提及的六个月期限延长，以对符合条件的架空线路所有者及第一条电线杆适用本条（1）中所述事项。

（4）如果：

（a）第一条电线杆所在区域没有地方政府机构；且

（b）第一条电线杆所在区域没有规定的州或领地行政当局；

可依据条例制定规定：

（c）免除本条（1）有关第一条电线杆的内容对符合条件的架空线路所有者的约束；且

（d）将本条（1）中提及的六个月期限延长，以对符合条件的架空线路所有者及第一条电线杆适用本条（1）中所述事项。

（5）依据本条（4）条例制定的规定可就某事项赋予 ACMA 权力。

（6）本条并未限制依据本条（2）或（3）制定的两个或两个以上的法律文书共同用于同一文件。

（7）在本条中：

“行政机关”是指：

（a）办公室拥有者；或

（b）州或领地官员；或

依据州法或领地法履行行政职能。

“电线”包括废弃的电线。

“非通信电缆”是指架空电缆（不同于电线）。

“架空电缆”意味着电线或电缆悬挂于以下表面之上：

（a）土地（不同于下沉陆地）；或

（b）河流、湖泊、潮汐汊道、海湾、河口、港口及其他水体。

“架空线路”意味着线路悬挂于以下表面之上：

（a）土地（不同于下沉陆地）；或

（b）河流、湖泊、潮汐汊道、海湾、河口、港口及其他水体。

“规定的行政机关”，对于州或领地而言，是指具有下述特征的行政机关：

（a）依据州法或领地法开展行政职能；且

（b）通过条例指定的。

52 不可替代澳大利亚联邦法律

第 2 节、第 3 节和第 4 节并未授权电信运营商从事有违澳大利亚联邦法律其他规定的活动。

53 土地细分者承担必要更改所涉费用

如果：

（a）电信运营商认为，由于土地细分导致须将某设施从某地上方、地表或地下移除、或更改位置；且

（b）任何移除或变更的合理行为对电信运营商造成费用；对土地进行细分的人有责任向电信运营商支付合理费用，可经由有管辖权的法院裁决，将该金额作为应付给电信运营商的债务来收回。

54 服务通知

（1）如果：

（a）电信运营商经多方问询仍无法确定某土地所有者；或

（b）电信运营商无法依据本章亲自或以邮寄方式向土地所有者送达通知书；

电信运营商可依据本章在土地所在区域发行的报纸上刊登通知副本，以此通知土地所有者；

（c）如土地被他人占有，则向占有人发通知副本；或

（d）如土地未被占有，如果可能的话，在土地的显眼位置张贴通知副本。

（2）如电信运营商经过多方问询仍无法确定：

（a）该土地是否有人占用；或

（b）该土地的占有者；

电信运营商可将该土地视同空置土地。

（3）如无法依据本章亲自或以邮寄方式向土地占有者送达通知书，电信运营商可依据本章通过以下方式通知土地占有者：

（a）在土地所在区域发行的报纸上刊登通知副本；并

（b）如果可能的话，在土地的显眼位置张贴通知副本。

（4）本条款不影响其他任何澳大利亚联邦法律、州法或领地法授权文件的执行。

55　2001 年 1 月 1 日前未依据澳大利亚联邦法安装的设施——环境影响

（1）本条适用于以下情况：

（a）电信运营商为了提供电信服务，于 2001 年 1 月 1 日前提出安装某设施的建议；且

（b）本章第 3 节及《1991 年电信法》第七章都未授权进行安装；且

（c）符合本条（2）中的任一条件。

（2）对于本条（1）（c），特指定下列条件：

（a）实施安装：

（i）不符合或可能不符合澳大利亚在所列国际协议中的义务；或

（ii）可能使某受威胁的物种灭绝或阻碍其复苏；或

（iii）可能使某种生存受到威胁的动植物成为受威胁物种；或

（iv）可能对某受威胁的动植物物种产生不利影响；或

（v）可能毁坏某受威胁的动植物物种全部或部分栖息地；或

（vi）可能毁坏某受威胁动物或植物物种继续存活所必不可少的全部或部分地方，或者某个生态群落；或

（vii）可能威胁某受威胁生态群落，使其灭绝或显著影响其复苏；或

（viii）可能对某受威胁生态群落产生不利影响；或

（ix）可能毁坏受威胁生态群落全部或部分栖息地；或

（x）可能对入册的迁徙物种（见《1999 年环境保护与生物多样性保护法》中的定义）产生不利影响；或

（xi）将对或可能对澳大利亚联邦海域（见《1999 年环境保护与生物多样性保护法》中的定义）环境产生显著影响；或

（xii）将对、或可能对澳大利亚联邦陆地（见《1999 年环境保护与生物多样性保护法》中的定义）环境产生显著影响；

（b）安装工作将在以下地方进行：

（i）声明的世界文化遗产所在地（见《1999 年环境保护与生物多样性保护法》中的定义）；

（ia）声明的拉姆萨尔湿地（见《1999 年环境保护与生物多样性保护法》中的定义）；

（ii）所列国际协议要求澳大利亚加以保护的地方；

（iii）澳大利亚联邦、州或领地法律规定的，全部或大部分用于自然保护目的地方（无论如何描述）；

（iv）澳大利亚联邦、州或领地法律规定的，要求排除显著环境干扰的地方；

（c）安装工作将在以下某地区或物品上，或以下某个地区或物品附近进行：

（i）列入国家文化遗产名录的；或

（ii）列入国家文化遗产名录过渡条目的；或

（iii）对澳大利亚土著或者托雷斯海峡岛民具有特殊意义的，符合其传统的；

（3）电信运营商须在安装工作开始前至少 25 个工作日以书面形式通知环境局局长，告知其相关施工。

（4）该通知必须包含一份书面声明，声明须依照条例规定列出开展安装工作及设施对环境的影响。

（5）在收到通知的25个工作日内，ACMA可向电信运营商发出书面指示，告知其就以下方面须做事宜或禁止其做某事：

（a）开展安装工作；或

（b）设施；

或两者兼有。

（6）电信运营商须遵守本条（5）的指示。

（7）本条（5）的指示只能涉及以下方面对环境的影响：

（a）开展安装工作；或

（b）设施；

或两者兼有。

（8）除非环境局依据本条（9）向ACMA提出建议，否则ACMA不得依据本条（5）发出指示。

（9）环境局可以书面形式建议ACMA依据本条（5）发出指示。

（10）依据本条（5）发出指示时，ACMA：

（a）不需要完全按照环境局建议给出指示；且

（b）可涉及环境局建议以外的其他事宜。

（11）依据本条（5）发出指示前，ACMA必须就是否符合本条（2）（c）所述条件咨询澳大利亚文化遗产委员会。

（12）在本条款中：

“对环境的影响”包括对文化遗产价值的影响。

第2章　过渡性条文

60　已有建筑物、构筑物及设施——州法和领地法的适用

涉及以下方面的州法或领地法：

（a）某建筑物、构筑物的设施设计或建造方式的适用标准：

（b）批准建造某建筑物、构筑物或设施；或

（c）占用或使用某建筑物、构筑物或设施；或

（d）更改或拆除某建筑物、构筑物或设施；

不适用于电信运营商拥有或经营的建筑物、构筑物或设施，如该建筑物、构筑物或设施的建设、更改或拆除由以下法令授权：

（e）《1991 年电信法》第 116 条；或

（f）《1991 年电信法》第七章第 3 节；或

（g）澳大利亚联邦废除的法律。

61　现有建筑物、构筑物及设施——普通法的适用

涉及侵害的普通法不适用于电信运营商拥有或经营的、长期存在的建筑物、构筑物或设施，如该建筑物、构筑物或设施的建设或更改由以下法令授权：

（a）《1991 年电信法》第 116 条；或

（b）《1991 年电信法》第七章第 3 节；或

（c）澳大利亚联邦废除的法律。

第 3 章　财产取得补偿

62　财产取得补偿

（1）如果：

（a）以下任一情况导致从某人处获得财产：

（i）电信运营商依据或因本附则所做的任何事；

（ii）依据或因本附则关于电信运营商拥有或经营的建筑物、构筑物或设施的内容，赋予电信运营商的权利；且

（b）脱离本条款，财产取得无效，因为某特定的人并未得到补偿；

电信运营商必须向该人支付：

（c）该人与电信运营商协商达成的合理赔偿数额；或

（d）如双方未能达成协议，则由有管辖权的法院确定合理的赔偿数额。

（2）依据本条评估某事引发的赔偿时，须考虑以下方面：

（a）依据本条以外的条款，由相同事件所引起的、经该人与电信运营商协商使该人获得的赔偿；

（b）依据本条以外的条款，由相同事件所引起的、该人从电信运营商处得到的损失赔偿或其他补偿。

（3）本条未限制第42条的实施。

（4）在本条中：

“财产取得”的含义与《宪法》51（xxxi）相同。

63　本章适用范围

本章适用于以下范围：

（a）《2005年电信及其他立法修正案（海底电缆保护及其他措施）法案》附则二生效后，电信运营商依据或因本附则所做的任何事宜；

（b）与以下方面有关的已有权利：

（i）电信运营商拥有或经营的某建筑物、构筑物或设施；及

（ii）《2005年电信及其他立法修正案（海底电缆保护及其他措施）法案》附则二生效后，电信运营商依据或因本附则继承的权利。

附则 3A：海底电缆的保护

注：见第 484A 条。

第 1 章　序　　言

1　纲要

本章纲要如下：

- ACMA 可就海底电缆的宣布保护区。保护区禁止某些活动，还有某些活动可能受限。
- 电信运营商如有意在澳大利亚水域安装海底电缆，必须向 ACMA 申请许可证。

2　定义

（1）除非有相反的意义表达，否则在本附则中：

“土著人”是指澳大利亚土著种族。

“咨询委员会”是指依据《2005 年澳大利亚通讯媒体管理局法案》第 58 条成立的咨询委员会。

“澳大利亚”，在用于地理意义时，包括所有的外部领土。

注：澳大利亚一词在本附则中的含义与该词在本法其他地方的含义不同。

“澳大利亚水域”是指：

（a）澳大利亚的领海（依据《1973 年海洋和下沉陆地法》）；及

（b）澳大利亚专属经济区；及

（c）澳大利亚专属经济区界线以外大陆架以上的水域。

注：在此定义中，澳大利亚一词包含所有外部领土。

“鲸类动物”含义同《1999 年环境保护与生物多样性保护法》。

“沿海水域”：

（a）州的沿海水域，是指依据《1980 年沿海水域（州权力）法》，该部分海洋被划归州的沿海水域；

（b）领地的沿海水域，是指依据《1980 年沿海水域（州权力）法》，该部分海洋被划归领地的沿海水域；

“联邦海域”含义同《1999 年环境保护与生物多样性保护法》。

“行为”是指某行动、未采取的行动或事态。

“大陆架”含义同《1973 年海洋与下沉陆地法》。

“声明的拉姆萨尔湿地”含义同《1999 年环境保护与生物多样性保护法》。

“声明的世界文化遗产”含义同《1999 年环境保护与生物多样性保护法》。

“生态特性”含义同《1999 年环境保护与生物多样性保护法》。

“生态群落”含义同《1999 年环境保护与生物多样性保护法》。

“从事行为”是指采取、或未采取某项行动。

“环境”含义同《1999 年环境保护与生物多样性保护法》。

“环境局局长”是指负责执行《1999 年环境保护与生物多样性保护法》的部长下辖部门的局长。

“专属经济区”含义同《1973 年海洋与下沉陆地法》。

“安装”，有关海底电缆时，包括：

（a）在海底铺设电缆；及

（b）将电缆与其他电缆或物品相连；及

（c）安装电缆时一切其他辅助性或连带活动（在此，安装涵盖了本条（a）或（b）所述内容）。

“国际协议”是指：

（a）澳大利亚加入的国际公约；

（b）澳大利亚与外国之间的协议或商定；

例如，包括澳大利亚部长与外国官员或官方达成的协议、商定或谅解等。

“所列的国际协定”是指以下协定：

（a）附则三所称协议是指所列的国际协议；

（b）就本定义而言，是指条例中指明的国际协议。

“所列的海洋物种”含义同《1999 年环境保护与生物多样性保护法》。

“所列的迁徙物种”含义同《1999 年环境保护与生物多样性保护法》。

“所列的受威胁的物种”含义同《1999 年环境保护与生物多样性保护法》。

“国家文化遗产名录”含义同《1999 年环境保护与生物多样性保护法》。

“国家文物价值”含义同《1999 年环境保护与生物多样性保护法》。

“非保护区安装许可证”是指依据本附则第三章第 3 节颁发的许可证。

“保护区”是指 ACMA 依据第 4 条宣布的保护区。

“保护区安装许可证”是指依据本附则第三章第 2 节颁发的许可证。

“船”是指在水中航行的各种船只，不论其航行方式为驱动或移动。

“海底电缆”是指线路环节的该部分（依据第 30 条规定）：

（a）铺设于澳大利亚水域下方的海床；且

（b）铺设该电缆的目的包括将澳大利亚某处与澳大利亚以外的地方（无论电缆是否通过澳大利亚另一个地方铺设）相连接；

并包含任何连接到线路环节该部分的设施，如果该设施是用在该线路环节所属部分上或为了与该线路环节所属部分相连接。

注：就本附则而言，任何未铺设于澳大利亚海床上的线路环节所属部分，以及连接到此类线路环节所属部分上的装置，都不属于海底电缆。

“受威胁的生态群落”是指列入《1999 年环境保护与生物多样性保护法》第十三章第 1 节受威胁生态群落中的生态群落。

“受威胁的物种”是指列入《1999 年环境保护与生物多样性保护法》第十三章第 1 节受威胁物种以下类别之一的物种：

（a）野外已经灭绝；

（b）极度濒危；

（c）濒危；

（d）脆弱的。

“托雷斯海峡岛民”是指托雷斯海峡群岛原住民的后裔。

“世界文化遗产价值”含义同《1999 年环境保护与生物多样性保护法》。

（2）本附则所述海底电缆的位置中，对于尚未安装的海底电缆而言，指的是海底电缆的建议安装位置。

第2章　保护区

第1节　纲要

3　纲要

本章纲要如下：

- ACMA可就澳大利亚水域安装的海底电缆宣布保护区。
- 在宣布保护区前，ACMA须征询咨询委员会、环境局局长及公众。
- 保护区内某些活动被禁止，某些活动可能受限。
- 如某人在保护区内损坏海底电缆、从事保护区内禁止的活动，或者违反保护区的任何限制，即属犯法行为。

第2节　宣布保护区

分节A——声明

4　ACMA可宣布保护区

（1）对于澳大利亚水域某涉及一条或多条海底电缆的区域，或拟安装一条或多条海底电缆的区域，ACMA可通过法律文书宣布该区域为保护区。

（2）在ACMA将某处定为保护区前，必须遵守分节B。

注：分节B要求ACMA为保护区制定提案，并就提案进行咨询，且满足其他先决条件。

5　ACMA主动宣布或应请求宣布

宣布保护区可以是：

（a）ACMA 主动宣布；或

（b）应他人请求宣布。

6 对建立保护区请求的回应

ACMA 决定制定提案

（1）如果：

（a）某人请求 ACMA 宣布保护区；且

（b）对于该请求，ACMA 决定制定保护区提案；

则 ACMA 须给该人一份提案副本。

ACMA 决定不制定提案

（2）如果：

（a）某人请求 ACMA 宣布保护区；且

（b）对于该请求，ACMA 决定不制定保护区提案；

ACMA 须通过书面形式将所作决定告知该人，并告知其作出此决定的原因。

7 决定不宣布保护区或者宣布不同的保护区

不宣布

（1）如果：

（a）某人请求 ACMA 宣布保护区；且

（b）ACMA 根据请求制定了保护区提案；且

（c）ACMA 决定不宣布保护区；

则 ACMA 须通过书面形式将所作决定告知该人，并告知其作出此决定的原因。

宣布与建议不同的保护区

（2）如果：

（a）某人请求 ACMA 宣布保护区；且

（b）ACMA 根据请求制定了保护区提案；且

（c）ACMA 宣布了与提议保护区不同的保护区；

则 ACMA 须给该人一份提案副本。

8　海底电缆所在位置须在宣布声明中指出

（1）保护区的宣布声明中：

（a）必须指出所安装电缆在澳大利亚水域中的所有标称位置；且

（b）不得指出澳大利亚水域以外的电缆位置。

（2）位置须用地理坐标表示，且须包括供坐标参考的大地基准点。

9　保护区的范围

除非另有规定，保护区范围如本条规定

（1）除非 ACMA 在宣布保护区时另有规定，以下类型的保护区：

（a）涉及一条海底电缆的，遵守本条（2）的划定范围；

（b）涉及多条海底电缆的，遵守本条（4）的划定范围。

涉及一条海底电缆的保护区

（2）涉及一条海底电缆的保护区：

（a）在澳大利亚水域包含如下范围：

（i）电缆标称位置上方海面点的两侧一海里以内的区域；及

（ii）该区域下方的水域；及

（b）该区域下的海床和底土。

注：如果某电缆离开澳大利亚水域的一个区域，随后进入澳大利亚水域的另一个区域，依据本条（2），该电缆保护区涵盖了澳大利亚水域的这两个领域。

（3）对于单条海底电缆保护区的声明，如果宣布的范围超出本条

（2）中所述区域，则该声明无效。

涉及多条海底电缆的保护区

（4）涉及超过一条海底电缆的保护区：

（a）在澳大利亚水域包含如下范围：

（i）电缆标称位置之间的区域；及

（ii）两根位于最外侧电缆的标称位置上方海面点外侧一海里以内的区域；及

（iii）该区域下方的水域；及

（b）该区域下的海床和底土。

注：如果某电缆离开澳大利亚水域的一个区域，随后进入澳大利亚水域的另一个区域，依据本条（4），该电缆保护区涵盖了澳大利亚水域的这两个领域。

（5）对于超过一条的海底电缆保护区的声明，如果宣布的范围超出本条（4）中所述区域，则该声明无效。

标称位置

（6）在本条中：

海底电缆的标称位置，是指电缆相关的保护区声明中明确的标称位置。

10　被禁止的活动

（1）保护区声明可具体指定该保护区内禁止的活动。

（2）如保护区声明未具体指定该保护区内禁止的活动，则默认禁止本条（4）所述活动。

（3）保护区声明中禁止的活动必须在本条（4）所述活动范围之内。

（4）本分条包括以下活动：

（a）使用以下物品：

（i）用于海床上或海床附近的拖网装备（如，海底拖网）；或

（ii）固定在海床上的渔网，并通过浮球使其保持直立（如，海底刺网）；或

（iii）用于在海床上或者海床附近捕鱼的钓线（如，海底钓线）；或

（iv）疏浚机；或

（v）容器或捕捉器；或

（vi）鱿鱼夹具；或

（vii）围网；或

（viii）停泊在海床上用于吸引捕获鱼类的装置（如，集鱼装置）；

（b）从船上拖拉、操作或悬挂以下物品：

（i）本条（a）提及的任何物品；或

（ii）网、线、绳、链或用于捕捞作业的其他任何物品；

（c）从船上放下、升起或悬挂锚桩；

（d）采砂；

（e）勘探或开发（海洋物种以外的）资源；

（f）采矿或运用采矿技术；

（g）某物品与海底电缆如发生勾连可能损坏电缆，可能导致此类物品接触海床从而具有很高风险的活动；

（h）条例明确规定的、如在海底电缆附近进行很可能对电缆造成损害的活动。

11　受限活动

（1）保护区声明可对保护区内从事某些活动具体指明限制。

（2）保护区声明中的受限活动必须在本条（3）所述活动范围之内。

（3）本分条包含以下活动：

（a）使用以下物品：

(i) 任何时间都位于海床之上的网；或

(ii) 系在船后拖着的鱼线上的诱饵；

(b) 从船上拖拉、操作或悬挂以下物品：

(i) 本条 (a) 提及的任何物品；或

(ii) 网、线、绳、链或用于捕捞作业的其他任何物品；

(c) 用鱼线捕鱼；

(d) 电力电缆、油气管道、其他类似电缆或管道及其他任何相关设备的安装、维修或拆除；

(e) 使用船舶进行的建设、维修或拆除活动；

(f) 助航相关的建设或维修活动；

(g) 某物品与海底电缆如发生勾连可能损坏电缆，可能导致此类物品接触海床从而具有很高风险的活动；

(h) 条例明确规定的，如果在海底电缆附近进行可能对电缆造成损害的活动。

12 条件

(1) 保护区声明不得与任何 ACMA 认为适当的条件相抵触。

(2) 这些条件必须在声明中明确指出。

第13条 声明何时生效

(1) 保护区声明具体生效时间由 ACMA 指定。

(2) 如某声明仅涉及尚未安装的海底电缆，ACMA 在确认电缆将开始安装前不得指定具体生效时间。

14 声明的期限

(1) 除非 ACMA 撤销保护区声明，否则声明一直有效。

（2）为避免疑义，即便位于保护区的海底电缆停止运作，声明仍然有效。

分节 B——声明保护区的前提

15　ACMA 就保护区拟定提案

（1）在就某条或多条海底电缆声明保护区前，ACMA 必须就保护区拟定提案。

（2）该提案须包含以下内容：

（a）海底电缆在澳大利亚水域中的标称位置；及

（b）如建议保护区范围不同于第 9 条所述范围，须提供建议保护区详细位置和面积；及

（c）建议保护区拟禁止活动的详细信息；及

（d）建议保护区拟限制活动的详细信息。

（3）根据本条（1）拟定的提案不属于法律文件。

16　ACMA 向咨询委员会提交提案

（1）ACMA 须将根据第 15 条拟定的提案提交咨询委员会。

注：咨询委员会的相关要求参阅第 49 条。

（2）咨询委员会可就提案提出建议。

（3）如咨询委员会未就提案提出建议，委员会须向 ACMA 发表声明，在声明中阐明每位委员会成员对提案的看法。

17　ACMA 公布提案

（1）ACMA 须公布依照第 15 条拟定的提案，并请公众就提案提交建议。

（2）提案须在以下位置公示：

（a）《公报》（Gazette）；及

（b）由 ACMA 维护的网站；及

（c）各州、澳大利亚首都领地及北领地普遍流通的报纸；及

（d）如外部领地也受到该提案影响，则包括在外部领地普遍流通的报纸。

18　电缆必须是具有全国意义的海底电缆

除非 ACMA 认为某条或多条电缆具有或将具有全国意义，否则不得就该条或多条海底电缆宣布相关的保护区。

19　咨询环境局局长

（1）除非 ACMA 就保护区提案咨询过环境局局长，否则不得就某条或多条海底电缆宣布相关的保护区。

（2）ACMA 必须考虑环境局局长就提案所提出的全部意见或建议。

20　ACMA 必须考虑的事项

在决定是否就一条或多条海底电缆宣布相关保护区时，ACMA 必须考虑以下方面：

（a）咨询委员会考虑保护区提案后给出的意见和建议；及

（b）公众就保护区提案提交的意见；及

（c）促进向公众提供高效、现代和低成本电信服务的目标；及

（d）若保护区提案涉及的海底电缆尚未安装，须考虑安装电缆对环境的影响；及

（e）若保护区提案涉及的海底电缆尚未安装，须考虑任何与安装有关的技术和经济方面的问题；及

（f）若保护区提案涉及的海底电缆尚未安装，须考虑海底电缆与现有海底电缆共存的问题；及

（g）若保护区提案涉及的海底电缆尚未安装，须考虑安装该电缆可能带来的经济效益和社会效益；及

（h）任何其他 ACMA 认为有关的事宜。

21　环境和文化遗产的考量

对于 20（d），ACMA 必须考虑以下方面：

（a）海底电缆的安装、维护或运作是否：

（i）符合澳大利亚在所列国际协议中的义务；

（ii）对所列的受威胁的物种或生态群落产生不利影响，或阻碍所列的受威胁物种或生态群落的恢复；或

（iii）可能对所列的海洋物种产生不利影响；或

（iv）可能对包括澳大利亚联邦海域环境在内的环境产生不利影响；或

（v）可能对鲸类动物产生不利影响；或

（vi）可能对所列的迁徙物种产生不利影响；或

（vii）可能对列入国家文化遗产列表中的国家文化遗产价值产生不利影响；或

（viii）可能对某声明的拉姆萨尔湿地的生态特征产生不利影响；或

（ix）可能对某列入世界文化遗产财产的世界文化遗产价值产生不利影响；或

（x）可能对澳大利亚依据所列国际协议有责任加以保护的地方产生不利影响；或

（xi）可能对依据澳大利亚联邦法律、州法或领地法，要求为海洋保护目的而全部或部分保留的区域（不论如何描述）造成不利影响；或

（xii）可能对依据澳大利亚联邦法律、州法或领地法，要求排除显

著环境干扰的区域造成不利影响；及

（b）海底电缆是否将被安装在对澳大利亚土著居民，或托雷斯海峡岛民具有特别意义的区域或区域附近，安装是否符合其传统；及

（c）ACMA认为有关的其他事项（如有）。

22 保护区最终决定的截止期限

如果ACMA依据第17条公布保护区提案，则自提案公布第二日起的12个月内，ACMA必须尽快做出关于是否宣布保护区的决定。

第3节 保护区声明的更改或撤销

分节A——更改或撤销

23 ACMA可更改或撤销保护区声明

（1）ACMA可通过法律文书更改或撤销保护区声明。

注：依据第48条，海底电缆停用时电信运营商须告知ACMA。

（2）ACMA更改或撤销保护区声明前须遵守分节B。

注：分节B要求ACMA制定更改或撤销提案，并就提案进行咨询。

24 ACMA主动或应请进行变更或撤销

保护区声明的变更或撤销可由ACMA主动作出，也可应请作出。

25 ACMA就变更或撤销请求通知受影响的电信运营商

如某人请求ACMA更改或撤销某保护区声明，ACMA必须尽快将请求细节告知负责相关保护区海底电缆的电信运营商。

26　回应关于更改或撤销保护区声明的请求

ACMA 决定制定更改或撤销提案

（1）如果：

（a）某人请求 ACMA 更改或撤销某保护区声明；且

（b）ACMA 决定应请制定更改或撤销提案；

则 ACMA 必须：

（c）给予该人一份提案副本；且

（d）倘若提案与该人请求有不同，须以书面形式告知该人不同之处。

ACMA 决定不制定更改或撤销提案

（2）如果：

（a）某人请求 ACMA 更改或撤销某保护区声明；且

（b）对此请求，ACMA 决定不制定更改或撤销提案；

ACMA 须以书面形式告知此人 ACMA 的决定以及做出此决定的理由。

27　接到更改或撤销保护区声明请求后，决定不做更改或撤销

如果接到某人更改或撤销保护区声明请求后，ACMA：

（a）决定不更改或撤销声明；或

（b）决定更改声明，但更改方式不同于请求；或

（c）对于撤销声明的请求，决定更改声明；或

（d）对于更改声明的请求，决定撤销声明；

ACMA 须以书面形式告知此人 ACMA 的决定以及做出此决定的理由。

28　更改或变更何时生效

更改或撤销保护区声明的生效时间由 ACMA 指定。

29 更改的保护区不得超过许可范围

对于依据本节更改的保护区声明，9（3）和（5）（关于保护区范围）仍适用。

分节B——更改或撤销保护区声明的前提

30 ACMA编制更改或撤销提案

（1）ACMA更改或撤销某保护区声明前，必须编制更改或撤销声明的提案。

（2）依据本条（1）编制的提案不属于法律文件。

31 ACMA就提案咨询咨询委员会

（1）ACMA必须就依照第30条制备的提案咨询咨询委员会。

注：咨询委员会的相关要求参阅第49条。

（2）咨询委员会可就提案提出建议。

（3）如咨询委员会未就提案提出建议，委员会须向ACMA发表声明，在声明中阐明每位委员会成员对提案的看法。

32 ACMA公布提案

（1）ACMA须公布依据第30条编制的提案，并请公众就提案提建议。

（2）提案须在以下位置公示：

（a）《公报》（Gazette）；及

（b）由ACMA维护的网站；及

（c）各州、澳大利亚首都领地及北领地普遍流通的报纸；及

（d）如外部领地也受到该提案影响，则包括外部领地普遍流通的报纸。

33　咨询环境局局长

（1）非 ACMA 就更改或撤销声明的提案咨询过环境局局长，否则不得更改或撤销保护区声明。

（2）ACMA 必须考虑环境局局长就提案给出的任何意见或建议。

34　ACMA 必须考虑的事项

在决定是否变更或撤销保护区声明时，ACMA 必须考虑以下方面：

（a）咨询委员会考虑变更或撤销提案后给出的意见和建议；及

（b）公众就变更或撤销提案提交的意见；及

（c）下述各方的合法商业利益：

（i）保护区各条海底电缆的所有者；及

（ii）如保护区负责所涉电缆的电信运营商不是电缆的所有者，则须考虑该电信运营商的合法商业利益；及

（d）ACMA 认为有关的任何其他事宜。

35　变更或撤销保护区最终决定的截止期限

如 ACMA 依据第 32 条公布更改或撤销某保护区声明的提案，其必须在提案公布后的 180 日内决定是否更改或撤销保护区声明。

第 4 节　涉保护区的违法行为

分节 A——损坏海底电缆

36　损坏海底电缆

（1）如某人有下述行为，则构成犯罪：

（a）该人从事行为；且

（b）行为导致海底电缆，或部分海底电缆受损；且

（c）电缆、或部分电缆位于保护区内。

处罚：监禁 10 年或缴纳 600 倍基准罚金，或两者兼有。

（2）严格法律责任适用于本条（1）（c）。

注：严格法律责任，参见《刑法》6.1。

37　过失损坏海底电缆

（1）如某人有下述行为，则构成犯罪：

（a）该人从事行为；且

（b）行为导致海底电缆、或部分海底电缆受损；且

（c）该人未意识到行为会导致损害发生；且

（d）电缆、或部分电缆位于保护区内。

处罚：监禁 3 年或缴纳 180 倍基准罚金，或两者兼有。

（2）严格法律责任适用于本条（1）（d）。

注：严格法律责任，参见《刑法》6.1。

38　损坏海底电缆罪的辩护

以下情况，本条 36（1）及 37（1）不适用：

（a）损坏海底电缆或部分海底电缆的行为出于挽救生命或船舶；或

（b）损坏海底电缆或部分海底电缆的行为出于防止污染；或

（c）被告已采取一切合理步骤避免对海底电缆造成损害；或

（d）被告为该海底电缆的拥有者或经营者；或

（e）行为发生时，被告代表拥有或经营该海底电缆的电信运营商行事。

注：该条款所涉事宜，由被告负责举证。见《刑法》13.3（3）。

39 船长或船主犯损害海底电缆罪

（1）如有以下情况，该人（第一人）构成犯罪：

（a）第一人是船主或船长；且

（b）第一人允许他人使用该船；且

（c）他人违反第 36 条从而构成犯罪；且

（d）该船被用来从事非法行为，而第一人罔顾这一事实。

处罚：监禁 10 年或缴纳 600 倍基准罚金，或两者兼有。

（2）严格法律责任适用于本条（1）（c）。

注：严格法律责任，参见《刑法》6.1。

分节 B——从事禁止或受限活动

40 从事禁止或受限活动

如某人从事下述行为，则构成犯罪：

（a）该人从事行为；且

（b）行为发生在保护区；且

（c）该行为：

（i）在保护区内被禁止；或

（ii）违反保护区对某行为施加的限制；且

（d）行为非由拥有或经营该电缆的电信运营商，或由代表上述电信运营商行事之人以维护或修理该电信运营商负责的海底电缆为目的所为；且

（e）行为非由持有保护区安装许可证的电信运营商，或依据许可证在安装海底电缆时代上述电信运营商行事之人所为。

处罚：监禁 5 年或缴纳 300 倍基准罚金，或两者兼有。

41 从事被禁或受限活动结果加重犯

如某人从事下述行为，则构成犯罪：

（a）该人从事行为；且

（b）行为发生在保护区内；且

（c）该行为：

（i）在保护区内被禁止；或

（ii）违反保护区对某行为施加的限制；且

（d）行为人以获得商业利益为目的；且

（e）行为非由拥有或经营该电缆的电信运营商，或由代表上述电信运营商行事之人以维护或修理该电信运营商负责的海底电缆为目的所为；且

（f）行为非由持有保护区安装许可证的电信运营商，或依据许可证在安装海底电缆时代上述电信运营商行事之人所为。

处罚：监禁 7 年或缴纳 420 倍基准罚金，或两者兼有。

42 从事被禁或受限活动免责辩护

以下情况，第 40 条和第 41 条不适用：

（a）行为出于挽救生命或船舶；或

（b）行为出于防止污染；或

（c）被告已采取一切合理步骤避免从事该行为。

注：该条款所涉事宜，由被告负责举证。见《刑法》13.3（3）。

43 结果加重犯不成立的替代裁定

在对触犯第 41 条的审判中，如果：

（a）事实仲裁者不认为被告从事该活动出于商业利益；且

（b）事实仲裁者另外认为被告触犯第 40 条；

仲裁者可能认为被告未触犯第 41 条，但触犯了第 40 条，对被告定罪过程中须确保程序公正。

44　船长或船主参与被禁或受限活动罪行

（1）如有以下情况，该人（第一人）构成犯罪：

（a）第一人是船主或船长；且

（b）第一人允许他人使用该船；且

（c）他人违反第 40 条或第 41 条从而构成犯罪；且

（d）该船用于犯罪，而第一人罔顾这一事实。

处罚：

（a）如他人违反第 40 条，则监禁 5 年或缴纳 300 倍基准罚金，或两者兼有；或

（b）如他人违反第 41 条，则监禁 7 年或缴纳 420 倍基准罚金，或两者兼有。

（2）严格法律责任适用于本条（1）（c）。

注：严格法律责任，参见《刑法》6.1。

第5节　杂　　项

45　何人具有索赔权

（1）因以下情况遭受直接或间接损失或损害的人：

（a）因保护区的海底电缆被他人损坏；或

（b）因其他人在保护区内从事被禁行为；或

（c）因其他人在保护区内从事违反活动限制的行为；

可向以下对象收回受损金额：

（d）向上文提到的其他人；或

（e）向参与上述违法行为的人和人（无论该人是否因违法而定罪）。

（2）本条（1）所述起诉理由在行为发生后的六年内随之存在。

（3）本条（1）提到从事违法活动的人是指有下述行为的人：

（a）协助、教唆、怂恿或诱使违规；或

（b）通过威胁、允诺或其他方式诱导违规；或

（c）以任何方式直接或间接、有意牵涉或参与违规；或

（d）与他人合谋违规。

（4）关于本条款所涉事项提起的民事诉讼管辖权归联邦法院。

46　锚等物件损失赔偿

（1）如果：

（a）为避免损坏保护区海底电缆，在已采取一切合理的预防措施前提下，对船舶的锚、网或任何其他渔具造成的损失；及

（b）在损失发生时，船上无人从事以下行为：

（i）保护区禁止的活动；或

（ii）违反保护区对某活动的限制；

船主有权要求负责该海底电缆的电信运营商赔偿损失。

（2）关于本条款所涉事项提起的民事诉讼管辖权归联邦法院。

47　ACMA就保护区声明、变化等事项通知有关负责人

（1）如ACMA依据第4条声明保护区，或依据第23条变更或撤销声明的保护区，ACMA必须尽快将其就声明保护区或变更或撤销已声明的保护区所做的决定详细告知本条（2）中提及的负责人。

（2）负责人如下：

（a）澳大利亚渔业管理负责人；

（b）澳大利亚水文组织；

（c）澳大利亚海事安全局；

（d）如海港直接受到声明的影响，亦包括管理州或北领地海港业务的负责人。

48 电信运营商停止使用某海底电缆时须发通知书

如果：

（a）就某海底电缆而设的保护区声明有效，且

（b）该电缆不再被使用（而非暂时不被使用）；

在电缆停用后，负责该电缆的电信运营商必须尽快以书面形式通知 ACMA。

49 咨询委员会构成

（1）因第 16 条或第 31 条组建的咨询委员会成员数不得超过 12 人。

（2）在不对因第 16 条或第 31 条组建的咨询委员会成员构成加以限制的前提下，ACMA 可委任代表下述各方的的成员：

（a）澳大利亚联邦；

（b）具有相关利益的州；

（c）联邦或州具有相关利益的机构或部门；

（d）具有相关利益的行业；

（e）具有相关利益的团体。

（3）在本条款中：

“具有相关利益”，就州、机构、部门、行业或团体而言，是指这些部门担心委员会将考虑的提案对其利益造成影响，或如果 ACMA 声明提案中建议的保护区，可能对其利益造成影响。

“州”包括北领土。

第3章　安装海底电缆的许可证

第1节　纲　　要

50 纲要

本章纲要如下：

- 电信运营商可向 ACMA 申请在下述位置安装海底电缆：
  (a) 在保护区内；或
  (b) 在澳大利亚水域（不包括处于保护区的澳大利亚水域或沿海水域）。
- 在保护区内安装海底电缆可享受简化的申请程序。此外，电信运营商按照许可证规定在保护区安装海底电缆可享受某些州法和领地法豁免。
- 在保护区、或位于非保护区及非沿海水域的澳大利亚水域，行为人未获得许可证的情况下安装海底电缆构成犯罪。
- 持有许可证的行为人如违反许可证条件也构成犯罪。

第2节　保护区安装许可证

51　申请在保护区安装海底电缆的许可证

电信运营商可向 ACMA 提出申请，在保护区安装一条或多条海底电缆（保护区安装许可证）。

52　申请形式等

申请必须：

(a) 以书面形式；且

(b) 以 ACMA 书面批准的形式。

53 伴随相关费用的申请

申请（如发生费用）收费须参照《2005 年澳大利亚通讯媒体管理局法案》第 60 条规定的申请收费标准收费。

54 申请的撤回

本节不妨碍申请的撤回及新申请的提交。

55 更多信息

（1）ACMA 可要求申请人提供申请相关的更多信息。

（2）如申请人未向 ACMA 提供足够信息，ACMA 可拒绝考虑申请。

56 授予或拒绝授予许可证

授予

（1）在对申请进行考虑后，ACMA 可授予申请人保护区安装许可证，授权其在申请中指明的保护区安装海底电缆。

（2）ACMA 在授予许可证时可就安装电缆限定一些条件。

拒绝授予

（3）在对申请进行考虑后，ACMA 可拒绝向申请人授予保护区安装许可证。

（4）如 ACMA 拒绝授予许可证，则须以书面形式告知申请人 ACMA 的决定及做出决定的理由。

57 自动拒绝授予

如到最终期限前仍未授予则视为自动拒绝授予

（1）如果：

（a）电信运营商申请保护区安装许可证；且

（b）在本条款规定的最终期限结束前，ACMA 既未授予亦未拒绝授予许可证；

则在当日结束时视为 ACMA 拒绝授予许可证。

未要求提供更多信息

（2）如 ACMA 未依据第 55 条要求申请人提供申请相关的更多信息，最终期限为自提出申请之日起第 20 个工作日。

提供更多信息的要求得以遵循

（3）如 ACMA 依据第 55 条要求申请人提供申请相关的更多信息，且申请人遵守该要求，最终期限为遵守要求之日起第 10 个工作日。

未遵循提供更多信息的要求

（4）如 ACMA 依据第 55 条要求申请人提供申请相关的更多信息，而申请人未遵守要求，最终期限为，自要求申请人遵守要求的最终期限起第 10 个工作日。

工作日

（5）在本条款中：

“工作日”是指 ACMA 在维多利亚州和澳大利亚首都领地均办公的日子。

58　如自动拒绝授予则退还申请费用

（1）如果：

（a）保护区安装许可证的申请产生第 53 条所述费用；且

（b）依据第 57 条视为 ACMA 拒绝授予许可证；

则 ACMA 须代表澳大利亚联邦退还申请人费用。

（2）本条偿还款项由综合收益基金拨付。

59　许可证有效期

保护区安装许可证自颁发许可证之日起 18 个月内有效。

60　让渡许可证

保护区安装许可证持有人可在任何时间以书面通知形式向 ACMA 让渡许可证。

61　许可证延期

（1）保护区安装许可证过期前，持证人可向 ACMA 申请将许可证有效期延长 180 日。

（2）持证人须向 ACMA 说明要求延长许可证有效期的理由。

（3）如拒绝延期申请，ACMA 须以书面形式告知申请人其决定及作出决定的原因。

62　暂停或注销许可证

（1）如 ACMA 认为有以下情况，可通过书面形式通知持证人暂停或注销保护区安装许可证：

（a）持证人违反了许可证的规定；或

（b）持证人未遵守附则三第 15 条适用于海底电缆安装的业务条例。

（2）依据本条（1）暂停或注销某许可证前：

（a）ACMA 须以书面通知形式给持证人为期 30 日的时限，告知 ACMA 打算暂停或注销许可证，以及 ACMA 作此打算的依据；及

（b）ACMA 须给持证人机会，供其提交任何持证人希望 ACMA 在决定是否暂停或取消许可证时纳入考虑的事项；及

（c）ACMA 须考虑持证人依据（b）提交的事宜，以及持证人为解

决 ACMA 提出的问题，或为防止再次发生类似情况所采取的行动。

63　州法和领地法的豁免

（1）本条款适用于持保护区安装许可证进行海底电缆安装的行为。

（2）即便州法或领地法包括如下内容，电信运营商仍可安装，或使人安装电缆：

（a）评估从事活动对环境的影响；或

（b）保护对澳大利亚自然或文化遗产具有重要意义的地方或项目；或

（c）地方政府机构的权力和职能；或

（d）包括特低电压供电系统在内的燃料和电源的供应与分配；

（e）条例中指明的事项。

（3）如法律规定保护对澳大利亚土著人或托雷斯海峡岛民文化遗产具有重要意义的地方或项目，则该法不适用于本条（2）（b）。

（4）如法律涉及以超过普通商用或家用电压供电，则该法不适用于本条（2）（d）。

（5）尽管行为人可能依据本条（2）不受州法或领地法特定法条的约束，只要其他法条可与本条款同时操作，本条款不对其他任何州法或领地法造成影响。

（6）本条款不影响电信运营商依据州法或领地法纳税的责任。

第3节　非保护区安装许可证

64　关于在澳大利亚水域（非保护区或沿海水域）安装海底电缆的许可证申请

电信运营商如需在某州或北领地的非保护区或沿海水域安装一条或多条海底电缆，须向 ACMA 申请许可证（非保护区安装许可证）。

65　申请形式等

申请必须：

（a）以书面形式；且

（b）以 ACMA 书面批准的形式。

66　伴随相关费用的申请

申请（如发生费用）收费须参照《2005 年澳大利亚通讯媒体管理局法案》第 60 条规定的申请收费标准收费。

67　申请的撤回

本节不妨碍申请的撤回及新申请的提交。

68　更多信息

（1）ACMA 可要求申请人在指定期限内向其提供申请相关的更多信息。

（2）如申请人未向 ACMA 提供足够信息，ACMA 可拒绝考虑申请。

69　授予或拒绝授予许可证

授予

（1）在对申请进行考虑后，依据第 70 条（关于咨询）及第 71 条（关于 ACMA 必须考虑事项），ACMA 可授予申请人非保护区安装许可证，授权其在申请中指明的、位于某州或北领地澳大利亚水域的非保护区或沿海水域安装一条或多条海底电缆。

（2）ACMA 在授予许可证时可就安装电缆限定一些条件。

拒绝授予

（3）在对申请进行考虑后，ACMA 可拒绝向申请人授予非保护区安装许可证。

（4）如 ACMA 拒绝授予许可证，则必须以书面形式告知申请人 ACMA 的决定及做出决定的理由。

70　ACMA 就是否授予许可证作出决定前须进行咨询

有关许可证申请，只有咨询以下方面后，ACMA 才可授予非保护区安装许可证：

（a）环境局局长；及

（b）ACMA 认为有关的其他人。

71　ACMA 就许可证做出决定前必须考虑的事项

在决定是否授予非保护区安装许可证前，ACMA 必须考虑下述事宜：

（a）促进向公众提供高效、现代和低成本电信服务的目标；及

（b）安装对环境产生的影响；及

（c）任何与安装有关的技术和经济方面的问题；及

（d）如申请有关一条或多条海底电缆，须考虑安装是否涉及海底电缆共存的问题；及

（e）ACMA 认为有关的任何其他事宜。

72　环境和文化遗产的考量

对于 71（b），ACMA 须考虑以下方面：

（a）海底电缆的安装、维护或运作是否：

（i）符合澳大利亚在所列国际协议中的义务；或

（ii）对所列的受威胁物种或生态群落产生不利影响，或阻碍所列的受威胁物种或生态群落的恢复；或

（iii）可能对所列的海洋物种产生不利影响；或

（iv）可能对包括澳大利亚联邦海域环境在内的环境产生不利影响；或

（v）可能对鲸类动物产生不利影响；或

（vi）可能对所列的迁徙物种产生不利影响；或

（vii）可能对列入国家文化遗产列表中的国家文化遗产价值产生不利影响；或

（viii）可能对某声明的拉姆萨尔湿地的生态特征产生不利影响；或

（ix）可能对某列入世界文化遗产财产的世界文化遗产价值产生不利影响；或

（x）可能对澳大利亚依据所列国际协议有责任加以保护的地方产生不利影响；或

（xi）可能对依据澳大利亚联邦法律、州法或领地法，要求为海洋保护目的而全部或大部分保留的区域（不论如何描述）造成不利影响；或

（xii）可能对依据澳大利亚联邦法律、州法或领地法，要求排除显著环境干扰的区域造成不利影响；及

（b）海底电缆是否将被安装在对澳大利亚土著居民、或托雷斯海峡岛民具有特别意义的区域或区域附近，安装是否符合其传统；及

（c）ACMA 认为有关的其他事项（如有）。

73　决定是否授予许可证的时限

（1）自提交许可证申请之日起 180 日内，ACMA 必须决定是否授予非保护区安装许可证。

（2）如满足下述条件，ACMA 可向申请人发出书面通知，延长或进一步延长 180 日的规定期限：

（a）延期或进一步延期不超过 90 日；且

（b）在通知中声明，解释 ACMA 为何无法在规定的 180 日内，或

此前延长至的180日期限内就申请作出决定。

（3）如ACMA依据第68条要求就申请提供更多信息，信息未提供至ACMA，或部分提供至ACMA的日子不计入规定的180日，或此前延长至的180日期限。

74 许可证有效期

非保护区安装许可证自颁发许可证之日起18个月内有效。

75 让渡许可证

非保护区安装许可证持有人可在任何时间以书面通知形式向ACMA让渡许可证。

76 许可证延期

（1）非保护区安装许可证过期前，持证人可向ACMA申请将许可证有效期延长180日。

（2）持证人必须给出ACMA要求延长许可证有效期的原因。

（3）如果ACMA拒绝延期申请，ACMA必须以书面形式告知申请人ACMA的决定及作出决定的原因。

77 暂停或注销许可证

（1）如ACMA认为有以下情况，可以书面形式通知持证人暂停或注销非保护区安装许可证：

（a）持证人违反了许可证的规定；或

（b）持证人未遵守附则三第15条适用于海底电缆安装的业务条例。

（2）依据本条（1）暂停或注销某许可证前：

（a）ACMA须以书面通知形式给持证人为期30日的时限，告知

ACMA 打算暂停或注销许可证，以及 ACMA 作此打算的依据；及

（b）ACMA 须给持证人机会，供其提交任何持证人希望 ACMA 在决定是否暂停或取消许可证时纳入考虑的事项；及

（c）ACMA 须考虑持证人依据本条（b）提交的事宜，以及持证人为解决 ACMA 提出的问题，或为防止再次发生类似情况所采取的行动。

第 4 节　适用于海底电缆安装的条件

78　本节的适用范围

本节适用于电信运营商及他人代表电信运营商在以下范围安装海底电缆：

（a）保护区内；或

（b）澳大利亚水域，不包括州或领地的沿海水域；

注：除本节规定的条件外，依据附则三 15（1）制定的实施规程可能施加其他条件。

79　安装工作应尽量减少损害

电信运营商必须采取一切合理措施，以确保尽可能减少安装带来的损害、不便和损失。

80　安装活动的管理

电信运营商必须确保采取一切合理措施：

（a）遵守良好的工程实践；且

（b）保护人身和财产安全；且

（c）保护环境。

81 遵从行业标准

电信运营商必须确保安装工作符合以下标准：

（a）安装相关标准；及

（b）ACMA 认可的电信行业标准；及

（c）电信运营商遵守后可能降低公众风险。

82 遵守国际协议

电信运营商必须确保安装工作符合澳大利亚加入的、涉及安装工作的国际协议中对澳大利亚义务的规定。

83 条例指明的条件

电信运营商必须确保安装工作符合条例中指明的所有条件。

第 5 节 海底电缆安装相关的犯罪

84 未取得许可的情况下，安装海底电缆

（1）某人如有以下行为，则构成犯罪：

（a）该人安装、或使他人安装海底电缆；且

（b）电缆安装于下述位置；

（i）在非保护区和不包括州或北领地的沿海水域的澳大利亚水域；或

（ii）在保护区内；且

（c）行为人未持有依据本章授权在安装电缆处进行电缆安装的许可证。

处罚：200 倍基准罚金。

（2）严格法律责任适用于本条（1）（b）。

注：严格法律责任，请参见《刑法》6.1。

(3) 如行为人代表电信运营商安装海底电缆，且该电信运营商拥有安装许可证，本条（1）不适用。

注：该条款所涉事宜，由被告负责举证。见《刑法》13.3（3）。

85 违反许可证条件

某人如有以下行为，则构成犯罪：

(a) 电信运营商持有依据本章授权安装海底电缆的许可证；且

(b) 电信运营商，或代电信运营商行事之人参与某项行为；且

(c) 该行为违反了许可证条件之一。

处罚：100 倍基准罚金。

86 未履行 ACMA 要求拆除某非法安装电缆的指示

(1) 如有以下情况，ACMA 可指示电信运营商拆除某海底电缆：

(a) 电信运营商在未获得依据本章授权安装的许可证情况下，已安装或使人在保护区或澳大利亚水域安装海底电缆；或

(b) 电信运营商在未获得依据本章授权安装的许可证情况下，正在安装、或使人在保护区或澳大利亚水域安装海底电缆。

(2) 电信运营商未遵守本条（1）指示，违反其规定。

处罚：200 倍基准罚金。

(3) 本附则生效前，ACMA 不能依据本条（1）中有关电信运营商已安装或开始安装海底电缆的内容向电信运营商下达指示。

第4章 赔　　偿

87 赔　　偿

（1）如因电信运营商依据本附则开展活动对某人造成涉及以下方面的经济损失或损害：

（a）该人拥有的任何财产；或

（b）该人拥有权益的任何财产；或

电信运营商应应向该人支付合理金额的赔偿；

（c）双方达成的协议；或

（d）双方未能达成协议，则由具有管辖权的法院裁决。

（2）依据本条（1）应付的补偿包括但不限于：

（a）造成的临时性或永久性损害；及

（b）耗用的砂、土、石、砂石、木材、水及其他物品。

（3）在本条款中：

“有管辖权的法院”，涉及到财产方面，包括联邦法院。

88 财产取得的补偿

（1）如果：

（a）以下任一操作导致从某人处取得财产：

（i）电信运营商依据或由于本附则采取的任何行为；

（ii）依据或由于本附则海底电缆相关内容赋予某电信运营商的权利；

（b）脱离本条款，财产取得无效，因为某特定的人并未得到补偿；

（c）该人与电信运营商协商达成的合理赔偿数额；或

（d）如双方未能达成协议，则由有管辖权的法院确定合理的赔偿数额。

（2）在评估本条款中由于某事发生的赔偿时，必须考虑以下方面：

（a）并非基于本条款，但由同一件事情所引起的、经该人与电信运营商协商使该人获得的赔偿；

（b）并非基于本条款，但由同一件事情所引起的、该人从电信运营商处得到的损失赔偿或其他补偿。

（3）本条款不对第 87 条构成限制。

（4）在本条款中：

“财产取得”的意思与《宪法》51（xxxi）相同。

第 5 章　杂　　项

89　对本附则实施的审核

（1）本附则开始实施之日起的五年内，ACMA 须对附则实施情况进行审核并向部长报告。

（2）部长在接到报告 15 日内须将报告副本分别提交参、众两院。

附则 4：ACMA 的回顾性决定

注：见第 555 条和第 556 条。

第 1 章　可能需 ACMA 复议的决定

1　ACMA 的回顾性决定

为实施第 555 条，特明确下述决定：

（a）依据第 56 条、第 58 条或第 59 条作出的、关于拒绝授予电信运营商许可证的决定（依据第 56A 条或第 58A 条作出的决定除外）；

（b）依据第69条：

（i）授予或更改指示；或

（ii）拒绝撤销指示；

（c）依据第72条撤销某电信运营商许可证；

（d）依照73（6）（关于滞纳金减免）所作决定；

（e）依据第81条拒绝某提名电信运营商申报的决定；

（f）依据第83条撤销某提名电信运营商申报的决定；

（g）依据99（5）（关于服务提供商所作决定）涉及的决定；

（h）依据第102条所作关于更改指示或拒绝撤销指示的决定；

（i）依据第117条拒绝注册某行业准则；

（j）依据第121条所作的以下决定：

（i）作出或更改指示；或

（ii）拒绝或撤销指示；

（ja）依据《1999年电信（用户保护和服务标准）法》23D（3）（关于滞纳金减免）所作的决定；

（jb）依据《1999年电信（用户保护和服务标准）法》101A（3）（关于滞纳金减免）所作的决定；

（k）依据《1999年电信（用户保护和服务标准）法》第129条所作的拒绝声明决定；

（l）依据《1999年电信（用户保护和服务标准）法》第130条所作的作出指示决定；

（m）依据《1999年电信（用户保护和服务标准）法》第135条所作的拒绝声明决定；

（ma）依据公众号码集成数据库计划所作的拒绝给某人授权的决定；

（mb）依据公众号码集成数据库计划所作的有条件授权决定；

（mc）依据公众号码集成数据库计划所作的变更或撤销授权决定；

（md）根据第 295Q 条出具文书中指明的、依据公众号码集成数据库计划所作的决定；

（n）依据第 352 条所作的拒绝声明决定；

（o）依据第 356 条所作的拒绝声明决定；

（p）依据第 394 条所作的拒绝授予连接许可证的决定；

（q）依据第 397 条（关于连接许可证期限）所作的作出声明的决定；

（r）依据 398（1）（c）或 398（3）所作的明确、施加、变更或撤销某连接许可证的决定；

（s）依据第 402 条所作的撤销某连接许可证的决定；

（t）依据第 427 条所作的拒绝授予布线许可证的决定；

（u）依据第 432 条所作的明确、施加、变更或撤销某布线许可证的决定；

（v）依据第 438 条所作的撤销布线许可证的决定；

（w）依据 468（6）（关于滞纳金减免）所作的决定；

（x）依据 468（10）（关于收回编号）所作的决定；

（xa）根据附则一第 5 条所作的拒绝授予豁免证的决定；

（xb）根据附则一第 5 条所作的撤销豁免证的决定；

（y）依据附则三第 34 条所作的撤销设备安装许可证的决定；

（z）依据附则三第 55 条所作的下述决定：

（i）下达或更改指令；或

（ii）拒绝撤销指令；

（za）根据附则三 A 第 56 条所作的拒绝授予保护区安装许可证或有条件地授予此类许可证的决定；

（zb）根据附则三 A 第 61 条所作的拒绝延长保护区安装许可证有效期的决定；

（zc）根据附则三 A 第 62 条所作的暂停或撤销保护区安装许可证

的决定；

（zd）根据附则三A第69条所作的拒绝授予非保护区安装许可证或有条件地授予此类许可证的决定；

（ze）根据附则三A第76条所作的拒绝延长非保护区安装许可证有效期的决定；

（zf）根据附则三A第77条所作的暂停或撤销非保护区安装许可证的决定；

第2章　第556条不适用的决定

2　第556条不适用的决定

为实施556（1），特明确下述决定：

（a）依据第56条或第58条所作的拒绝授予电信运营商许可证的决定；

（b）依据第427条所作的拒绝授予布线许可证的决定；

（c）由于依据433（1）（b）就某申请所作的决定，从而依据432（3）所作的施加、变更或撤销某布线许可证条件的决定。

《1997 年电信法》注释

注 1

本汇编《1997 年电信法》包括《1997 年第 47 号法》，修订部分如下表所示。

531F（1）、531F（2）及 531G（2)(e)、531G（3A)(e）自 2009 年 5 月 27 日起不再具有效力，见 531F（3）、531G（3）及 531G（3B）。

《公司（废除，影响和过渡）法 2001》（见 2001 年第 55 号）制定的适用、保留或过渡性条文。

《澳大利亚通讯媒体管理局（影响和过渡条款）法案 2005》（见 2005 年第 45 号）制定的适用、保留或过渡性条文。

《信息自由修正法案（改革）2010》（见 2010 年第 51 号）制定的适用、保留或过渡性条文。

其他与适用、保留或过渡性条文相关的所有信息见表 A。

法案列表

法案	编号及年份	批准日期	生效日期	适用、保留或过渡性条文
《1997 年电信法》	1997 年第 47 号	1997 年 4 月 22 日	第 41 条至第 51 条，第 56 条至第 85 条，第 98 条至第 495 条，第 507 条至第 576 条，第 579 条至第 588 条，第 590 条至第 593 条，及附则一至附则四：1997 年 7 月；第 52 条至第 55 条：1997 年 6 月；其余：御准	

续表

《电信（过渡条款及相应修订）法1997》	1997年第59号	1997年5月3日	附则四（条目1、2）：1998年1月1日。（见1997年公报，第GN49号）(*a*)	—
《澳大利亚国家铁路委员会销售法1997》	1997年第96号	1997年6月30日	附则四（条目18至20）：2000年11月1日（见2000年公报，第S562号）(*b*)	—
《电信立法修正案1997》	1997年第200号	1997年12月16日	附则一和附则二（条目1至27）：御准(*c*)	附则一（条目11）与附则二（条目9）
经以下法令修订				
《成文法修订法2002》	2002年第63号	2002年7月3日	附则二（条目31）：(*ca*)	—
《电信法修正案1998》	1998年第4号	1998年3月26日	附则一（条目4）：1998年4月23日； 其余：御准	第4条、第5条
《社会保障立法修正案（青年津贴相应及相关措施）法案1998》	1998年第45号	1998年6月17日	附则十三（条目49）：1998年6月(*d*)	—
《金融部门改革（相应修订）法案1998》	1998年第48号	1998年6月29日	附则一（条目193）：1998年7月1日（见1998年公报，第S316号）(*e*)	—
《电信法修正案（第2号）1998》	1998年第119号	1998年12月11日	1998年12月11日	—
《电信法修正（普及服务上限）案1999》	1999年第42号	1999年6月11日	附则一：御准(*f*)	附则一（条目5）

续表

《电信法修正案 1999》	1999 年第 52 号	1999 年 7 月 5 日	附则一（条目 1 至 5）：御准（g） 附则二：1999 年 8 月 2 日（g） 附则三（条目 9 至 64）：1999 年 8 月 2 日（g） 附则四（条目 1 至 16，21 至 29）：1999 年 7 月 1 日（g）	附则三（条目 77 至 82）和附则四（条目 21 至 29）
《环境改革（相应条文）法 1999》	1999 年第 92 号	1999 年 7 月 16 日	附则二（条目 14 至 21），附则三（条目 56、57），附则四（条目 74、75），附则六（条目 5 至 8）及附则七（条目 21 至 31）：2000 年 7 月 16 日（h）	附则二（条目 19、21），附则六（条目 6、8）及附则七（条目 25、28、31）
《公共就业（相应及过渡）修订法案 1999》	1999 年第 146 号	1999 年 11 月 11 日	附则一（条目 916、917）：1999 年 12 月 5 日（见 1999 年公报，第 S584 号）（i）	—
《澳大利亚安全情报组织立法修正案 1999》	1999 年第 161 号	1999 年 12 月 10 日	附则三（条目 58 至 61）：（j）	—
《广播服务修订法（第 1 号）1999》	1999 年第 197 号	1999 年 12 月 23 日	附则三（条目 12、13）：御准（k）	—
《电信（用户保护和服务标准）法修正案（第 2 号）2000》	2000 年第 142 号	2000 年 11 月 29 日	附则三（条目 1 至 5）：2000 年 7 月 1 日（l） 附则四：御准（l）	附则四
《电信立法修正案 2000》	2000 年第 152 号	2000 年 12 月 21 日	2000 年 12 月 21 日	—
《隐私（私营部门）修正法案 2000》	2000 年 155 号	2000 年 12 月 21 日	附则三：御准 其余：2001 年 12 月 21 日	—

续表

《通信与艺术立法修订法（适用《刑法典》）2001》	2001 年第 5 号	2001 年 3 月 20 日	第 4 条及附则一（条目 101 至 162）：（*m*）	第 4 条
《通信与艺术立法修正案 2001》	2001 年第 46 号	2001 年 6 月 5 日	2001 年 6 月 5 日	第 5 条
《公司（废除，影响和过渡）法 2001》	2001 年第 55 号	2001 年 6 月 28 日	第 4 条至第 14 条及附则三（条目 511、512）：2001 年 7 月 15 日（见 2001 年公报，第 S285 号）（*n*）	第 4 条至第 14 条（见注 1）
《成文法修订法 2002》	2002 年第 63 号	2002 年 7 月 3 日	附则一（条目 33）：1999 年 7 月 1 日	—
《澳大利亚犯罪委员会设立法 2002》	2002 年第 125 号	2002 年 12 月 10 日	附则二（条目 188、189）：2003 年 1 月 1 日	—
《电信竞争法 2002》	2002 年第 140 号	2002 年 12 月 19 日	2002 年 12 月 19 日	附则一（条目 6、15C、15D、24）
《澳大利亚文化遗产委员会（相应及过渡性条文）法 2003》	2003 年第 86 号	2003 年 9 月 23 日	附则一和附则二：2004 年 1 月 1 日［见第 2（1）条及 2003 年公报，第 GN47 号）］ 其余部分：御准	—
《通信立法修正法案（第 3 号）2003》	2003 年第 108 号	2003 年 10 月 24 日	附则一（条目 25 至 48）：2003 年 11 月 21 日	附则一（条目 48）
《通信立法修正法案（第 1 号）2003》	2003 年第 114 号	2003 年 11 月 27 日	附则二：2003 年 3 月 27 日 其余部分：2003 年 11 月 28 日	—
《垃圾邮件（相应修订）法 2003》	2003 年第 130 号	2003 年 12 月 12 日	附则一（条目 42 至 87）：2004 年 4 月 10 日［见第 2（1）条］ 其余部分：御准	附则一（条目 40、41）

续表

《设计（相应修订）法 2003》	2003 年第 148 号	2003 年 12 月 17 日	附则一和附则二：(*o*) 其余部分：御准	—
《通信立法修正案（第 1 号）2004》	2004 年第 35 号	2004 年 4 月 20 日	2004 年 4 月 21 日	—
《美国自由贸易协定实施法 2004》	2004 年第 120 号	2004 年 8 月 16 日	附则九（条目 192）：2005 年 1 月 1 日	—
《金融立法框架修订法案 2005》	2005 年第 8 号	2005 年 2 月 22 日	第 4 条和附则一（条目 427、428）：御准	第 4 条
《澳大利亚通讯媒体管理局（影响和过渡条款）法案 2005》	2005 年第 45 号	2005 年 4 月 1 日	附则一（条目 127 至 160）和附则四：2005 年 7 月 1 日（*p*） 附则二：(*p*)	附则四（见注 1）
《电信与其他立法修正案（保护海底电缆及其他措施）法令 2005》	2005 年第 104 号	2005 年 8 月 23 日	附则一（条目 1 至 7）：2005 年 9 月 20 日 附则一（条目 8 至 105）：(*q*) 附则二：2005 年 8 月 24 日 其他部分：御准	—
《电信立法修正案（前景论证及其他措施）法令 2005》	2005 年第 117 号	2005 年 9 月 23 日	附则三：2006 年 3 月 23 日	—
《电信立法修正案（竞争与消费者问题）法令 2005》	2005 年第 119 号	2005 年 9 月 23 日	附则一、附则三、附则八、附则十和附则十三：2005 年 9 月 24 日 附则二：2005 年 10 月 21 日 附则十一（条目 1 至 7）：2006 年 1 月 1 日（见 F2005L04117）	附则一（条目 2）、附则二（条目 3）及附则三（条目 4）

续表

《海洋石油（废除及相应修订）法 2006》	2006 年第 17 号	2006 年 3 月 29 日	附则二（条目 108 至 111）：2008 年 7 月 1 日［见第 2（1）条及 F2008L02273］	—
《电信（监听）修正法案 2006》	2006 年第 40 号	2006 年 5 月 3 日	附则一（条目 24A 至 24G）：2006 年 6 月 13 日（见 F2006L01623）	—
《执法廉政专员（相应修订）法 2006》	2006 年第 86 号	2006 年 6 月 30 日	附则一（条目 73 至 75）：2006 年 12 月 30 日	—
《拒收讯息登记（相应修订）法案 2006》	2006 年第 89 号	2006 年 6 月 30 日	附则一（条目 42 至 73）：2007 年 5 月 31 日［见第 2（1）条及 F2007L01114］ 其他部分：御准	—
《电信修订（公众号码集成数据库）法 2006》	2006 年第 155 号	2006 年 12 月 8 日	附则一：2007 年 5 月 15 日（见 F2007L01311） 其他部分：御准	附则一（条目 12）
《通信立法修正案（内容服务）法 2007》	2007 年第 124 号	2007 年 7 月 20 日	附则一（条目 96 至 99）：2008 年 1 月 20 日 附则二（条目 2）：2008 年 7 月 20 日	—
《电信（监听与接入）修订法 2007》	2007 年第 177 号	2007 年 9 月 28 日	附则一（条目 16 至 54，57 至 68）：2007 年 11 月 1 日（见 F2007L03941）	附则一（条目 57 至 68）
《电信立法修正案（国家宽带网络）法案 2008》	2008 年第 22 号	2008 年 5 月 26 日		—
《海洋石油修正案（温室气体储存）法 2008》	2008 年第 117 号	2008 年 11 月 21 日	附则三（条目 59）：2008 年 11 月 22 日	—

续表

《电信修订（公众号码集成数据库）法 2009》	2009 年第 16 号	2009 年 3 月 26 日	2009 年 3 月 27 日	—
《成文法盘点（法规及其他法律）法 2009》	2009 年第 111 号	2009 年 11 月 16 日	附则一（条目 51 至 54）：2009 年 11 月 17 日	—
《成文法修订案 2010》	2010 年第 8 号	2010 年 3 月 1 日	附则五（条目 112 至 122）：御准 附则五［条目 137（a）、（c）］：（*r*）	—
《拒收讯息登记立法修正案 2010》	2010 年第 46 号	2010 年 5 月 18 日	附则一（条目 95 至 140）：2010 年 5 月 30 日（见 F2010L01325）	—
《信息自由修正法案（改革）2010》（见 2010 年第 51 号）	2010 年第 51 号	2010 年 5 月 31 日	附则五（条目 59 至 75）：［见（s）与注 2］ 附则七：（*s*）	附则七（见注 1）

法案注释

（*a*）《电信（过渡条款及相应修订）法 1997》的第 2（4）款对《1997 年电信法》附则四（条目 1 和条目 2）做了修正，修正如下：

（4）附则四于《财务管理与问责法案 1997》生效起开始执行。

（*b*）《澳大利亚国家铁路委员会销售法 1997》第 2（5）款对《1997 年电信法》附则四（条目 18 至 20）做了修正，修正如下：

（5）附则三和附则四的其余项目由公告指定日期开始执行。指定的日期不得早于第（2）款和第（3）款所公布的日期。

（*c*）《电信立法修订法案 1997》第 2（1）款对《1997 年电信法》附则一和附则二（条目 1 至 27）做了修正，第 2（1）款规定如下：

（1）依据第（2）、（3）和（4）款规定，本法自御准之日起生效。

（*ca*）《成文法修订法 2002》第 2（1）款（条目 60）规定如下：

（1）本法案表格第一栏中的每项条款于表格第二栏中指定的日期或时间生效或视同生效。

开始信息		
第一栏	第二栏	第三栏
条款	开始生效	日期/细则
第 60 条 附则二，条目 31	《电信立法修订法案 1997》对该法案附则二条目 18 指定的开始之时起立即开始	1997 年 12 月 16 日

（*d*）《社会保障立法修正案（青年津贴相应及相关措施）法案 1998》附则十三（条目 49）对《1997 年电信法》附则四（条目 18 至 20）做了修正，修正案第 2（1）款规定如下：

（1）根据第（2）至第（10）款规定，本法于 1998 年 7 月 1 日起实施。

（*e*）《金融部门改革（相应修订）法案 1998》对《1997 年电信法》附则一（条目 193）做了修正，修正案第 2（2）款规定如下：

（2）根据第（3）至第（14）款规定，附则一、附则二及附则三于《澳大利亚审慎监管局法案 1998》开始生效之日起实施。

（*f*）《电信法修正（普及服务上限）案 1999》对《1997 年电信法》附则一做了修正，修正案第 2（1）款规定如下：

（1）根据本款，本法自御准之日起生效。

（*g*）《电信立法修正案 1999》对《1997 年电信法》做了修正，修正案第 2（1）至（4）及（6）款规定如下：

（1）依据本款，本法自御准之日起生效。

（2）依据第（3）款，附则二于 1999 年 1 月 1 日起生效。

（3）如本法获得御准之日起第 28 日晚于 1999 年 1 月 1 日，则附则二于第 28 日起生效。

（4）依据第（5）款，附则三于《1999 年电信（用户保护和服务标准）法》第 1 条生效之日起生效。

（6）附则四于 1999 年 7 月 1 日起生效。

（*h*）《环境改革（相应条文）法 1999》第 2（1）款对《1997 年电信法》做了修正，修正案第 2（1）款规定如下：

（1）依据本款，本法自《环境保护与生物多样性保护法 1999》生效之日起生效。

（*i*）《公共就业（相应及过渡）修订法案 1999》第 2（1）、（2）款对《1997 年电信法》附则一（条目 916、917）做了修正，修正案第 2（1）、（2）款规定如下：

（1）在本法案中，开始时间以《公共服务法 1999》开始生效时间为准。

（2）依据本条，本法案于开始时间生效。

（*j*）《澳大利亚安全情报组织立法修正案 1999》第 2（1）、（2）款对《1997 年电信法》附则三（条目 58 至 61）做了修正，修正案第 2（1）、（2）款规定如下：

（1）本法案（除附则三外）于得到御准之日起生效。

（2）依据第（3）款、第（6）款，附则三于本法案其他附则生效后立即生效。

（*k*）《广播服务修订法（第 1 号）1999》第 2（1）款对《1997 年电信法》附则三（条目 12、13）做了修正，修正案第 2（1）款规定如下：

（1）依据本条，本法案于得到御准之日起生效。

（*l*）《电信（用户保护和服务标准）法修正案（第 2 号）2000》第 2（1）、（2）款对《1997 年电信法》附则三（条目 1 至 5）做了修正，修正案第 2（1）、（2）款规定如下：

（1）依据本条，本法案于得到御准之日起生效。

（2）附则一至附则三（除附则三的条目10、11和13外）于2000年7月1日生效，或视同生效。

（*m*）《通信与艺术立法修订法（适用《刑法典》）2001》第2（1）（a）款对《1997年电信法》附则一（条目101至162）做了修正，修正案第2（1）（a）款规定如下：

（1）依据本条款，本法案最迟于以下时间生效：

（a）《刑法修正案（盗窃，欺诈，贿赂及相关罪行）法案2000》附则一条目15生效起即刻生效；条目15于2001年5月24日生效。

（*n*）《公司（废除，影响和过渡）法2001》第2（3）款对《1997年电信法》附则三（条目511、512）做了修正，修正案第2（3）款规定如下：

（3）依据第（4）款至第（10）款，附则三于《公司法2001》生效之日起生效。

（*o*）《设计（相应修订）法2003》第2（1）款（条目2）规定如下：

（1）本法案表格第一栏中的每项条款于表格第二栏中指定的日期或时间生效或视同生效。

条款	开始生效	日期/细则
第2条 附则一、附则二	《设计法2003》第4条生效之时起立即生效。	2004年6月17日

（*p*）《澳大利亚通讯媒体管理局（影响和过渡条款）法案2005》第2（1）款（条目2、3和10）规定如下：

（1）本法案表格第一栏中的每项条款按照表格第二栏中规定生效或视同生效。第二栏中的任何其他陈述都具有相应法律效力。

条款	开始生效	日期/细则
第 2 条 附则一	与《澳大利亚通讯媒体管理局法案 2005》第 6 条同时生效。	2005 年 7 月 1 日
第 3 条 附则二	表格条目 2 所涉条款生效之时起立即生效。	2005 年 7 月 1 日
第 10 条 附则四	与《澳大利亚通讯媒体管理局法案 2005》第 6 条同时生效。	2005 年 7 月 1 日

（*q*）《电信与其他立法修正案（保护海底电缆及其他措施）法令 2005》第 2（1）款（条目 2 和 3）规定如下：

（1）本法案表格第一栏中的每项条款按照表格第二栏中规定生效或视同生效。第二栏中的任何其他陈述都具有相应法律效力。

条款	开始生效	日期/细则
第 2 条 附则二第一章	本法案获御准后第 28 日起生效。	2005 年 9 月 20 日
第 3 条 附则一第二章	自本法案附则一第一章条款实施起立即生效。不过，如本法案附则一第一章先于《澳大利亚通讯媒体管理局法案 2005》第 6 条实施，则本条款无效。	2005 年 9 月 20 日

（*r*）《成文法修订案 2010》第 2（1）款（条目 31 和 38）规定如下：

（1）本法案表格第一栏中的每项条款按照表格第二栏中规定生效或视同生效。第二栏中的任何其他陈述都具有相应法律效力。

条款	开始生效	日期/细则
第 31 条 附则五条目 1 至 51	本法案获御准之日起生效。	2010 年 3 月 1 日
第 38 条 附则五第二章、第三章	表格条目 31 所涉条款生效后立即生效。	2010 年 3 月 1 日

（*s*）《信息自由修正法案（改革）2010》第 2（1）款（条目 7）规定如下：

（1）本法案表格第一栏中的每项条款按照表格第二栏中规定生效

或视同生效。第二栏中的任何其他陈述都具有相应法律效力。

条款	开始生效	日期/细则
第 7 条 附则四至附则七	《澳大利亚信息专员法案 2010》第 3 条生效之日起生效。不过，如《澳大利亚信息专员法案 2010》未生效，则本条款亦不生效。	（见注 2）

修订表

ad. = 添加或插入　am. = 修正　rep. = 废除　rs. = 废除和替代

受影响的条款	何种影响
第一章	
第 2 条	am. 2001 年第 5 号
第 3 条	am. 1999 年第 52 号；2001 年第 5 号；2002 年第 140 号；2003 年第 130 号；2005 年第 45 号；2006 年第 40 号和第 89 号；2007 年第 177 号；2010 年第 46 号
第 5 条	am. 1999 年第 52 号；2001 年第 5 号；2002 年第 140 号；2003 年第 130 号；2005 年第 45 号；2006 年第 40 号、第 89 号；2007 年第 177 号；2010 年第 46 号
第 6 条	am. 1999 年第 52 号；2001 年第 5 号；2005 年第 119 号；2007 年第 177 号
第 7 条	am. 1997 年第 200 号；1998 年第 4 号；1999 年第 52 号、第 161 号；2000 年第 142 号、2002 年第 125 号；2003 年第 130 号；2004 年第 35 号；2005 年第 45 号；2006 年第 86 号、第 89 号及第 155 号；2007 年第 124 号、第 177 号；2008 年第 22 号；2009 年第 111 号；2010 年第 8 号、第 46 号
第 7A 条	ad. 1997 年第 200 号 rep. 2007 年第 177 号
第 11 条标题	am. 2006 年第 17 号
第 11 条	am. 2006 年第 17 号；2008 年第 117 号
第 11A 条	ad. 2001 年第 5 号
第 17 条	rep. 1999 年第 52 号
第 19 条	am. 2005 年第 45 号

续表

第 22 条	am. 1998 年第 4 号
第 23 条	am. 1998 年第 45 号；2001 年第 55 号
第二章第 2 节	
第 27 条	am. 2001 年第 55 号
第 3 节	
第 30 条	am. 1998 年第 4 号
第三章第 1 节	
第 41 条	am. 2005 年第 45 号
第 2 节	
第 42 条	am. 2001 年第 5 号
第 46 条	am. 1999 年第 161 号
第 47 条	am. 1997 年第 96 号
第 48 条	am. 1999 年第 197 号
第 3 节	
第 52 条、第 53 条	am. 2005 年第 45 号
第 53A 条标题	am. 2007 年第 177 号
第 53A 条	ad. 2004 年第 35 号 am. 2005 年第 45 号；2007 年第 177 号
第 55 条	am. 2004 年第 35 号；2005 年第 45 号
第 56 条	am. 2005 年第 45 号
第 56A 标题	am. 2007 年第 177 号
第 56A 条	ad. 2004 年第 35 号 am. 2005 年第 45 号；2007 年第 177 号
第 56A（2）条注释	am. 2005 年第 45 号；2007 年第 177 号
第 57 条	am. 1999 年第 52 号
第 58 条	am. 2005 年第 45 号
第 58A 条	ad. 2004 年第 35 号 am. 2005 年第 45 号
第 59 条	rs. 2004 年第 35 号 am. 2005 年第 45 号；2007 年第 177 号

续表

第60条	am. 2005年第45号
第61条	am. 2005年第119号
第61A条	am. 2005年第119号
第66条	rep. 2000年第142号
第67条	am. 1999年第52号
第69条	am. 2005年第45号、第119号
第69A条、第69B条	ad. 2005年第119号
第70条	am. 2005年第45号、第119号
第71条、第72条	am. 2005年第45号
第73（9）条副标题	am. 2005年第8号
第73条	am. 2005年第8号、第45号
第73A条	ad. 2004年第35号 am. 2005年第45号
第74条	am. 2005年第45号
第4节	
第77条	am. 2005年第45号
第78条	am. 1999年第52号；2005年第45号
第79条、第80条	am. 2005年第45号
第81条	am. 1999年第52号；2005年第45号
第81A条	ad. 1998年第4号 am. 1999年第52号
第82条	am. 2005年第45号
第83条	am. 1999年第52号；2005年第45号
第5节	
第84条	am. 2005年第45号
第四章第3节	
第91条	am. 1999年第161号
第92条	am. 1997年第96号
第93条	am. 1999年第197号
第5节	

续表

第 99 条	am. 2005 年第 45 号
第 102 条	am. 2005 年第 45 号、第 119 号
第 103 条	am. 2005 年第 45 号
第五章	
第 104 条	am. 1997 年第 200 号；2005 年第 45 号
第 105 条标题	am. 1997 年第 200 号
第 105 条	am. 1997 年第 200 号；1999 年第 52 号；2000 年第 142 号；2005 年第 45 号；2009 年第 111 号
第 105A 条	ad. 1997 年第 200 号 am. 2005 年第 45 号
第六章 第 1 节	
第 106 条	am. 2003 年第 130 号；2005 年第 45 号；2006 年第 89 号；2010 年第 46 号
第 2 节	
第 108A 条、第 108B 条	ad. 2003 年第 130 号
第 109 条	am. 2003 年第 130 号
第 109A 条	ad. 2003 年第 130 号
第 109B 条	ad. 2006 年第 89 号
第 109C 条	ad. 2010 年第 46 号
第 110 条	am. 2003 年第 130 号；2005 年第 45 号
第 110A 条	ad. 2003 年第 130 号 am. 2005 年第 45 号
第 110B 条	ad. 2006 年第 89 号
第 110C 条	ad. 2010 年第 46 号
第 111A 条	ad. 2003 年第 130 号
第 111AA 条	ad. 2006 年第 89 号
第 111AB 条	ad. 2010 年第 46 号
第 111B 条	ad. 2003 年第 130 号
第 3 节	

续表

第 112 条	am. 2003 年第 130 号；2005 年第 45 号；2010 年第 46 号
第 113 条	am. 2003 年第 130 号；2006 年第 89 号；2010 年第 8 号、第 46 号
第 115 条	am. 2003 年第 130 号；2004 年第 120 号
第 116A 条	ad. 2000 年第 155 号
第 4 节	
第 117 条	am. 2000 年第 155 号；2003 年第 130 号；2005 年第 45 号；2006 年第 89 号；2010 年第 46 号
第 117（4）条注释	ad. 2000 年第 155 号
第 118 条标题	am. 2005 年第 45 号
第 118 条	am. 2000 年第 155 号；2003 年第 130 号；2005 年第 45 号；2006 年第 89 号；2010 年第 46 号
第 118（1）条注释	ad. 2000 年第 155 号 am. 2005 年第 45 号
第 119 条标题	am. 2003 年第 130 号；2005 年第 45 号；2006 年第 89 号；2010 年第 46 号
第 120 条	am. 2000 年第 155 号；2005 年第 45 号
第 121 条、第 122 条	am. 2000 年第 155 号；2003 年第 130 号；2005 年第 45 号、第 119 号；2006 年第 89 号；2010 年第 46 号
第 122A 条	ad. 2000 年第 155 号 am. 2005 年第 45 号
第 5 节	
第 123 条标题	am. 2005 年第 45 号
第 123 条	am. 2003 年第 130 号；2005 年第 45 号；2006 年第 89 号；2010 年第 46 号
第 124 条标题	am. 2005 年第 45 号
第 124 条	am. 2003 年第 130 号；2005 年第 45 号；2006 年第 89 号；2010 年第 46 号
第 125 条标题	am. 2005 年第 45 号
第 125 条	am. 2003 年第 130 号；2005 年第 45 号；2006 年第 89 号；2010 年第 46 号
第 125A 条	ad. 2006 年第 89 号

续表

第 125B 条	ad. 2010 年第 46 号
第 126 条、第 127 条	am. 2005 年第 45 号
第 128 条	am. 2003 年第 130 号；2006 年第 89 号；2010 年第 46 号
第 129 条、第 130 条	am. 2003 年第 130 号；2005 年第 45 号；2006 年第 89 号；2010 年第 46 号
第 130（1）条注释	ad. 2000 年第 155 号 am. 2005 年第 45 号
第 131 条、第 132 条	am. 2005 年第 45 号
第 133 条	am. 2005 年第 45 号；2006 年第 89 号；2010 年第 46 号
第 134 条	am. 2000 年第 155 号；2005 年第 45 号
第 135 条	am. 2005 年第 45 号
第 135A 条	ad. 2006 年第 89 号 am. 2010 年第 46 号
第 6 节	
第 136 条标题	am. 2005 年第 45 号
第 136 条	am. 2000 年第 155 号；2005 年第 45 号
第 6A 节	
第六章第 6A 节	ad. 2005 年第 117 号
第 136A 条至第 136E 条	ad. 2005 年第 117 号
第七章	
第 137 条	rep. 1999 年第 52 号 ad. 2003 年第 130 号 am. 2010 年第 8 号
第 138 条	rep. 2010 年第 52 号 ad. 2003 年第 130 号
第 139 条标题	am. 2010 年第 46 号
第 139 条	rep. 1999 年第 52 号 ad. 2006 年第 89 号 am. 2010 年第 46 号
第七章	rep. 1999 年第 52 号

续表

第140条至第142条	rep. 1999年第52号
第143条	rep. 1998年第4号
第144条至第182条	rep. 1999年第52号
第183条	am. 1999年第42号 rep. 1999年第52号
第184条	rep. 1999年第52号
第185条、第186条	am. 1999年第42号 rep. 1999年第52号
第187条至第210条	rep. 1999年第52号
第211条、第212条	rs. 1997年第59号 rep. 1999年第52号
第213条至第218条	rep. 1999年第52号
第219条	am. 1998年第48号 rep. 1999年第52号
第220条、第221条	rep. 1999年第52号
第七A章	ad. 1998年第4号 rep. 1999年第52号
第221A条至第221I条	ad. 1998年第4号 rep. 1999年第52号
第八章	rep. 1999年第52号
第222条至第231条	rep. 1999年第52号
第九章	rep. 1999年第52号
第232条至第243条	rep. 1999年第52号
第十章	rep. 1999年第52号
第244条	rep. 1999年第52号
第245条	am. 1997年第200号 rep. 1999年第52号
第246条	am. 1999年第52号 rep. 1999年第52号
第247条至第251条	rep. 1999年第52号
第十一章	rep. 1999年第52号

续表

第 252 条至第 263 条	rep. 1999 年第 52 号
第十二章	rep. 1999 年第 52 号
第 264 条至第 269 条	rep. 1999 年第 52 号
第十三章 第 1 节	
第 275A 条	ad. 2007 年第 124 号
第 275B 条至第 275E 条	ad. 2009 年第 16 号
第 2 节	
第 276 条	am. 2001 年第 5 号
第 276（3）条注 1	am. 2007 年第 177 号
第 277 条	am. 2001 年第 5 号
第 277（3）条注 1	am. 2007 年第 177 号
第 278 条	am. 2001 年第 5 号
第 278（3）条注 1	am. 2007 年第 177 号
第 3 节 分节 A	
第 280 条	am. 2006 年第 86 号；2007 年第 177 号
第 282 条	am. 2002 年第 125 号；2004 年第 35 号；2005 年第 45 号；2006 年第 86 号 rep. 2007 年第 177 号
第 283 条	am. 1999 年第 161 号 rep. 2007 年第 177 号
第 284 条标题	am. 2005 年第 45 号
第 284 条	am. 2005 年第 45 号
第 285（2）条副标题	ad. 2006 年第 155 号
第 285 条	am. 2006 年第 155 号
第 285A 条	ad. 2009 年第 16 号
第 291 条	am. 2007 年第 124 号
第 291A 条	ad. 2009 年第 16 号
第 294 条标题	rs. 2007 年第 177 号

续表

第 294 条	am. 2007 年第 177 号
分节 B	
第 295 条	am. 2007 年第 177 号
第 3A 节	
第十三章第 3A 节	ad. 2006 年第 155 号
分节 A	
第 295A 条至第 295H 条	ad. 2006 年第 155 号
第 295J 条至第 295M 条	ad. 2006 年第 155 号
分节 B	
第 295N 条	ad. 2006 年第 155 号
第 295P 条、第 295Q 条	ad. 2006 年第 155 号
分节 C	
第 295R 条至第 295T 条	ad. 2006 年第 155 号
分节 D	
第 295U 条	ad. 2006 年第 155 号
第三 B 节	
第十三章第 3B 节	ad. 2009 年第 16 号
第 295V 条至第 295Z 条	ad. 2009 年第 16 号
第 295ZA 条至第 295ZE 条	ad. 2009 年第 16 号
第 4 节	
第 298 条	rep. 2007 年第 177 号
第 299 条标题	am. 2005 年第 45 号
第 299 条	am. 2005 年第 45 号
第 299 条注释	am. 2005 年第 45 号
第 299A 条	ad. 2006 年第 155 号
第 302A 条	ad. 2009 年第 16 号
第 303 条	am. 2001 年第 5 号
第 303A 条	ad. 2000 年第 155 号
第 4A 节	

续表

第十三章第 4A 节	ad. 2000 年第 155 号
第 303B 条、303C 条	ad. 2000 年第 155 号
第 5 节	
第 305 条	rs. 2007 年第 177 号
第 306 条标题	am. 2007 年第 177 号
第 306 条	am. 2001 年第 5 号；2007 年第 177 号；2009 年第 16 号
第 306A 条	ad. 2007 年第 177 号
第 307 条	am. 2001 年第 5 号；2007 年第 177 号
第 308 条标题	am. 2005 年第 45 号
第 308 条	am. 2005 年第 45 号；2007 年第 177 号
第 309 条	am. 2007 年第 177 号
第十四章	
第 311 条	am. 2005 年第 45 号
第 312 条标题	am. 2005 年第 45 号
第 312 条	am. 2005 年第 45 号
第 313 条	am. 1997 年第 200 号；2004 年第 35 号；2005 年第 45 号；2006 年第 40 号；2007 年第 177 号
第 314 条	am. 1997 年第 200 号；2005 年第 45 号；2007 年第 177 号
第 314A 条	ad. 1997 年第 200 号 am. 2005 年第 45 号 rep. 2007 年第 177 号
第 315 条	am. 2001 年第 46 号
第十五章	rs. 1997 年第 200 号 rep. 2007 年第 177 号
第 318 条至第 323 条	rs. 1997 年第 200 号 rep. 2007 年第 177 号
第 324 条	rs. 1997 年第 200 号 am. 2005 年第 45 号 rep. 2007 年第 177 号
第 325 条	rs. 1997 年第 200 号 rep. 2007 年第 177 号

续表

第 326 条	rs. 1997 年第 200 号 am. 2004 年第 35 号 rep. 2007 年第 177 号
第 327 条标题	am. 2005 年第 45 号 rep. 2007 年第 177 号
第 327 条	rs. 1997 年第 200 号 am. 2005 年第 45 号 rep. 2007 年第 177 号
第 328 条	rs. 1997 年第 200 号 rep. 2007 年第 177 号
第 329 条	rs. 1997 年第 200 号 am. 2004 年第 35 号；2005 年第 45 号 rep. 2007 年第 177 号
第 330 条	rs. 1997 年第 200 号；2004 年第 35 号 am. 2005 年第 45 号 rep. 2007 年第 177 号
第 331 条	rs. 1997 年第 200 号 am. 2004 年第 35 号；2005 年第 45 号 rep. 2007 年第 177 号
第 332 条	rs. 1997 年第 200 号 am. 2005 年第 45 号 rep. 2007 年第 177 号
第 332A 条	ad. 1997 年第 200 号 am. 2005 年第 45 号 rep. 2007 年第 177 号
第 332B 条	ad. 1997 年第 200 号 rep. 2007 年第 177 号
第 332C 条、第 332D 条	ad. 1997 年第 200 号 am. 2005 年第 45 号 rep. 2007 年第 177 号
第 332E 条	ad. 1997 年第 200 号 rep. 2007 年第 177 号
第 332F 条	ad. 1997 年第 200 号 am. 2005 年第 45 号 rep. 2007 年第 177 号

续表

第 332G 条标题	am. 2005 年第 45 号 rep. 2007 年第 177 号
第 332G 条、第 332H 条	ad. 1997 年第 200 号 am. 2005 年第 45 号 rep. 2007 年第 177 号
第 332J 条、第 332K 条	ad. 1997 年第 200 号 rep. 2007 年第 177 号
第 332K 条注释	am. 2006 年第 40 号 rep. 2007 年第 177 号
第 332L 条、第 332M 条	ad. 1997 年第 200 号 rep. 2007 年第 177 号
第 332N 条	ad. 1997 年第 200 号 am. 2005 年第 45 号 rep. 2007 年第 177 号
第 332P 条	ad. 1997 年第 200 号 am. 2005 年第 45 号 rep. 2007 年第 177 号
第 332Q 条标题	am. 2005 年第 45 号 rep. 2007 年第 177 号
第 332Q 条	ad. 1997 年第 200 号 am. 2005 年第 45 号 rep. 2007 年第 177 号
第 332R 条	ad. 1997 年第 200 号 rep. 2007 年第 177 号
第十六章 第 2 节	
第 335 条	am. 2005 年第 45 号
第 3 节	
第 338 条标题	am. 2005 年第 45 号
第 338 条、第 339 条	am. 2005 年第 45 号
第 341 条至第 343 条	am. 2005 年第 45 号
第 4 节	
第 346A 条	ad. 2001 年第 46 号

续表

第5节	
第347条	am. 1999年第146号
第十七章	
第348条、第349条	am. 2002年第140号；2005年第45号
第349（2）条注释	ad. 2002年第140号
第350条	am. 1997年第200号
第350A条	ad. 2002年第140号
第352条	am. 2002年第140号；2005年第45号
第353条	am. 2005年第45号
第十八章	
第355条、第356条	am. 2005年第45号
第十九章	
第362条	am. 1999年第52号
第二十章 第3节	
第367条	am. 2005年第45号
第371条	am. 2005年第45号
第21章 第1节	
第373条	am. 2005年第45号
第3节	
第376条标题	am. 2005年第45号
第376条	am. 2005年第45号
第377条、第378条	am. 2002年第63号；2005年第45号
第378（1）条注释	am. 2005年第45号
第379条	am. 2005年第45号
第4节	
第380条	am. 2005年第45号
第381条、第382条	am. 2002年第63号；2004年第35号；2005年第45号
第5节	

续表

第 384 条标题	am. 2005 年第 45 号
第 384 条	am. 2005 年第 45 号
第 385 条、第 386 条	am. 2002 年第 63 号；2005 年第 45 号
第 387 条	am. 2005 年第 45 号
第 6 节	
分节 A	
第 390 条至第 394 条	am. 2005 年第 45 号
第 395 条	am. 1999 年第 52 号
第 396 条至第 398 条	am. 2005 年第 45 号
第 399 条	rs. 2001 年第 5 号
第 399（1）条注释 对注 1 重新编号	2003 年第 108 号
第 399（1）条注 2	ad. 2003 年第 108 号
第 400 条至第 403 条	am. 2005 年第 45 号
分节 B	
第 404 条	am. 2005 年第 45 号
第 405 条	am. 2002 年第 63 号；2005 年第 45 号
第 7 节	
第 406A 条	ad. 1997 年第 200 号
第 407 条、第 408 条	am. 1997 年第 200 号；2005 年第 45 号
第 409 条、第 410 条	am. 2005 年第 45 号
第 411 条	am. 2001 年第 5 号
第 411（2）条注释 对注 1 重新编号	2003 年第 108 号
第 411（2）条注 2	ad. 2003 年第 108 号
第 412 条	am. 2001 年第 5 号
第 413 条	am. 1997 年第 200 号；2001 年第 5 号
第 413（2）条注释 对注 1 重新编号	2003 年第 108 号
第 413（2）条注 2	ad. 2003 年第 108 号

续表

第 414 条	am. 2001 年第 5 号
第 414（2）条注释 对注 1 重新编号	2003 年第 108 号
第 414（2）条注 2	ad. 2003 年第 108 号
第 415 条	am. 2001 年第 5 号；2005 年第 45 号
第 415（2）条注释 对注 1 重新编号	2003 年第 108 号
第 415（2）条注 2	ad. 2003 年第 108 号
第 416 条	am. 2001 年第 5 号
第 416（2）条注释 对注 1 重新编号	2003 年第 108 号
第 416（2）条注 2	ad. 2003 年第 108 号
第 8 节	
第 417 条	am. 2001 年第 5 号；2003 年第 148 号；2005 年第 45 号
第 417（2）条注释 对注 1 重新编号	2003 年第 108 号
第 417（2）条注 2	ad. 2003 年第 108 号
第 9 节	
第 419 条	am. 2005 年第 45 号
第 420 条	am. 2001 年第 5 号
第 420（2）条注释 注 1 重新编号	2003 年第 108 号
第 420（2）条注 2	ad. 2003 年第 108 号
第 421 条	am. 2001 年第 5 号；2005 年第 45 号
第 421（4）条注释 注 1 重新编号	2003 年第 108 号
第 421（4）条注 2	ad. 2003 年第 108 号
第 422 条	am. 2002 年第 63 号；2005 年第 45 号
第 423 条至第 429 条	am. 2005 年第 45 号
第 430 条	am. 1999 年第 52 号
第 432 条、第 433 条	am. 2005 年第 45 号

续表

第 434 条	rs. 2001 年第 5 号
第 434（1）条注释 注 1 重新编号	2003 年第 108 号
第 434（1）条注 2	ad. 2003 年第 108 号
第 434（2）条注释 注 1 重新编号	2003 年第 108 号
第 434（1）条注 2	ad. 2003 年第 108 号
第 435 条至第 438 条	am. 2005 年第 45 号
第 439 条标题	am. 2005 年第 45 号
第 439 条至第 442 条	am. 2005 年第 45 号
第 10 节	
第 446 条、第 447 条	am. 2005 年第 45 号
第 11 节	
第 450 条、第 451 条	am. 2005 年第 45 号
第 452 条	am. 2001 年第 5 号
第 13 节	
第 21 章第 13 节	ad. 2003 年第 108 号
第 453A 条	ad. 2003 年第 108 号
第二十二章 第 1 节	
第 454 条	am. 2005 年第 45 号
第 2 节	
分节 A	
第 455 条	am. 1999 年第 52 号；2005 年第 45 号
第 457 条	am. 2005 年第 45 号
第 458 条	am. 1997 年第 200 号；2005 年第 45 号
第 459 条标题	am. 2005 年第 45 号
第 459 条	am. 2005 年第 45 号
第 460 条	am. 2005 年第 45 号、第 119 号
第 461 条	am. 2005 年第 45 号

续表

分节 B	
第463条、第464条	am. 2005年第45号
分节 C	
第465条	am. 2005年第45号
第465（1）条注释	am. 2005年第45号
第466条、第467条	am. 2005年第45号
第468（9）条副标题	am. 2005年第8号
第468条	am. 2005年第8号、第45号
第469条	am. 2005年第45号
第3节	
第474条	am. 2000年第152号；2005年第45号
第475条标题	am. 2005年第45号
第475条、第476条	am. 2000年第152号、2001年第5号、2005年第45号
第477条	am. 2005年第45号
第二十三章	
第480条	am. 1999年第52号
第480A条	ad. 1999年第52号 am. 2005年第45号
第481条标题	am. 2005年第45号
第481条	am. 2005年第45号
第二十四A章	
第二十四A章	ad. 2005年第104号
第484A条	ad. 2005年第104号
第二十五章 第1节	
第485条	am. 2005年第45号
第2节	
第二十五章第2节标题	am. 2005年第45号
第486条至第491条	am. 2005年第45号

续表

第 492 条	am. 1999 年第 52 号；2003 年第 130 号；2005 年第 45 号；2006 年第 89 号
第 493 条、第 494 条	am. 2001 年第 5 号；2005 年第 45 号
第 495 条	am. 2005 年第 45 号
第 3 节	
第 502 条	am. 1999 年第 52 号；2003 年第 130 号；2006 年第 89 号
第 503 条、第 504 条	am. 2001 年第 5 号
第二十六章	
第 507 条	am. 2005 年第 45 号
第 508 条	am. 1999 年第 52 号；2003 年第 130 号；2005 年第 45 号；2006 年第 89 号
第 509 条标题	am. 2005 年第 45 号
第 509 条	am. 2005 年第 45 号；2006 年第 89 号；2010 年第 46 号
第 510 条标题	am. 2005 年第 45 号
第 510 条	am. 1999 年第 52 号；2003 年第 130 号；2005 年第 45 号 2006 年第 89 号
第 511 条	am. 2005 年第 45 号
第 512 条、第 513 条	am. 2003 年第 130 号；2005 年第 45 号；2006 年第 89 号
第 514 条、第 515 条	am. 2005 年第 45 号
第 515A 条	ad. 2006 年第 89 号 am. 2005 年第 45 号
第 516 条、第 517 条	am. 2005 年第 45 号
第 518 条	am. 2003 年第 130 号；2005 年第 45 号；2006 年第 89 号
第 519 条	am. 2005 年第 45 号
第二十七章	
第二十七章标题	am. 2005 年第 45 号
第 1 节	
第 520 条	am. 2005 年第 45 号
第 2 节	
第 521 条标题	am. 2005 年第 45 号

续表

第521条	am. 2001年第5号；2005年第45号
第522条标题	am. 2005年第45号
第522条	am. 2001年第5号；2005年第45号
第523条	am. 2005年第45号
第524条、第525条	am. 2001年第5号
第526条	rep. 2001年第5号
第527条	am. 2005年第45号
第528条标题	am. 2005年第45号
第528条	am. 2005年第45号
第3节	
第529条标题	am. 2005年第45号
第529条	am. 1999年第52号；2005年第45号
第529（4）条注释	am. 2005年第45号
第531条	am. 2001年第5号
第二十七A章	
第二十七A章	ad. 2008年第22号
第1节	
第531A条、第531B条	ad. 2008年第22号
第531C条、第531D条	ad. 2008年第22号 am. 2010年第8号
第531E条	ad. 2008年第22号
第2节	
第531F条	ad. 2008年第22号
第3节	
第531G条、第531H条	ad. 2008年第22号
第531J条至第531N条	ad. 2008年第22号
第531P条、第531Q条	ad. 2008年第22号
第二十八章 第1节	
第二十八章第1节标题	rs. 2003年第130号

续表

第 532 条	am. 2003 年第 130 号
第 532A 条	ad. 2003 年第 130 号
第 2 节	
第 533 条	am. 2005 年第 45 号
第 534 条	am. 2001 年第 5 号；2005 年第 45 号
第 3 节	
第二十八章第 3 节标题	rs. 2003 年第 130 号
第 535 条	am. 2001 年第 5 号；2003 年第 130 号
第 537 条	am. 2003 年第 130 号
第 4 节	
第二十八章第 4 节标题	rs. 2003 年第 130 号
第 541A 条	ad. 2003 年第 130 号
第 542 条标题	am. 2003 年第 130 号
第 542 条	am. 2001 年第 5 号；2003 年第 130 号
第 544 条标题	am. 2003 年第 130 号
第 544 条	am. 2001 年第 5 号；2003 年第 130 号
第 545 条	am. 2001 年第 5 号
第 546 条	am. 1999 年第 52 号；2003 年第 130 号；2005 年第 45 号
第 5A 节	
第二十八章第 5A 节	ad. 2003 年第 130 号
第 547A 条至第 547H 条	ad. 2003 年第 130 号
第 5B 节	
第二十八章第 5B 节	ad. 2003 年第 130 号
第 547J 条	ad. 2003 年第 130 号
第 6 节	
第 548 条	am. 2001 年第 5 号
第 549 条	am. 2001 年第 5 号；2003 年第 130 号
第 550 条	am. 2003 年第 130 号
第 7 节	

续表

第551条	am. 1999年第52号；2001年第5号
第552条	am. 2005年第45号
第8节	
第553条	am. 1999年第52号；2001年第5号
第二十九章	
第554条	am. 2005年第45号
第555条标题	am. 2005年第45号
第555条至第558条	am. 2005年第45号
第559条标题	am. 2005年第45号
第559条、第560条	am. 2005年第45号
第562条	am. 2005年第45号
第三十章	
第563条	am. 1999年第52号
第564（3）条副标题	am. 2005年第45号
第564条	am. 1999年第52号；2005年第45号
第564（3）条注4	am. 1999年第52号
第三十一章	
第570条	am. 1999年第52号；2006年第89号
第571条	am. 2005年第45号
第571（3）条注4	am. 1999年第52号
第31A章	
第31A章	ad. 2005年第119号
第572A条	ad. 2005年第119号
第572B条	ad. 2005年第119号； am. 2006年第89号；2010年第8号
第572C条	ad. 2005年第119号
第三十二章	
第574条	am. 2001年第5号
第574A条	ad. 1999年第52号 am. 2003年第130号；2006年第89号

续表

第 576 条	am. 2001 年第 5 号
第 577 条、第 578 条	am. 1999 年第 52 号 rep. 2001 年第 5 号
第三十四章	
第三十四章标题	rs. 2004 年第 35 号 am. 2005 年第 45 号
第 579 条	am. 2005 年第 45 号
第 580 条	am. 2005 年第 45 号
第 581 条	am. 2004 年第 35 号；2005 年第 45 号
第三十五章	
第 582 条	am. 1999 年第 52 号；2003 年第 130 号；2006 年第 89 号
第 583 条	am. 1999 年第 52 号
第 585 条、第 586 条	am. 1999 年第 52 号；2003 年第 130 号；2006 年第 89 号
第 587 条	am. 1999 年第 52 号；2003 年第 130 号；2005 年第 45 号；2006 年第 89 号
第 588 条	am. 1999 年第 52 号
第 589 条	am. 2002 年第 140 号；2003 年第 130 号；2006 年第 89 号
第 590 条	am. 1999 年第 52 号
第 591 条、第 592 条	am. 1999 年第 52 号；2003 年第 130 号；2006 年第 89 号
附则一第一章	
第 1 条	am. 1999 年第 52 号；2007 年第 177 号
第二章	rep. 2005 年第 119 号
第 2 条、第 3 条	rep. 2005 年第 119 号
第 4 条	am. 1997 年第 200 号；2005 年第 45 号 rep. 2005 年第 119 号
第 5 条	am. 2002 年第 140 号；2005 年第 45 号 rep. 2005 年第 119 号
第 6 条、第 7 条	rep. 2005 年第 119 号
第 8 条、第 9 条	am. 1997 年第 200 号 rep. 2005 年第 119 号
第 10 条	rep. 2005 年第 119 号

续表

第 11 条	rs. 1997 年第 200 号 rep. 2005 年第 119 号
第 12 至第 15 条	rep. 2005 年第 119 号
第四章	
第 21 条至第 24 条	am. 2002 年第 140 号
第 27A 条	ad. 1999 年第 52 号
第 29A 条	ad. 1999 年第 52 号
第五章	
第 33 条至第 35 条	am. 2005 年第 45 号
第七章	
第七章	ad. 2005 年第 119 号
第 44A 条	ad. 2005 年第 119 号
第 45 条至第 47 条	ad. 2005 年第 119 号
第八章	
第八章	ad. 2005 年第 119 号
第 1 节	
第 48 条至第 50 条	ad. 2005 年第 119 号
第 50A 条至第 50C 条	ad. 2005 年第 119 号
第 2 节	
第 51 条	ad. 2005 年第 119 号 am. 2010 年第 8 号
第 52 条	ad. 2005 年第 119 号
第 53 条	ad. 2005 年第 119 号 am. 2010 年第 8 号
第 54 条至第 56 条	ad. 2005 年第 119 号
第 56A 条	ad. 2005 年第 119 号
第 57 条、第 58 条	ad. 2005 年第 119 号 am. 2010 年第 8 号
第 3 节	
第 59 条至第 65 条	ad. 2005 年第 119 号

续表

第 66 条	ad. 2005 年第 119 号 am. 2010 年第 8 号
附则二 第一章	
第 1 条	am. 1999 年第 52 号；2007 年第 177 号
第五章	
第 13 条	am. 1999 年第 52 号；2005 年第 45 号
第 14 条	am. 2005 年第 45 号
第 15 条	am. 2000 年第 155 号；2005 年第 45 号
附则三 第一章 第 1 节	
第 2 条	am. 1999 年第 92 号；2005 年第 104 号
第 2 节	
第 5 条	am. 1997 年第 200 号
第 3 节	
第 6 条	am. 2005 年第 104 号
第 5 节	
第 12 条	am. 2005 年第 45 号
第 15 条	am. 2005 年第 104 号
第 17 条	am. 1997 年第 200 号；1999 年第 92 号
第 18 条、第 19 条	am. 1997 年第 200 号
第 6 节	
第 21 条至第 23 条	am. 2005 年第 45 号
第 25 条	am. 2005 年第 45 号
第 25（2）条注释	am. 2005 年第 45 号
第 26 条	am. 2005 年第 45 号
第 27 条	am. 1997 年第 200 号；1999 年第 92 号；2003 年第 86 号、第 114 号；2005 年第 45 号
第 28 条	am. 1999 年第 92 号；2003 年第 86 号；2005 年第 45 号

续表

第 29 条	am. 2005 年第 45 号
第 30 条	am. 1999 年第 52 号
第 31 条	am. 2005 年第 45 号
第 33 条至第 35 条	am. 2005 年第 45 号
第 8 节	
第 40 条	rep. 2003 年第 114 号
第 41 条	am. 2005 年第 45 号
第 46 条标题	am. 2005 年第 45 号
第 46 条	am. 1999 年第 52 号；2005 年第 45 号
第 48 条标题	am. 2005 年第 45 号
第 48 条	am. 2005 年第 45 号
第 50 条、第 51 条	am. 2005 年第 45 号
第 55 条标题	am. 1998 年第 119 号
第 55 条	am. 1998 年第 119 号；1999 年第 92 号；2005 年第 45 号
第二章	
第 56 条至第 59 条	rep. 2005 年第 45 号
第三章	
第三章	ad. 2005 年第 104 号
第 62 条、第 63 条	ad. 2005 年第 104 号
附则三 A	
附则三 A	ad. 2005 年第 104 号
第一章	
第 1 条、第 2 条	ad. 2005 年第 104 号 am. 2005 年第 104 号
第二章 第 1 节	
第 3 条	ad. 2005 年第 104 号 am. 2005 年第 104 号
第 2 节 分节 A	

续表

第 4 条标题	am. 2005 年第 104 号
第 4 条	ad. 2005 年第 104 号 am. 2005 年第 104 号
第 4（2）条注释	am. 2005 年第 104 号
第 5 条标题	am. 2005 年第 104 号
第 5 条	ad. 2005 年第 104 号 am. 2005 年第 104 号
第 6（1）、（2）条副标题	am. 2005 年第 104 号
第 6 条、第 7 条	ad. 2005 年第 104 号 am. 2005 年第 104 号
第 8 条	ad. 2005 年第 104 号
第 9 条	ad. 2005 年第 104 号 am. 2005 年第 104 号
第 10 条、第 11 条	ad. 2005 年第 104 号
第 12 条至第 14 条	ad. 2005 年第 104 号 am. 2005 年第 104 号
分节 B	
第 15 条标题	am. 2005 年第 104 号
第 15 条	ad. 2005 年第 104 号 am. 2005 年第 104 号
第 16 条标题	am. 2005 年第 104 号
第 16 条	ad. 2005 年第 104 号 am. 2005 年第 104 号
第 17 条标题	am. 2005 年第 104 号
第 17 条	ad. 2005 年第 104 号 am. 2005 年第 104 号；2010 年第 8 号
第 18 条、第 19 条	ad. 2005 年第 104 号 am. 2005 年第 104 号
第 20 条标题	am. 2005 年第 104 号
第 20 条至第 22 条	ad. 2005 年第 104 号 am. 2005 年第 104 号

续表

第 3 节 分节 A	
第 23 条标题	am. 2005 年第 104 号
第 23 条	ad. 2005 年第 104 号 am. 2005 年第 104 号
第 23（1）、（2）条注释	am. 2005 年第 104 号
第 24 条标题	am. 2005 年第 104 号
第 24 条	ad. 2005 年第 104 号 am. 2005 年第 104 号
第 25 条标题	am. 2005 年第 104 号
第 25 条	ad. 2005 年第 104 号 am. 2005 年第 104 号
第 26（1）、（2）条副标题	am. 2005 年第 104 号
第 26 条至第 28 条	ad. 2005 年第 104 号 am. 2005 年第 104 号
第 29 条	ad. 2005 年第 104 号
分节 B	
第 30 条标题	am. 2005 年第 104 号
第 30 条	ad. 2005 年第 104 号 am. 2005 年第 104 号
第 31 条标题	am. 2005 年第 104 号
第 31 条	ad. 2005 年第 104 号 am. 2005 年第 104 号
第 32 条标题	am. 2005 年第 104 号
第 32 条	ad. 2005 年第 104 号 am. 2005 年第 104 号；2010 年第 8 号
第 33 条	ad. 2005 年第 104 号 am. 2005 年第 104 号
第 34 条标题	am. 2005 年第 104 号
第 34 条、第 35 条	ad. 2005 年第 104 号 am. 2005 年第 104 号

续表

第 4 节 分节 A	
第 36 条至第 39 条	ad. 2005 年第 104 号
分节 B	
第 40 条至第 44 条	ad. 2005 年第 104 号
第 5 节	
第 45 条、第 46 条	ad. 2005 年第 104 号
第 47 条标题	am. 2005 年第 104 号
第 47 条至第 49 条	ad. 2005 年第 104 号 am. 2005 年第 104 号
第三章 第 1 节	
第 50 条	ad. 2005 年第 104 号 am. 2005 年第 104 号
第 2 节	
第 51 条至第 53 条	ad. 2005 年第 104 号 am. 2005 年第 104 号
第 54 条	ad. 2005 年第 104 号
第 55 条至第 58 条	ad. 2005 年第 104 号 am. 2005 年第 104 号
第 59 条	ad. 2005 年第 104 号
第 60 条至第 62 条	ad. 2005 年第 104 号 am. 2005 年第 104 号
第 63 条	ad. 2005 年第 104 号
第 3 节	
第 64 条至第 66 条	ad. 2005 年第 104 号 am. 2005 年第 104 号
第 67 条	ad. 2005 年第 104 号
第 68 条、第 69 条	ad. 2005 年第 104 号 am. 2005 年第 104 号
第 70 条标题	am. 2005 年第 104 号

续表

第 70 条	ad. 2005 年第 104 号 am. 2005 年第 104 号
第 71 条标题	am. 2005 年第 104 号
第 71 条至第 73 条	ad. 2005 年第 104 号 am. 2005 年第 104 号
第 74 条	ad. 2005 年第 104 号
第 75 条至第 77 条	ad. 2005 年第 104 号 am. 2005 年第 104 号
第 4 节	
第 78 条至第 80 条	ad. 2005 年第 104 号
第 81 条	ad. 2005 年第 104 号 am. 2005 年第 104 号
第 82 条、第 83 条	ad. 2005 年第 104 号
第 5 节	
第 84 条、第 85 条	ad. 2005 年第 104 号
第 86 条标题	am. 2005 年第 104 号
第 86 条	ad. 2005 年第 104 号 am. 2005 年第 104 号
第四章	
第 87 条、第 88 条	ad. 2005 年第 104 号
第 89 条	ad. 2005 年第 104 号 am. 2005 年第 104 号
附则四	
附则四标题	am. 2005 年第 45 号
第一章	
第一章标题	am. 2005 年第 45 号
第 1 条标题	am. 2005 年第 45 号
第 1 条	am. 1999 年第 52 号；2000 年第 142 号；2002 年第 140 号；2004 年第 35 号；2005 年第 104 号；2006 年第 155 号

注 2

《信息自由修正法案（改革）2010》（2010 年第 51 号）

以下修正自 2010 年 11 月 1 日起实施：

附则五

第 59 条　117（1）（j）、（k）

删除“隐私专员”，用“信息专员”代替。

第 60 条　118（1）（注释）

删除“隐私专员”，用“信息专员”代替。

第 61 条　118（4A）

删除“隐私专员”，用“信息专员”代替。

第 62 条　121（1A）

删除“隐私专员”，用“信息专员”代替。

第 63 条　122（3）

删除“隐私专员”，用“信息专员”代替。

第 64 条　130（1）（注释）

删除“隐私专员”，用“信息专员”代替。

第 65 条　134（2）、134（3）

删除“隐私专员”，用“信息专员”代替。

注：第 134 条标题删除“隐私”，用“信息”代替。

第 66 条　295M（1）（a）

（在《澳大利亚信息专员法案 2010》中）涉及隐私职责的部分，删除“隐私专员”（第一次出现），用“信息专员”代替。

第 67 条　295M（1）（a）

删除“隐私专员”（最后一次出现），用“信息专员”替代。

第 68 条　295ZC

删除“隐私专员”，用“信息专员”替代。

注：295ZC 标题中删除“隐私专员”，用“信息专员”代替。

第 69 条 309（1）

删除“隐私专员”（所有位置），用“信息专员”替代。

注：309（1）标题中删除“隐私专员”，用“信息专员”代替。

第 70 条 在 309（1）以后

插入以下内容：

（1A）在《澳大利亚信息专员法案 2010》中，（1）赋予信息专员的职能为隐私职能。

第 71 条 309（2）至 309（4）

删除“隐私专员”（所有位置），用“信息专员”替代。

第 72 条 309（5）

该款（包括注释）废除。

第 73 条 515A（2）（a）、（b）

删除“隐私专员”，用“信息专员”替代。

注：515A 标题中删除“隐私专员”，用“信息专员”代替。

第 74 条 515A（3）（a）、（c）

删除“隐私专员”，用“信息专员”替代。

第 75 条 515A（4）

删除“隐私专员”（所有位置），用“信息专员”替代。

截至 2010 年 6 月 10 日修正未纳入本汇编。

表 A

适用、保留或过渡性条文

《电信立法修订法案（1997）》

（1997 年第 200 号）

附则一

第 11 条　适用

除依据第 332M 条外：

（a）本法案修正的《1997 年电信法》第十四章适用于依据该章向机构提供帮助而产生费用的情况；

（b）修正后的该法案第十五章适用于该章节所涉拦截能力、特别援助能力及机构特种交付能力的开发、安装和维护费用；

上述费用仅限于本条款生效起计算。

附则二

第 9 条　过渡性条文——标注要求

（1）在本项中：

ACA 是指澳大利亚通信管理局。

第 407 条法律条文是指依据《电信法》第 407 条制定的法律条文。

《电信法》是指《1997 年电信法》。

过渡期是指从第一部第 407 条法律条文生效起至本项生效前的阶段。

（2）对于《电信法》过渡期的操作，该法案及任何在此期间生效的第 407 条法律文件具有法律效力，视同：

（a）制造或进口消费性设备或消费性电缆的人；或

（b）消费性设备或消费性电缆制造商或进口商；

指的是在过渡期被授权（不管是实际授权还是表面授权）在澳大利亚作为《电信法》第 21 章第 7 节所称的消费性设备或消费性电缆制造商或进口商代理的人。

《电信法修正案（1998）》

（1998 年第 4 号）

第 4 条　获提名的电信运营商修正案适用

附则一第 4 项所做修正适用于所有获得提名的电信运营商，包括该项生效前获得提名的电信运营商。

第 5 条　国家残留物监控计划（NRS）征费计算的过渡基础

（1）依据《1997 年电信法》第 193 条，如澳大利亚通信管理局在季度开始前未作出评估，则依据本条计算国家残留物监控计划季度征费。

（2）《1997 年电信法》第 221F 条适用，视同引用的第 193 条评估为依据《1991 年电信法》第 308 条所做评估的引用。

（3）《1997 年电信法》第 221G（2）款的计算以流量时长为准，而非合格的收益。

（4）在本条中：

流量时长是指计时的流量分钟数，以依据《1997 年电信法》第 308 条在季度开始前所做的最新评估为准。

《电信法修正（普及服务上限）案 1999》

（1999 年第 42 号）

附则一

第 5 条　过渡性条文——《1997 年电信法》第 591 条

《1997 年电信法》第 591 条适用于本法案的方式参照其适用《1997 年电信法》的方式。

《电信立法修正案 1999》

（1999 年第 52 号）

附则三

第 77 条　过渡性条文——符合条件的法律文件

（1）如有以下情况，则符合条件的法律条文适用本项：

（a）该符合条件的法律条文在本条生效前已立即生效；且

（b）该符合条件的法律条文是依据或为了《1997 年电信法》或《澳大利亚电讯公司法 1991》某项具体条款而制定；且

（c）该条款因本附则而被废除。

（2）符合条件的法律文件在本项实施后具备法律效力，视同：

（a）该符合条件的法律文件是依据或为了《1999年电信（用户保护和服务标准）法》有关规定而制定；且

（b）该法案就制定或颁布符合条件的法律条文所给定的条件都得以满足。

（3）在本项中：

符合条件的法律文件是指条例、声明、决定、指示、标准或任何其他法律文件。

第78条　过渡性条文——生效前已完成的行为或事物

（1）如行为或事物（制定符合条件的法律条文除外）符合以下情况，本项适用：

（a）行为或事物在本项生效前已完成；且

（b）行为或事物是依据或为了《1997年电信法》或《澳大利亚电讯公司法1991》某项具体条款而完成的；且

（c）该条款因本附则而被废除。

（2）行为或事物在本项生效后具有法律效力，视同该行为或事物是依据或为了《1999年电信（用户保护和服务标准）法》有关规定所为。

（3）在本项中：

符合条件的法律条文是指条例、声明、决定、指示、标准或任何其他法律条文。

第79条　过渡性条文——客服保障相关证据证明

尽管《1997年电信法》第237条已依据本附则被废除，但对于本项生效前发生的违法行为，该条继续适用，视同未被废除。

注：对于有关本项生效前发生的违法行为的保留条款，见《法令

解释法 1901》第 8 条。

第 80 条　过渡性条文——澳大利亚通信管理局（ACA）性能监测年度报告

如涉及《1999 年电信（用户保护和服务标准）法》第五章第 105 条的引用包含对《1997 年电信法》废除的第九章的引用，则在本项生效后，《1997 年电信法》第 105 条具有法律效力。

第 81 条　过渡性条文——《1974 年贸易惯例法案》第 151CM 条

如涉及《1999 年电信（用户保护和服务标准）法》第九章第 151CM 条的引用包含对《澳大利亚电讯公司法 1991》废除的第六章的引用，则在本项生效后，《1974 年贸易惯例法案》第 151CM 条具有法律效力。

第 82 条　过渡性条例

总督可就因本附则做出修正或废除而产生的过渡性事宜制定条例。

附则四

第 21 条　过渡性条文——符合条件的法律条文

（1）本项适用于任何满足下述情况的符合条件的法律条文：

（a）在本条生效前已立即生效的符合条件的法律条文；且

（b）该符合条件的法律条文是依据或为了《1997 年电信法》某项具体条款而制定，以下条款除外：

（i）该法案第七章第 6 节 A 至 G；或

（ii）该法案第七 A 章第 3 节或第 4 节；且

（c）该条款因本附则而被废除。

（2）如有以下情况，符合条件的法律条文在本项生效后具备法律效力：

（a）该符合条件的法律文件是依据或为了《1999年电信（用户保护和服务标准）法》有关规定而制定；且

（b）该法案就制定或颁布符合条件的法律条文所给定的条件都得以满足。

（3）如符合条件的法律文件为依据《1997年电信法》150（1）或（2）所做声明，且是在本项生效前依据《1999年电信（用户保护和服务标准）法》有关规定而制定，则该法律文件具有法律效力。

（4）依据本项，《1999年电信（用户保护和服务标准）法》第20条在本项生效前已立即生效。

（5）在本项中：

符合条件的法律文件是指条例、声明、决定、指示、标准或任何其他法律文件。

第22条　过渡性条文——生效前已完成的行为或事物

（1）如行为或事物（制定符合条件的法律条文除外）符合以下情况，本项适用：

（a）行为或事物在本项生效前已完成；且

（b）行为或事物是依据或为了《1997年电信法》某项具体条款而制定，以下条款除外：

（i）该法案第七章第6分节A至G；或

（ii）该法案第七A章第3节或第4节；且

（c）该条款因本附则而被废除。

（2）如行为或事物是依据或为了《1999年电信（用户保护和服务

标准）法》有关规定所为，在本项生效后，行为或事物具有法律效力。

（3）在本项中：

符合条件的法律条文是指条例、声明、决定、指示、标准或任何其他法律条文。

第 23 条　过渡性条文——普遍服务制度

尽管《1997 年电信法》第七章已因本附则而被废除，在本项生效后，该章对下述内容继续适用：

（a）1999 年 6 月 30 日会计年度前的征费及征收借差；及

（b）1999 年 6 月 30 日会计年度前的《1997 年电信法》第 214 条规定的支付款项及征收贷差；及

（c）1999 年 6 月 30 日会计年度前的《1997 年电信法》第 217 条规定的支付款项；

视同：

（d）该章并未被废除；

（e）《1997 年电信法》212（b）和（c）未颁布。

第 24 条　过渡性条文——澳大利亚通信管理局（ACA）国家残留物监控计划年度报告的第一年

尽管《1997 年电信法》第 221D 条已因本附则而被废除，在本项生效后，该条对 1998 至 1999 会计年度的报告仍适用，视同该废除并未发生。

第 25 条　过渡性条文——国家残留物监控计划（NRS）征费

（1）尽管《1997 年电信法》第七 A 章已因本附则而被废除，对于全国残留物调查署对 1999 年 6 月 30 日会计年度前的征费，本项生效后，本章仍适用，视同：

（a）该章并未被废除；

（b）《1997 年电信法》221I（4）（b）未颁布。

（2）如涉及依据《1999 年电信（用户保护和服务标准）法》第三章第 64 条所做评估的引用包含对依据《1997 年电信法》废除的第 193 条所做评估的引用，则在本项生效后，《1999 年电信（用户保护和服务标准）法》第三章具有法律效力。

第 26 条　过渡性条文——澳大利亚通信管理局（ACA）性能监测年度报告

如涉及《1999 年电信（用户保护和服务标准）法》第二章第 105 条的引用包含对《1997 年电信法》废除的第七章的引用，则在本项生效后，《1997 年电信法》第 105 条具有法律效力。

第 27 条　过渡性条文——记录保存规则

如涉及《1999 年电信（用户保护和服务标准）法》第二章第 529 条的引用包含对《1997 年电信法》废除的第七章的引用，则在本项生效后，《1999 年电信法》第 529 条具有法律效力。

第 28 条　过渡性条文——《1974 年贸易惯例法案》第 151CM 条

如涉及《1997 年电信法》第二章第 5 节第 151CM 条的引用包含对《1997 年电信法》废除的第七章第 5 节的引用，则在本项生效后，《1974 年贸易惯例法案》第 151CM 条具有法律效力。

第 29 条　过渡性条例

总督可就因本附则做出修正或废除而产生的过渡性事宜制定条例。

《1999 年环境改革（相应条文）法》

（1999 年第 92 号）

附则二

第 19 条　适用

依据本章对《1997 年电信法》附则三第 27 条所做修正适用于《1999 年环境保护与生物多样性保护法》生效后提出的设施安装许可证申请。

第 21 条　适用

依据本章对《1997 年电信法》附则三第 55 条所做修正适用于《1999 年环境保护与生物多样性保护法》生效后电信运营商提出的安装申请。

附则六

第 6 条　适用

依据本附则对《1997 年电信法》附则三第 27 条所做修正适用于《1999 年环境保护与生物多样性保护法》生效后提出的设备安装许可证

申请。

第 8 条　适用

依据本附则对《1997 年电信法》附则三第 55 条所做修正适用于《1999 年环境保护与生物多样性保护法》生效后电信运营商提出的安装申请。

附则七

第 25 条　适用

依据本附则对《1997 年电信法》附则三第 17 条所做修正适用于《1999 年环境保护与生物多样性保护法》生效至少 10 个工作日后电信运营商拟从事活动。

第 28 条　适用

依据本附则对《1997 年电信法》附则三第 27 条所做修正适用于《1999 年环境保护与生物多样性保护法》生效后提出的设备安装许可证申请。

第 31 条　适用

依据本附则对《1997 年电信法》附则三第 55 条所做修正适用于《1999 年环境保护与生物多样性保护法》生效后电信运营商提出的安装申请。

《电信（用户保护和服务标准）法修正案（第 2 号）（2000）》

（2000 年第 142 号）

附则四

第 1 条　原有法律的含义

在本附则中：

原有法律是指《1999 年电信立法修正案》附则四第 15 项生效前有效的《1997 年电信法》。

第 2 条　1998 至 1999 会计年度征费的分配

因下述原因导致原有法律阻止从 1998 至 1999 会计年度的通用服务账户中支付款项的情况，适用本附则第 3 项至第 6 项：

（a）澳大利亚通信管理局未依据该年度原有法律第 193 条做出书面评估；

（b）部分应缴费的电信运营商未缴纳费用。

注：《1999 年电信立法修正案》附则四第 23 项维持了 1998 至 1999 会计年度原有法律的实施。

第 3 条　基于对合格收入的估计所做评估

（1）如某参与之电信运营商未能依照 1998 至 1999 会计年度原有法律第 191 条规定向澳大利亚通信管理局缴纳盈利，澳大利亚通信管理局可采取下列措施：

（a）对该电信运营商当年的合格收入进行估计；并

（b）依据原有法律第193条，基于对该电信运营商当年的合格收入的估计做出书面评估。

（2）澳大利亚通信管理局须至少提前14日向电信运营商告知管理局基于估计做出的评估提案，以及评估出的合格盈利。该通知必须采用书面形式。

（3）在收到相关电信运营商缴纳的当年盈利后，澳大利亚通信管理局不得基于估计进行评估。

（4）但若澳大利亚通信管理局基于估计做出评估后电信运营商上缴盈利，则澳大利亚通信管理局无需对评估做出更改。

第4条　零缴纳评估

如澳大利亚通信管理局认为不做出此评估则会出现下述情况，则可依据原有法律第193条或本附则第3项，评估某参与之电信运营商在1998至1999会计年度应缴收益为零：

（a）电信运营商不太可能支付任何须支付的款项；或

（b）除非澳大利亚联邦采取措施追缴，否则电信运营商不太可能缴付征费，而追缴成本高于征费的情况。

注：不过澳大利亚通信管理局可在以后依据原有法律第195条修改零缴纳评估。

第5条　所有征费付讫前分配

尽管有原有法律215（b）的规定，但即便参与评估征费之服务提供商未全部缴纳费用，仍可从1998至1999会计年度的通用服务账户中支付一定数额的款项。

第 6 条　算出可付征费

（1）在通用服务账户中，如应付给电信运营商的总额超出账户结余，在支付依据原有法律第 208 条应付的偿还数额后，澳大利亚通信管理局（ACA）必须：

（a）按比例算出应付款项总额中应付每位电信运营商的金额；及

（b）确保从通用服务账户中支付的所有款项都按照此比例分配（以澳大利亚通信管理局认为适当的方法四舍五入到澳洲美元整数。）

（2）但是，如果部长以书面形式决定按照不同于分项（1）中所述方式从通用服务账户中支付，则澳大利亚通信管理局必须按照该决定行事。

（3）根据《1901 年法令解释法》第 46A 条，依据分项（2）作出的决定是可驳回的法律文件。

（4）减去付给电信运营商的额度（依据本项算出），即得到电信运营商 1998 至 1999 会计年度的征收贷差。

（5）本项一直适用，直至每位电信运营商当年征收贷差为零。

《通信与艺术立法修订法（适用《刑法典》）（2001）》

（2001 年第 5 号）

第 4 条　修正法的适用

（1）依据本法案所做每项修正适用于修正生效后发生的行为或不行为。

（2）依据本条，如某行为或不行为据称发生在两个日期之间，其中一个日期在某特定修正生效前，另一个在该修正生效当日或生效后，该行为或不行为视为发生在修正生效前。

《通信与艺术立法修正案（2001）》

（2001年第46号）

第5条　适用条款——电信运营商与电信服务提供者豁免

依据本法案附则一对《1997年电信法》所做的修正适用于本法案生效后发生的行为或不行为。

《电信竞争法（2002）》

（2002年第140号）

附则一

第6条　过渡性条文——《1997年电信法》第349条、第350A条

（1）如有下述情况，适用本项：

（a）该电信服务提供者为依据《1997年电信法》349（2）所作决定的主体；及

（b）本项生效前决定已生效。

（2）《1997年电信法》有关电信服务提供的条文具有法律效力，如澳大利亚竞争与消费者委员会：

（a）依据该法案350A（1）制定法律文书，宣布该服务为该法案第十七章所称的已申报电信服务；且

（b）符合该法案 350A（3）涉及该法律文书的规定。

（3）本项不妨碍澳大利亚竞争与消费者委员会依据《法令解释法 1901》33（3）修改或撤销（2）（a）引用的法律文书。

（4）依据本章对《1997 年电信法》349（2）所做的修正不影响决定的有效性。

第 15C 条　过渡性条文——《1997 年电信法》附则一分条 5（1）

（1）本项适用于以下情况：

（a）工业部长依据《1997 年电信法》附则一 5（1）有关某特定类型电信运营商的部分所做出的声明；且

（b）本项生效前声明即生效。

（2）如工业部长依据《1997 年电信法》附则一（1）（见本章所做修正）做出声明，在声明中依据该款将某特定类型电信运营商定为已申报的电信运营商，《1997 年电信法》中针对该特定类型运营商的内容具有法律效力。

（3）本项不妨碍工业部长依据《1901 年法令解释法》33（3）修改或撤销分项（2）所述声明。

第 15D 条　过渡性条文——《1997 年电信法》附则一分条 5（6）

（1）如因依据《1997 年电信法》附则一分条 5（6）所做的声明，使该法案附则一第二章在本项生效前不适用于电信运营商，则本项适用。

（2）如澳大利亚通信管理局依据该法案附则一分条 5（6）对电信运营商发出豁免证明书，则《1997 年电信法》有关电信运营商的内容具有法律效力。

（3）本项不妨碍澳大利亚通信管理局依据《1997 年电信法》附则

一分条 5（7）撤销分项（2）所述豁免证明书。

第 24 条　过渡性条文——《1997 年电信法》附则一第 21 款、第 22 款及第 23 款

（1）本项适用于下述请求：

（a）如该请求依据《1997 年电信法》附则一分款 21（2）、22（2）或 23（2）；且

（b）该请求在本项生效前已生效。

（2）如该请求依据该法案（经本章修正）附则一分款 21（2）、22（2）或 23（2）（视情况而定）规定而做出，则本项生效后，该请求具有法律效力。

《通信立法修正法案（第 3 号）（2003）》

（2003 年第 108 号）

附则一

第 48 条　适用

本章所做修正适用于生效时尚未施加惩罚的所有违法行为（无论被指控在本章生效前抑或生效后所犯）。

《2003 年垃圾邮件（相应修正）法》

（2003 年第 130 号）

附则一

第 40 条　过渡性条文——《1997 年电信法》第 121 条、第 122 条

《1997 年电信法》第 121 条、第 122 条不适用于以下违反行业准则的情况：

（a）违规行为发生在《2003 年反垃圾邮件法》第二章生效前；且

（b）或

（i）准则涉及《1997 年电信法》113（3）（q）、（r）、（s）、（t）、（u）或（v）；或

（ii）准则涉及电子信息服务提供商的业务活动。

第 41 条　过渡性条文——《1997 年电信法》第 128 条、第 129 条

《1997 年电信法》第 128 条、第 129 条不适用于以下违反行业标准的情况：

（a）违规行为发生在《2003 年反垃圾邮件法》第二章生效前；且

（b）或

（i）准则涉及《1997 年电信法》113（3）（q）、（r）、（s）、（t）、（u）或（v）；或

（ii）准则涉及电子信息服务提供商的业务活动。

《金融立法框架修订法案（2005）》

（2005年第8号）

第4条　附则一第二章保留事宜

（1）如果：

（a）已作出某决定，或采取某行动，或已做成、给予或完成另一件事物；且

（b）该事物已依据本法生效前生效的第二章法案条款取得、做成、给予或完成；

则依据本法案修订的第二章法案，该事物具有相应效力，视同该事物依据修订后的第二章法案条款采取、做成、给予或完成。

（2）在本条中：

第二章法案是指附表一第二章修正的法案。

《电信立法修正案（竞争与消费者问题）法令（2005）》

（2005年第119号）

附则一

第2条　过渡性条文——《1997年电信法》附则一第14款、第15款

（1）本项所称的预开始报告期是指：

（a）一个会计年度是：

（i）于 1997 年 7 月 1 日或之后开始；和

（ii）于本项生效前结束的；或

（b）如本项未在任何会计年度的 7 月 1 日生效，则预开始报告期

（i）于本项生效的会计年度初开始的；和

（ii）在本项生效前结束。

（2）尽管第 1 项所做修正，《1997 年电信法》附则一第 14 款和第 15 款继续适用，视同：

（a）针对某会计年度对上述条目的引用为对某预开始报告期的引用；且

（b）修正未做出。

附则二

第 3 条　所做修正的适用

本附则所做修正不适用于本项生效前发生的行为。

附则三

第 4 条　所做修正的适用

如本项生效前已依据《1997 年电信法》460（3）（c）公布编号方案相关变动，则本附则所做修正不适用。

《电信修订（公众号码集成数据库）法（2006）》

（2006年第155号）

附则一

第12条　过渡性条文

（1）本项适用于下述情况：

（a）本项生效前，依据《1997年电信法》第285条将信息或文件披露给某人；且

（b）该法案285（1）（c）（ii）包含了该披露的目的。

（2）在豁免期内，针对该人所做的所有披露，都视为该人：

（a）披露的信息或文件满足该法285（1A）（a）和（b）；且

（b）做出披露的目的包含在该法案285（1A）（c）（ii）中；

公众号码集成数据库计划授权该人使用和披露信息或文件。

（3）如果：

（a）该人在豁免期内根据该负责提出授权申请；且

（b）申请授权的目的满足该法案285（1A）（c）（ii）规定；

则，在ACMA就申请作出决定前，针对该人所做的所有披露，都视为该人：

（c）披露的信息或文件满足该法285（1A）（a）和（b）；且

（d）做出披露的目的与申请授权相吻合；

持有有效授权，依据公众号码集成数据库计划允许此人使用和披露信息或文件。

（4）在本项中：

豁免期是指本项生效开始计算的 28 天。

公众号码集成数据库计划是指依据《1997 年电信法》第 295A 条生效的计划。

《电信（监听与接入）修订法（2007）》

（2007 年第 177 号）

附则一

第 57 条　定义

在本章中：

ACMA 是指澳大利亚通信和媒体管理局。

《TIA 法案》是指《1979 年电信（监听与接入）法》。

第 58 条　过渡性条文——组织许可证

如果：

（a）在本项生效前，许可证已依据《1997 年电信法》283（2）（b）生效；且

（b）在生效前，接到披露要求的人已收到许可证副本；且

（c）在生效前，未按照许可证允许做出任何披露；

则生效后，许可证具有法律效力，视同该许可证由《1979 年电信（监听与接入）法》175（2）授权批准，该款授权披露许可证涵盖的某类生效前已存在的信息或文件。

第59条　过渡性条文——执行机构许可证

《刑法》的执行

（1）如果：

（a）本项生效前，某许可证已依据《1997年电信法》282（3）具有效力；且

（b）在生效前，已依据该法案305（2）或（3）授予许可证副本；且

（c）在生效前，未按照许可证允许做出任何披露；

则生效后，许可证具有法律效力，视同该许可证由《1979年电信（监听与接入）法》178（2）授权批准，该款授权披露许可证涵盖的某类生效前已存在的信息或文件。

征收罚款或保护公共收入法案的执行

（2）如果：

（a）本项生效前，某许可证已依据《1997年电信法》282（4）或（5）具有效力；且

（b）在生效前，已依据该法案305（2）或（3）授予许可证副本；且

（c）在生效前，未按照许可证允许做出任何披露；

则生效后，许可证具有法律效力，视同该许可证由《电信（监听与接入）法1979》179（2）授权批准，该款授权披露许可证涵盖的某类生效前已存在的信息或文件。

《1979年电信（监听与接入）法》第4－2章不适用

（3）《1979年电信（监听与接入）法》第4－2章不适用于本项提到的授权。

第60条　保留性条文——间接披露/使用罪

尽管本法案废除了《1997年电信法》第298条，本项生效后，该

条有关生效前或生效后所做披露的规定继续适用，视同未废除。

第 61 条　保留性条文——记录的保存

（1）尽管本附则第 37 项做了修正，在该项生效后，对于生效前授予的许可证副本，《1997 年电信法》第 305 条（该项生效前已生效）继续适用。

（2）尽管本附则第 39 项做了修正，在该项生效后，对于生效前依照根据《1997 年电信法》282（3）、（4）或（5）授予的许可证所做披露，《1997 年电信法》306（5）（d）（该项生效前已生效）继续适用。

（3）根据《1997 年电信法》第 306 条，如披露得到本章第 59 项授权，则适用《1997 年电信法》306（5）（d），视同：

（a）做出授权的人与依据《1997 年电信法》办法相应许可证的人为同一个人；且

（b）授权于本项生效之日做出。

第 62 条　　过渡性条文——电信运营商拍照申请

如果：

（a）申请是在本项生效前依据《1997 年电信法》第 52 条提出；且

（b）在本项生效前 ACMA 未对申请作出决定；

本项生效后，该法案第 53A 条与第 56A 条适用，视同所称通信接入协调员包含机构协调员（本项生效前该法案意义上的）。

第 63 条　　过渡性条文——交割点

（1）本项针对符合《1997 年电信法》第 314A 条的电信运营商、电信服务提供者提供的电信服务或机构，适用于本项生效前具有效力的交割点（旧点）。

（2）本项生效时：

（a）对于该电信运营商或电信服务提供者的完全等同的电信服务及完全等同的监听机构，依据《1979年电信（监听与接入）法》第188条，旧点被视为有效的交割点（新点）；且

（b）如旧点是由ACMA决定的，则《1979年电信（监听与接入）法》第188条适用，视同新点由ACMA决定。

注：《1979年电信（监听与接入）法》188（8）至（10）给出了由ACMA决定的交割点的变更程序。

（3）如果：

（a）本项生效前：

（i）依据《1997年电信法》314（2）提出异议；或

（ii）依据《1997年电信法》314A（8）（c）提名；或

（iii）依据《1997年电信法》314A（9）（c）提出要求；且

（b）在本项生效前，该法案第314A条涉及异议、提名或要求的程序尚未完结；则：

（c）尽管本法案已使该条废除，该条涉及异议、提名或要求的部分在本项生效后继续适用，视同未废除；且

（d）对于电信运营商、电信服务提供者提供的电信服务或机构，本项生效后，依据该条提出或确定的交割点（过渡点）成为对于该电信运营商或电信服务提供者的完全等同的电信服务及完全等同的监听机构依据《1979年电信（监听与接入）法》第188条的交割点（转化点）；且

（e）如过渡点是由ACMA决定的，则《1979年电信（监听与接入）法》第188条适用，视同转化点由ACMA决定。

第 64 条　过渡性条文——监听能力的豁免

机构协调员豁免

（1）本项生效前依据《1997 年电信法》326（1）生效的电信服务相关豁免在本项生效后仍具有法律效力，视同该豁免依据《1979 年电信（监听与接入）法》192（1）针对完全等同的电信服务所做。

（2）如果：

（a）在本项生效前，依据《1997 年电信法》第 326 条就某电信服务提出申请；且

（b）在本项生效前申请尚未获批（包括由于实施该法 326（4）的原因）；则：

（c）本项生效后申请具有法律效力，视同申请依据《1979 年电信（监听与接入）法》第 192 条所做；且

（d）为了通信接入协调员作决定考虑，视同协调员在该申请依据《1997 年电信法》受理之日受理。

ACMA 豁免

（3）本项生效前，依据《1997 年电信法》327（1）对某电信服务所做豁免，在本项生效后具有法律效力，视同该豁免依据《1979 年电信（监听与接入）法》193（1）针对类型完全等同的电信服务所做。

第 65 条　过渡性条文——被提名的电信服务提供者

本项生效前依据《1997 年电信法》331（3）所做声明，在本项生效后仍具有法律效力，视同该声明依据《1979 年电信（监听与接入）法》197（4）所做。

第 66 条　过渡性条文——IC 计划

（1）本项生效前依据《1997 年电信法》第十五章第 3 节生效的 IC 计划，在本项生效后仍具有法律效力，视同该 IC 计划依据《1979 年电信（监听与接入）法》第 5 ~4 章生效。

（2）如果：

（a）本项生效前依据《1997 年电信法》第十五章第 3 节提出 IC 计划；且

（b）本项生效后，该法案第 332C 条中涉及该计划的程序尚未完成；则：

（c）本项生效起，视同该计划依据《1979 年电信（监听与接入）法》第 5 ~4 章制定；且

（d）计划的实施必须与《1979 年电信（监听与接入）法》第 198 条相一致。

（3）根据（2）（d），某事物：

（a）根据《1979 年电信（监听与接入）法》第 198 条有关该计划的规定须发生的事物；

（b）根据《1997 年电信法》第 332C 条已经发生；

则视同根据《1979 年电信（监听与接入）法》第 198 条有关该计划的规定，该事物已发生。

第 67 条　《1901 年法令解释法》第 8 条

就本附则做出的修正或废除，本章未限制《法令解释法 1901》第 8 条的实施。

第 68 条　过渡性条例

总督可就本附则做出的修正或废除相关的过渡性事项制定条例（包括规定适用条文及保留条文）。

2003 年反垃圾邮件法

（2003 年第 129 号法案　修订版）

本法起草于 2011 年 12 月 27 日，包含了直至 2011 年第 46 号法令的修正案。

当天没有生效的修正案的文本被附加在注释章节。

被纳入的修正法案的执行可能受制于注释章节中阐述的应用条款。

该法案由澳大利亚司法部（堪培拉）立法起草和出版办公室制订。

一个有关反垃圾邮件或相关意图的法案

第一章　引　　言

1　简写（见附则一）

本法案即指《2003 年反垃圾邮件法》。

2　开始生效

（1）本法案中，由表格第一栏中明确说明的条款，要依据表格第二栏的规定进行生效或者被视为生效。第二栏的其他陈述依据其条款生效。

开始生效信息		
第一栏	第二栏	第三栏
条款	生效	日期/详细信息
1. 本法案第 1 款和第 2 款和其他法规由本表而非其他地方包含负责。	自本法案获得皇家御准当天生效。	2003 年 12 月 12 日
2. 第 3 款至第 14 款。	自本法案获得皇家御准当天生效。	2003 年 12 月 12 日
3. 第二章至第六章。	自本法案结束 120 天期限并获得皇家御准当天开始生效。	2004 年 4 月 10 日
4. 第 41 款	自本法案结束 120 天期限并获得皇家御准当天开始生效。	2004 年 4 月 10 日
5. 第 42 款	自本法案获得皇家御准当天生效。	2003 年 12 月 12 日
6. 第 43 款至第 46 款	自本法案结束 120 天期限并获得皇家御准当天开始生效。	2004 年 4 月 10 日
7. 第 47 款	自本法案获得皇家御准当天生效。	2003 年 12 月 12 日
8. 附件 1	自本法案结束 120 天期限并获得皇家御准当天开始生效。	2004 年 4 月 10 日
9. 附件 2	自本法案获得皇家御准当天生效。	2003 年 12 月 12 日
10. 附件 3	自本法案结束 120 天期限并获得皇家御准当天开始生效。	2004 年 4 月 10 日

注：本表仅涉及由国会和皇家御准的法案条款，不会处理在批准之后加入到本法案中的条款。

（2）表格的第 3 栏包含的额外条款不在本法案内。本栏的信息可以被添加或者引用到该法案的各种出版版本当中。

3 简要概览

以下内容为本法案的概览内容：

- 本法案设立的条款是针对规范商业电子邮件和其他商业电子信息。
- 不得发送未请求的商业电子信息。
- 该信息必须包含授权发送信息的个人或机构的信息。
- 商业电子信息必须包含有效的退订功能。
- 不得提供、获取和使用地址获取软件。

续表

• 不得提供、获取和使用由地址获取软件生成的电子地址列表。
• 触犯本法案的主要惩罚措施是民事处罚条例和禁令。

注：《1997 年电信法》中包含有关商业电子信息的额外条款，具体有第六章（行业规范和标准），第二十六章（调查），第二十七章（信息收集权）和第二十八章（执行）。

4 定义

在本法案中，除非有相反含义出现，则一律按照下列定义执行：

账户——含义包括：

（a）免费账户；和

（b）预付账户；和

（c）任何有理由认定等同于账户的内容。

ACMA——指澳大利亚通信和媒体管理局。

获得——当涉及物品或者服务的时候，与《2010 年竞争和消费者法案》中含义相同。

地址获取软件——指专门涉及或销售的用于以下用途的软件：

（a）在网络上搜索电子地址；和

（b）收集、编撰、捕捉或者其他获取电子地址。

机构——指代：

（a）军队或者；和

（b）警察。

澳大利亚——当用在地理层面的含义时，包含外部领土。

澳大利亚相关性——已在第 7 款中定义。

授权——当涉及发送电子信息时，已在第 8 款中定义。

交易——指在贸易或商业领域里的风险投资或关注，并且不管是否在一个常规的、重复的或是持续的基础上达成的。

运营服务——“运营服务”的定义与《1997 年电信法案》中含义相同。

民事处罚条款——指代下述任何相应条款：

（a）第 16 款的（1）、（6）、（9）部分；

（b）第 17 款的（1）、（5）部分；

（c）第 18 款的（1）、（6）部分；

（d）第 20 款的（1）、（5）部分；

（e）第 21 款的（1）、（3）部分；

（f）第 22 款的（1）、（3）部分；

（g）法规中根据 45（2）（c）被宣布为民事处罚条款的条款。

商业电子信息——已在第 6 款中定义。

批准——当涉及发送电子信息时，已在附件 2 中定义。

数据处理装置——已在《1997 年电信法案》中定义。

处理——当涉及到电子商业信息时，定义包含：

（a）处理信息；和

（b）回应信息；和

（c）过滤信息。

电子信息——已在附件 1 中定义。

指导者——包含一名某机构的主管部门成员。

教育机构——指代：

（a）学前学校；和

（b）中学；和

（c）大专；和

（d）大学。

电子信息——已在第 5 款中定义。

雇员——包含一名服役于军队、警局或宗教团体的成员。

举证责任——涉及一个事项时，是指表明该事项存在或不存在的合理可能性的举证责任或者指向证据。

联邦法院——指澳大利亚联邦法院。

商品——与《2010 年竞争和消费者法案》中含义相同。

政府部门——指代：

（a）联邦，州或领地的一个部门；或

（b）联邦，州或领地的一个机构、机关和部门；或

（c）外国政府部门；或

（d）外国政府的一个机构、机关和部门；或

（e）外国的一部分的政府部门；或

（f）外国的一部分的政府的机构、机关和部门。

获取地址名单——指：

（a）电子地址名单或；或

（b）电子地址的收集；或

（c）电子地址的汇集；

而这个名单的产生、收集或者汇集，在一定程度上间接或直接地导致了获取地址软件的使用。

国际公约——指：

（a）在公约中澳大利亚是其中一方；或

（b）该公约是澳大利亚与外国达成的协议。

互联网提供服务——指使终端用户能够使用网络注册的运营服务。

投资——指任何应用金钱或者其他财产为了盈利（无论是收入、资本收益还是其他形式的回报）而采用的形式。

注册的运营服务—— 已在《1997 年电信法案》中定义。

商标——包含该商标特征。

电子信息指——指下述消息：

（a）无论是否是文字形式；或

（b）是否是数据形式；或

（c）是否是演讲、音乐或其他音效形式；或

（d）是否是视觉影像（动画或其他）；或

（e）是否是其他形式；或

（f）是否是这些形式的合并。

错误——指合理的事实性错误。

机构——包含：

（a）法人团体；和

（b）合作伙伴；和

（c）政府；和

（d）法庭或法院；和

（e）非立案的公司或协会。

本法案中对于机构的定义表达不包含本法案对于个人的定义，其不包含政治团体或企业。

注：《1901 年联邦法律解释法》2C（1）指出：个人定义包含政治团体或企业以及个体。

处罚单位——已在《1914 年犯罪行为法》4AA 中定义。

个人——包含合伙人身份。

注：合伙人条例详见《1997 年电信法案》第 585 款。

出版——包含：

（a）发表在互联网上；并且

（b）向公众或部分公众发表。

注册的政治团体——指登记在下述法案中的党派，或者党派的分支或分部：

（a）《1918 年联邦选举法》；或

（b）州立或者地区管理选举事务的法规。

相关电子账户持有者，即电子信息发送的电子地址的相关人，指：

（a）如果该电子地址是邮件地址——并且是发送信息的个人或机构对此负责的相关电子账户；或

（b）如果该信息发送的地址与短息服务相关——并且是发送信息的个人或团体于此负责的相关短息服务；或

（c）如果该电子地址是电话号码——并且是发送信息的个人或团体于此负责的相关电话账户；或

（d）在其他任何情况下——是发送信息的个人或团体于此负责的相关账户。

发送——包括试图发送。

注：详见第 9 款。

服务——与《2010 年竞争和消费者法案中》中具备相同含义。

软件——包含软件和辅助数据的结合体。

标准电话服务——与《1999 年电信（消费者保护与服务标准）法案》中具备相同含义。

提供——指：

（a）当用于商品或服务时——与《2010 年竞争和消费者法案中》中具备相同含义；或者

（b）当指代土地时——包括转让；或者

（c）当指代土地利益时——包括转让或创造利益。

使用——已在第 11 款中定义。

语音呼叫——指：

（a）语音呼叫标准含义的定义；或者

（b）包含了记录或者合称声音的呼叫；或者

（c）如果上述（a）、（b）两条不适用于伤残的特殊消费者（例如，因为该消费者具有听力损伤），这个呼叫就等同于上述任何一条规定的定义。

不管该消费者是否通过手机按键或类似动作接听该来电。

5 电子信息

基本定义

（1）就本法案而言，一个电子信息是指被发送信息：

（a）用于：

（i）互联网提供服务；或

（ii）任何在列的运营服务；和

（b）与下列相关的电子地址：

（i）电子邮件账户；或

（ii）即时消息账户；或

（iii）电话账户；或

（iv）类似的账户。

注：电子邮件地址和电话号码是电子信息的范例。

（2）基于第（1）款，该电子地址存在与否无关紧要。

（3）基于第（1）款，该信息是否发送到指定目标也无关紧要。

（4）第（1）款的生效取决于第（5）款的规定。

例外信息——语音通话

（5）如果一条信息是由一个标准电讯服务的语音通话发送的，那就不符合本法案中电子信息的定义。

6 商业电子信息

基本定义

（1）就本法案而言，商业电子信息指代与下述情形相关的电子信息：

（a）信息内容；和

（b）信息呈现方式；和

（c）发送信息中包含可以用链接、电话号码或者联系方式（若存在）确定的内容；

该信息将包括下述或者下述其一的目的：

（d）用以提供某种商品或服务；或

（e）用以广告或推销某种商品或服务；或

（f）用以广告或推销某种商品或服务的提供商或预期提供商；或

（g）用以提供土地或土地利益；或

（h）用以广告或推销土地或土地利益；或

（i）用以广告或推销土地或土地利益的提供商或预期提供商；或

（j）用以提供商业契机或投资机遇；或

（k）用以广告或推销商业契机或投资机遇；或

（*l*）用以广告或推销商业契机或投资机遇的提供商或预期提供商；或

（m）通过欺骗行为，协助或使某人能够不诚实地获取他人财产；或

（n）通过欺骗行为，协助或使某人能够不诚实地获取财务利益；或

（o）协助或使某人能够不诚实地获取他人利益；或

（p）本法规中明确指定的目的。

（2）基于（1）（d）至（*l*），商品、服务、土地、利益或是投资机会是否存在无关紧要。

（3）基于（1）（d）至（*l*），是否合法地获取该商品、服务、土地、利益或投资机会无关紧要。

（4）下述任何：

（a）（1）（f）或（i）提及的提供商或预期提供商；、

（b）（1）（*l*）提及的提供商或预期提供商；

（c）（1）（m）（n）或（o）首次提及的人；

可能是发送或授权发送该信息的个人或组织。

（5）（1）（d）至（p）章节彼此独立。

（6）第（1）款的生效取决于第（7）款的法定。

例外信息——法规

（7）就该法案而言，本法规可以规定特定种类的电子信息不属于商业电子信息。

诠释

（8）该表达方式在本节（1）（m）中与《刑法》第 134.1 章节中具有相同含义。

（9）该表达方式在本节（1）（n）章节中与《刑法》第 134.2 章节中具有相同含义。

（10）该表达方式在本节（1）（o）章节中与《刑法》第 135.1 章节中具有相同含义。

7 澳大利亚关联性

基于本法案，一条商业电子信息应该与澳大利亚有关联，如果，并且只有如果符合下述条款，才受制于本法案：

（a）该信息源自于澳大利亚境内；或

（b）发送或授权发送信息的个人或组织是：

（i）该个人在发送信息时实际位于澳大利亚；或

（ii）各组织的中央管理和控制层在发送信息时位于澳大利亚；或

（c）用来处理该信息的电脑、服务器或装置在澳大利亚；或

（d）相关电子账户持有者是：

（i）该个人在信息被处理时实际位于澳大利亚；或

（ii）从事该交易或活动的组织在信息被处理时位于澳大利亚；或

（e）如果因为相关电子地址不存在而导致信息不能发送——假设

该地址存在，那么合理的可能性是：用于处理该信息的电脑、服务器或装置位于澳大利亚境内。

8　授权发送电子信息

署名的授权机构

（1）基于本法案［包括第（2）款］，如果：

（a）个人授权发送电子信息；并且

（b）该人代表一个机构发送信息；

那么：

（c）该组织被视为授权发送该电子信息；并且

（d）该个人被视为没有授权发送该电子信息。

自我授权

（2）基于本法案，如果：

（a）一条电子信息是由某个人或者机构发送的；并且

（b）信息的发送不是有其他个人或者机构授权的；

那么第（1）条里的个人或机构被视为授权发送该信息。

9　发送电子信息——运营服务提供商

（1）基于本法案，该人没有发送电子信息，或导致电子信息的发送，仅仅因为该人为发送该信息提供了运营服务。

（2）（1）的制定是为避免产生疑问。

10　持续的合作伙伴关系

基于本法案，合作的改变不影响该合作伙伴关系的持续性。

11　使用的引申含义

除非有相反动机出现，本法案提及的使用某事物即指在任意下述两种情形下使用该事物：

（a）在独立情况下；或

（b）和一个或多个其他事物一起。

12　官方约束

（1）本法案对官方每项能力都具约束力。

（2）本法案不会让官方易于受到罚款处罚或为犯罪被起诉。

（3）本条（2）中的保护措施不适用于官方的当局人士。

13　引申至海外领土

本法案扩展至澳大利亚每个海外领土。

14　应用于海外领土

除非有相反动机出现，本法案延伸至澳大利亚海外的作为、不作为、事情和事物。

第二章　发送电子商业信息的法律规定

15　简要概览

以下内容为本章节的简要概览：

- 不得发送未经请求的商业电子信息。
- 商业电子信息必须含有个人或机构的授权的信息。
- 商业电子信息必须包含退订功能设置。

16　不得发送未经请求的商业电子信息

（1）个人不得发送或导致发送下述商业电子信息：

（a）含有澳大利亚连接；和

（b）非指定的商业电子信息。

注1：“澳大利亚关联性”含义请见第7章；

注2：“非指定的商业电子信息”含义请见附件1。

（2）本条（1）不适用于——如果相关电子账户持有人被批准发送该信息。

注：“批准”的含义见附件2。

（3）本条（1）不适用于——如果该个人：

（a）不知情；并且

（b）经过合理的努力，不能确认；

该信息是否含有澳大利亚关联性。

（4）本条（1）不适用于——如果个人错误地发送或导致发送商业电子信息。

（5）该发送人如果希望依据本条（2）、（3）或（4），则需要承担相关的举证责任。

该信息不能发送到不存在的电子地址上

（6）个人不得或导致把商业电子信息发送到不存在的电子地址上，如果：

（a）该个人无理由相信该地址的存在；并且

（b）该电子地址：

（i）含有澳大利亚关联性；并且

（ii）不是被指定的商业电子信息。

（7）本条（6）不适用于——如果该个人：

(a) 不知情；并且

(b) 经过合理的努力，不能确认；

该信息是否含有澳大利亚关联性。

(8) 该发送人如果希望依据本条 (7)，则需要承担相关的举证责任。

辅助性违反

(9) 个人不得：

(a) 帮助、教唆、煽动或导致违反本条 (1) 或 (6)；或

(b) 引诱，无论采用威胁、承诺或其他办法，违反本条 (1) 或 (6)；或

(c) 以任何方式，直接或间接地，故意关切或参与违反本条 (1) 或 (6)；或

(d) 与其他人共谋导致违反本条 (1) 或 (6)。

(10) 个人不得仅仅因为提供运营服务而违反 (9) 发送电子信息。

民事处罚条例

(11) 本条 (1)、(6) 和 (9) 是民事处罚条例。

注：第四章为违反民事处罚条件提供罚款处罚。

17 商业电子信息必须包含准确的发送人信息

(1) 个人不得发送或导致发送包含澳大利亚关联性的商业电子信息，除非满足下述条件：

(a) 该信息清楚并准确地定义了授权发送信息的个人或组织；并且

(b) 该电子消息包含有关接收人如何接触到该发送人或组织的准确信息；并且

(c) 该信息符合法规中的特定条件（可以多条）；并且

(d) 该信息有理由在消息发送30日内保持有效。

注："澳大利亚关联性" 含义请见第7章；

（2）本条（1）不适用于——如果该个人：

（a）不知情；并且

（b）经过合理的努力，不能确认；

该信息是否含有澳大利亚关联性。

（3）本条（1）不适用于——如果个人错误地发送或导致发送商业电子信息。

（4）该发送人如果希望依据本条（2）或（3），则需要承担相关的举证责任。

辅助性违反

（5）个人不得：

（a）帮助、教唆、煽动或导致违反本条（1）；或

（b）引诱，无论采用威胁、承诺或其他办法，违反本条（1）；或

（c）以任何方式，直接或间接地，故意关切或参与违反本条（1）；或

（d）与其他人共谋导致违反本条（1）。

（6）个人不得仅仅因为提供运营服务而违反本条（5）发送电子信息。

民事处罚条例

（7）本条（1）和本条（5）是民事处罚条例。

注：第四章为违反民事处罚条件提供罚款处罚。

18　商业电子信息必须包含退订功能设置

（1）个人不得发送或导致发送下述商业电子信息：

（a）含有澳大利亚连接；和

（b）非指定的商业电子信息；

除非：

（c）该信息包含：

（i）声明收信人可以使用收到信息的电子地址向授权发送该信息

的个人或组织发送退订信息；或者

（ii）符合类似效果的退订声明；并且

（d）该声明应该以清晰和明显的方式展示；并且

（e）该电子地址是有理由可以接收到：

（i）收信人的退订信息（若存在）；并且

（ii）具备接收一定合理数量的由其他收信人发送的相同的退订信息；

无论何时，在信息发送后至少30日的期间；并且

（f）该电子地址是合法获取的；并且

（g）该电子地址符合法规中的特定条件（可以多条）；

注1："退订信息"含义请见本条（9）；

注2："澳大利亚关联性"含义请见本条（3）；

注3："指定的商业电子信息"定义请见附件1。

（2）（1）不适用于——如果该个人：

（a）不知情；并且

（b）经过合理的努力，不能确认；

该信息是否含有澳大利亚关联性。

（3）（1）不适用于——在一定程度上（若存在）与下述两方的合同或其他协议书的条款相矛盾的情况：

（a）授权发送该信息的个人或组织；和

（b）相关电子账户持有者。

（4）本条（1）不适用于——如果个人错误地发送或导致发送商业电子信息。

（5）该发送人如果希望依据本条（2）、（3）或（4），则需要承担相关的举证责任。

辅助性违反

(6) 个人不得：

(a) 帮助、教唆、煽动或导致违反本条（1）；或

(b) 引诱，无论采用威胁、承诺或其他办法，违反本条（1）；或

(c) 以任何方式，直接或间接地，故意关切或参与违反本条（1）；或

(d) 与其他人共谋导致违反本条（1）。

(7) 个人不得仅仅因为提供运营服务而违反（6）发送电子信息。

民事处罚条例

(8) 本条（1）和本条（6）是民事处罚条例。

注：第四章为违反民事处罚条件提供罚款处罚条例。

退订信息

(9) 基于本章中商业电子信息的应用，即发送的信息是由个人或组织授权的，退订信息指：

(a) 相关电子账户持有者不想继续收到任何由个人或组织授权的商业电子信息；或

(b) 具有相关类似效果的电子信息。

第三章 关于地址获取软件和获取的地址列表的法则

19 简要概览

以下内容为本章节的简要概览：

- 不得提供、获取和使用地址获取软件和获取的地址列表
- 不得提供、获取和使用由地址获取软件产生的电子地址列表

20　不得提供地址获取软件和获取的地址列表

（1）个人（提供者）不得提供或有意提供：

（a）地址获取软件；或

（b）地址获取软件的使用权；或

（c）获取的地址列表；或

（d）获取的地址列表的使用权；

为另外一人（客户）如果：

（e）该提供者是：

（i）在提供或者提议期间停留在澳大利亚的个体；或

（ii）在提供或者提议期间停留在澳大利亚的公司团体或者合伙人；或

（f）该客户是：

（ⅰ）在提供或者提议期间停留在澳大利亚的个体；或

（ⅱ）在提供或者提议期间停留在澳大利亚的公司团体或者合伙人。

注：合伙人条例详见《1997 年电信法案》第 585 条。

（2）本条（1）不适用于——如果提供者无理由怀疑客户，或者客户，尝试运用地址获取软件或者获取的地址列表，视情况而定，与违反本案第 16 款的发送商业电子信息条例有关联。

（3）本条（1）不适用于——如果该提供者：

（a）不知情；并且

（b）经过合理的努力，不能确认；

该客户是：

（c）在提供或者提议期间居在澳大利亚的个体；或

（d）在提供或者提议期间居住在澳大利亚的公司团体或者合伙人；或

（4）该发送人如果希望依据（3），则需要承担相关的举证责任。

辅助性违反

（5）个人不得：

（a）帮助、教唆、煽动或导致违反本条（1）；或

（b）引诱，无论采用威胁、承诺或其他办法，违反本条（1）；或

（c）以任何方式，直接或间接地，故意关切或参与违反本条（1）；或

（d）与其他人共谋导致违反本条（1）。

民事处罚

（6）本条（1）和本条（5）是民事处罚条例。

注：第四章为违反民事处罚条件提供罚款处罚。

21　不得提供地址获取软件和获取的地址列表

（1）个人不得获取：

（a）地址获取软件；或

（b）地址获取软件的使用权；或

（c）获取的地址列表；或

（d）获取的地址列表的使用权；

如果该个人是：

（e）在获取期间停留在澳大利亚的个体；或

（f）在获取停留在澳大利亚的公司团体或者合伙人；或

注：合伙人条例详见《1997 年电信法案》第 585 条。

（2）本条（1）不适用于——如果该个人没有试图使用地址获取软件或者获取的地址列表，视情况而定，与违反本案第 16 款的发送商业电子信息的条例有关联。

辅助性违反

（3）个人不得：

（a）帮助、教唆、煽动或导致违反本条（1）；或

（b）引诱，无论采用威胁、承诺或其他办法，违反本条（1）；或

（c）以任何方式，直接或间接地，故意关切或参与违反本条（1）；或

（d）与其他人共谋导致违反本条（1）。

民事处罚

（4）本条（1）和本条（3）是民事处罚条例。

注：第四章为违反民事处罚条件提供罚款处罚。

22　不得使用地址获取软件和获取的地址列表

（1）个人不得使用：

（a）地址获取软件；或

（b）获取的地址列表；

如果该个人是：

（c）在获取期间停留在澳大利亚的个体；或

（d）在获取停留在澳大利亚的公司团体或者合伙人；或

注：合伙人条例详见《1997 年电信法案》第 585 章。

（2）本条（1）不适用于——涉及到地址获取软件或者获取的地址列表的使用，如果对上述的使用与违反本案第 16 款发送商业电子信息的条例无关。

辅助性违反

（3）个人不得：

（a）帮助、教唆、煽动或导致违反本条（1）；或

（b）引诱，无论采用威胁、承诺或其他办法，违反本条（1）；或

（c）以任何方式，直接或间接地，故意关切或参与违反本条（1）；或

（d）与其他人共谋导致违反本条（1）。

民事处罚

（4）本条（1）和本条（3）是民事处罚条例。

注：第四章为违反民事处罚条件提供罚款处罚。

第四章　民事处罚

23　简要概览

以下内容为本章节的简要概览：

- 一旦违反民事处罚条例，违反者将被处以罚金。
- 为了重新获得罚金所提起的诉讼程序将由联邦法院处理。
- 联邦法院可能作出以下裁定：
  （a）裁定违反民事处罚条例的有关方面向受害者支付赔偿金；
  （b）裁定向英联邦政府支付不超过所获取经济利益的数额的赔偿金。

注：附件3包含一则有关违反民事处罚条例的侵权通知。

24　违反民事处罚条例所需支付的罚金

（1）一旦联邦法院确信某人已经违反民事处罚条例，法院有权裁定该违反者向英联邦政府支付罚金；所涉及的每件违法行为均由联邦法院裁定是否适当。

（2）在确定处罚金额时，联邦法院必须考虑到所有相关事宜，其中包括：

（a）违法行为的性质和程度；和

（b）一切由违法行为所导致的损失及伤害的性质和程度；和

（c）违法行为所发生的周边环境；和

（d）该违法者在本次违法行为之前，是否已经因为类似案件，被联邦法院依据本法案进行过裁定；和

（e）如果联邦法院认为以下行为是恰当的，他们将调查：该违法者在本次违法行为之前，是否已经因为类似案件，接受过其他国家法院的裁定。

25　违反民事处罚条例的最高处罚额度

（1）在本法 24（1）部分相关内容的基础上，违法者违反民事处罚条例所受到的最高处罚取决于：

（a）该违法者之前是否存在类似的违法行为，即前科记录［参看 24（2）］

（b）违法者是否为法人团体；

（c）该民事处罚条例是否属于本法 16（1）、（6）或（9）所提及的内容。

前科记录

（2）如果：

（a）在本法 24（1）相关内容的基础上，在某一特殊日子（如第一天），联邦法院对涉及违反某些特定民事处罚条例的相关违法者作出处罚；

（b）在本法 24（1）相关内容的基础上，这是联邦法院第一次对涉及违反民事处罚条例的相关违法者作出裁决；

上述两种情况发生之后，在本法 24（1）相关内容的基础上，如果该违法者再次违反民事处罚条例的相关规定，并且本次违法行为发生在前一次违法行为被裁决之后，该违法者将被认为存在前科记录。

针对法人团体作出的最高处罚——没有前科记录

（3）如果该法人团体之前没有违反民事处罚条例的相关记录：

（a）在本法 24（1）相关内容的基础上，该法人团体所应支付的处罚金额不得超过：

（i）如果该民事处罚条例属于本法 16（1）、（6）或（9）所提及的内容，处罚金额不得超过 100 个处罚单位；或

（ii）如果存在其他案件，处罚金额不得超过 50 个处罚单位；和

（b）如果联邦法院调查发现，该法人团体在特定日期内，与两件或两件以上违反民事处罚条例的行为有关；在本法 24（1）相关内容的基础上，该法人团体所应支付的罚金总额不得超过：

（i）如果该民事处罚条例属于本法 16（1）、（6）或（9）所提及的内容，罚金总额不得超过 2000 个处罚单位；或

（ii）如果存在其他案件，罚金总额不得超过 1000 个处罚单位。

针对个人违法者（非法人团体）所作出的最高处罚——没有前科记录

（4）如果该个人违法者（非法人团体）之前没有违反民事处罚条例的相关记录：

（a）在本法 24（1）相关内容的基础上，该个人违法者所应支付的处罚金额不得超过：

（i）如果该民事处罚条例属于本法 16（1）、（6）或（9）部分所提及的内容，处罚金额不得超过 20 个处罚单位；或

（ii）如果存在其他案件，处罚金额不得超过 10 个处罚单位；和

（b）如果联邦法院调查发现，该个人违法者在特定日期内，与两件或两件以上违反民事处罚条例的行为有关；在 24（1）相关内容的基础上，该个人违法者所应支付的罚金总额不得超过：

（i）如果该民事处罚条例属于本法 16（1）、（6，或（9）所提及的内容，罚金总额不得超过 400 个处罚单位；或

（ii）如果存在其他案件，罚金总额不得超过 200 个处罚单位。

针对法人团体作出的最高处罚——有前科记录

（5）如果该法人团体之前存在违反民事处罚条例的相关记录：

（a）在本法 24（1）相关内容的基础上，该法人团体所应支付的处罚金额不得超过：

（i）如果该民事处罚条例属于本法 16（1）、（6）或（9）部分所

提及的内容，处罚金额不得超过 500 个处罚单位；或

（ii）如果存在其他案件，处罚金额不得超过 250 个处罚单位；和

（b）如果联邦法院调查发现，该法人团体在特定日期内，与两件或两件以上违反民事处罚条例的行为有关；在本法 24（1）相关内容的基础上，该法人团体所应支付的罚金总额不得超过：

（i）如果该民事处罚条例属于本法 16（1）、（6）或（9）部分所提及的内容，罚金总额不得超过 10000 个处罚单位；或

（ii）如果存在其他案件，罚金总额不得超过 5000 个处罚单位。

针对个人违法者（非法人团体）所作出的最高处罚——有前科记录

（6）如果该个人违法者（非法人团体）之前存在违反民事处罚条例的相关记录：

（a）在本法 24（1）部分相关内容的基础上，该个人违法者所应支付的处罚金额不得超过：

（i）如果该民事处罚条例属于本法 16（1）、（6）或（9）部分所提及的内容，处罚金额不得超过 100 个处罚单位；或

（ii）如果存在其他案件，处罚金额不得超过 50 个处罚单位；和

（b）如果联邦法院调查发现，该个人违法者在特定日期内，与两件或两件以上违反民事处罚条例的行为有关；在本法 24（1）部分相关内容的基础上，该个人违法者所应支付的罚金总额不得超过：

（i）如果该民事处罚条例属于本法 16（1）、（6）或（9）部分所提及的内容，罚金总额不得超过 2000 个处罚单位；或

（ii）如果存在其他案件，罚金总额不得超过 1000 个处罚单位。

26　为追回罚金所提起的民事诉讼

（1）澳大利亚通信和媒体管理局（ACMA）将代表英联邦政府就

第 24 款中所提到的罚金的重新获得事宜向联邦法院提起诉讼。

（2）上述部分中所提到的诉讼程序可以在违法行为发生的六年之内进行。

（3）联邦政府有权裁定将（1）部分中的两个及两个以上诉讼程序合并进行。

27　不应提起刑事诉讼的违反民事处罚条例的行为

刑事诉讼不会仅仅因为某人违反民事处罚条例而欺骗该名违法者。

28　附加裁定——赔偿金

（1）如果：

（a）涉及第 26 条中提到的一个或多个诉讼程序，即联邦法院发现该名违法者触犯了一条或多条民事处罚条例中的内容；

（b）联邦法院确信受害者因一个或多个违法行为蒙受了损失及伤害；

联邦法院有权代表澳大利亚通信和媒体管理局（ACMA）或者受害者本人，向违法者索要法院认为适当的赔偿金。

（2）当判定是否存在受害者因一个或多个违法行为蒙受了损失及伤害时，该违法行为是由第 16 条中所提到的发送一个或多个商业电子信息导致的；或当评估因违法行为所应支付的罚金额度时，联邦法院应当注意以下几点：

（a）受害者所蒙受的损失在多大程度上归咎于所发送的违法商业电子信息；

（b）因处理相关的违法商业电子信息对受害者的生意或其他活动所产生的影响；

（c）因处理相关的违法商业电子信息对受害者公司的信誉所造成的损害；

（d）因处理相关的违法商业电子信息对受害者公司的业务机遇所造成的损失；

（e）联邦法院应当注意的其他相关事宜。

（3）无论是否在第 24 条相关内容的基础上，联邦法院均有权基于本条（1）部分作出裁决。

（4）基于本条（1）的诉讼可以在违法行为发生六年之内的任何时间申请。

29 附加裁定——重新获取经济利益

（1）如果：

（a）涉及第 26 条中提到的一个或多个诉讼程序，即联邦法院发现该名违法者触犯了一条或多条民事处罚条例中的内容；并且

（b）联邦法院确信该违法者因一个或多个违法行为获得了一定的经济利益（不论直接或间接）。

联邦法院有权代表澳大利亚通信和媒体管理局（ACMA），裁定该名违法者向英联邦政府支付不超过所获取经济利益的数额的赔偿金。

（2）无论是否在第 24 款相关内容的基础上，联邦法院均有权基于（1）作出裁决。

（3）基于（1）的诉讼可以在违法行为发生 6 年之内的任何时间申请。

30 附件 3（侵权通知）

附件 3 具备法律效力。

第五章　禁　　令

31　简要概览

以下内容为本章节的简要概览：

- 联邦法院有权批准与违反民事处罚条例的违法行为相关的禁令。

32　禁令

制止禁令

（1）如果一名违法者已经实施，或正在实施或拟实施违反民事处罚条例的违法行为，联邦法院有权代表澳大利亚通信和媒体管理局（ACMA）批准以下禁令：

（a）制止该名违法者的违法行为；并且

（b）如果联邦法院认为有必要如此——命令该名违法者做某些事。

执行禁令

（2）如果

（a）一名违法者已经拒绝或放弃，或正在拒绝或放弃，或拟拒绝或放弃执行一项法案或某项命令；并且

（b）该拒绝或放弃，已经成为或将要成为违反民事处罚条例的行为；

联邦法院有权代表澳大利亚通信和媒体管理局（ACMA）批准一项禁令，要求该名违法者执行法案或命令。

33　临时禁令

批准临时禁令

（1）如果联邦法院接到一项针对第 32 条中提到的禁令所进行的诉

讼申请，联邦法院有权在考虑该申请之前批准一项临时禁令，制止该名违法者的违法行为。

无需承诺损害赔偿

（2）联邦政府不会把针对第32条中提到的禁令所进行的诉讼申请作为批准一项临时禁令的条件，以此就损害赔偿给予任何承诺。

34　免除等禁令

联邦法院有权免除或改变本部分中的任何禁令。

35　授予禁令的某些限制不适用

制止禁令

（1）在本章下，联邦法院授予禁令以制止违法行为的权力，可以在以下条件下得以执行：

（a）如果联邦法院确信该违法者已经实施了违法行为（无论该名违法者有无再次违法的倾向），或仍将继续实施违法行为；或

（b）如果联邦法院发现某项禁令没有被授予，而该违法者仍将继续实施违法行为——无论该名违法者之前有无类似违法记录；无论该名违法者继续实施违法行为是否存在会对受害者造成实质性伤害的紧迫危险。

执行禁令

（2）联邦法院授予禁令以要求该名违法者执行法案或命令的权力，可以在以下条件下得以执行：

（a）如果联邦法院确信该违法者已经拒绝或放弃执行一项法案或某项命令——无论该名违法者有无再次拒绝或放弃执行的倾向，或仍将继续拒绝或放弃执行一项法案或某项命令；或

（b）如果联邦法院发现某项禁令没有授予，而该违法者仍将继续

拒绝或放弃执行某项法案或命令——无论该名违法者之前有无拒绝或放弃执行的行为；无论该名违法者继续拒绝或放弃执行是否存在会对受害者造成实质性伤害的紧迫危险。

36 联邦法院的其他权力不受影响

本部分所赋予联邦法院的权力是对联邦法院其他权力的补充，并不取代本法案或其他法案赋予联邦法院的其他任何权力。

第六章 强制性承诺

37 简要概览

以下内容为本章节的简要概览：

• 个人可以向澳大利亚通讯及媒体管理局（ACMA）递交与以下事件相关的强制性承诺： （a）商业电子信息；或者 （b）地址获取软件。

38 承诺的接受

（1）澳大利亚通信和媒体管理局（ACMA）有权接受一份与以下事件相关的书面承诺：

（a）商业电子信息；或者

（b）地址获取软件。

（2）一旦得到澳大利亚通信和媒体管理局（ACMA）的允许，个人可以在任何时间撤销或更改承诺的内容。

39 承诺的执行

（1）一旦澳大利亚通信和媒体管理局（ACMA）认定，曾递交承诺（该承诺指第 38 款所提及的内容）的个人违反了承诺中的任何条款，澳大利亚通信和媒体管理局（ACMA）有权要求联邦法院批准一项法令。

（2）一旦联邦法院确信该个人违反了承诺中的某项条款，联邦法院有权制定以下任何或全部法令：

（a）命令该个人遵守承诺中的该项条款；

（b）命令向英联邦政府支付不超过因违反承诺中的条款而获取的直接或间接经济利益的数额的赔偿金。

（c）命令违反承诺的个人向受害者支付赔偿金，该受害者所蒙受的损失或伤害归咎于此项违反承诺的行为。

（d）其他任何联邦法院认为是适当的命令。

40　评估违反承诺应付的赔偿金

（1）本款内容适用于针对第 39 款所提出的诉讼程序，如果联邦法院发现个人违反了一份承诺中的某项条款，并且该承诺与发送商业电子信息有关。

（2）当判定是否存在受害者因某项承诺被违反蒙受了损失及伤害时，或当评估所应支付的赔偿金的数额时，联邦法院应当注意以下几点：

（a）受害者所蒙受的损失在多大程度上归咎于所发送的违法商业电子信息；

（b）因处理相关的违法商业电子信息对受害者的生意或其他活动所产生的影响；

（c）因处理相关的违法商业电子信息对受害者公司的信誉所造成的损害；

（d）因处理相关的违法商业电子信息对受害者公司的业务机遇所造成的损失；

（e）联邦法院应当注意的其他相关事宜。

第七章　其他条款

41　正式警告——违反民事处罚条例

一旦有人违反民事处罚条例，澳大利亚通信和媒体管理局（ACMA）有权发出一份正式警告。

42　澳大利亚通信和媒体管理局（ACMA）的附加职能

澳大利亚通信和媒体管理局（ACMA）具有以下职能：

（a）引导和/或协调社区执行与以下一种或两种内容相关的教育项目：

（i）未经请求的商业电子信息；

（ii）地址获取软件；

应与相关行业，消费者团体，以及政府机构进行协商；

（b）引导和/或委托与以下一种或两种内容相关的调查研究：

（i）未经请求的商业电子信息；

（ii）地址获取软件；

（c）与海外监管机构及其他相关机构保持联络，以便就禁止或管理以下一种或两种内容进行相应的合作安排：

（i）未经请求的商业电子信息；

（ii）地址获取软件。

43　州立法案及地区法案的执行

本法案并不排除或限制其他州立法案或地区法案的执行，即其他州立法案和地区法案能够与本法案同时执行。

44 政治通信的潜在自由

本法案不适用于（如果存在）违反任何宪法中涉及政治通信潜在自由的原则。

45 使国际公约生效

（1）本条例有权为与下述内容有关的国际公约制定条款或相关条款，以赋予其法律效力：

（a）商业电子信息；

（b）地址获取软件。

（2）本条（1）中所提到的制定的条款应当：

（a）赋予联邦法院相关权力，以审判本条例中的一个或所有案件；并且

（b）规定一旦违反本条例，将处以不超过 50 个处罚单位的罚款；并且

（c）声明该特定条款就本法案而言属于民事处罚条例。

46 法案执行的审核

（1）在本部分内容批准后的两年期限结束之前，部长必须就以下内容进行审核：

（a）本法案的内容；并且

（b）《1997 年电信法案》中与本法案相关的内容；并且

（c）《1997 年电信法案》第六部分中与以下活动相关的内容：

（i）涉及（该部分所指的）网络营销活动；并且

（ii）涉及以（该部分所指的）电子信息服务商的身份经营业务；并且

（iii）涉及电信法案113（3）（q）至（v）部分所提到的行业代码和产业标准。

（2）部长必须就本条（1）部分内容准备一份审核报告。

（3）部长必须在该报告准备完成后的15个议会开会日内将该报告的副本送交议会各院。

47　其他条款

总督有权制定条款规定以下事宜：

（a）依据本法案规定必需的或被允许的事宜；或者

（b）依据本法案规定必要的或便捷的事宜。

附件1　指定的商业电子信息

注：见第4条

1　目标

本附件的目标是要明确指定的商业电子信息的概念。

注1：指定的商业电子信息必须遵守第17条的规定，即商业电子信息必须包含授权发送信息的个人或组织的信息。

注2：指定的商业电子信息对第16条（不得发送未经请求的商业电子信息）和第18款（商业电子信息必须包含退订功能设置）中所提到的规定享有豁免权。

2　事实性信息

（1）就本法案而言，一条电子信息能够被称为指定的商业电子信息必须达到以下条件：

（a）该信息中不只包含真实性信息（附带或不附带直接相关评论），还应包含以下任何或全部附加信息：

（i）授权发送信息的个人或组织的名称、商标，及联系方式；

（ii）作者的名字和联系方式；

（iii）所属公司的名称、商标，及联系方式——如果作者为一名雇员；

（iv）合伙企业的名称、商标，及联系方式——如果作者是一家合伙企业的合伙人之一。

（v）组织的名称、商标，及联系方式——如果作者为一个组织的主管或官员。

（vi）赞助者的名称、商标，及联系方式——如果信息得到了赞助；

（vii）第 17 条中所要求的信息；

（viii）第 18 条中所要求的信息，如果该部分内容适用于本条信息；并且

（b）如果该信息中不包括任何附加信息，则该条信息不属于商业电子信息；并且

（c）该信息符合本条例中的其他条件或某些特定条件（如果存在）。

3　政府团体、政党、宗教组织和慈善团体

就本法案而言，一条电子信息能够被称为指定的商业电子信息必须达到以下条件：

（a）该信息的发送必须得到以下机构的授权：

（i）政治团体；

（ii）已注册的政党；

（iii）宗教组织；

（iv）慈善团体或慈善机构；并且

（b）该信息涉及商品或服务；并且

（c）该团体是所述商品或服务的供应商或潜在供应商。

4　教育机构

就本法案而言，一条电子信息能够被称为指定的商业电子信息必须达到以下条件：

（a）该信息的发送得到一家教育机构的授权；并且

（b）符合以下一个或两个的条件：

（i）相关的电子账户持有人是，或曾经是，这家教育机构的学生；

（ii）相关电子账户持有人中的一名现役成员或以往成员是，或曾经是，这家教育机构的学生；并且

（c）该信息涉及商品或服务；并且

（d）该机构是所述商品或服务的供应商或潜在供应商。

5　其他条款

该条款有权规定一种特定的电子信息类型就本法案而言属于指定的商业电子信息。

附件2　批准

注：见第4款。

1　目标

本附件的目标是要明确当批准一词出现在涉及电子信息的发送时的概念。

注：批准的概念与第16条的内容紧密相关，即不得发送未经请求的商业电子信息。第16条（2）部分的内容显示，第16条（1）部分所提及的违法行为不适用于如果相关电子账户持有人被批准发送该信息。

2　基本定义

就本法案而言，批准的含义包括：

（a）明确表示批准；或者

（b）能够从以下事实中合理推断出批准：

（i）行为表现；并且

（ii）业务及其他关系；

所涉及的个人或组织

3　电子用户的使用者被授权代表相关的电子账户持有人进行批准

（1）就本案而言，如果非电子账户持有人本人使用相关账户发送电子信息，进行：

（a）批准；或者

（b）撤销批准；或者

（c）拒绝批准；

该使用者必须已经被授权代表相关的电子账户持有人发送信息。

（2）上述条款并不（通过隐射）限制非电子账户持有人进行以下活动：

（a）批准；或者

（b）撤销批准；或者

（c）拒绝批准；

代表相关的电子账户持有人

4　当批准能够从电子地址的发布中被推断出来

（1）就本法案而言，相关电子账户持有人的批准行为可以从电子地址被发布这一事实中推断出来。

例外情况——显而易见的发布

（2）然而，如果：

（a）一个特定的电子地址使普通民众，或一部分民众，能够向以下人员发送电子信息：

（i）一名特定的雇员；或者

（ii）一个组织的一位特定的主管或官员；或者

（iii）一家合伙企业的一名特定合伙人；或者

（iv）一家法定公司或其他部门的一位特定所有者；或者

（v）一名特定的个体经营者；或者

（vi）在一家组织的运营部门中不时担任特定职位、占据特定位置，或承担特定责任的个体；或者

（vii）在一家组织的运营部门中不时履行特定职能，或担任特定角色的个体或群体；并且

（b）该电子地址被不同寻常地发布；并且

（c）假定该发布经由以下人员同意是合理的：

（i）如果（a）（i）、（ii）、（iii）、（iv）或（v）的内容能够适用——所提到的雇员、主管、官员、合伙人、所有者，以及个体经营者；或者

（ii）如果（a）（vi）或（vii）的内容能够适用——所提到的组织；并且

（d）该发布并不伴随以下声明同时发生：

（i）一则内容为：相关的电子账户持有人不希望从该电子地址上

接收未经请求的商业电子信息的声明；或者

（ii）一则类似内容的声明；

就本法案而言，相关的电子账户持有人有权批准向指定地址发送商业电子信息，只要该信息与以下内容有关：

（e）如果（a）（i）、（ii）、（iii）、（iv）或（v）的内容能够适用——所提到的雇员、主管、官员、合伙人、所有者，以及个体经营者的业务工作、职能和责任；或者

（f）如果（a）（vi）的内容能够适用——所提到的部门或职位；或者

（g）如果（a）（vii）的内容能够适用——所提到的职能或角色。

5 与批准有关的条款

（1）就本法案而言，该条款有权规定电子账户持有人的批准无法在指定条件下加以推断。

（2）就本法案而言，该条款有权规定电子账户持有人的批准能够在指定条件下加以推断。

6 当撤销批准生效时

（1）就本法案而言，如果：

（a）一条或多条电子信息被发送至相关电子账户持有人的电子地址；并且

（b）相关的电子账户持有人批准向该电子地址发送那些商业电子信息；并且

（c）个人或组织授权向该电子地址发送那些商业电子信息；

（d）相关的电子账户持有人或相关账户的使用者向个人或组织发送：

（i）一则内容为：账户持有人不希望从该电子地址上继续接收更多的商业电子信息的消息；或者

（ii）一则类似内容的消息；

该撤销批准将从以下日期开始，在5个营业日的期限结束之前生效：

（e）如果（d）中所涉及的信息是一条电子信息——从该信息被发送的日期开始；或者

（f）如果（d）中所涉及的信息是以邮寄的方式发送的——从该信息的服务生效的日期开始（见《1901年联邦法律解释法》）；或者

（g）在其他任何情况下——从该信息被送到的日期开始。

（2）就上述条款而言，营业日指的是除周六、周日，或法定节假日的日子。发送地址指的是：

（a）如果（1）（d）中所涉及的信息是一条电子信息——该信息被发送的目的地；或者

（b）如果（1）（d）中所涉及的信息是以邮寄的方式发送的——该信息被寄送的目的地；或者

（c）在其他情况下——该信息被送到的目的地。

附件3 侵权通知

注：见第30款。

1 目标

本附件的目标是为违反民事处罚条例的违法行为建立一个侵权通知系统，以作为联邦法院诉讼程序的备选方案。

2 定义

在本附件中：

授权人的含义为

（a）澳大利亚通信和媒体管理局（ACMA）主席；或者

（b）以下第9款中提到的澳大利亚通信和媒体管理局（ACMA）的一名工作人员。

民事违法行为的含义是违反民事处罚条例的违法行为。

侵权通知指的是第3款中所涉及的侵权通知。

3 何时能够发出侵权通知

（1）如果授权人有合理的理由确信，一名违法者，在某一天，违反了一条或多条特定的民事处罚条例，该名授权人就有权向违法者发出一份与违法行为相关的侵权通知。

（2）一则侵权通知必须在违法行为被宣称发生的当天之后的12个月内发出。

（3）本款项并不授权向违反特定民事处罚条例的违法者针对被宣称发生在同一天的违法行为发送两条或多条侵权通知。

4 侵权通知应当包含的内容

（1）一则侵权通知必须包含以下内容：

（a）该通知接收人的名字；以及

（b）该通知授权发布者的名字；以及

（c）以下任何一项：

（i）被宣称发生的民事违法行为的简要细节；或者

（ii）所附带的一个或多个数据处理装置，该装置包含被宣称发生

的民事违法行为简要细节的电子表格；以及

（d）包含一则声明，规定如果通知中涉及的违法行为已经向代表英联邦政府的澳大利亚通信和媒体管理局（ACMA）付费，那么上述一项或所有内容将有权在以下时段内免于联邦法院的处理；

（i）侵权通知发出的28天内；或者

（ii）得到澳大利亚通信和媒体管理局（ACMA）允许的更长时间内；以及

（e）包含一份解释罚金是如何被支付的情况说明书；以及

（f）条款规定的其他内容（如果存在）。

注：关于处罚额度，见以下第五款。

（2）上述（1）（c）中所提到的简要细节必须包含以下信息，这些信息与被宣称的每一个民事违法行为相关：

（a）被宣称的违法行为发生的日期；

（b）被宣称违反的民事处罚条例。

（3）上述（1）（c）（ii）的内容并不授权将信息包含在一个数据处理装置中，除非当时侵权通知已经发出，而有理由认为该信息将能够被便捷地存取，从而用于后续参考。

（4）本部分内容并不限制《1999年电子交易法案》的执行。

5 罚金的额度

发给法人团体的侵权通知

（1）向法人团体发送的侵权通知中所涉及的罚金必须是与本表格中相应处罚单位的数量相等的金额：

处罚单位的数量		
项目	在下列情况中：	处罚单位的数量为：
1	侵权通知仅与 16（1）、（6）或（9）所提及的一个被宣称的违法行为有关	20
2	侵权通知与 16（1）、（6）或（9）所提及的多于一个、少于 50 个被宣称的违法行为有关	所涉及违法行为的数量乘以 20 所得到的数量
3	侵权通知与 16（1）、（6）或（9）所提及的多于 50 个被宣称的违法行为有关	1000
4	侵权通知与 16（1）、（6）或（9）以外的一个违反民事处罚条例的违法行为有关	10
5	侵权通知与 16（1）、（6）或（9）以外的多于一个、少于 50 个违反民事处罚条例的违法行为有关	所涉及违法行为的数量乘以 10 所得到的数量
6	侵权通知与 16（1）、（6）或（9）以外的 50 个或多于 50 个违反民事处罚条例的违法行为有关	500

发给个人而非法人团体的侵权通知

（2）向个人而非法人团体发送的侵权通知中所涉及的罚金必须是与本表格中相应处罚单位的数量相等的金额：

处罚单位的数量		
项目	在下列情况中：	违法单位的数量为：
1	侵权通知仅与 16（1）、（6）或（9）所提及的一个被宣称的违法行为有关	4
2	侵权通知与 16（1）、（6）或（9）所提及的多于一个、少于 50 个被宣称的违法行为有关	所涉及违法行为的数量乘以 4 所得到的数量
3	侵权通知与 16（1）、（6）或（9）所提及的 50 个或多于 50 个被宣称的违法行为有关	200
4	侵权通知与 16（1）、（6）或（9）以外的一个违反民事处罚条例的违法行为有关	2
5	侵权通知与 16（1）、（6）或（9）以外的多于一个、少于 50 个违反民事处罚条例的违法行为有关	所涉及违法行为的数量乘以 2 所得到的数量
6	侵权通知与 16（1）、（6）或（9）以外的 50 个或多于 50 个违反民事处罚条例的违法行为有关	100

6 撤销侵权通知

（1）本款项适用于当一则侵权通知是发送给个人的。

（2）一名授权人有权通过书面形式向该违法者发送通知（即撤销通知），撤销先前的侵权通知。

（3）为了确保有效，该撤销通知必须在侵权通知发送之后的28天内发送至该名个人手中。

侵权通知撤销之后罚款的退还

（4）如果：

（a）侵权通知中所涉及的罚款已经被支付；并且

（b）侵权通知是在该罚款被支付之后宣布撤销的；

英联邦政府负责退还相应的罚金。

7 支付罚款之后的程序

（1）本款项适用于，如果：

（a）与一个或多个被宣称的民事违法行为有关的侵权通知是发送给个人的；并且

（b）罚款已经按照该侵权通知的要求得以支付；并且

（c）该侵权通知未被撤销。

（2）被宣称的民事违法行为责任人的一切责任已被免除。

（3）被宣称的民事违法行为责任人不会涉及第四章所提到的诉讼程序。

8 本附件在民事诉讼程序中的影响

本附件并不：

（a）要求必须发送与一个被宣称的民事违法行为有关的侵权通知；

或者

（b）影响相关责任人针对一个被宣称的民事违法行为提起如第四章中所提及的诉讼程序的责任，如果：

（i）该责任人不符合与违法行为有关的侵权通知；或者

（ii）与违法行为有关的侵权通知不是发给该名责任人的；或者

（iii）向该名责任人所发送的侵权通知随后已经被撤回；或者

（3）限制联邦法院自由裁定罚金的额度，该罚金是由已经在第四章所涉及的相关诉讼程序中承认违反民事处罚条例的违法者所支付的。

9　授权人的委任

就本附件而言，澳大利亚通信和媒体管理局（ACMA）有权授权一名该管理局的工作人员作为被授权人。

10　条款

本条款有权制定与侵权通知内容相关的进一步规定。

《2003 年反垃圾邮件法》备注

备注 1

此汇编版本的《2003 年反垃圾邮件法》包括下表所示的对此法案（即 2003 年第 129 号法案）的修订内容。

关于由《澳大利亚通信和媒体管理局（相应及过渡性条文）2005 年法案》所制定的有关应用、保留以及过渡性规定的内容，请参见 2005 年第 45 号法案。

关于其他有关应用、保留以及过渡性规定的内容，请参见表 A。

法案的表格

法案	序号及年份	御准日期	生效日期	应用、保留，以及过渡性规定
《2003 年反垃圾邮件法》	129，2003	2003 年 12 月 12 日	第 15～41，43～46 款；附件 1 和 3：2004 年 4 月 10 日 提醒：皇家御准日期	
《澳大利亚通信和媒体管理局（相应及过渡性条文）2005 年法案》	45，2005	2005 年 4 月 1 日	附件 1（条款 121～123），附件 4：2005 年 7 月 1 日（a），附件 2：（a）	附件 4［见备注 1］
《2010 年法案成文法修订案》	8，2010	2010 年 3 月 1 日	附件 5［条款 137（a）、（c）：（b）］	
《2010 年贸易惯例法修正案（澳大利亚消费者保护法案）》	103，2010	2010 年 7 月 13 日	附件 6（条款 1、100～103）：2011 年 1 月 1 日	
《2011 年法令释义修订案》	46，2011	2011 年 6 月 27 日	附件 2（条款 1059）和附件 3（条款 10，11）：2011 年 12 月 27 日	附件 3（条款 10，11）

（a）《澳大利亚通信和媒体管理局（相应及过渡性条文）2005 年法案》的 2（1）中的条款（2）、（3）、（10）的内容如下：

（1）本法案中由表格第一栏中明确说明的条款，要依据表格第二栏的法定进行生效或者被视为生效。第二栏的其他陈述依据其条款生效。

开始生效信息		
栏目 1	栏目 2	栏目 3
条款	生效	日期/详细信息
2. 附件 1	与《澳大利亚通信和媒体管理局（相应及过渡性条文）2005 年法案》中第 6 款的内容一起生效	2005 年 7 月 1 日
3. 附件 2	在栏目 2 所涉及条款获得皇家御准之后立即生效	2005 年 7 月 1 日
10. 附件 4	与《澳大利亚通信和媒体管理局（相应及过渡性条文）2005 年法案》中第 6 款的内容一起生效	2005 年 7 月 1 日

（b）《2010 年法案成文法修订案》的 2（1）中条款（31）以及（38）的内容如下：

（1）本法案中由表格第一栏中明确说明的条款，要依据表格第二栏的法定进行生效或者被视为生效。第二栏的其他陈述依据其条款生效。

条款	生效	日期/详细信息
31. 附件 5，条款 1 到 51	自本法案获得皇家御准当天生效。	2010 年 3 月 1 日
38. 附件 5，第二章与第三章	在条款 31 之后立即生效	2010 年 3 月 1 日

修订案的表格

ad. = 添加或插入　am. = 修正　rep. = 废除　rs. = 废除和替代

受到影响的条款	如何受到影响
第一章	
第 4 款	修订 2005 年第 45 号；2010 年第 8 和 103 号；2011 年修订案第 46 号
第 5 款	修订 2010 年第 8 号
第四章	
第 26 款	修订 2005 年第 45 号

续表

受到影响的条款	如何受到影响
第28、29款	修订2005年第45号
第五章	
第32款	修订2005年第45号
第六章	
第37、39款	修订2005年第45号
第七章	
第41款	修订2005年第45号
前往第42款	修订2005年第45号
第42款	修订2005年第45号
附件3	
款项2	修订2005年第45号
款项4	修订2005年第45号
款项9	修订2005年第45号

表格A

应用，保留或过渡性规定

《2011年法令释义修订案》（2011年第46号法案）

附件三

10　保留——委任

附件2所做出的修订并不影响委任的有效性，该委任是由一则法案在本条款生效之前规定的，并且该委任在条款生效之前已经得以立即执行。

11 过渡性法案

总督有权订立条款，制定某些与附件 1 和附件 2 修订或废除的款项相关的过渡性款项（包括规定任何保留或应用条款）。

2004 年垃圾邮件管理法规

2004 年第 561 条法规

本人，菲利普·迈克尔·杰弗瑞，澳大利亚联邦总督，按照联邦执行委员会的建议，根据《2003 年反垃圾邮件法》制定了以下法规条文。

日期：2004 年 4 月 8 日

P. M. 杰佛瑞
联邦总督

应阁下要求
达丽尔·威廉姆斯
澳大利亚通信信息技术与艺术部部长

第一章　引　　言

1.1　法规名称

本法规均定义在《2004 年垃圾邮件管理法规》当中。

1.2　开始

本法规开始于《2003 年反垃圾邮件法》第二章至第六章。

1.3 定义

在本法规中：

本案——指《2003 年反垃圾邮件法》。

运营服务——其定义与《1997 年电信法》中相同。

运营服务提供商——其定义与《1997 年电信法》中相同。

运营商——其定义与《1997 年电信法》中相同。

额外付费服务——指以下法律文件中提到的服务：

（1）《2001 年电信管理法规》第 3.12 段第一节第（a）段；或

（2）该法规中第 3.12 段第一节第（b）段；或

（3）该法规中第 3.12 段第一节第（c）段.

相关人——涉及商业电子信息的发送方时，指收到或可能收到支付该信息付款单的个人；涉及电子地址的使用时，依据与发送者达成的同意、安排或者协定来界定相关人，除非该协议：

（1）是由发送者和运营商或者服务提供商之间达成的；并且

（2）在此协议下，由运营商或者服务提供商所收取的费用或开支要低于没有此项协议所应付的费用，否则该发送方将需要支付该电子地址的使用费。

第二章　商业电子信息

2.1 传真信息

基于本法案第 6 款第（7）条，传真信息指一种特殊形式的电子信息。

注：本法案第 6 款第（7）条的生效前提是该特殊形式的电子信息在法规当中不是一个基于本法案而言的商业电子信息。

第三章　有关发送商业电子信息的规定

3.1　条件

基于本法案第18款第（1）条第（7）节，本章陈述了电子地址必须遵守的条件。

注：第18款第（1）条第（7）节中指代的电子地址也包含在商业电子信息中、当发送退订信息给授权发送该信息的个人或者组织时使用的地址。

3.2　退订服务—— 额外付费服务

使用该电子地址时不得要求商业电子信息的收件人使用额外收费服务。

3.3　退订服务——一般成本

使用该电子地址不得超过花费使用同类电子地址的一般成本，并使用用来接收该信息的相同技术。

3.4　退订服务——费用和开支

（1）使用该电子地址不得要求商业电子信息的收件人想下述个人支付费用或其他开支：

（a）信息的发送者；或者

（b）相关人。

（2）如果发送人同时也是运营商或者服务提供商，则上述第1）款不适用于通常由发送人所引起的费用或开支：

（a）在运营商或者服务提供商的网络流量内；并且

（b）按月或者固定周期；

为了使用该运营服务而缴纳。

注：请见《澳洲联邦政府公报》2004 年 4 月 8 日刊。

2005 年通信和媒体管理局法

No. 44, 2005

本法案是为建立澳大利亚通信和媒体管理局以及相关目的而制定

[2005 年 4 月 1 日批准]

澳大利亚国会制定：

第一部分　序

1　简称

本法案可被定名为澳大利亚通信和媒体管理局法（2005）。

2　生效

（1）表格第一栏指明的本法案条款按照表格第二栏陈述的内容生效或可算作生效。第二栏中的其他陈述根据它的指定的期限规定生效。

生效信息		
第一栏	第二栏	第三栏
条款	生效	日期/细节
1. 本法案的第 1 条和第 2 条以及表格别处未提及的内容	获得御准的那一天即为生效日。	2005 年 4 月 1 日

续表

生效信息		
第一栏	第二栏	第三栏
条款	生效	日期/细节
2. 第 3 条至第 68 条	由公告规定的那一天即为生效日。但是，如果在 2005 年 7 月 1 日还未生效的条款，即在那一天生效。	

注：此表格只适用于本法案中最初由议会批准通过的条款。它不适用批准之后新加入的条款。

（2）第三栏所包含的附加信息不属于本法案。此栏中的信息可能被加入或被编入此法案的印刷版。

3 释义

除非有不同的意思出现，在本法案中：

ACMA 指澳大利亚通信和媒体管理局。

ACMA 职员指第 54 条提及的职员。

附属职能，与 ACMA 有关，第 11 条所指涵义。

任命者指：

（a）对于成员来说——总督；或

（b）对于准成员来说——部长。

准成员指 ACMA 的准成员。

广播，内容和数据传输职能，与 ACMA 相关，第 10 条所指涵义。

运输服务提供商与《1997 年电信法》涉及涵义相同。

运输者与《1997 年电信法》涉及涵义相同。

主席指 ACMA 的主席。

合同包含契约。

副主席指 ACMA 的副主席。

部门指第 46 条所述部门。

结束，与听证会，问询或调查有关，第4条所指涵义。

听证会指ACMA根据《1992年广播服务法案》第13部分举行的听证会，或拟议举行的听证会。

问询指ACMA举行的问询，或拟议举行的问询，根据：

（a）《1997年电信法》第25部分；或

（b）《1992年无线电通信法》第5.2部分。

调查指ACMA组织的调查，或拟议组织的调查，根据：

（a）《1997年电信法》第26部分；或

（b）《1992年广播服务法案》第11或13部分；或

（c）《1992年广播服务法案》附表5第4部分或附表6第5部分。

列出的传送服务与《1997年电信法》涉及涵义相同。

成员指ACMA的成员，不包括准成员。

无线电通信指：

（a）无线电通信［《1992年无线电通信法》中所涉及涵义］；或

（b）该法案20（1）或第21或22条所涵盖的传送或无线电辐射。

无线电通信界包括：

（a）无线电通信用户；并

（b）任何人出售，租用，制造或进口：

（i）无线电通信发射台［《1992年无线电通信法》中所涉及涵义］；或者

（ii）无线电通信接收器（该法案中所涉及涵义）。

频谱管理职能与ACMA有关，第9条所指涵义。

电信是指通过导行和/或非导行电磁能通信的载体［正如《1997电信法》所定义］。

电信职能与ACMA有关，第8条所指涵义。

空缺，与成员的官职有关，第5条涉及的涵义。

4 问询，调查或者听证会什么时候结束?

（1）本节规定本法案涉及的问询，调查或者听证会何时结束。

（2）根据《1997 年电信法》第 26 部分组织的调查，问询或者听证会结束于 ACMA 完成关于该调查，问询或者听证会的报告准备工作的那天，根据下列任一条款：

（a）《1997 年电信法》第 495 条或第 516 条；

（b）《1992 年无线电通信法》第 261D 条；

（c）《1992 年广播服务法案》第 199 条。

（3）根据《1992 年广播服务法案》第 11 部分组织的调查结束于 ACMA 根据该法案 149（3）或 152（3）中的任何一条通知投诉者调查结果的那天。

（4）根据《1992 年广播服务法案》第 13 部分组织的调查结束于：

（a）ACMA 根据该法案第 178 条完成关于该调查的报告的那天，如果 ACMA 决定准备该调查的报告；或

（b）除此之外为 ACMA 完成调查的那天。

（5）根据《1992 年广播服务法案》附表 5 条款 26 或附表 6 条款 38 组织的调查结束于 ACMA 根据该条款通知投诉者调查结果的那天。

（6）根据《1992 年广播服务法案》附表 5 条款 27 组织的调查结束于 ACMA 完成调查的那天。

5 何时有空缺?

就提及的空缺而言：

（a）本法案涉及的成员官职的空缺；或

（b）《1901 年法律解释法》涉及的机构成员空缺；

除主席和副主席有 7 个成员的官职。

第二部分　ACMA的成立、职能、权力以及责任

第一节　成立

6　成立

澳大利亚通信和媒体管理局按本条成立。

第二节　职能

7　ACMA的职能

ACMA拥有此节阐释的职能。

8　ACMA的电信职能

（1）以下是ACMA的电信职能：

（a）根据《1997年电信法》和《1999年电信（用户保护和服务标准）法案》管理电信业务；

（b）为电信业提供建议和协助；

（c）向部长汇报及建议有关电信业的内容；

（d）向部长汇报影响传送服务用户或计划性用户的相关情况并提供建议；

（e）管理澳大利亚制定电信业务国际标准的投入（除澳大利亚国际标准公司所负责管理投入的部分）；

（f）根据《1997年电信法》监督并向部长汇报有关电信运营商取得许可证的所有重要情况；

（g）使公众可以获得有关电信业情况的信息；

（h）组织有关电信业的公众教育项目；

（i）为公众提供有关电信业情况的建议；

（j）根据下列法案，ACMA 被授予的职能还包括：

（i）《2003 年反垃圾邮件法》；或者

（ii）《1997 年电信法》；或者

（iii）《1997 电信（运营商许可证收费）法案》；或者

（iv）《1999 年电信（用户保护和服务标准）法案》（除条款 158F（1））；或者

（v）《1997 年电信（编号收费）法案》；或者

（vi）《1974 年贸易惯例法案》的 XIC 部分；

（k）监督并向部长汇报有关（j）部分所提及各法案规定的实施情况；

（l）做任何履行上述职能需附带的事务或有益于履行上述职能的事务。

（2）本条款中所使用的词语也同时使用于《1997 年电信法》并且表达同样的意思。

9 ACMA 的频谱管理职能

以下是 ACMA 的频谱管理职能：

（a）根据《1992 年无线电通信法》管理射频频谱；

（b）为无线电通信界提供建议和协助；

（c）向部长汇报有关无线电通信界情况并提供建议；

（d）管理澳大利亚制定无线电通信业务国际标准的投入（除澳大利亚国际标准公司所负责管理投入的部分）；

（e）使公众可以获得有关无线电通信界情况的信息；

（f）组织有关无线电通信界的公众教育项目；

（g）为公众提供有关无线电通信界情况的建议；

（h）根据下列法案，ACMA被授予的职能还包括：

（i）《1992年无线电通信法》［除了该法案10（1）（p）所包含的条款］；或者

（ii）《1983年无线电通信（接收者授权税）法案》；或者

（iii）《1997年无线电通信（频谱授权税）法案》；或者

（iv）《1983年无线电通信税收法案》；或者

（v）《1983年无线电通信（发射者授权税）法案》；

（i）监督并向部长汇报有关（h）部分所提及各法案的规定的实施情况；

（j）做任何履行上述职能需附带的事务或有益于履行上述职能的事务。

10 ACMA的广播、内容以及数据传输职能

（1）以下是ACMA的广播、内容和数据传输职能：

（a）根据《1992年广播服务法案》管理广播服务、网络资讯以及数据传输服务；

（b）分区规划所提供广播业务频段；

（c）根据《1992年广播服务法案》分配、更新、中止以及吊销许可证并实施其他措施；

（d）组织有关分配地区性广播和电视服务许可证的调查或听证会；

（e）根据《1992年广播服务法案》第171条组织按照部长指导的调查；

（f）设计并实施价格机制体系用以分配商业电视广播许可证以及商业电台广播许可证；

（g）征收许可证所需缴纳的任何费用；

（h）组织或委托研究关于节目和数据传输内容方面的地区性态度；

（i）协助广播服务供应商和数据传输服务商尽可能根据地区标准制定行业规范；

（j）监督遵守那些行业规范；

（k）制定澳大利亚广播节目标准；

（l）监督遵守那些标准；

（m）监督并调查广播服务（包括国家广播服务）方面和数据传输服务方面的投诉；

（n）了解广播业，互联网业和数据传输业的技术进步以及服务趋势并为部长提供建议；

（o）根据下列法案，ACMA 被授予的职能还包括：

（i）《1983 年澳大利亚广播公司法案》；或者

（ii）《1992 年广播服务法案》；或者

（iii）《2001 年互动博彩法案》；或者

（iv）《1964 年电台许可证费用法案》；或者

（v）《1991 年特别广播服务法案》；或者

（vi）《1999 年电信（用户保护和服务标准）法案》的 158F（1）；或者

（vii）《1964 年电视许可证费用法案》；

（p）根据《1992 年无线电通信法》的下列条款授予 ACMA 的其他职能：

（i）102B（b），109A（1）（g）或（ga），或 131ACA（b）；

（ii）106（6A），109A（1A）或（1B），114（3C）或（3E），或 128C（1）；

（iii）第 128D 条；

（q）向部长汇报有关广播业、互联网业和数据传输业的情况并提供建议；

（r）监督并向部长汇报有关（o）或（p）部分所提及各法案的规定的实施情况；

（s）做任何履行上述职能需附带的事务或有益于履行上述职能的事务。

（2）本条款中所使用的词语也同时使用于《1992年广播服务法案》并且表达同样的意思。

11　ACMA的附属职能

（1）以下是ACMA的附属职能：

（a）如果部长发出书面指示，此指示有效——准备提供电子访问的处理：

（i）按照指示中说明的；并且

（ii）与在指示中明确说明的一种列出的传送服务相关；

（b）如果根据（a）发出指示和部长发出书面指示，这些指示有效——提供电子访问的处理：

（i）按照本段落的指示中说明的，并且（a）中的指示也包括；并且

（ii）与在本段落的指示中明确说明的一种列出的传送服务相关，并且（a）中的指示也需包括；

（c）根据英联邦制定的合约代表英联邦提供服务，或者设施，包括：

（i）与无线电通信或电信相关的服务或设施；或

（ii）提供服务或设施利用ACMA的闲置设备；或

（iii）提供服务或设施保持或提高ACMA无线电通信和电信相关员工的专业技能；

（d）根据下列条款，ACMA被授予的职能包括：

（i）本法案（除第8、9或10条）；或

（ii）其他法案（除列出如第 8、9 或 10 条所描述职能的法案）；

（e）做任何履行上述职能需附带的事务或有益于履行上述职能的事务。

（2）如果（1）（c）提及职能的行使妨碍了 ACMA 行使其他职能，（1）（c）未授权 ACMA 行使此种职能。

第三节 权力以及责任

12 ACMA 的权力

（1）ACMA 有权做所有为行使职能或与行使职能有关的有必要或适合做的事务，而没有权力：

（a）获得、持有和清除动产和不动产；或

（b）立下契约；或

（c）租赁所有或任何一部分土地或者为 ACMA 的某些目的建房。

注：对于代表英联邦为 ACMA 的利益立契约的权力等，参见《1997 年财务管理和责任法》第 44 条，它适用于 ACMA 作为政府机构所拥有的权力。

（2）起诉的权利就本条（1）(a）而言不被视为动产。

13 ACMA 的财务责任是英联邦责任

（1）ACMA 的任何财务责任都被视为英联邦责任。

（2）就此条而言：

财务责任意思是支付某人款项的责任，在这种情况下，款项或者是计算款项的方法已经是确定的。

第四节　职能和权力的相关要求

14　部长可能为 ACMA 提供指导

（1）部长可能给 ACMA 有关其履行职能和权力的书面指令。

（2）但是这个指令只能是一般性的，如果涉及：

（a）ACMA 的广播、内容和数据传输职能；或

（b）ACMA 涉及那些职能的权力。

（3）根据本条（1）发出的指令必须在公报发表。

（4）ACMA 必须按照部长根据本条（1）发出的指令相一致的方式履行其职能和权力。

（5）本条不影响部长根据《1992 年广播服务法案》所规定的向 ACMA 发出指令的权力。

15　ACMA 不受其他指令的限制

除本法案或其他法案另有规定外，ACMA 不受英联邦或代表英联邦发出的指令的限制。

16　与 CER 服务贸易协定一致

ACMA 必须使用与 CER 服务贸易协定规定的澳大利亚的义务相一致的方式履行其广播、内容和数据传输职能和相关权力［如《1992 年广播服务法案》所定义］。

17　ACMA 咨询 ACCC 有关电子访问的处理

ACMA 实施行为前必须咨询澳大利亚竞争与消费者委员会：

（a）为履行根据 11（1）（a）或（b）规定的职能；并且

（b）以 ACMA 看来，它应该是对竞争或消费者权益保护有重要影响。

第三部分　ACMA 的章程和成员资格

第一节　章程

18　ACMA 的章程

（1）ACMA：

（a）为一永久性之法团；并且

（b）须设置公印；并且

（c）以局法团之名义起诉及被诉。

（2）ACMA 的公印需按 ACMA 的指令保管，除被 ACMA 授权外不得使用。

（3）所有法院、法官以及以司法人员身分行事的人必须：

（a）有文件上带有 ACMA 公印印记的司法认知；并

（b）假定文件被按时盖章。

第二节　成员资格

条款 A　成员

19　成员资格

ACMA 由下列成员组成：

（a）主席；

（b）副主席；

（c）其他成员，至少一个，不超过七个。

20 成员任命

（1）总督通过书面文书任命每个成员。

（2）主席和副主席必须被任命为全日制成员。

（3）除主席或副主席之外的成员可被任命为全日制或兼职成员。

（4）兼职成员可由部长指派，照ACMA的建议行事，全日参与询问，调查或者听证会。这个指派必须是书面的。

（5）为本法案［除31（2）和34（5）（b）］的目的，如此指派的兼职成员在指派有效时被视为全日制成员。

21 成员任命期

当前任命期

（1）成员任命文书说明其任职期。任职期不得超过五年。

全部任期不能超过十年

（2）成员可被任命超过一次。但是，之后的任命不能使其任命的时间总数超过十年。

延期完成询问，调查或听证会

（3）尽管（1）和（2）已作出规定，但如果成员正在进行，或作为小组一员正在为ACMA进行询问，调查或听证会，部长可以通过书面方式延期该成员的任命直到询问，调查或听证会结束。

因有十年限定的规则，计入准成员资格期以及ABA和ACA的成员及准成员期

（4）为（2）的目的，任命期包括（除作为ACMA成员之外）：

（a）任ACMA准成员的时期；或

（b）第6条生效前，任根据《1992年广播服务法案》成立的澳大利亚广播事业局成员或准成员的时期；或

（c）时期：

（i）从1997年7月1日开始或其后；并

（ii）在第6条生效之前结束；

当某人担任根据《1997年澳大利亚通信管理法案》的第14条继续存在的法人团体中的成员或准成员。

22　代理主席

（1）副主席代理主席：

（a）当主席职位空缺时（不论是否已作出任命）；或

（b）当主席在下述任何一个，或都满足的条件下：

（i）缺席或不在澳大利亚；或

（ii）因任何原因不能履行职责。

（2）当副主席代理主席职位时：

（a）代理主席拥有并可履行主席的所有权力并必须履行主席的所有职能和职责；并

（b）本法案和其他法案适用于代理主席正如他或她是主席一样。

（3）根据本条代理生效后代理主席做的或与其相关的不会仅仅因为代理关系的出现或停止而无效。

23　署任——成员而非主席

（1）部长可任命成员代理副主席：

（a）当副主席职位空缺时（不论是否已作出任命）；或

（b）当副主席在下述任何一个，或都满足的条件下：

（i）代理主席；或

（ii）缺席或不在澳大利亚；或

（iii）因任何原因不能履行职责。

（2）部长可任命临时成员（非主席或副主席）：

（a）当成员职位空缺时（不论是否已作出任命）；或

（b）当成员在下述任何一个，或都满足的条件下：

（i）代理副主席；或

（ii）缺席或不在澳大利亚；或

（iii）因任何原因不能履行职责。

（3）根据本条代理生效后代理人做的或与其相关的不会无效仅仅因为：

（a）未任命；或

（b）任命存在问题或不合规定；或

（c）任命停止生效；或

（d）代理关系的出现或停止。

条款 B——准成员

24 准成员任命

（1）部长可任命其认为合适数量的 ACMA 准成员。

（2）每个准成员的任命必须有部长的书面文书。

（3）准成员可被任命为全日制或兼职准成员。

（4）准成员任命文书必须包括声明准成员的任命与一个或多个下述情况有关：

（a）询问，调查或听证会；或

（b）其它任何与履行 ACMA 职能或权力相关的情况。

25 准成员任命期

默认期限

（1）准成员根据其任命文书任命。任命期不得超过五年。

全部任期不能超过十年

（2）准成员可被任命超过一次。但是，之后的任命不能使其任命的时间总数超过十年。

如果参与的询问，调查或听证会提前结束任期减短

（3）尽管（1），如果：

（a）准成员的任命文书指出此任命与某个询问，调查或听证会有关；并且

（b）这个询问，调查或者听证会提前于（1）指出的时间结束；

询问，调查或听证会结束其任期中止。

延期完成询问，调查或听证会

（4）尽管（1）和（2）已作出规定，但如果准成员正在进行，或作为小组一员正在为ACMA进行询问，调查或听证会，部长可以通过书面方式延期该准成员的任命直到询问，调查或听证会结束。

因有十年限定的规则，计入成员资格期以及ABA和ACA的成员及准成员期

（5）为（2）的目的，任命期包括（除作为ACMA准成员之外）：

（a）任ACMA成员的时期；或

（b）第6条生效前，任根据《1992年广播服务法案》成立的澳大利亚广播事业局成员或准成员的时期；或

（c）时期：

（i）从1997年7月1日开始或其后；并

（ii）在第6条生效之前结束；

当某人担任根据《1997 年澳大利亚通信管理法》的第 14 条继续存在的法人团体中的成员或准成员。

26　署任——准成员

（1）部长可任命代理准成员，当准成员在下述任何一个，或都满足的条件下：

（a）代理成员；或

（b）缺席或不在澳大利亚；或

（c）为任何原因不能履行职责。

（2）根据本条代理生效后代理人做的或与其相关的不会无效仅仅因为：

（a）未任命；或

（b）任命存在问题或不合规定；或

（c）任命停止生效；或

（d）代理关系的出现或停止。

27　准成员在其他法案中为某种目的视为成员

（1）就其他法案中提及 ACMA 成员而言，准成员在涉及其任命文本中指出的询问、调查、听证会或其他情形时可视作成员。

（2）（1）出于其他法案的不同意图。

第三节　成员与准成员的协议与条款

28　报酬

（1）成员或准成员根据薪酬评审委员会的决定获得报酬。如果薪酬评审委员会未作决定，成员或准成员根据法规说明获得报酬。

（2）成员或准成员根据法规说明获得津贴。

（3）本条按照薪酬评审委员会法案（1973）生效。

29 公开权益的永久职责

（1）成员或准成员（公开者）所拥有的任何权益可能与正当履行其公职有所冲突时，其必须公开这些权益。不论产生实际冲突的状况是否存在都须公开。

（2）（1）适用于权益：

（a）不论是直接或是间接，以及不论是否与钱有关；并

（b）不论是在公开者的任命前或是后获得。

（3）在公开者意识到权益冲突的可能性时，公开者必须在可行范围内尽快向部长发出书面通知，并向每位成员公开。

30 决定特定事项前公开权益的职责

（1）成员或准成员（公开者）正在决定特定事项，而其拥有的权益可能与正当履行其公职职能有所冲突，其不能再决定此特定事项，除非：

（a）其已经向每位成员公开此权益；并

（b）尽管可能存在权益冲突，每位成员同意公开者决定此事项。

（2）本条（1）适用于权益：

（a）不论是直接或是间接，以及不论是否与钱有关；并

（b）不论是在公开者的任命前或是后获得。

（3）如果任何成员，除主席之外，根据本条（1）（b）作出同意的决定，其必须在可行范围内尽快告知主席其同意的决定。

（4）根据本条（1）如果权益被公开，主席必须在可行范围内尽快向部长递交书面通知：

（a）说明此权益和事项；并

（b）告知部长成员是否作出如本条（1)(b）所提到的同意的决定。

31　外间受雇

（1）除非得到部长同意，主席不能从事主席职务之外的有酬工作。

（2）除非得到主席同意，其他全日制成员和准成员不能从事其职务之外的有酬工作。

32　请假

（1）全日制员工或全日制准员工休假由薪酬评审委员会决定。

（2）部长可根据其决定的报酬协议与条款或自行决定是否同意主席请假，而非休假。

（3）主席可根据其决定的报酬协议与条款或自行决定是否同意其他全日制成员或全日制准成员请假，而非休假。

（4）主席可根据其决定的协议与条款决定是否同意兼职成员或兼职准成员请假。

33　辞职

成员或准成员可通过向任命者递交书面辞呈的方式辞去职务。

34　任命终止

（1）如果部长认为某成员或准成员在某段重要时期的表现不够令人满意，任命者必须终止任命此成员或准成员。

（2）如果部长认为 ACMA 在某段重要时期的表现不够令人满意，总督必须终止所有成员或准成员的任命。

（3）任命者可终止有不端行为，身体或精神无能力的成员或准成员的任命。

（4）任命者可终止成员或准成员的任命，如果：

（a）成员或准成员：

（i）破产；或

（ii）申请任何根据法律可获得的破产或破产债务人救济；或

（iii）与债权人达成协议；或

（iv）以其债权人利益分配其报酬；或

（b）在没有合理理由的条件下，成员或准成员不能遵守第29或30条。

（5）任命者可终止全日制成员或全日制准成员的任命，如果：

（a）成员或准成员在未请假的情况下连续离开十四天或连续十二月内离开二十八天；或

（b）成员或准成员在未得到第31条规定的许可的情况下在其职务以外从事有偿事务。

（6）任命者可终止某兼职成员任命，如果该成员未请假而缺席ACMA连续三场会议。

（7）任命者可终止兼职准成员任命，如果该准成员未请假而缺席ACMA连续三场会议。但是，只涉及满足下列条件的会议：

（a）准成员有资格参加的会议（参见第40条）；并且

（b）付出适当努力通知准成员［参见37（b）］。

（8）如果部长认为成员没有遵守第56或57条，总督可终止全部或某些成员的任命。

35　其他协议与条款

在职成员或准成员（如果有）涉及事项的协议和条款未被包括在此法案中，由任命者决定。

第四部分　ACMA 的决策与委托

第一节　会议

36　会议时间及地点

（1）ACMA 举行对其有效履行职能所必需的会议。

（2）ACMA 决定会议举办的时间和地点。本条款根据（3）和（4）生效。

（3）主席可随时召集会议。

（4）主席必须召集会议，如果得到下列的书面召集会议要求：

（a）部长；或

（b）至少另外两位成员。

37　会议通知

必须付出适当努力通知下列人员关于 ACMA 计划的会议：

（a）全体成员；

（b）某位或某些准成员——如何计划的会议日程提到与这位或这些准成员任命文书中提及的询问、调查、听证会或其他情况的相关事务。

38　主持会议

（1）主席主持其出席的全部会议。

（2）如果主席未出席会议，则由副主席主持。

（3）如果主席和副主席都未出席会议，出席成员必须委任一名参会人员主持。

39　法定人数

（1）ACMA 的会议法定人数由大多数成员构成。

（2）但是，如果：

（a）符合第 30 条的成员不能加入 ACMA 在某特定事务的审议或决策；并且

（b）当成员离开会议而达不到法定人数出席会议时；

在场的参会人员构成法定人数参加该事务的审议或决策。

40　准成员参加会议等

（1）如果 ACMA 举办的会议涉及与准成员任命文书中提及的询问，调查，听证会或其他情况有关的事务，准成员有资格出席会议并参加讨论。

（2）（1）根据第 30 条产生效力。

41　会议表决等

（1）在 ACMA 的会议上，问题由下列出席和表决人员的大多数投票决定：

（a）全体成员；并且

（b）某位或某些准成员——如果问题涉及这位或这些准成员任命文书中提及的询问、调查、听证会或其他情况有关的事务。

（2）主持会议的人员有普通投票权，如果必要情况下，也有决定性投票权。

42　会议组织

ACMA 可根据本节条款以适当的方式控制会议议程。

注：成文法释义法令（1901）的第33B条规定了通过电话参加会议等。

43　会议记录

ACMA必须做会议记录。

第二节　无会决定

44　无会决定

（1）决定视作通过ACMA会议决定，如果：

（a）没有会议，多数成员按照ACMA根据本条（2）决定的方法表示同意建议中的决定；并

（b）全体成员都被通知建议中的决定，或者已付出适当努力通知全体成员建议中的决定。

（2）本条（1）只适用于——如果ACMA：

（a）已决定它适用；并

（b）已决定成员通过何种方式表示同意建议中的决定。

（3）本条（1）(a）不适用按照第30条不能对建议中的决定参加审议的成员。

（4）如果某建议中的决定涉及某位准成员任命文书中提及的询问、调查、听证会或其他情况有关的事务，本条也适用于该准成员，这个时候准成员可视作成员。

45　决定记录

ACMA必须记录按照第44条作出的决定。

第三节　部门

46　部门

（1）ACMA可成立一个或多个部门。如果ACMA成立一个部门，ACMA必须：

（a）决定该部门可以处理的事务；并且

（b）确保这样的决定在该部门存在的过程中是一直有效的。

注：一个部门不可以履行任何ACMA的职能或权力，除了根据第50条授权给该部门。

（2）ACMA可以：

（a）解散某部门；或

（b）取消、改变或替代根据本条（1）所作决定。

（3）一个部门必须有至少三个ACMA挑选的成员。如果主席未被选入，主席可选择在任何时间加入该部门。

（4）如果一个部门需处理的事务包含了某个或某些准成员的任命文书中提及的询问、调查、听证会或其他情况有关的事务，该部门也可包括这个或这些由ACMA挑选的准成员。

（5）成员或准成员可在多个部门任职。

（6）按照本条（3）中规定的主席的选择权，ACMA可从部门中任免成员或准成员。

（7）部门可处理事务：

（a）在部门会议上（参见第47条）；或

（b）根据第48条。

47　部门会议

（1）根据本条（2），下列条款适用于部门会议：

（a）部门成员可通过向部门其他成员发出会议通知召集会议；

（b）会议法定人数是由当时部门成员的大多数组成；

（c）如果：

（i）根据第 30 条部门某成员不能参加其在某个特定事务的审议或决定；并

（ii）当成员离开会议而达不到法定人数出席会议时；

在场的参会人员构成法定人数参加该事务的审议或决策；

（d）参加会议的成员必须指定他们中的一员主持会议；

（e）会议的问题由下列出席会议的部门人员中的大多数投票决定：

（i）部门全体成员；并且

（ii）某位或某些准成员，如果会议问题涉及事务与部门这位或这些准成员任命文书中提及的询问、调查、听证会或其他情况有关；

（f）主持会议的人员有普通投票权，如有必要，也有决定性投票权。

（2）根据本条（3），部门可决定其会议规则，包括（比如）下列规则：

（a）召集会议；

（b）会议通知；

（c）会议主持；

（d）会议上如何作决定，包括法定人数要求、投票权和投票程序。

根据本条（1）适用的规则与部门决定的规则不一致的部分被部门决定的规则取代。

（3）部门不能：

（a）决定旨在排斥本法案第 30 条或本法案其他条款［除本条的

(1)] 实施的规则或与第 30 条或本法案其他条款 [除本条的条款 (1)] 所不一致的规则；或

(b) 决定这样的规则，根据此规则某准成员将被允许对与该准成员任命文书中提及的询问、调查、听证会或其他情况相关事务而无关的问题进行投票。

注：《1901 年法律解释法》的第 33B 条规定了通过电话参加会议等。

48 部门有权不通过会议作决定

(1) 决定视作通过部门会议决定，如果：

(a) 没有会议，多数部门成员按照部门根据 (2) 规定的方法表示同意建议中的决定；并且

(b) 全体部门成员都被通知建议中的决定，或者已付出适当努力通知那些成员建议中的决定。

(2) (1) 只适用于——如果部门：

(a) 已决定它适用；并且

(b) 已决定部门全体成员通过何种方式表示同意建议中的决定。

(3) (1) (a) 不适用按照第 30 条不能对建议中的决定参加审议的成员。

(4) 如果某建议中的决定涉及某位准成员任命文书中提及的询问、调查、听证会或其他情况有关的事务，本条也适用于该部门准成员，这个时候部门准成员可视作成员。

49 会议记录等

部门必须：

(a) 做会议记录；并

(b) 记录根据第 48 条所作决定。

第四节　授权

50　ACMA 对部门授权

（1）ACMA 可通过书面方式授权部门部分或全部 ACMA 的职能和权力，只要它们与该部门负责处理的事务相关 。

（2）证书：

（a）说明被授权的职能或权力履行的任何相关事务；并且

（b）签名：

（i）部门成员的；或

（ii）参与或本可参与在部门做决定时履行被授权的职能或权力的准成员的；

是问题的初步证据。

（3）（2）描述的证书文件可视作执照并按时授予，除非有不同情况发生。

51　ACMA 的其他授权

根据第53条，ACMA 可通过书面方式将其部分或全部职能和权力授予：

（a）成员；或

（b）准成员，如果该准成员任命文书中提及的询问、调查、听证会或其他情况有关的事务与被授权的职能或权力有关；或

（c）ACMA 职员中一员；或

（d）为 ACMA 按照55（1）提供服务的人。

52 部门授权

（1）根据第 53 条，部门可将其被授予的全部或部分职能和权力根据第 50 条授予：

（a）成员；或

（b）准成员，如果该准成员任命文书中提及的询问、调查、听证会或其他情况有关的事务与被授权的职能或权力有关；或

（c）ACMA 职员中一员；或

（d）为 ACMA 按照 55（1）提供服务的人。

（2）即使部门成员资格发生变动授权仍有效力。

（3）授权可由部门变更或撤销（不论是否有部门成员的变动）。

（4）证书：

（a）说明关于根据本条（1）授权的任何相关事务；并且

（b）签名：

（i）部门成员的；或

（ii）参与或本可参与部门决定授权的准成员的；

是问题的初步证据。

（5）（4）描述的证书文件可视作执照并按时授予，除非有不同情况发生。

（6）《1901 年法律解释法》的第 34AA、34AB 和 34A 条适用于根据本条实施的授权，同样也适用于根据第 50 条对部门的授权。

53 限制授予个人而非部门的权力

（1）第 51 条和第 52 条不适用于《2003 年立法文书法案》中涉及的法律文书的制定，变更或撤销的权力。

（2）第 51 和 52 条不适用于根据《1992 年广播服务法案》行使的

下列权力：

（a）吊销许可证；

（b）决定某人不适合被分配或继续持有许可证；

（c）强加、变更或撤销持许可证的条件（除临时地区性广播许可证的期限条件）；

（d）决定、变更或撤销某节目标准；

（e）决定或变更该法案第 24 条所指的优先权；

（f）准备或变更该法案第 25 条所指的频次分配计划；

（g）准备或变更该法案第 26 条所指许可证区域计划；

（h）根据该法案第 21 或 74 条作出评价；

（i）批准或拒绝批准根据该法案第 67 条的临时性与规定相背；

（j）根据该法案第 103L 条作决定或变更、撤销决定；

（k）公布或延伸某通知的期限（除该法案附则 5 中的通知）；

（l）将某事务提交刑事检控专员；

（m）发起听证会；

（n）规划、变更或撤销该法案附则 5 第 51 条涉及的方案；

（o）决定、变更或撤销该法案附则 5 涉及的某行业标准；

（p）决定、变更或撤销该法案附则 5 涉及的在线提供测定；

（q）制定或变更该法案附则 4 第 6 条涉及的根据有效力的方案进行的数字信道计划；

（r）制定或变更该法案附则 4 第 19 条涉及的根据有效力的方案进行的数字信道计划。

（3）（2）并没有限制（1）的普遍性。

第五部分　ACMA 的职员等

54　职员

（1）ACMA 的职员符合公共服务法案（1999）就业人员标准。

（2）《1999 年就公共服务法案》而言：

（a）ACMA 的主席和职员共同构成法定机构；并且

（b）主席是该机构首脑。

55　英联邦权力机构认同

（1）ACMA 可以认同英联邦权力机构，于：

（a）权力机构的官员或雇员为 ACMA 提供的协助；或

（b）ACMA 职员为权力机构提供的协助。

（2）在本条：

英联邦权力机构指：

（a）联邦政府、议会、或依照《1997 年财务管理和责任法案》范围内规定的机构；或

（b）《1997 年联邦政府和公司法案》规定范围内的英联邦权力机构；或

（c）《1997 年联邦政府和公司法案》规定范围内的英联邦公司；或

（d）根据英联邦任一法案为公共目的成立的其他机构。

第六部分　ACMA 事务计划和报告

56　事务计划

（1）ACMA 必须一年至少准备一次事务计划，并提交部长。

（2）计划必须涵盖至少三年。

（3）计划必须包括下列事务的详情：

（a）ACMA 的目标；

（b）ACMA 为实现那些目标需奉行的战略和政策；

（c）部长要求的（如果有的）其他事务。

（4）主席告知部长关于：

（a）计划的变化；并

（b）可能对达到计划设定目标有重要影响的事务。

（5）部长可以给予主席书面指导方针，主席在决定（3）（c）或（4）（b）是否涵盖某事务时使用该方针。

57　年度报告

年度报告递交部长

（1）ACMA 必须在可行范围内尽快在每个财政年度的 6 月 30 日之后，准备并向部长递交有关 ACMA 在该财政年度运行情况的报告（年度报告）。

年度报告必须包含

（2）每份年度报告必须包含：

（a）一个财政年度根据第 14 条 ACMA 得到的每个指令的副本；并

（b）如果：

（i）在财政年度内根据《1997 年电信法》第 581 条 ACMA 递予传输者或传输服务提供商文书；并

（ii）以 ACMA 的观点，此文书不包含机密信息；

文书副本；并

（c）如在（b）（i）提及的 ACMA 递予的文书，以 ACMA 的观点，此文书包含机密信息：

（i）不泄漏机密信息部分的副本，如果以 ACMA 的观点部分文书内容可出现在年度报告中而不泄漏机密信息；并

（ii）列有文书何时递予运输者或运输服务提供商的声明，如果小节（i）不适用；并

（iii）声明由于文书包含机密信息，或部分包含机密信息，据此情况，文书或文书的部分内容不在年度报告出现；并

（iv）简述不可出现的文书内容记录，但不泄漏任何以 ACMA 的观点是机密的信息；并

（d）报告关于：

（i）根据《1997 年电信法》第 26 部分，财政年度内的投诉数量和类型；并

（ii）根据《1997 年电信法》第 26 部分，财政年度内因根据该法案第 26 部分投诉而组织的调查；并

（iii）那些调查的结果；并

（e）报告，财政年度内关于《1997 年电信法》第 6 部分的实施情况；并

（f）报告，提供根据《1997 年电信法》第 13 部分第 3 节所需公布的相关信息或文件的统计数据，公布：

（i）发生在财政年度内的；并

（ii）被包含在根据《1997 年电信法》第 308 条递予 ACMA 的报告中。

议会讨论年度报告

（3）部长必须安排每个年度报告交由众议院和参议院讨论，并且是在部长收到报告的那天算起，两院分别在十五个会议日内讨论。

第七部分　咨询委员会和用户协商论坛

58　咨询委员会

（1）ACMA 可通过书面方式成立咨询委员会协助其履行职能。

（2）咨询委员会由 ACMA 任命的人员组成。

（3）ACMA 可以撤销某人员在咨询委员会的任命。

（4）ACMA 可以书面形式向咨询委员会发出指令，关于：

（a）委员会履行其职能的方式；并

（b）举行会议需遵守的程序。

（5）根据《1973 年薪酬评审委员会法案》，咨询委员会的任命不是公职。

59　用户协商论坛

（1）用户协商论坛根据《1997 年澳大利亚通讯授权法案》成立，并在本法案第 6 条生效后一直存在，正如它是在本法案第 6 条生效时由 ACMA 通过书面方式建立。

（2）论坛的职能是协助 ACMA 履行其关系到用户事务的职能。

（3）论坛人员由 ACMA 任命。根据本条，论坛人员可视作在本法案第 6 条生效之前直接任命。

（4）ACMA 可撤销论坛人员任命。

（5）ACMA 可以向论坛发出书面指令，关于：

（a）论坛履行其职能的方式；并

（b）举行会议需遵守的程序。

（6）根据《1973 年薪酬评审委员会法案》，论坛的任命不是公职。

第八部分　其他事项

60　ACMA 开支收费

（1）ACMA 可通过书面文书形式决定如何规定收费，关于：

（a）ACMA 提供的服务；并

（b）ACMA 因任何事务产生的开支，根据：

（i）本法案；或

（ii）《1997 年电信法》；或

（iii）《1999 年电信（用户保护和服务标准）法案》；或

（iv）《1992 年无线电通信法》；或

（v）《1992 年广播服务法案》；或

（vi）根据（ii）、（iii）、（iv）或（v）提及法案制定的文书；

并且说明需支付费用人员和何时支付。

（2）根据（1）的收费定价不能达税收额。

（3）回收全部或部分 ACMA 的开支与其根据 11（1）（a）或（b）涉及的职能履行情况有关，ACMA 可向相关人员收取的费用额应：

（a）得到缴费人员同意；或

（b）根据双方协议设定。

注 1：11（1）（a）是关于 ACMA 准备提供电子访问处理，而 11（1）（b）是关于 ACMA 提供电子访问的处理。

注 2：本条（3）使 ACMA 可因履行那些职能所做事务而向自愿人员收取费用，即使该项收费是不论此人同意与否都需强行征收的税。

（4）本条（3）不限制本条（1）。

注：ACMA 无需获得某人同意对 ACMA 履行（3）涉及职能的开支收取费用，并且费用不仅限于税收（收费不仅是 ACMA 提供服务的费

用，还有设备等其他原因）。

（5）本条不适用于根据合同所提供的服务或设备。

61　支付英联邦费用

如果第60条，或其他法案的条款授权ACMA规定收费（需说明），此费用支付英联邦。

62　ACMA的开支包括英联邦相关开支

第60条提及的，或其他法案的条款提及的由某事务ACMA产生开支（需说明），也包括英联邦因此事务产生的开支。

63　主席在某事务方面不受ACMA指令限制

主席在其根据《1997年财务管理和责任法案》或《1999年公共服务法案》履行职能或权力时不受ACMA指令限制。

64　定义确认件

（1）ACMA可在书面确认件中定义在特定文书中一个或多个表达方式，此类特定文书是由ACMA根据英联邦某个或某些特定法律制定。

（2）如果部长被授权根据（1）制定的确认件中涉及的某特定法律制定文书，此文书可以是规定某事务，或与某事务相关，通过引用，采纳或融合（1）制定的确认件中的规定，无论是否修改均有效。

65　确认件可通过其他文书定义表达方式

（1）64（1）并未限制ACMA制定确认件的权力，根据该条款制定的确认件可通过引用，采纳或融合（不论是否修改）包含于其它文书或任何书面文件的事物来定义用于某特定文书的表达方式，该确认件：

（a）有效力或在特定时间有效；或

（b）有效力或更新皆有效；

即使确认书制定时其他文书或书面文件还未存在。

（2）（1）中提及的其它文书或任何书面文件包括文书或书面文件：

（a）在澳大利亚或其他地方的人或机构（包括：比如，英联邦，州或领地，英联邦、州、领地或海外实体的官员或权力机构）制作的；并

（b）不论是法律、行政或其他官方性质的还是其他性质的；并

（c）不论是否有效力；

比如：

（d）根据某法案制定的法律或法规；或

（e）州法案、领地法律或根据这些法案或法律制定的法规或其他文书；或

（f）国际技术标准或业绩指标；或

（g）书面协议或批准或文书或单方面的书面文件。

（3）在本条中没有任何东西限制其普遍性。

（4）尽管《1901 年法律解释法》的存在，（1）依然有效。

66　不使用受保护的名字或标志

（1）如果某人有下列行为，则是违法的：

（a）与某企业、贸易、专业或职业有关时使用；或

（b）作为任何公司、法人团体、公共机构、建筑物、车辆、船只或航空器（包括飞机）的名字或名字的某部分使用；或

（c）用于进口商品、制成品、产品、销货、廉价品、出租品的商标或其他；或

（d）使用于：

（i）商品或服务；或

（ii）任何形式的提供商品或服务的促销；

不论：

（e）受保护的名字，或极类似于受保护的名字而易与其混淆的名字；或

（f）受保护的标志，或极类似于受保护的标志而易与其混淆的标志。

罚金：30 个罚金单位。

（2）如果 ACMA 以书面方式同意使用或应用该名字或标志，（1）不适用。

注：涉及（2）提及的事物，被告负有举证责任［参见刑法典条款 13.3（3）］。

（3）（1）关于受保护的名字或受保护的标志的有效内容不影响根据法律授予任何人的权利，这些权利包括：

（a）根据《1995 年商标法》注册的商标；或

（b）根据《2003 年外观设计法》注册的图案；

并且根据《1995 年商标法》或《1906 年外观设计法》于 2004 年 5 月 11 日前注册的与该名字或标志相关的商标或图案。

（4）本条关于受保护的名字或受保护的标志的有效内容，不影响某人于 2004 年 5 月 11 日前以特定方式对该名字或标志的使用或法律授予的与使用相关的权利，此人：

（a）正以特定方式善意使用该名字或标志；或

（b）被授权阻止其他人通过使用该名字或标志或类似的名字或标志的方式，假冒有权使用该名字或商标的人的商品或服务。

（5）（1）不适用于根据《1997 年电信法》第 407 条或《1992 年无线电通信法》第 182 条为用户设备或用户电缆贴标签而使用或应用受保护的名字或标志的任何人。

（6）控方在关系到（3）、（4）和（5）涉及的内容上负有举证责

任和法定责任［尽管有刑法典条款 13.3（3）］。

（7）在本条中：

用户电缆与《1997 年电信法》中所指意思相同。

用户设备与《1997 年电信法》中所指意思相同。

受保护的名字指：

（a）“ACMA”；或

（b）“澳大利亚通信和媒体管理局”。

受保护的标志指 ACMA 的官方标志，法规中规定了其设计。

67　ACMA 将设置政策通知和部长指令的登记册

（1）ACMA 将设置一个登记册，其包括：

（a）根据本法案或其他法案，ACMA 收到的所有指令；并

（b）本法案第 6 条生效前，根据《1997 年澳大利亚通信管理法案》第 56 条设置的登记册的内容。

（2）登记册可通过电子形式设置。

（3）任何人缴付了第 60 条的决定中规定收取的（如果有的）费用，皆可：

（a）查阅登记册；并

（b）复制登记册，或从登记册中作摘录。

（4）就本条而言，如果登记册通过电子形式设置，ACMA 提供任何人登记册的打印件或摘录部分的打印件，可视作此人已复制登记册或从登记册中作摘录。

（5）如果任何人要求提供电子形式的副本，ACMA 可提供相关信息：

（a）通过数据处理装置；或

（b）通过电子传送的方式。

（6）在本条中：

数据处理装置指任一种物件或物品（比如，光盘），从中无论有无其它物件或设备协助信息可复制。

68 法规

总督可制定法规规定下列事务：

（a）本法案要求或允许规定的；或

（b）为实施或执行本法案必需或适合规定的。

［部长第二次可读演讲稿——

众议院于2004年12月2日

参议院于2005年3月7日］

《2005 年刑法（自杀资料犯罪）修正案》

（2005 年第 92 号）

一部为了达到有关目而制定的针对《1995 年刑法》的修正案

[2005 年 7 月 6 日通过]

澳大利亚议会颁布：

1　修正案简称

此法案被称为《2005 年刑法（自杀资料犯罪）修正案》。

2　生效时间

（1）表格中第一列中指出的条款的生效时间参照第二列中的描述。第二列中的其他声明同时有效。

有关生效时间的信息		
第一列	第二列	第三列
条款	生效时间	日期
1. 第一至第三部分和此表格没有提及的法案中的其他部分	法案得到皇家御批的当日	2005 年 7 月 6 日
2. 附则一	法案得到皇家御批后的六个月	2006 年 1 月 6 日

注：此表格只针对议会通过并批准的条款。批准后又添加的条款与此表格无关。

（2）第三列的内容不属于此法案的一部分，其内容可以添加到法案的出版发行版本里。

3 附则

附则中涉及的法律条款根据附则的内容进行修改或废除，附则中的其他内容根据其自身的内容具有法律效力。

附则 1 自杀资料犯罪

1995 年刑法

1 在《刑法》的第 474.29 条后面

插入：

474.29A 利用电信服务传播与自杀有关的资料

（1）任何人如有以下情形，则构成犯罪：

（a）此人：

（i）利用电信服务获取资料；或者

（ii）利用电信服务将资料传递给他人；或者

（iii）利用电信服务传递资料；或者

（iv）利用电信服务使资料可以被他人使用；或者

（v）利用电信服务出版或传播资料；并且

（b）这些资料直接或间接的怂恿或煽动自杀或企图自杀的行为；并且

（c）此人：

（i）有意图使用这些资料怂恿或煽动自杀或企图自杀的行为；或者

（ii）有意图使这些资料被他人利用，并产生了怂恿或煽动这些人自杀或企图自杀的后果。

处罚：1000 个罚款单位。

（2）任何人如有以下情形，则构成犯罪：

（a）此人：

（i）利用电信服务获得资料；或者

（ii）利用电信服务将资料传递给他人；或者

（iii）利用电信服务传递资料；或者

（iv）利用电信服务使资料可以被他人使用；或者

（v）利用电信服务出版或传播资料；并且

（b）这些资料直接或间接地：

（i）推广某一种自杀的方法；或者

（ii）为某一种自杀的方法提供了指导；并且

（c）此人：

（i）有意图利用这些资料推广自杀的方法或者给这种方法提供指导；或者

（ii）此人有意图使资料被他人利用，并产生了使自杀的方法得以推广或为自杀的方法提供指导的后果；或者

（iii）此人有意图使资料被他人利用并导致他人自杀。

处罚：1000 倍基准罚金。

（3）为了避免疑问，某人将不会被判处怂恿或煽动自杀罪，如果此人仅仅是利用电信服务：

（a）参与有关安乐死或自杀的公开讨论或争论；或者

（b）倡导与安乐死或自杀的相关法律改革；

如果此人非：

（c）有意利用相关资料怂恿或煽动自杀或企图自杀的行为；或者

（d）有意使相关资料被他人利用，并产生了怂恿或煽动他人自杀或企图自杀的后果。

（4）为了避免疑问，某人将不会被判处传播自杀方法罪，如果此人仅仅因为利用电信服务去：

（a）参与有关安乐死或自杀的公开讨论或争论；或者

（b）倡导有关安乐死或自杀的相关法律改革；

如果此人非：

（c）有意使用相关资料去推广自杀的方法或为某种自杀的方法提供指导；或者

（d）有意使相关资料被他人利用并推广自杀的方法或为某种自杀的方法提供指导；或者

（e）有意使相关资料被他人利用并导致他人自杀。

474.29B　通过电信服务拥有、控制、制造、提供或获取与自杀有关的资料

（1）某人将被判处有罪，如果：

（a）此人

（i）拥有资料或对资料有控制权；或者

（ii）制造、提供或获取资料；并且

（b）这些资料直接或间接：

（i）怂恿或煽动自杀或企图自杀的行为；或者

（ii）推广某种自杀的方法；或者

（iii）为某种自杀的方法提供指导；并且

（c）拥有、控制、制造、提供或获取这些资料的当事人有意图使这些资料被

（i）此人或

（ii）他人

在构成了474.29A的罪行，即利用电信服务传播自杀罪时使用。

处罚：1000倍基准罚金。

（2）第 474. 29A 条的罪行，即利用电信服务传播自杀罪并非是 474. 29B（1）中描述的罪行的必要条件。

（3）仅仅是有意图拥有、控制、制造、提供或获取与自杀有关的资料不构成犯罪。

［部长第二次可读演讲——
众议院于 2005 年 3 月 10 日
参议院于 2005 年 5 月 12 日］

2008 年电信法修正案（国家宽带网络）

2008 年第 22 号

本法案用以修正电信及其他领域的相关法案
[于 2008 年 5 月 26 日批准]
由澳大利亚国会制定：

1 简称

本法案可被引证为《2008 年电信法修正案（国家宽带网络）》。

2 生效日期

本法案于获得王室御准的第二天生效。

3 附则

本法案所涉及的每一款法律条例的修订或废除均已在附则部分予以阐述，并且明细中还详细说明了可适用的条款。此外，该法案修订明细中的其他条款将依据相应的法律条例产生效力。

附则 1 修订内容

1997 年电信法

1 第七节

插入：

澳大利亚竞争与消费者委员会（ACCC）官员指的是《1974 年贸易惯例法》中第 155AAA 节所规定的澳大利亚竞争与消费者委员会的行政官员。

2　第七节

插入：

澳大利亚通信与媒体管理局（ACMA）官员的涵义请参看《2005 年澳大利亚通信与媒体管理法》中的有关规定。

3　第七节

插入：

法定信息官的涵义请参看本法案第 531B 节的内容。

4　第七节（置于民事处罚条例的定义段落之后）

插入：

（ha）531K（1）；或者

（hb）531K（3）；或者

（hc）531P（3）；或者

（hd）531P（4）；

5　第七节

插入：

指定信息的涵义请参看本法案 531C 的内容。

6　第七节

插入：

提案通知的指定要求的涵义请参看本法案 531D 的内容。

7　**第七节**

插入：

受委托的公司职员的涵义请参看本法案 531B 的内容。

8　**第七节**

插入：

受委托的政府官员的涵义请参看本法案 531B 的内容。

9　**第七节**

插入：

受保护的承载信息的涵义请参看本法案 531B 的内容。

10　**第七节**

插入：

限制接收人法规的涵义请参看本法案 531N 的内容。

11　**在第 27 部分之后**

插入：

第 27A 部分　与宽带电信网络相关的信息

1　引言

531A　简要概述

以下内容为本部分的简要概述：

- 承运者必须向法定信息官传达一个信息（该信息必须是受保护的承载信息）。
- 除非在本部分内容的范围内，受保护的承载信息不得透露或另作他用。
- 考虑到某些提案可能涉及英联邦的整体行动，受保护的承载信息可以透露给某位内阁大臣或其他政府官员。这类提案包括：
  （a）创立或开发能够承载以通信宽带为基础的电信网络；以及
  （b）由某公司应提案通知的指定要求所提交的意见。
- 受保护的承载信息可以在以下情况时向某些公司的相关职员透露：
  （a）该公司正在应提案通知的指定要求提交意见；或者
  （b）该公司有意愿应通知的要区提交意见。

531B　定义

在本法案中：

法定信息官指的是：

（a）某位部长；或者

（b）某位副部长；或者

（c）以下相关个人：

（i）某部门的高级行政官；或者

（ii）与国家宽带网络专项工作组相关的人员；或者

（d）第 531 节 M 部分中所涉及的被任命为法定信息官的人员。

受委托的公司职员指的是：

（a）某家公司的负责人；或者

（b）某家公司的雇员；或者

（c）某家公司的顾问；或者

（d）向某家公司提供服务的个人；或者

（e）担任其他公司顾问的某个法人团体的负责人或者雇员；或者

（f）向其他公司提供服务的某个法人团体的负责人或者雇员；或者

（g）担任其他公司顾问的某家合营公司的合伙人或者雇员；或者

（h）向其他公司提供服务的某家合营公司的合伙人或者雇员；或者

（i）向其他公司提供服务的某个政治集团的官员或者雇员；或者

（j）担任某个向其他公司提供服务的政治集团顾问的个人；或者

（k）为某个向其他公司提供服务的政治集团所提供服务的个人；或者

（l）为某个向其他公司提供服务的政治集团而担任顾问的法人团体的负责人或者雇员；或者

（m）为某个向其他公司提供服务的政治集团所提供服务的法人团体的负责人或者雇员；或者

（n）担任向其他公司提供服务的某个政治集团顾问的某家合营公司的合伙人或者雇员；或者

（o）为某个向其他公司提供服务的政治集团所提供服务的某家合营公司的合伙人或者雇员；或者

（p）某个向其他公司提供服务的法人团体的负责人或者雇员；或者

（q）为某个向其他公司提供服务的法人团体担任顾问的个人；或者

（r）向某个为其他公司提供服务的法人团体提供服务的个人；或者

（s）为某个向其他公司提供服务的法人团体担任顾问的法人团体的负责人或者雇员；或者

（t）为某个向其他公司提供服务的法人团体提供服务的法人团体的负责人或者雇员；或者

（u）为某个向其他公司提供服务的法人团体担任顾问的某家合营公司的合伙人或者雇员；或者

（v）为某个向其他公司提供服务的法人团体提供服务的某家合营公司的合伙人或者雇员。

以上定义段落彼此间相互独立。

受委托的政府官员指的是：

（a）某位内阁大臣；或者

（b）某位部长；或者

（c）某位英联邦政府官员或雇员；或者

（d）在英联邦行政权力下设立的某个委员会的成员；或者

（e）某位澳大利亚竞争与消费者委员会官员；或者

（f）某位澳大利亚通信与媒体主管机构官员；或者

（g）澳大利亚安全情报组织的负责人；或者

（h）某位担任英联邦政府顾问的个人；或者

（i）某位向英联邦政府提供服务的个人；或者

（j）担任英联邦政府顾问的某个法人团体的负责人或者雇员；或者

（k）向英联邦政府提供服务的某个法人团体的负责人或者雇员；或者

（l）担任英联邦政府顾问的某家合营公司的合伙人或者雇员；或者

（m）向英联邦政府提供服务的某家合营公司的合伙人或者雇员。

以上定义段落彼此间相互独立。

提案通知的指定要求的发布准备包括对一项提案通知指定要求的修改内容进行发布的准备。

受保护的承载信息指的是：

（aa）在特定时间内由某位承运者向法定信息官传达的所有信息：

（i）这些信息自 2008 年 2 月 27 日开始；并且

（ii）在本部分内容生效的12个月后结束；

在上述承载信息传达完毕之后，法定信息官须代表英联邦政府向信息的承运者做出书面承诺，承诺内容包括：

（iii）在本部分内容生效之后，所传达的信息将被当作受保护的承载信息予以保密；并且

（iv）在本部分内容生效之前，法定信息官不得透露有关所传达信息的内容；或者

（a）本法案531F所涉及的所有向法定信息官传达的信息；或者

（b）在本法案531G（2）（a），（b），（c），（d），（e），（f），（g），531H（1）或者531K（2）（a）或（b）中所透露的所有信息。

531C 指定信息

（1）内阁大臣有权通过批准书面文书决定以下内容：

（a）根据本法案规定，向某些指定承运者确定哪些信息为指定信息；以及

（b）在本法案531F所规定的范围内，确定哪种途径可以作为指定承运者向法定信息官传达指定信息的最佳途径；以及

（c）在本法案531F所规定的范围内，确定哪种形式可以用作指定承运者向法定信息官传达指定信息的核准形式；以及

（d）在本法案531F所规定的范围内，确定多长时间是指定承运者向法定信息官传达指定信息的规定时间。

注：有关具体分类详述请参看《1901年法律解释法》46（3）的内容。

（2）上述（1）（d）中所涉及的规定时间不得少于10天。

（3）仅在以下情况时，上述（1）中的条款才能生效：

（a）必须获取宪法51（v）［或51（xxxix）］的授权；或者

（b）同时：

（i）获得宪法第122节的批准；以及

（ii）如果宪法第51节的内容涉及领土问题，该条款必须获得宪法51（v）［或51（xxxix）］的授权。

商议内容

（4）在按照上述（1）批准有关承运者的书面文书之前，内阁大臣必须首先：

（a）给予承运者一份书面通知，内容包括：

（i）一份书面文书的草拟版本；以及

（ii）在此通知下达3个工作日之内，邀请承运者就该书面文书的草拟版本向内阁大臣提交意见；并且

（b）在此3个工作日之内，认真考虑所有可能被采纳的意见。

书面文书的发布

（5）上述（1）中所提及的书面文书将被公布在互联网上。

工作日

（6）按照本部分内容的要求，工作日指的是在澳大利亚首都直辖区范围内除周六、周日，以及法定节假日以外的日子。

可否决的非法律文书

（7）根据《1901年法律解释》46B的规定，上述（1）所提及的书面文书是可以被否决的。

（8）上述（1）所提及的书面文书并不等同于法律文书。

531D 提案通知的指定要求

（1）根据本法案规定，一份提案通知的指定要求必须是满足以下条件的通知：

（a）已经被公布；

（i）在互联网上；并且

（ii）在英联邦政府的行政权力下发挥作用；并且

（b）邀请多家公司就有关创立或开发电信网络的提案向英联邦政府提交意见，该意见需：

（i）涉及能够承载以通信宽带为基础的电信网络；并且

（ii）能够满足通知中所指定的要求；并且

（c）符合征求意见的时间期限。

（2）按照上述（1）的规定，无论通知中指定一个还是多个要求，相关公司必须予以满足才能有资格按照通知受邀提交意见。

（3）按照上述（1）的规定，通知在本部分内容生效之前或生效之后公布均可。

531E 英联邦政府的行为

按照本部分内容的要求，英联邦政府的行为包括：

（a）由联邦政府支出经费；以及

（b）向联邦议会大厦提交一份草案的介绍。

2　承运者必须将信息传达给法定信息官

531F 承运者必须将信息传达给法定信息官

范围

（1）本部分内容适用于如果：

（a）上述 531C（1）所提及的书面文书产生效力；并且

（b）根据本法案规定，该效力涉及向某些指定承运者确定哪些特定信息为指定信息。

要求

（2）在上述书面文书产生效力之后，承运者必须在规定时间内按照核准形式将信息通过最佳途径传达给法定信息官。

注 1：有关承运者许可条件的内容请参看附则 1 的第一部分。

注 2：有关最佳途径，核准形式以及规定时间的详解请参看 531C（1）的内容。

注 3：本部分内容所涉及的传达给法定信息官的信息均为受保护的承载信息——该定义请参看 531B 的内容。

废止

（3）上述（1）和（2）的内容将于本部分内容生效起的 12 个月后失效。

3 信息的保护

531G 信息的保护——受委托的政府官员

（1）如果某人以受委托的政府官员的身份获得了受保护的承载信息，那么此人不得：

（a）将该信息透露给其他人；或者

（b）擅自使用该信息。

（2）上述（1）所提及的受保护的承载信息将在以下情况下准许被透露：

（a）因下列原因将信息透露给内阁成员：

（i）为提案通知指定要求的发布做准备；或者

（ii）在提案通知的指定要求发布或提议发布之后，安排邀请有关方面向英联邦政府提交意见；或者

（iii）英联邦政府或者内阁大臣将就某份提案通知的指定要求向有关方面征求意见；或者

（iv）任何有关上述（i）、（ii）或者（iii）中所提及内容的辅助或附属行为；

（b）因下列原因将信息透露给某位内阁大臣：

（i）为提案通知指定要求的发布做准备；或者

（ii）在提案通知的指定要求发布或提议发布之后，安排邀请有关方面向英联邦政府提交意见；或者

（iii）英联邦政府或者内阁大臣将就某份提案通知的指定要求向有关方面征求意见；或者

（iv）任何有关上述（i）、（ii）或者（iii）中所提及内容的辅助或附属行为；

（c）将信息透露给其他受委托的政府官员以向下列人员提出相关建议：

（i）内阁成员；或者

（ii）内阁大臣；或者

（iii）某位部长；

建议涉及以下内容：

（iv）为提案通知的指定要求的发布做准备；或者

（v）在提案通知的指定要求发布或提议发布之后，安排邀请有关方面向英联邦政府提交意见；或者

（vi）英联邦政府或者内阁大臣将就某份提案通知的指定要求向有关方面征求意见；或者

（vii）任何有关上述（iv）、（v）或者（vi）中所提及内容的辅助或附属行为；

（d）将信息透露给其他受委托的政府官员，以便澳洲安全情报组织，澳大利亚竞争与消费者委员会，以及澳大利亚通信与媒体主管机构向下列人员提出相关建议：

（i）英联邦政府；或者

（ii）内阁大臣；或者

（iii）在英联邦行政权力下设立的某个委员会；

建议涉及以下内容：

（iv）为提案通知的指定要求的发布做准备；或者

（v）在提案通知的指定要求发布或提议发布之后，安排邀请有关方面向英联邦政府提交意见；或者

（vi）英联邦政府或者内阁大臣将就某份提案通知的指定要求向有关方面征求意见；或者

（vii）任何有关上述（iv）、（v）或者（vi）中所提及内容的辅助或附属行为；

（e）根据有关法律法规中所指定的目的，将信息透露给其他受委托的政府官员；

（f）因下列原因将信息透露给其他受委托的政府官员：

（i）根据531H的内容，相关人员向法定信息官提出建议；或者

（ii）根据531H的内容，协助法定信息官行使某些权利；

（g）因下列原因信息由一位法定信息官透露给其他法定信息官：

（i）授权其他法定信息官按照531H所规定的内容作出某项决定；或者

（ii）授权其他法定信息官按照531H所规定的内容获准透露受保护的承载信息；

（h）该信息透露行为已经得到531H内容的授权；

（i）该信息透露行为已经得到将信息传达给法定信息官的承运者的同意；

（j）该信息已被下列人员公开：

（i）将信息传达给法定信息官的承运者；或者

（ii）由承运者指定的其他人员；

（k）该信息透露行为已经获得英联邦政府，澳大利亚本国，或者

其他地方领土相关法律的同意。

（3）上述（2）（e）中的内容将于本部分内容生效起的12个月后失效。

（3A）上述（1）所提及的受保护的承载信息将在以下情况下允许被使用：

（a）当内阁成员就下列问题进行审议时：

（i）为提案通知的指定要求的发布做准备；或者

（ii）在提案通知的指定要求发布或提议发布之后，安排邀请有关方面向英联邦政府提交意见；或者

（iii）英联邦政府或者内阁大臣将就某份提案通知的指定要求向有关方面征求意见；或者

（iv）任何有关上述（i）、（ii）或者（iii）中所提及内容的辅助或附属行为；

（b）当某些内阁大臣就下列问题进行审议时：

（i）为提案通知的指定要求的发布做准备；或者

（ii）在提案通知的指定要求发布或提议发布之后，安排邀请有关方面向英联邦政府提交意见；或者

（iii）英联邦政府或者内阁大臣将就某份提案通知的指定要求向有关方面征求意见；或者

（iv）任何有关上述（i）、（ii）或者（iii）中所提及内容的辅助或附属行为；

（c）信息用以向下列人员提出相关建议：

（i）内阁成员；或者

（ii）内阁大臣；或者

（iii）某位部长；

建议涉及以下内容：

（iv）为提案通知的指定要求的发布做准备；或者

（v）在提案通知的指定要求发布或提议发布之后，安排邀请有关方面向英联邦政府提交意见；或者

（vi）英联邦政府或者内阁大臣将就某份提案通知的指定要求向有关方面征求意见；或者

（vii）任何有关上述（iv）、（v）或者（vi）中所提及内容的辅助或附属行为；

（d）信息用在当澳洲安全情报组织，澳大利亚竞争与消费者委员会，以及澳大利亚通信与媒体主管机构向下列人员提出相关建议时：

（i）英联邦政府；或者

（ii）内阁大臣；或者

（iii）在英联邦行政权力下设立的某个委员会；

建议涉及以下内容：

（iv）为提案通知的指定要求的发布做准备；或者

（v）在提案通知的指定要求发布或提议发布之后，安排邀请有关方面向英联邦政府提交意见；或者

（vi）英联邦政府或者内阁大臣将就某份提案通知的指定要求向有关方面征求意见；或者

（vii）任何有关上述（iv）、（v）或者（vi）中所提及内容的辅助或附属行为；

（e）根据有关法律法规中所指定的目的使用相关信息；

（f）因下列原因使用相关信息：

（i）按照第 531 节 H 部分的内容，相关人员向法定信息官提出建议；或者

（ii）按照第 531 节 H 部分的内容，协助法定信息官行使某些权利；

（g）因下列原因使用相关信息：

（i）授权其他法定信息官按照531H所规定的内容作出某项决定；或者

（ii）授权其他法定信息官按照531H所规定的内容获准透露受保护的承载信息；

（h）对于保护信息的使用行为已得到将信息传达给法定信息官的承运者的同意；

（i）该信息已被下列人员公开：

（i）将信息传达给法定信息官的承运者；或者

（ii）由承运者指定的其他人员；

（j）该信息使用行为已获得英联邦政府，澳大利亚本国，或者其他地方领土相关法律的同意。

（3B）上述（3A）中的内容将于本部分内容生效起的12个月后失效。

（4）有关上述（2）中所提及的信息透露行为的决定，受委托的政府官员无需告知信息的承运者。

（4A）有关上述（3A）中所提及的信息使用行为的决定，受委托的政府官员无需告知信息承运者。

（5）如果某人以受委托的政府官员的身份获得了受保护的承载信息，并且此人就职于英联邦政府，那么所涉及的信息将按照《1914年犯罪法》第70条的有关规定受到保护。

531H 将受保护的承载信息透露给某家公司

（1）如果：

（a）一份提案通知的指定要求已经被公布；并且

（b）某家公司已经就以下内容知会法定信息官：

（i）该公司正在考虑对通知中所提到的征求意见的邀请做出回应；

或者

（ii）该公司有意愿对通知中所提到的征求意见的邀请做出回应；或者

（iii）该公司已经对通知中所提到的征求意见的邀请做出了回应，并且正在考虑对所提交的意见进行修改；或者

（iv）该公司已经对通知中所提到的征求意见的邀请做出了回应，并且有意愿对所提交的意见进行修改；或者

（c）如果本条（3）中所提到的某个决定产生效力——当知会内容与由某项决定指定的相关信息相伴存在时；并且

（d）如果本条（4）中所提到的某个决定产生效力——当法定信息官已经确认由某项决定指定的条件已被满足；并且

（e）如果提案通知的指定要求指定了一项或多项必要条件，相关公司只有达到这些条件才能有资格受邀提交意见——法定信息官必须确认该公司已经满足这些必要条件；并且

（f）承运者已经将受保护的承载信息传达给某位法定信息官；

因下列原因法定信息官有权将信息透露给某位受委托的公司职员：

（g）该公司正在考虑就提案通知的指定要求中所提到的征求意见的邀请做出回应；或者

（h）该公司正在就提案通知的指定要求中所提到的征求意见的邀请进行准备；或者

（i）如果该公司已经对提案通知的指定要求中所提到的征求意见的邀请做出了回应——该公司正在考虑对所提交的意见进行修改；或者

（j）如果该公司已经对提案通知的指定要求中所提到的征求意见的邀请做出了回应——该公司正在进行准备以便对所提交的意见进行修改；

只要该信息透露行为遵守所有适用的限制接收人法规。

（2）有关上述（1）中所提及的信息透露行为的决定，法定信息官无需告知信息的承运者。

（3）根据上述（1）（c）的内容，内阁大臣有权通过法律文书的形式就指定信息作出某项决定。

（4）根据上述（1）（d）的内容，内阁大臣有权通过法律文书的形式就指定条件作出某项决定。

531J 某项决定不适用于以下内容

（1）《1977 年行政决定（司法审查）法》中 15（1）（a）和（b）部分以及 15A（1）（a）和（b）部分内容不适用于上述 531G（2）或者 531H（1）中所涉及的信息透露行为，也不适用于上述 531G（3A）中所涉及的信息使用行为。

（2）如果某人适用于联邦法院《1903 年司法条例》39B（1）中的某条法令或禁令，并且此人与上述 531G（2）或者 531H（1）中所提到的信息透露行为或者 531G（3A）中所提到的信息使用行为有关，则联邦法院在相关申请未获最终通过之前不得下达任何有碍或影响相关决定操作和实施的命令。

531K 信息的保护——受委托的公司职员

（1）如果某人以受委托的公司职员的身份获得了受保护的承载信息，那么此人不得：

（a）将该信息透露给其他人；或者

（b）擅自使用该信息。

（2）上述（1）所提及的受保护的承载信息将在以下情况下准许被透露：

（a）因下列原因将信息透露给其他受委托的公司职员：

（i）该公司正在考虑就提案通知的指定要求中所提到的征求意见的邀请做出回应；或者

（ii）该公司正在就提案通知的指定要求中所提到的征求意见的邀请进行准备；或者

（iii）如果该公司已经对提案通知的指定要求中所提到的征求意见的邀请做出了回应——该公司正在考虑对所提交的意见进行修改；或者

（iv）如果该公司已经对提案通知的指定要求中所提到的征求意见的邀请做出了回应——该公司正在进行准备以便对所提交的意见进行修改；

只要该信息透露行为遵守所有适用的限制接收人法规。

（b）信息在下列文件内容中被透露：

（i）相关公司应提案通知的指定要求所提交的意见；或者

（ii）对相关意见的某些修改；

（c）该信息透露行为已得到将信息传达给法定信息官的承运者的同意；

（d）该信息已被下列人员公开：

（i）将信息传达给法定信息官的承运者；或者

（ii）由承运者指定的其他人员；

（e）该信息透露行为已获得英联邦政府，澳大利亚本国，或者其他地方领土相关法律的同意。

（2A）上述（1）所提及的受保护的承载信息将在以下情况下准许被使用：

（a）因下列原因使用相关信息：

（i）该公司正在考虑就提案通知的指定要求中所提到的征求意见的邀请做出回应；或者

（ii）该公司正在就提案通知的指定要求中所提到的征求意见的邀

请进行准备；或者

（iii）如果该公司已经对提案通知的指定要求中所提到的征求意见的邀请做出了回应——该公司正在考虑对所提交的意见进行修改；或者

（iv）如果该公司已经对提案通知的指定要求中所提到的征求意见的邀请做出了回应——该公司正在进行准备以便对所提交的意见进行修改；

（b）该信息透露行为已得到将信息传达给法定信息官的承运者的同意；

（c）该信息已被下列人员公开：

（i）将信息传达给法定信息官的承运者；或者

（ii）由承运者指定的其他人员；

（d）该信息使用行为已获得英联邦政府，澳大利亚本国，或者其他地方领土相关法律的同意。

（3）该名受委托的公司职员不得：

（a）协助，教唆，怂使或做出有违上述（1）中所规定的行为；或者

（b）诱使，不论以威胁或承诺或以其他方式，做出有违上述（1）中所规定的行为；或者

（c）以任何方式，直接或间接，参与或伙同，做出有违上述（1）中所规定的行为；或者

（d）与他人合谋促使有违上述（1）中所规定行为的发生。

（4）上述（1）和（3）的内容属于民事处罚条例。

注：民事处罚条例中涉及罚款的内容请参看第31部分。

531L 因信息丢失或损坏而向承运者进行赔偿

（1）如果：

（a）受保护的承载信息已经由承运者传达给某位法定信息官；并且

（b）联邦法院已经确认某位受委托的公司职员违反了上述531K（1）或者（2）中所涉及的内容；并且

（c）法院已经确认由于上述违反行为造成了承运者丢失或损坏相关信息；并且

（d）法院已经确认某家公司通过公开，默许或暗示的方式授权或允许了上述违反行为；

联邦法院有权应承运者的申请下达命令，指定有关公司向承运者进行赔偿。

（2）上述（1）所涉及的申请可以在违反行为发生之后的六年中任何时间提出。

（3）如果：

（a）受保护的承载信息已经由承运者传达给某位法定信息官；并且

（b）联邦法院已经确认某位受委托的公司职员违反了上述531K（1）或者（2）中所涉及的内容；并且

（c）法院已经确认由于上述违反行为造成了承运者丢失或损坏相关信息；并且

（d）法院已经确认：

（i）受委托的公司职员是某家公司的雇员或代理商；并且

（ii）该名受委托的公司职员的行为属于该公司对以雇员或代理商身份成为受委托的公司职员的实际或明示授权范围内；

联邦法院有权应承运者的申请下达命令，指定有关公司向承运者进行赔偿。

（4）上述（3）所涉及的申请可以在违反行为发生之后的六年中任何时间提出。

（5）以下内容中所涉及的赔偿不向公司支付：

（a）上述（1）；以及

（b）上述（3）

上述531K（1）或（3）中所涉及的赔偿同样适用本条内容。

531M 法定信息官的任命

根据本法案规定，内阁大臣有权通过书面形式任命某位高级行政官为法定信息官。

注1：有关高级行政官的表述请参看《1901年法律解释法》17AA的内容。

注2：有关法案废止的内容请参看《1901年法律解释法》33（3）的内容。

531N 限制接收人法规

（1）内阁大臣有权通过法律文书的形式制定相关法规（及限制接收人法规），以约束或限制受委托的公司职员在上述531H（1）或者531K（2）（a）中所涉及的情况下，可以向哪些人透露受保护的承载信息。

（2）限制接收人法规将就不同情况下的信息透露行为制定不同的条款。

（3）上述（2）中的内容不适用于《1901年法律解释法》33（3A）的内容。

（4）限制接收人法规有权通过制定条款赋予某位联邦政府公务员作出某项行政决定的权力。

注：有关联邦政府公务员的表述请参看《1901年法律解释法》17AA的内容。

（5）限制接收人法规有权为上述决定提供支付费用。

（6）上述（5）中所涉及的费用不得计入税收。

531P 受保护的承载信息的储存、处理及销毁

（1）内阁大臣有权通过法律文书的形式制定相关法规以规定受保护的承载信息的储存、处理及销毁。

（2）上述（1）所提到的法规，凡涉及承运者将受保护的承载信息传达给法定信息官这一过程，不得向承运者强加任何要求或禁令。

（3）任何个人必须遵守上述（1）所提到的法规。

（4）任何个人不得：

（a）协助，教唆，怂使或做出有违上述（3）中所规定的行为；或者

（b）诱使，不论以威胁或承诺或以其他方式，做出有违上述（3）中所规定的行为；或者

（c）以任何方式，直接或间接，参与或伙同，做出有违上述（3）中所规定的行为；或者

（d）与他人合谋促使有违上述（3）中所规定行为的发生。

（5）上述（3）和（4）的内容属于民事处罚条例。

注：民事处罚条例中涉及罚款的内容请参看第 31 部分。

531Q 由公司提交的意见

按照本部分内容的要求，由某家公司提交的意见属于以下两种情况均可：

（a）该意见由某家公司独立提交；或者

（b）该意见由某家公司和其他一家或多家公司共同提交。

2012 年网络犯罪法修正案

制定此法案是为了履行《欧洲理事会网络犯罪公约》及其它目的

[2012 年 9 月 12 日通过]

澳大利亚议会颁布：

1 简称

此法案可以被称为《2012 年网络犯罪法修正案》

2 生效

（1）根据此表格栏 2，此表格栏 1 所提到的此法案的每条条款生效或者已经生效。栏 2 所进行的任何其它声明根据它的陈述具有法律效力。

生效信息		
栏 1	栏 2	栏 3
条款	生效	日期/细节
1. 此法案第 1 章到第 3 章节的任何此表格其他地方没有覆盖的内容	此法案获得皇家御准的当天。	2012 年 9 月 12 日
2. 第 1 篇章和第 2 篇章	此法案获得皇家御准之后的第 28 天。	2012 年 10 月 10 日

续表

生效信息		
栏 1	栏 2	栏 3
条款	生效	日期/细节
3. 第 3 篇章	在以下时间之后： （a）此法案获得皇家御准的当天；以及 （b）2001 年 11 月 23 日在布达佩斯完成的《欧洲理事会网络犯罪公约》在澳大利亚生效的当天。 然而，如果在（b）中提到的事件没有在此法案获得皇家御准当日起六个月中发生，此条款就根本不能生效。 总理必须在公报上以通告的方式宣布《欧洲理事会网络犯罪公约》在澳大利亚生效的日期。	
4. 第 4 篇章和第 5 篇章	此法案获得皇家御准之后的第 28 天。	2012 年 10 月 10 日

备注：这个表格只涉及最初颁布的此法案条款。它将不会被修改以覆盖此法案后来的修正案。

（2）表格栏 3 显示的任何信息都不是此法案的一部分。在此法案任何的发布版本中，此栏可能再增加信息或此栏的信息可能被编辑。

3 各篇章

此法案中各篇章指定的每个其他法案，都按照相关篇章适合的条款所陈述的进行修改或废除，并且此法案中的每篇章的任何其他条款都根据它的陈述具有法律效力。

篇章1　已储存的通讯数据的保存体制

《1997年电信法》

1　在段落313（7）（c）之后

插入：

（ca）遵照在那个法案3－1A部分下具有效力的国内保存通告或国外保存通告；或者

《1979年电信数据（拦截和访问）法》

2　分章节5（1）

插入：

发布机构的“认证官方代表”是指：

（a）如果发布机构是一个执法机构（包括拦截机构），那么发布机构的认证官方代表是指此机构的认证长官；以及

（b）如果发布机构是一个组织，那么发布机构的认证官方代表是指此组织的认证人。

3　分章节5（1）

插入：

“国内保存通告”的解释见分章节107H（1）。

4　分章节5（1）

插入：

“国外保存通告”的解释见分章节107N（1）。

5　**分章节5（1）**

插入：

“历史性的国内保存通告”的解释见107H（1）（b）（i）。

8　**分章节5（1）**

插入：

“发布机构”，和保存通告相关的，是指发布通告的机构。

9　**分章节5（1）**

插入：

“进行中的国内保存通告”的解释见107H（1）（b）（ii）。

10　**分章节5（1）**

插入：

“保存通告”是指一条国内保存通告或者一条国外保存通告。

11　**分章节5（1）**

插入：

“保存通告信息”的解释见章节6EAA。

12　**分章节5（1）**

插入：

“保存”，涉及已储存的通讯数据的保存，是指保持以下数据的完整：

（a）已储存的通讯数据；或者

（b）已储存的通讯数据的备份。

13　**分章节5（1）**

插入：

“相关”：

（a）一个已储存的通讯数据只有在以下情况下才与一个人“相关”：

（i）此人制作了这个存储数据；或者

（ii）此已储存的通讯数据由另一个人制作，但当事人是这个数据的预定接收者；以及

（b）一个已储存的通讯数据只要通过电信服务从而经过了电信系统，这个已储存的数据就与这个电信服务“相关”。

14　**分章节5（1）**

插入：

“关联阶段”，对于一个国内保存通告，是指：

（a）对于一个历史性的性的国内保存通告，这个阶段可参考107H（1）（b）（i）；并且

（b）对于一个进行中的国内保存通告，这个阶段可参考107H（1）（b）（ii）。

15　**分章节5（1）**

插入：

“工作日”是指除了以下时间的日子：

（a）星期六或星期日；或者

（b）各州和各领地的公共假日。

16　在章节 6EA 之后

插入：

6EAA 保存通告信息

“保存通告信息”在此法案中是指：

（a）关于以下任何内容的信息

（i）保存通告的发出；

（ii）对于国外保存通告，是指根据章节 107P 发出保存此通告提及的已储存的通讯数据的要求；

（iii）保存通告的存在或不存在；

（iv）保存通告的有效期；或者

（b）其他任何有可能识别以下内容的信息：

（i）在保存通告中指定的人或者电信服务；或者

（ii）与保存通告相关的人或者电信服务。

17　第 3 章（标题）

废除原标题，替换为：

第 3 章　保存和访问已储存的通讯数据

18　在部分 3－1 之前

在第 3 章中插入：

部分 31A　保存已储存的通讯数据

分段 1　此部分的概述

107G 此部分的概述

这部分建立一个系统用来保存由运营商持有的某些已储存的通讯

数据。保存的目的是防止这些通讯数据在由此法案发布的授权访问之前就被损坏。

在这个系统之下，某些机构可以给运营商发布一个保留通告，要求其保留其持有的、与通告中指定人或电信服务相关的所有已储存的通讯数据。如果运营商不遵守此通告，将违反《1997 年电信数据法案》章节 313 规定的义务。

有两种保存通告：国内保存通告（涉及或许与违反澳大利亚法律或危及本国安全相关的已储存的通讯数据）；国外保存通告（涉及或许与违反国外法律有关的已储存的通讯数据）。

分段 2 涉及国内保存通告。有两种国内保存通告：

（a）历史性的国内保存通告涉及运营商在特定的某一天持有的已储存的通讯数据；以及

（b）进行中的国内保存通告涉及运营商在特定的 30 天中持有的已储存的通讯数据。

如果满足章节 107J 的条件，发布机构（是指历史性的国内保存通告的执法机构或组织，或者进行中的国内保存通告的拦截机构或组织）只能发布国内保存通告。在某些情况下，通告必须被撤回（详见章节 107J）。

分段 3 涉及国外保存通告。如同历史性的国内保存通告，国外保存通告涉及运营商在特定某一天持有的已储存的通讯数据。只有澳大利亚联邦警察可以给运营商发布国外保存通告，而且只有其他国家根据章节 107P 提出保存要求，澳大利亚联邦警察才可以这么做。在某些情况下，通告必须被撤回（详见章节 107J）。

分段 4 是关于国内和国外保存通告的其他条款（例如关于由运营商和发布机构给出证据证书的条款）。

申诉专员对于由发布机构（而不是“组织”）发布的保存通告具有

职能。情报与安全部总监对于由发布组织发布的保存通告具有职能。

分段 2　国内保存通告

107H 国内保存通告

（1）发布机构可以给运营商一个书面通告（即国内保存通告），在通告有效期间，要求其保存所有的符合以下条件的已储存的通信数据：

（a）与通告中指定的人或者电信服务相关的；以及

（b）运营商在以下时间保有的电信数据：

（i）从运营商接收到此通告之时起到其接收到此通告结束止（在此通告属于历史性的性的国内保存通告情况下）；或者

（ii）从运营商接收到此通告之时起到其接收到此通告之后的第 29 天止（在此通告属于进行中的国内保存通告情况下）。

（2）但是，只有在满足分章节 107J（1）或（2）的条件下，发布机构才能发布通告。

（3）在通告中，发布机构只能指定：

（a）一个人；或者

（b）一个或多个电信服务；或者

（c）一个人以及一个或多个电信服务。

107J 发布国内保存通告的条件

由执法机构或拦截机构发布的通告

（1）国内保存通告可以根据分章节 107H（1）发布，如果：

（a）此发布机构是：

（i）如果发布的是历史性的性的国内保存通告，即是一个执法机构；以及

（ii）如果发布的是进行中的国内保存通告，即是一个执法机构也

是拦截结构；并且

（b）此机构正在调查一个严重的违法案件；并且

（c）此机构认为，在此通告的关联阶段，有合理证据怀疑有已储存的通讯数据存在或者储存的通讯数据可能形成，而这些数据：

（i）可能与案件的调查相关；并且

（ii）与通告中指定的当事人或电信服务相关。

（d）此机构打算：如果此机构之后认为这些已储存的通讯数据有可能帮助案件的调查，此机构将申请一个 2－5 部分的批准或者申请已储存的通讯数据的批准以访问那些电信数据；并且

（e）如果是一个进行中的国内保存通告，没有正在生效的另一个进行中的国内保存通告：

（i）由此机构发布给了相同的运营商；并且

（ii）指定相同的人或者电信服务。

由组织发布的通告

（2）国内保存通告可以根据分章节 107H（1）发布，如果：

（a）发布机构是一个组织；并且

（b）此组织认为，在此通告的关联阶段，有合理证据怀疑有已储存的通讯数据存在或者储存的通讯数据可能形成，而这些数据：

（i）可能帮助这个组织履行自己的职能，获得关于国家安全的情报；并且

（ii）与通告中指定的当事人或电信服务相关；并且

（c）此组织打算，如果此组织之后认为这些已储存的通讯数据有可能帮助它履行职能，安全局局长可以要求一个 2－2 部分的批准，以访问那些电信数据；并且

（d）如果是一个进行中的国内保存通告，没有正在生效的另一个进行中的国内保存通告：

（i）由此组织发布给了相同的运营商；并且

（ii）指定相同的人或电信服务。

107K 何时国内保存通告具有效力

国内保存通告：

（a）当运营商接收到此通告，即生效；并且

（b）最早在以下时间停止生效：

（i）从运营商接收到此通告的第 90 天；

（ii）如果通告根据章节 107L 被撤回，运营商在接到撤回通知时；

（iii）如果授权访问通告中涉及的已储存的通讯数据的 2－5 部分的批准或者已储存的通讯数据批准由发布机构发布，那么就在批准失效时；

（iv）如果授权访问通告中涉及的已储存的通讯数据的 2－2 的批准由发布机构发布，通告在此批准当天的 5 天后失效。

107L 撤回国内保存通告

随意的撤回

（1）国内保存通告的发布机构可随时撤回通告。

强制的取消

（2）在以下条件下，国内保存通告的发布机构必须撤回通告：

（a）如果发布机构是执法机构（包括拦截机构）：

（i）107J（1）（b）或（c）中的条件不再被满足；或者

（ii）此机构决定不申请 2－5 部分的批准或访问此通告涉及的已储存通讯数据的批准；或者

（b）如果发布机构是一个组织：

（i）107J（2）（b）的条件不再被满足；或者

（ii）此机构相信安全局局长将不会要求访问此通告涉及的已储存的通讯数据的 2－2 部分的批准。

给出撤回通告从而生效的撤回

（3）发布机构给运营商发布书面的撤回通知，国内保存通告即被撤回。

107M 发布机构代表人

历史性的国内保存通告

（1）历史性的国内保存通告只能由发布机构的代表人发布或撤回：

（a）如果发布机构是一个执法机构，那么其代表人就是根据章节 110，代表此机构申请访问此通告涉及的已储存的通讯数据批准的人；并且

（b）如果发布机构是组织，则是这个组织的认证人。

进行中的国内保存通告

（2）进行中的国内保存通告只能由发布机构的代表人发布：

（a）如果发布机构是执法机构并且是拦截机构，此机构的代表人就是此机构的授权长官；并且

（b）如果发布机构是组织，则是安全局局长。

（3）进行中的国内保存通告只能由发布机构的代表人撤回：

（a）如果发布机构是执法机构并且是拦截机构，此机构的代表人就是此机构的授权长官；并且

（b）如果发布机构是组织，则是该组织的认证人。

分段 3　国外保存通告

107N 何时发布国外保存通告

（1）如果澳大利亚联邦警察根据 107P 部分收到要求，澳大利亚联

邦警察必须给运营商发布书面通告（即国外保存通告），要求运营商根据此请求，在此通告有效时，保存所有电信数据，包括：

（a）在通告中指定的人或者电信服务商；以及

（b）从运营商收到通告起到通告结束期间任何阶段，运营商所持有的电信数据。

（2）在通告中，澳大利亚联邦警察只能指定：

（a）一个人；或者

（b）一个或多个电信服务商；或者

（c）一个人和一个或多个电信服务商。

107P 给出国外保存通知的条件

（1）如果，根据《1987年刑事犯罪互助法案》段落15B（d），其他国家欲要求总检察长安排访问以下已储存的通讯数据：

（a）与指定人或指定电信服务相关的；以及

（b）运营商持有的；以及

（c）与案件调查或者案件诉讼有关的，涉及严重的国外违法刑事案件的；

那么，其他国家可以要求澳大利亚联邦警察安排保存那些已储存的通讯数据。

（2）发给澳大利亚联邦警察的要求必须：

（a）以书面形式；以及

（b）明确与此刑事犯罪有关当局的名称；以及

（c）明确此严重国外违法案件正在调查或正在进行诉讼；以及

（d）提供识别需要保存的已储存的通讯数据的信息，阐明这些数据与此国外违法案件的关系；以及

（e）提供信息说明国外要求者是如何认定持有已储存的通讯数据

的运营商；以及

（f）如果已储存的通讯数据和一个确定的人有关，需提供信息说明国外要求者是如何认定和这些已储存的通讯数据有关的电信服务；以及

（g）阐明这些已储存的通讯数据需要保存的原因；以及

（h）说明国外要求者欲根据《1987 年刑事犯罪互助法案》段落 15B（d）提出要求访问已储存的通讯数据。

107Q 何时国外保存通告有效

国外保存通告：

（a）当运营商接收到通告时，即生效；以及

（b）在以下时间之前失效

（i）如果此通告根据章节 107R 被撤回，运营商在接到撤回通知时即撤回；

（ii）如果在总检察长根据《1987 年刑事犯罪互助法案》的章节 15B 已经发出关于批准的授权之后，授权访问通告中提及的已储存的通讯数据的批准才发布，那么在此批准无效时，此通告即失效。

107R 撤回国外保存通告

（1）如果：

（a）其他国家根据章节 107P 提出保留由某运营商持有的已储存的通讯数据；以及

（b）为回应此要求，澳大利亚联邦警察根据分章节 107N（1）给予那些已储存的通讯数据有关的运营商发布国外保存通告；以及

（c）从运营商收到通告的 180 天内，国外没有根据《1987 年刑事犯罪互助法案》的段落 15B（d）向总检察长提出安排访问那些通讯数

据的要求；

那么，澳大利亚联邦警察则必须在这段时间结束后的第三个工作日之内，通过给运营商发布书面撤回通告来撤回保留通告。

（2）如果：

（a）其他国家根据章节 107P 提出保留由某运营商持有的已储存的通讯数据；以及

（b）为回应此要求，澳大利亚联邦警察根据分章节 107N（1）给那些已储存的通讯数据有关的运营商发布国外保存通告；以及

（c）国外根据《1987 年刑事犯罪互助法案》的段落 15B（d）向总检察长提出安排访问那些通讯数据的要求；并且

（d）总检察长拒绝了此要求；

那么，澳大利亚联邦警察则必须在这段时间结束后的三个工作日之内，通过给运营商发布书面撤回通告来撤回保留通告。

（3）如果：

（a）其他国家根据章节 107P 提出保留由某运营商持有的已储存的通讯数据；以及

（b）为回应此要求，澳大利亚联邦警察根据分章节 107N（1）给那些已储存的通讯数据有关的运营商发布国外保存通告；以及

（c）其他国家收回此要求；

那么，澳大利亚联邦警察则必须在这段时间结束后的三个工作日之内，通过给运营商发布书面撤回通告来撤回保留通告。

107S AFP（澳大利亚联邦警察）代表人

国外保存通告必须由代表澳大利亚联邦警察的澳大利亚联邦警察的授权长官发布或撤回。

分段4　与保存通告有关的条款

107T 运营商行为的证据证明

（1）以下内容：

（a）运营商的常务董事或此运营商附属的法人团体；

（b）运营商的总经理秘书或此运营商附属的法人团体；

（c）以本段落为目的，（a）或者（b）中提及的人以书面形式授权的此运营商的一个雇员；

可以发布一个由他（或她）签署的书面证书，陈列出他（或她）认为为了遵守保存通告，此运营商的雇员所采取的行动或者所做的事。

（2）根据（1）发布的、声称可作为证书，以及声称由（1）（a），（b）或（c）提及的人签署的文件：

（a）不需要其他更多证据，就可作为免除诉讼的证据；而且

（b）在免除诉讼中，是该文件所提及的事件的决定性证据。

（3）以此章节为目的，涉及一个法人团体是否是另一个法人团体附属公司的问题，可以根据《2001年公司法案》对于此问题进行判断决定。

107U 发布机构行为的证据证明

（1）发布机构的认证官方代表可以发布一个由他（或她）签署的书面证书，陈列出他（或她）认为为了遵守保存通告，此机构长官或职员所采取的行动或者所做的事。

（2）由发布机构的认证官方代表根据此章节发布的、声称可作为证书的，以及声称由该认证官方代表签字的文件：

（a）不需要其他更多证据，就可作为免除诉讼的证据；而且

（b）在免除诉讼中，此文件是该文件所提及的事件的决定性证据。

107V 保存通告的有效副本

由发布机构的认证官方代表书面证明，作为保存通告真实副本的文件在免除诉讼中，可相当于保存通告的原件作为证据。

107W 如何把通告发布给运营商

以此部分为目的：

（a）保存通告；或者

（b）根据章节 107L 或 107R 发布的撤回通告；

只能通过发布给运营商的授权代表发布给该运营商。

19　在小段 108（2）（f）（i）之前

插入：

（ia）保存通告；或者

20　3－4 部分的分段 1（标题）

废除此标题，用以下代替：

分段 1　关于访问信息的禁止及其他

21　在 133（1）（b）（ii）之后

插入：

（iia）保存通告信息；或者

注：章节 133 的题目删除“或已储存的通讯数据批准信息”，用“及其他”代替

22　章节134

废除此段落，用以下替代

134　保存通告信息或已储存的通讯数据批准信息的利用

以3－1A，3－2，3－3，3－5或3－6部分的内容为目的，一个人可以：

（a）与另一个人进行保存通告信息或已储存的通讯数据批准信息的交流；或者

（b）利用保存通告信息或者已储存的通讯数据批准信息；或者

（c）记录保存通告信息或者已储存的通讯数据批准信息；或者

（d）在诉讼中出具保存通告信息或者已储存的通讯数据批准信息。

23　在135（4）之后

插入：

保存通告信息

（4A）在以下条件下，运营商的雇员，在履行他（或她）作为雇员的职责时，可以交流或者利用或者被动交流保存通告信息：

（a）这是此雇员作为职员的本职工作；以及

（b）这些信息对于运营商遵守保存通告是合理必要的。

（4B）运营商的雇员可以和另一个运营商或者另一个运营商的雇员交流或被动交流保存通告信息，如果此信息对于运营商遵守保存通告是合理必要的。

24　在段落 136（1）（a），137（1）（a），138（1）（a），138（2）（a）**和** 139（1）（a）**之后**

插入：

（aa）保存通告信息；

25　分章节 146（2）

在“给出”之后，插入“保存通告信息或者”。

26　3－5 部分（标题）

废除此标题，用以下代替：

部分 3－5　保存通告和访问记录的保管和检查

27　3－5 部分的分段 1（标题）

废除此标题，用以下代替：

分段 1　保存通告和访问记录的保存

28　在分章节 151 **之前**

插入 3－5 部分的分段 1：

150A　执法机构保存与发布保存通告相关的文件

执法机构的长官必须保证在机构记录中保留：

（a）此机构发出的每一条保存通告；以及

（b）每种撤回此通告的方法；以及

（c）机构认证长官根据分章节 107U（1）发布的每个证明的副本。

29　3－5 部分的分段 2（标题）

废除此标题，用以下代替：

分段 2　由申述专员对保存通告和访问记录的检查

30　段落 152（a）

在“150”之后，插入“150A”。

31　分章节 153（3）

在“150”之后，插入“150A”

32　在 3－5 部分末尾

增加：

分段 3　由情报与安全部检查长对保存通告记录的检查

158A　情报与安全部检查长的职能

（1）根据《1986 情报与安全部检查长法案》，情报与安全部检查长对由组织发布的保存通知的负责。

（2）尤其，情报与安全部检查长在以下方面具有职能：

（a）与组织对此法案的履行情况的调查［详见彼法案的小段 8（1）（a）（i）］；以及

（b）当情报与安全部检查长为了对彼法案的对象具有效力，认为对组织的检查是有必要的，就可以开展检查（详见彼法案的章节 9A）。

33　在章节161之后

插入：

161A　包含关于保存通告信息的报告

国内保存通告

（1）对于每个执法机构，报告必须涵盖：

（a）在此年度，此机构发布的国内保存通告的相关统计数据；以及

（b）在此年度，根据章节107L，此机构发布的撤回通告的相关统计数据。

国外保存通告

（2）如果执法机构是澳大利亚联邦警察，报告必须同时包括：

（a）在此年度，此机构发布的国外保存通告的相关统计数据；以及

（b）在此年度，根据章节107L，此机构发布的撤回通告的相关统计数据。

34　条款18的过渡性条款——正在进行的国内保存通知

尽管此篇章第18条款将章节107H加入《1979年电信数据（拦截和访问）法案》，发布机构也不能在以下时间段之前、根据此章节向运营商发布进行中的国内保存通告：

（a）此法案接受皇家御准当日开始；到

（b）此法案接受皇家御准当日90天后结束。

篇章2　互助修正案

部分1　已储存的通信数据

《1987 年刑事案件互助法案》

1　分章节3（1）

插入：

“运营商”的定义与《1979 年电信数据（拦截和访问）法案》相同。

2　分章节3（1）

插入：

“调查诉讼”的定义涵盖在段落（a）或（b）中对“诉讼”的定义。

3　分章节3（1）

插入：

“已储存的通讯数据”的定义与《1979 年电信数据（拦截和访问）法案》相同。

4　在部分 III 之后

插入：

部分ⅢA　与已储存的通讯数据相关的帮助

15B　其他国家对已储存的通讯数据的要求

总检察长可以酌情以书面形式授权澳大利亚联邦警察或某州的警

察机关或警务，根据《1979 年电信数据（拦截和访问）法案》章节 110，申请已储存的通讯数据批准，如果总监察长已确认：

（a）涉及违法国外（发出要求的国家）法律的刑事案件的调查或调查诉讼已经在该国家开始；并且

（b）调查或调查诉讼涉及的犯罪处罚的最高量刑可达到：

（i）监禁三年或三年以上，终身监禁或死刑；或者

（ii）罚款数量至少相当于 900 个罚款单位；并且

（c）有合理的证据表明运营商持有的已储存的通讯数据与此调查或调查诉讼有关；并且

（d）提出要求的国家已经向总检察长提出安排访问已储存的通讯数据的要求。

注：在批准下获得的信息在某些条件下才能传递给提出要求的国家：详见《1979 年电信数据（拦截和访问）法》的分段 142A（1）。

《1979 年电信数据（拦截和访问）法》

5　分章节 5（1）

插入：

“调查诉讼”的概念与《1987 年刑法互助法案》定义的相同。

6　分章节 5（1）

插入：

“互助申请”是指根据《1987 年刑事案件互助法案》章节 15B 的授权所制定的对已储存的通讯数据批准的申请。

7 在章节5E之后

插入：

5EA 严重的国外违法案件

为本法案之目的，“严重的国外违法案件”是指那些违反国外法律的行为，处罚的最高量刑可达到：

（a）监禁三年或三年以上，终身监禁或死刑；或者

（b）罚款数量至少相当于900个罚款单位。

8 段落6H（c）

删除段落“116（1）（d)”，用“根据不同情况，以116（1）（d）（i）或（ii）”代替。

9 段落116（1）（d）

删除所有“和”之后的文字，用以下文字代替：

（i）在除了互助申请以外的申请情况下，在此机构调查的严重国外违法案件中所涉及的人（同样包括此违法案件的受害者）；或者

（ii）在互助申请的情况下，与此申请相关的、国外展开的、对于严重国外违法案件的调查或调查诉讼中所涉及的人（同样包括此违法案件的受害者）；以及

10 段落116（1）（e）

在分章节（2）之后插入“或者（2A）（根据不同情况）”。

11 分章节116（2）

删除“事件”，用“在除了互助申请以外的申请情况下，这些事

件”代替。

12　段落116（2）（c）

删除“段落（1）（d）”，用“（1）（d）（i）”代替。

13　在分章节116（2）之后

插入：

（2A）在互助申请的情况下，发布机构必须考虑以下事项：

（a）根据已储存的通讯数据批准，访问这些已储存的通讯数据会在多大程度上可能侵犯当事人的隐私；并且

（b）其行为在此国外违法行为中占多大比重；并且

（c）（1）（d）（ii）中提及的信息对于案情的调查可能提供多少帮助，从此申请涉及的其他国家获得的信息可能起到多大程度的决定性。

14　分章节116（3）

在“违反”后面，插入“或严重的国外违法案件，但是不能同时与严重违法案件和严重的国外违法案件相关联”。

15　分章节118（3）

在“违反”后面，插入“或严重的国外违法案件”。

16　分章节118（3）

删除“段落116（1）（d）”，用“根据情况，116（1）（d）（i）或（ii）”代替。

17　分章节139（1）

在“（2）”之后，插入“或者（4A）”。

18　分章节139（2）

删除“此”，用以下句子代替：“当此机构获得的信息不是通过执行一个由于互助申请而发布的批准，此”。

19　在分章节139（4）之后

插入：

（4A）如果情况是：此机构获得的信息是通过执行一个由于互助申请而发布的批准，那么此目的与以下内容相关：

（a）为国外提供信息，或者为与申请中提及的国外有关当局提供信息；或者

（b）根据3－5部分，此机构对记录的保存。

20　在章节142之后

插入：

142A　向其他国家提供由于互助申请而获得的通讯信息

（1）尽管分章节139（4A）和章节142的内容，个人还是只能在以下条件下，才能把通过执行一个由于互助申请而发布的批准获得的信息传达给提出申请的其他国家：

（a）这些信息只能用于其他国家需要此信息的目的；

（b）当这些信息不再需要时，相关文件或包含此信息的其他东西将被销毁；

（c）其他条件由总检察长以书面形式决定。

（2）根据段落（1）（c）作出的决定不是法律条例。

21　在分章节162（1）的末尾

增加：

；以及

（c）此机构在当年提出的互助申请的相关数据；以及

（d）由于违反国外法律的犯罪（国外犯罪），在此年此机构提出互助申请，从而发布了已储存的通讯数据批准，此违法犯罪（如果有的话），根据联邦法律，或者一个州的法律，或者一个领地的法律，与国外犯罪性质相同或本质上性质相同。

22　在段落162（2）（b）之后

插入：

（ba）当年提出的互助申请的相关数据；以及

23　在分章节162（2）的末尾

增加：

；以及

（e）由于违反国外法律的犯罪（国外犯罪），在此年此机构提出互助申请，从而发布了已储存的通讯数据批准，此违法犯罪（如果有的话），根据联邦法律，或者一个州的法律，或者一个领地的法律，与国外犯罪性质相同或本质上性质相同。

24　此部分做出的修正的适用范围

此部分做出的修改适用于由其他国家提出的请求，此请求在此条例生效之时或此条例生效之后予以考虑，无论此请求是在条例生效之时或之后提出。

部分2　电信数据

《1987年刑事案件互助法案》

25　**分章节3（1）**

插入：

“通讯”的解释同《1979年电信数据（拦截和访问）法》。

26　**分章节3（1）**

插入：

“电信数据系统”的解释同《1979年电信数据（拦截和访问）法》。

27　**在部分IV之前**

插入：

部分IIIB —— 关于电信数据的援助（案）

15D　由其他国家提出的电信数据要求

（1）此章节适用于以下条件：

（a）如果其他国家要求透露在指定时间内生成的指定的信息或指定的文件；并且

（b）此信息或文件与通过电信系统传递的通讯数据事实相关。

（2）为避免疑问，在以下情况下，信息或文件与通过电信系统传递的通讯数据事实无关：

（a）如果此信息是一个通讯数据信息的内容或者实质；或者

（b）在某些程度上，此文件包含一个通讯数据的内容或者实质。

（3）总检察长可以根据《1979 年电信数据（拦截和访问）法》章节 180B 批准授权此章节适用的信息或文件的透露，如果他或她确信：

（a）关于一个违反国外法律的刑事案件的调查已经在该国家开始；并且

（b）此犯罪：

（i）的判罚可达到三年或三年以上的监禁，终身监禁或死刑；或者

（ii）涉及的行为或疏忽，如果发生在澳大利亚，根据《1979 年电信数据（拦截和访问）法》章节 5D 的内容将构成严重的犯罪。

《1997 年电信（拦截和访问）法》

28　**分章节** 305（1）

在“分段 4”之后，插入“或者 4A”。

29　**小段** 306（1）（b）（ii）

删除“或分章节 180（3）”，用“，分章节 180（3）或章节 180A”代替。

30　**段落** 306A（1）（b）

在“章节 180”之后，插入“或 180B”。

31　**段落** 306A（1）（b）

在“分章节 180（2）”之后，插入“或者 180B（2）”。

《1979年电信数据（拦截和访问）法》

32　分章节5（1）（授权长官的定义）

废除此定义，用以下替换：

“授权长官”：

（a）在章节180A，180B，180C和180D，分章节184（5）和185（2）和段落186（1）（ca），是指：

（i）警察长；或者

（iii）副警察长；或者

（iii）根据分章节5AB（1A），有效授权包括的澳大利亚联邦警察成员；以及

（b）在其他情况下，是指：

（i）执法机构的领导（无论实际称谓如何）或者领导的代理人；或者

（ii）执法机构的副领导或者副领导的代理人，或者

（iii）根据分章节5AB（1）的有效授权包括的执法机构中，有官职或有职位的人，或者其代理人。

33　分章节5（1）

插入：

“国外法律执行机构”是指：

（a）国外的警察机关（无论实际称谓如何）；或者

（b）国外负责执法的任何当局或人。

34　分章节 5AB（1）

删除“段落（c）”，用“小段（b）（iii）”代替。

备注：分章节 5AB（1）之后的标题中插入“一个执法机构的授权长官”。

35　分章节 5AB（2）

废除此分章节，用以下代替：

澳大利亚联邦警察的授权长官

（1A）警察长可以书面授权一个高级行政 AFP 雇员，即澳大利亚联邦警察的一员作为授权长官。

（2）授权的副本必须呈交给通讯数据访问协调者：

（a）如果根据分章节（1）所作出的授权，则需由此执法机构的领导呈交；以及

（b）如果根据分章节（1A）所作出的授权，则需由警察长呈交。

36　分章节 171（1）

删除“以及 4”，用“，4 和 4A”代替。

37　分章节 171（1）（注 1）

废除此注，用以下内容代替：

注 1：分段 3 包括了此组织。分段 4 包括了为澳大利亚执法机构所做的（信息）透露。分段 4A 包括了为其他国家执法机构所做的（信息）透露。

38　在分章节 171（3）的末尾

增加“或者 4A”。

39　章节 172

删除“以及 4”，用“，4 以及 4A”代替。

40　分章节 180（5）

废除此分章节。

41　在部分 4－1 的分段 4 之后

插入：

分段 4A　其他国家法律执行

次分段 A　主要（信息）透露

180A 对于访问现存的信息和文件的授权——其他国家刑法的执行

向澳大利亚联邦警察透露（信息）

（1）如果此信息或文件包含在在分章节（2）下的有效授权中，《1997 年电信法》的章节 276、277 和 278 没有阻止该信息和文件的透露。

（2）澳大利亚联邦警察的授权长官可以授权指定信息或指定文件的透露，而此信息和文件是在信息寻求人接收到授权通知前生成的。

注：章节 184 是有关于授权的通知。

（3）授权长官不许发布授权，除非他或她确信此信息的透露对于其他国家刑法的执行是合理必要的。

向国外执法机构透露（信息）

（4）如果指定信息或指定文件的透露是因为在分章节（2）下的授

权，澳大利亚联邦警察的授权长官可以授权向国外执法机构透露此信息或文件。

（5）授权长官不许发布授权，除非他或她确信：

（a）此信息的透露对于其他国家刑法的执行是合理必要的；并且

（b）在任何情况下，此信息的透露都是适当的。

180B　访问未来的信息或文件的授权——其他国家刑法的执行

向澳大利亚联邦警察透露信息

（1）如果此信息或文件包含在分章节（2）下有效的授权中，《1997 年电信法》的章节 276、277 和 278 没有阻止该信息和文件的透露。

未来的授权

（2）澳大利亚联邦警察的授权长官可以授权指定信息或指定文件的透露，而此信息和文件是在授权生效期间生成的。

（3）授权长官不许发布授权，除非：

（a）总检察长已经根据《1987 年刑事案件互助法案》批准了授权的发布；并且

（b）授权长官确信此信息透露对于其他国家违法犯罪的调查是合理必要的：

（i）此犯罪的判罚可达到三年或三年以上的监禁，终身监禁或死刑；或者

（ii）此犯罪涉及的行为或疏忽，如果发生在澳大利亚，根据《1979 年电信（拦截和访问）法》章节 5D 内容将构成严重的犯罪。

（c）授权长官确信在任何情况下此信息的透露都是适当的。

（4）澳大利亚联邦警察授权长官必须撤回此授权，如果他或她确信此信息透露不再需要。

注：章节 184 涉及了通告撤回的通知。

（5）在分章节（2）下的授权：

（a）当信息寻求人接到授权通知时开始生效；并且

（b）根据授权指定时间停止生效，此时间不能超过此授权发布之后的 21 天，或者根据分章节（6）延期的时间，除非此授权被提前撤回。

注：章节 185 涉及了授权的通知。

未来授权的延长

（6）在分章节（2）下的授权有效期可由授权的澳大利亚联邦警察延长一次，如果此授权长官确信此延长是：

（a）对于其他国家违法犯罪的调查是合理必要的：

（i）而此犯罪的判罚需达到三年或三年以上的监禁，终身监禁或死刑；或者

（ii）此犯罪涉及的行为或疏忽，如果发生在澳大利亚，根据《1979 年电信（拦截和访问）法》章节 5D 内容将构成严重的犯罪；并且

（b）在任何情况下都是适当的。

（7）根据分章节（6），此延长从延长期当天开始计算，不能超过 21 天。

向国外执法机构提供信息

（8）如果指定信息或指定文件的透露是因为在分章节（2）下的授权，澳大利亚联邦警察的授权长官可以授权将此信息或文件透露给国外执法机构，如果授权长官确信此信息的透露是：

（a）对其他国家违法犯罪的调查是合理必要的，而此犯罪：

（i）的判罚需达到三年或三年以上的监禁，终身监禁或死刑；或者

（ii）涉及的行为或疏忽，如果发生在澳大利亚，根据《1979 年电信数据（拦截和访问）法》章节 5D 含义将构成严重的犯罪；并且

（b）在任何情况下都是适当的。

（8）根据分章节（8），一个授权长官不许在一天里发布多于一个

的授权。

次分段 B 次要（信息）透露

180C 信息或文件透露的授权——其他国家刑法的执行

（1）如果指定的信息或指定的文件是在分段 4 的授权下透露的，而不是在章节 178A（失踪人）的授权下透露的，澳大利亚联邦警察的授权长官可以授权向其他国家的执法机构透露此信息或文件。

（2）此授权长官禁止发布授权，除非他或她确信：

（a）此信息的透露对于其他国家刑法的执行是合理有必要的；并且

（b）此信息的透露在任何情况都是适当的。

180D 信息或文件透露的授权——刑法的执行

（1）如果指定信息或指定文件在此分段的授权下被透露，澳大利亚联邦警察的授权长官可以授权以下内容：

（a）向组织或执法机构透露信息或文件；

（b）澳大利亚联邦警察对信息和文件的使用。

（2）授权长官禁止发布授权，除非他或她确信：

（a）如果是向组织透露信息，那么此信息的透露对于此组织行使自己的职能是合理必要的；以及

（b）如果是向执法机构透露信息，那么此信息的透露对于以下情况是合理有必要的：

（i）对于刑法的执行；或者

（ii）对于罚款法规的执行；或者

（iii）对于保护公共财政收入；以及

（c）如果是为了澳大利亚联邦政府的使用，这个使用对于以下情况是合理有必要的：

（i）对于刑法的执行；或者

（ii）对于罚款法规的执行；或者

（iii）对于保护公共财政收入；以及

（d）在任何案例中，信息的透露和使用在任何情况下都是适当的。

次分段C　向其它国家透露信息的条件

180E　向其他国家透露所获得的信息及其他

（1）根据章节180A、180B或180C的授权，一个人禁止向其他国家透露信息或文件除非满足以下条件：

（a）此信息将只用于达到其他国家索要这些信息的目的；

（b）当这些信息或文件不再被此目的需要的时候，此文件或包含此信息的东西将被销毁；

（c）如果信息和文件是根据章节180B所透露的，在这种情况下，其他条件由总检察长决定。

（2）根据段落（1）（c）作出的决定不属于法律条款。

分段4B　做出授权时需要考虑的隐私

180F　授权长官考虑的隐私

在根据分段4或4A做出关于透露或使用信息或文件的授权之前，授权长官考虑发布授权时，必须已经考虑到由于此信息的透露和使用对某人或某些人隐私的侵犯是否是正当的，以及以下相关内容：

（a）此信息或文件可能的关联和有用性；

（b）此相关信息透露或使用提出授权的原因。

42　段落181（b）

删除“或者4”，用“4或4A”代替。

43　段落 182（1）（a）

在“分段 4”之后，插入“或者 4A”。

44　在分章节 182（4）之后

插入：

（4A）如果信息或文件的透露和使用是由章节 180C 或 180D 所允许的，那么段落（1）（b）不适用于此信息或文件的透露。

备注：分章节（4A）涉及的事件，被告负有举证责任［详见《刑法典》分章节 13.3（3）］。

45　分章节 182（5）（非失踪人信息的定义）

在“分段 4”之后，插入“或者 4A”。

46　段落 183（1）（a）

删除“或者 4”，用“，4 或者 4A”代替。

47　在章节 184 末尾

增加：

澳大利亚联邦警察的授权长官

（5）如果澳大利亚联邦警察的授权长官根据分章节 180A（2）或 180B（2）发布一个授权，或者根据 180 B（6）延长一个授权的效力，澳大利亚联邦警察的相关职员必须通知信息寻求人。

（6）如果，根据分章节 180B（4），澳大利亚联邦警察的授权长官取消授权，澳大利亚联邦警察的相关职员必须通知授权的告知人。

48　章节185

在“此”之前，插入“（1）”。

49　在章节185之后

增加：

（2）警察长必须将根据部分4－1的分段4A，将由澳大利亚联邦警察的授权长官做出的授权留存三年，时间从发布授权的当天开始计算。

50　在段落186（1）（c）之后

插入：

（ca）如果执法机构是澳大利亚联邦警察，则是在当年由澳大利亚联邦警察的授权长官根据180A，180B，180C和180D做出的授权数目；以及

（cb）如果此执法机构是澳大利亚联邦警察，并且根据段落（ca）提及的授权，在当年由澳大利亚联邦警察向一个或多个国家透露的信息和文件：

（i）这个或这些国家的名字；并且

（ii）在这样的授权下信息透露的次数；并且

50A　分章节186（2）

在“分章节（1）”之后，插入“，除了在段落（1）（cb）中提及的信息”。

51　此部分做出的修正的适用范围——授权

（1）这部分做出的修正适用于此条款生效之时或生效之后做出的授权。

（2）为避免疑问，可以根据《1997 年电信数据（拦截和访问）法》的章节 180C 给出授权，尽管根据分段 4 给出的授权（如在分段 4 中所述）是在此条款生效之前发布的。

52　此部分做出的修正的适用范围——由其他国家提出的要求

此部分做出的修正适用于在此条款生效之时或生效之后，正在被考虑是在此生效之前或者之后由其他国家提出的要求。

53　现存授权的保存

（1）尽管这部分是对《1979 电信数据（拦截和访问）法》分章节 5AB（1）的修正，任何其他由执法机构领导发布的授权继续有效，而此授权在此条款生效之前在上述分章节下立刻生效，在此条款生效之时和之后，就如同是在上述生效之后、上述分章节有效时做出此授权。

（2）在此条款中：

执法机构与《1979 电信数据（拦截和访问）法》中的定义相同。

部分 3　为澳大利亚执法机构提供帮助的运营服务商的成本收回及其他

《1997 年电信法》

54　在段落 313（3）（c）之后

插入：

（ca）帮助其他国家有效力的刑法的执行；

55　在段落 313（4）（c）之后

插入：

（ca）帮助其他国家有效力的刑法的执行；

56　由条款54和55做出的修正适用范围

（1）当此篇章的条款54生效之时或生效之后，由此条款制定的修正适用于由运营商或运营服务提供者所提供的帮助。

（2）当此篇章的条款55生效之时或生效之后，由此条款制定的修正适用于由运营服务中间人所提供的帮助。

篇章3　计算机犯罪修正案

《1995年刑法典法案》

1　《刑法典》的分章节476.1（1）（联邦计算机的定义）

废除此定义。

2　《刑法典》段落477.1（1）（b）

废除此段落。

3　《刑法典》分章节477.1（2）

废除此分章节。

4　《刑法典》分章节477.1（4）和分章节477.1（5）

废除此分章节。

5　《刑法典》分段落477.2（1）（c）（ii）

删除“数据；以及”，用“数据。”代替。

6　《刑法典》段落 477.2（1）（d）

废除此段落。

7　《刑法典》分章节 477.2（2）

废除此分章节。

8　《刑法典》段落 477.3（1）（b）

删除“未授权的；以及”，用“未授权的。”代替。

9　《刑法典》段落 477.3（1）（c）

废除此段落。

10　《刑法典》分章节 477.3（2）

废除此分章节。

11　《刑法典》段落 478.1（1）（c）

删除“未授权的；以及”，用“未授权的。”代替。

12　《刑法典》段落 478.1（1）（d）

废除此段落。

13　《刑法典》分章节 478.1（2）

废除此分章节。

14 《刑法典》分章节478.2（1）

删除“（1）”。

15 《刑法典》段落478.2（1）（c）

删除“未授权的；以及”，用“未授权的。”代替。

16 《刑法典》段落478.2（1）（d）

废除此段落。

17 《刑法典》分章节478.2（2）

废除此分章节。

18 修正的适用范围

此篇章制定的修正案适用于此篇章生效之后所发生的行为和疏忽。

篇章4 电信数据的机密性

《1979年电信数据（拦截和访问）法》

1 分章节171（3）

废除此分章节，用以下代替：

（3）分段6把对于某些信息和文件的透露和使用定为犯罪。

2 部分4-1的分段6（标题）

废除此标题，用以下代替：

分段6　泄露和使用的犯罪

3　在章节182之前

插入：

181A　泄露和使用的犯罪：在分段3下的授权

泄露

（1）一个人的行为属于犯罪，如果：

（a）这个人泄露了信息；并且

（b）信息是有关以下的任何内容的：

（i）在分段3下的授权是否已经或者正在被寻求；

（ii）这样的授权的制定；

（iii）这样的授权的存在或不存在；

（iv）这样的授权的撤回；

（v）这样的授权撤回的通知。

处罚：两年监禁。

（2）一个人的行为属于犯罪，如果：

（a）这个人泄露了一份文件；并且

（b）此文件的（全部或部分）包含以下的内容：

（i）在分段3下的授权；

（ii）这样的授权的撤回；

（iii）这样的授权撤回的通告。

处罚：两年监禁。

（3）段落（1）（a）和（2）（a）不适用于某些信息或文件的泄露，如果：

（a）泄露是为了相关的授权，撤回或通告；或者

（b）泄露是合理必要的：

（i）使得组织可以行使自己的职权；或者

（ii）使刑法可以执行；或者

（iii）使罚款法规可以执行；或者

（iv）可以保护公共财政收入。

注：分章节（3）涉及的事件中，被告有举证责任［详见《刑法典》的分章节13.3（3）］。

使用

（4）一个人的行为属于犯罪，如果：

（a）这个人使用了此信息；并且

（b）此信息是有关以下的任何内容：

（i）在分段3下的授权是否已经或者正在被寻求；

（ii）这样的授权的制定；

（iii）这样的授权的存在或不存在；

（iv）这样的授权的撤回；

（v）这样的授权撤回的通知。

处罚：两年监禁。

（5）一个人的行为属于犯罪，如果

（a）这个人使用了一份文件；并且

（b）此文件的（全部或部分）包含以下的内容：

（i）在分段3下的授权；

（ii）这样的授权的撤回；

（iii）这样的授权撤回的通知。

处罚：两年监禁。

（6）段落（4）(a)和(5)(a）不适用于某些信息或文件的使用，如果：

（a）此使用是为了相关的授权，撤回或通知；或者

（b）此使用是合理必要的：

（i）使得组织可以行使自己的职权；或者

（ii）使刑法可以执行；或者

（iii）使罚款法规可以执行；或者

（iv）可以保护公共财政收入。

注：分章节（6）涉及的事件中，被告有举证责任［详见《刑法典》的分章节 13.3（3）］。

181B　泄露和使用犯罪：在分段 4 下的某些授权

泄露

（1）一个人的行为属于犯罪，如果

（a）这个人泄露了信息；并且

（b）此信息是有关以下的任何内容：

（i）是否在分段 4 下（并非在章节 178A 下）的授权已经或正在被寻求；

（ii）这样的授权的制定；

（iii）这样的授权的存在或不存在；

（iv）这样的授权的撤回；

（v）这样的授权撤回的通知。

处罚：两年监禁。

（2）一个人的行为属于犯罪，如果

（a）这个人泄露了一个文件；并且

（b）此文件（全部或部分）包含以下的任何内容：

（i）分段 4 下（并非章节 178A 下）的授权；

（ii）这样的授权的撤回；

（iii）这样的授权撤回的通知。

处罚：两年监禁。

（3）段落（1）（a）和（2）（a）不适用某些信息和文件的泄露，如果：

（a）此泄露是为了相关的授权，撤回或通知；或者

（b）此泄露是合理必要的：

（i）使得组织可以行使自己的职权；或者

（ii）使刑法可以执行；或者

（iii）使罚款法规可以执行；或者

（iv）可以保护公共财政收入。

注：分章节（3）涉及的事件中，被告有举证责任［详见《刑法典》的分章节13.3（3）］。

使用

（4）一个人的行为属于犯罪，如果：

（a）这个人使用了此信息；并且

（b）此信息是有关以下的任何内容：

（i）在分段4下（并非章节178A下）的授权是否已经或者正在被寻求；

（ii）这样的授权的制定；

（iii）这样的授权的存在或不存在；

（iv）这样的授权的撤回；

（v）这样的授权撤回的通知。

处罚：两年监禁。

（5）一个人的行为属于犯罪，如果

（a）这个人使用了此信息；并且

（b）此文件（全部或部分）包含以下的任何内容：

（i）分段4下（并非章节178A下）的授权；

（ii）这样的授权的撤回；

（iii）这样的授权撤回的通知。

处罚：两年监禁。

（6）段落（4）（a）和（5）（a）不适用于某些信息或文件的使用，如果：

（a）此使用是为了相关的授权，撤回或通知；或者

（b）此使用是合理必要的：

（i）使刑法可以执行；或者

（ii）使罚款法规可以执行；或者

（iii）可以保护公共财政收入。

注：分章节（6）涉及的事件中，被告有举证责任［详见《刑法典》的分章节13.3（3）］。

注：章节182的标题结尾处加上"：在分段4下的泄露"。

4 适用范围

《1979年电信数据（拦截和访问）法》的章节184A和181B适用于此篇章生效之时或生效之后发生的信息或文件的泄露或者使用事件，无论此信息或文件是在此篇章生效之前、之时或之后生成的。

篇章5 其 他

1979年电信数据（拦截和访问）法

1 在章节105的末尾

增加：

（5）《刑法典》的章节15.1（延伸的地理管辖权——类别A）适用于违反分章节7（1）或者章节63的犯罪。

3 分章节180（4）

删除“合理必要的”之后的所有文字，用以下代替：

为了调查：

（a）一个严重的犯罪；或者

（b）一个违反联邦法律或者一个州的法律或者一个领地法律的、量刑至少监禁三年的犯罪。

4 由条款1和3做出的修正的适用范围

（1）此篇章的条款1制定的修正适用于此篇章生效之时或生效之后所做的行为或事件。

（2）此篇章的条款3制定的修正适用于此篇章生效之时或生效之后所制定的相关授权。

ISBN 978-7-5093-7257-9

图书在版编目（CIP）数据

外国网络法选编．第3辑／中央网络安全和信息化领导小组办公室，国家互联网信息办公室政策法规局编．—北京：中国法制出版社，2016.2
ISBN 978-7-5093-7257-9

Ⅰ.①外… Ⅱ.①中…②国… Ⅲ.①计算机网络-科学技术管理法规-选编-国外 Ⅳ.①D912.109

中国版本图书馆CIP数据核字（2016）第033015号

策划编辑：陈　兴　　封面设计：蒋怡、杨泽江

外国网络法选编．第3辑
WAIGUO WANGLUOFA XUANBIAN. DI 3 JI

编者/中央网络安全和信息化领导小组办公室，国家互联网信息办公室政策法规局
印刷/三河市紫恒印装有限公司
开本/710毫米×1000毫米　16　　印张/45　字数/420千
版次/2016年3月第1版　　2016年3月第1次印刷

中国法制出版社出版
书号 ISBN 978-7-5093-7257-9　　定价：136.00元

北京西单横二条2号　　值班电话：66026508
邮政编码 100031　　传真：66031119
网址：http：//www.zgfzs.com　　**编辑部电话：66010405**
市场营销部电话：66033393　　**邮购部电话：66033288**